KB067916

교육개혁은 없다
2

사회개혁 없이 교육개혁이 가능한가?

박정훈 지음

민중의소리

일하는 사람을 위한 한국교육 안내서

교육개혁은 없다 2

사회개혁 없이 교육개혁이 가능한가?

민중의소리

들어가는 글

"대한민국 완전히 망했네요, 와!"

2023년 한국 사회에서 크게 화제가 된 말입니다. 이 말을 한 사람은 노동·여성 분야의 세계적 석학인 조앤 윌리엄스(Joan Wiliams) 캘리포니아대 법대 명예교수입니다. 윌리엄스는 2023년 10월에 방영된 EBS 10부작 다큐멘터리 〈인구 대기획 초 저출생〉에 출연해서 한국의 합계출산율이 0.78명이라는 이야기를 듣고 "그런 수치의 합계출산율은 들어본 적이 없다"며 양손으로 머리를 부여잡고 탄식했습니다.

2023년 12월 2일 뉴욕타임스에는 '한국은 소멸하는가?'라는 제목의 칼럼이 실렸습니다. 칼럼을 쓴 로스 다우서트(Ross Douthat)는 합계출산율이 0.7명까지 떨어진 2023년 3분기 한국의 인구 감소율이 14세기 흑사병으로 유럽에 닥친 인구 감소율을 능가한다고 지적하면서, 한 가정을 지옥으로 만들 정도로 잔인한 입시 경쟁을 첫 번째 원인으로 꼽았습니다.

미국도 근심 걱정이 많은 나라인데, 미국 학자와 언론인들에게 저런 이야기를 듣고 있자니 씁쓸합니다. 대한민국 정부는 사회가 이 지경이 되도록 무엇을 했을까요?

합계출산율이 1.13명이던 2005년 '저출산·고령사회기본법'이 제정되고, 대통령 직속 기구로 '저출산·고령사회위원회'가 설치되었으며, 2006년부터 2022년까지

322조 원이 국가 예산으로 편성되었습니다. 그러나 합계출산율은 계속 떨어졌습니다.

정부의 정책은 왜 실패했을까요? 정부가 내놓은 저출산 대책은 대부분 아이를 낳으면 무엇을 지원해주겠다는 정책입니다. 결혼을 해야 아이를 낳을 텐데 직장이 비정규직이라 미래가 불투명하고, 임금은 적고, 집값은 너무 비싸 결혼할 엄두를 못 내는 청년들에게 정부의 저출산 대책은 의미가 없습니다.

결혼을 했다 하더라도 자신이 겪은 고통스러운 교육을 자녀를 낳아 경험하도록 하는 것은 쉽지 않은 결단입니다. 게다가 아이 하나를 낳아 18살까지 키우는 데 3억 6천만 원이 든다고 하니 경제적 문제도 심각합니다. 저출산 대책이 실패한 원인은 불안정한 직장, 저임금, 턱없이 높은 집값, 무한경쟁 교육을 해결해나가지 않으면서 '아이를 낳으면'이라는 전제하에 세워졌기 때문입니다.

교육개혁도 저출산 대책과 마찬가지입니다. 지난 수십 년 동안 교육개혁을 약속하지 않은 정권이 없었습니다. 정권이 바뀔 때마다 사교육을 억제하고 학력 경쟁을 완화하겠다는 취지로 다양한 정책들을 내놓았습니다. 그러나 모두 실패했습니다. 아무리 좋은 취지로 교육정책을 기획하고 내놓아도 학교 담장 안으로 들어오면 모두 무력화되었습니다. 교육이 교육의 논리가 아니라 전쟁의 논리로 움직이기 때문입니다. 사회가 전쟁터인데 교육이 교육의 논리로 움직이겠습니까?

교육개혁과 관련하여 우리 사회가 가장 먼저 해야 할 일은 '교육 개혁론' 자체를 개혁하는 것입니다. 기존의 '교육 개혁론'이 왜 모두 실패했는가 하는 것부터 성찰해야 제대로 된 교육개혁을 모색할 수 있습니다.

한국 교육이 고통스러운 이유는 교육받고 사회에 나왔을 때의 삶이 고통스럽기 때문입니다. 직업의 귀천이 심각하고 사회복지가 취약한 각자도생의 한국 사회에서 내 자식을 비정규직으로 만들 수 없어서, 조금이라도 안정된 직업을 갖도록 하고 싶은 마음에 자녀가 학교에 입학하기 전부터 모든 가정이 고군분투하고 있습니다. 자식을 이 학원 저 학원 보내는 부모들의 심정을 헤아리고 신뢰할 수 있는 정책을 제시해야 교육개혁이 피부에 다가올 수 있는데, 기존의 교육 개혁론들은 사회개혁에 대한 전망과 무관하게 교육개혁만을 말해왔습니다.

사회개혁을 전제하지 않은 교육개혁, 이것이 실패의 근본적 원인입니다. 이 단순한 진실을 에워싸고 있는 껍질을 벗겨내야 교육개혁의 본질에 다가갈 수 있습니다.

기존의 교육 개혁론들은 30년 전 프레임에 갇힌 개혁론입니다. 대학 진학률이 50%를 넘지 않았던 1990년대 중반까지는 대학에 가면 일단 먹고사는 문제를 해결할 수 있었습니다. 그래서 대학 입시의 공정성이 중요했고, 교육개혁은 대학입시 제도 개혁 문제로 받아들여졌습니다.

그러나 지금은 대학에 가도 희망이 없습니다. 대학이 너무 많아 등록금 낼 형편만 되면 누구나 대학을 갈 수 있지만 대학을 나와도 미래가 없습니다. 그렇게 된 전환점은 1997년 외환위기입니다. 외환위기 이후 한국 사회는 이전과 질적으로 다른 사회가 되었습니다. 직업의 불안정, 저임금, 좁은 취업문 때문에 대학생들의 생활은 고등학생 때보다 더 고달파졌으며, 취업이 잘 되는 몇 개의 대학과 학과를 향한 고등학생들의 경쟁이 30년 전보다 더 치열해졌고, 고등학교 평준화가 깨지면서 입시 경쟁에 초등학생까지 내몰렸습니다. 대학 졸업 이후의 삶이 바뀌지 않는 한 입시제도 변경 정책은 현실에 아무 영향을 주지 못합니다.

『교육개혁은 없다 1』의 부제는 〈한국은 왜 학벌 전쟁 사회가 되었나?〉입니다. 한국 교육을 어떻게 봐야 하는지 성찰하고, 한국 교육이 이렇게 된 이유를 해설한 책입니다. 특히 전 세계에서 한국에만 존재하는 '학벌주의'라는 기이한 현상이 어떻게 형성되었는지 한국 현대사 속에서 규명하고자 했습니다.

『교육개혁은 없다 2』의 부제는 〈사회개혁 없이 교육개혁이 가능한가?〉입니다. 사회개혁을 전제하지 않은 교육개혁 담론, 대학 입시를 중심으로 하는 30년 전 프레임을 벗어나 실제로 교육개혁이 이루어지기 위해서 무엇을 해야 할지 실천적 경로를 찾고자 합니다. 실천적 경로란 한국 현실에 입각한 교육개혁 경로를 의미합니다. 지금 우리 사회에 교육개혁을 하겠다는 세력, 할 수 있으리라 믿음을 주는 세력이 있습니까? 현 집권당인 국민의힘은 물론이고 앞서 정권을 맡았던 더불어민주당은 교육개혁에 대해 희망을 주었습니까? 이런 질문에서 시작하지 않고 외국의 좋은 교육 제도와 정책을 말해봐야 무슨 의미가 있겠습니까?

저는 이런 문제를 회피하지 않고 다루고자 합니다. 교육개혁에 대한 학술적 논의가 아니라 지금 한국 사회가 교육개혁을 논할 수 있는 상태인지부터 성찰하고, 교육개혁이 가능한 사회는 어떻게 만들 수 있는지부터 따져보려 합니다. 그 토대 위에서 교육개혁 정책을 현실적으로 다뤄보고자 합니다.

교육개혁은 교육개혁에 절실한 이해관계를 지닌 세력이 사회를 운영할 수 있을 때 가능합니다. 그 세력은 교육 때문에 고통을 겪고 있는 '일하는 사람들'입니다. 저는 지금까지 한국 교육을 주물러 온 교육 관료, 교육학자, 기성 정치인들이 아니라 일하는 사람들이 교육개혁을 실현할 수 있는 주체이며, 어떻게 힘을 키워 교육개혁을 이룰 수 있는지 말씀드리고자 합니다.

말씀드릴 순서는 이렇습니다. 제1부에서 한국의 교육개혁이 왜 모두 실패했는지 살펴보고, 제2부에서는 교육개혁에 성공한 나라들에서 교훈을 찾아보며, 제3부에서 교육개혁의 전제인 사회개혁을 이루는 구체적 경로를 모색한 후, 제4부에서 구체적 교육정책을 제안했습니다.

교육개혁의 새로운 길이 장기적 과제이지만, 당장 아이를 낳아서 키우고 있는 부모들에게 절박한 질문들도 많이 있습니다. 영어유치원을 보내야 할지, 학원에 보내는 게 안 보내는 것보다 도움이 되는지, 특목고 진학이 대학 진학에 유리한지, 제가 교사라서 주변 지인들에게 많이 받는 현실적 질문들에 대해서도 〈부록〉에서 다뤄보고자 합니다.

　제가 제안하는 교육개혁의 새 길은 단기간에 실현될 수 없습니다. 2023년에 태어난 아이가 20세 성인이 되는 2043년 정도를 목표로 잡고 시작해도 만족할 만한 상태가 될지 의문입니다. 그러나 지금처럼 구체적 경로도 없이 권력을 쥔 세력에게 청원하는 방식으로는 20년이 지나도 달라질 게 없을 것입니다.

　한국 교육을 망쳐온 세력에게 교육개혁을 기대하는 것은 어리석은 일이며, 일하는 사람들이 중장기적 계획을 세워 사회를 바꾸고 교육을 바꾸는 일에 나서야 합니다. 그런 생각을 만들어 나가는데 이 책이 조금이라도 도움이 되길 바랍니다.

2023년 12월 10일
박정훈

차례

1부

한국의 교육개혁은
왜 모두 실패했나?

입시제도 개혁은 목적을
달성한 적이 있는가?

입시제도 변화는 정부가 가장 쉽게 생색낼 수 있는 교육개혁 조치입니다. 대통령 선거 때마다 입시제도 변화는 빠지지 않는 정책이고, 집권하면 입시제도를 한 번씩 은 다 흔들었습니다.

[표1]은 한국교육개발원에서 2017년 12월 작성한 「미래지향적 대입제도 개선방 안 연구」의 〈대입제도 변천사〉 중 1970년대 이후만 인용한 것입니다.

[표1] 대입제도 변천사

시기	개정 의도	내용	문제점
1973~ 1980	자격시험의 부작용 시정 교육의 효율성	대학입학예비고사 (합격선 상존)+본고사+내신	입시의 이중부담, 과열과외
1981	과열과외 해소 교육의 효율성	대학입학예비고사(선시험) +내신	대학의 선발기능 약화
1982~ 1985	예비고사 개선 (선발의 타당도 제고) 무의미한 합격선 폐지	대학입학학력고사 +내신	입시혼란 적성무시지원

1986~ 1987	내신의 문제점 보완 교육의 효율성	대학입학학력고사 +내신+논술	대학의 선발기능 약화 편중지원 및 미달 논술 준비 미흡
1988~ 1993	선시험의 부작용 시정 논술의 문제점 개선	대학입학학력고사(선지원) +내신+면접	대학의 선발 기능 미흡 면접의 기능 미흡
1994~ 1996	학력고사 개선 대학자율	대학수학능력시험 +내신+본고사	과열과외 수능과 본고사 중복
1997~ 2001	대학의 학생선발 자율권 확대	대학수학능력시험 +학교생활기록부+논술	학생부 반영 비중 미흡 사교육 과열
2002	대학의 학생선발 자율권 확대	대학수학능력시험 +학교생활기록부+논술 +추천사+심층면접 등	학생부 반영 비중 미흡 사교육 과열
2007	대학의 학생선발 자율권 확대	수능등급제 첫 시행 입학사정관제 실시	-
2008	변별력 확보	수능등급제를 표준점수제로 전환, 내신과 수능 반영비율 대학 자율화	1점 차이에 의한 등급 구분
2009	수능 등급제 보완	등급, 표준점수, 백분위 병기 수시=학교생활기록부+논술 정시=대학수학능력시험	입시사정관 전형 확대와 복잡해진 대입제도
2017	한국사 교육 강화	한국사 절대 평가	-
2018	사교육비 감소	수능영어 절대 평가	국어, 수학 사교육 심화

[표1]은 개정 의도–내용–문제점으로 구성되어 있습니다. 과열 과외를 해소한다, 무의미한 합격선을 폐지한다, 대학의 학생 선발 자율권을 확대한다, 수능의 변별력을 확보한다, 수능의 영향력을 축소한다,…등의 이유로 입시제도를 바꿉니다. 그러면 또 다른 문제가 발생합니다. 그렇게 바꾸기를 50년 동안 해왔습니다. 위 도표에 수록하지 않은 시기까지 합치면 1948년 대한민국 정부 수립 이후 셀 수 없이 해왔습니다.

입시제도란 대학에서 학생을 선발하는 직접적 방식만이 아니라 대학에서 활용하는 고등학교 성적 관련 자료들을 포함합니다.

대학별 고사(본고사)의 존재 여부와 방식, 수능과 같은 국가 고사의 적용 방식, 고등학교 내신 성적의 산출 방식 및 비중, 성적 이외 비교과 영역(스펙) 반영 방식 등이 입시제도를 구성하는 요소입니다.

본격적인 논의에 들어가기 전에 '내신'이라는 용어의 유래를 알아보겠습니다. 노무현 정부에서 교육혁신위원장을 지낸 전성은 선생님은 '내신(內申)'이라는 용어가 일제 잔재라고 지적합니다.[1]

일제 강점기에 초등학교 교사를 육성하는 사범학교는 성적과 함께 '사상'을 보증하는 교장의 추천서가 필요했답니다. 사상이란 '반일'적 성향 여부겠지요. 이 추천서를 갈색 봉투에 넣어 봉하고 아무도 열어 보지 못하도록 도장을 찍어 보냈는데, 이 비밀 추천서를 '내신'이라 불렀다고 합니다. 불순한 의도로 만들어진 일제 강점기 용어를 지금도 사용하고 있다는 게 부끄럽네요.

과거에는 대학별 고사, 국가 고사, 내신 성적 등이 입시 전형에 들어갔다 빠졌다

---

1)   전성은, 『왜 학교는 불행한가?』 메디치미디어, 2011

하면서 변했으나 현재는 모든 요소가 다 포함되어 있으며, 2007년 입학사정관제도가 도입된 이후 비교과 영역까지 포함하여 가장 복잡한 제도가 되었습니다.

대학마다 다양한 비율로 수많은 조합의 입학 전형 방식을 만들어 현재 전국 대학의 입학 전형 방식을 다 합치면 3천 가지가 넘습니다.

과거의 제도를 다 살펴보기에는 지면에 제한이 있으므로, 현재의 대입 구성 요소인 수능, 내신 성적, 비교과(스펙)를 포함한 학생부종합전형을 제도의 취지에 비춰서 검토해보려고 합니다. 검토는 세 가지 주제로 진행하겠습니다.

- 수능시험은 암기식 교육의 폐단을 해결했는가?
- 내신 제도는 학교 교육을 정상화했는가?
- '여러 줄 세우기'는 교육의 획일성을 혁신했는가?

수능시험은 암기식 교육의 폐단을 해결했는가?

해방 이후 대학입시에서 국가가 주관하는 시험은 '연합고사'(1954년), '입학자격고사'(1962~63년)라는 명칭의 시험이 잠시 있었지만, 1960년대까지 학생 선발권은 대학에 있었습니다. 그런데 '뒷구멍'으로 입학하는 비리가 자주 발생했습니다.

대학입시의 공정성과 객관성에 대한 요구가 높아지면서 1969년에 국가가 주관하는 시험이 도입되었고, '예비고사'(1969~1981년)→'학력고사'(1982~1993년)→'대학수학능력시험'(1994년~현재)으로 명칭뿐 아니라 시험 형태가 변하면서 현재까지 왔습니다.

1970년대의 예비고사는 명칭 그대로 본고사(대학별 고사)를 치를 수 있는 자격시험이었습니다. 본고사는 문제가 매우 어렵고 배점이 커서 당락은 본고사에서 결정되었습니다.

1980년 7.30.조치로 본고사가 폐지되고 기존의 예비고사를 학력고사로 이름을 바꿔 시행하였습니다. 동시에 고등학교 교육 정상화를 위하여 고교 내신 성적을 대학입시에 반영하도록 했습니다. 고교 내신을 15등급으로 세분화하여 대학입시에 반영했지만, 등급 간 점수 차이가 작아서 사실상 학력고사가 당락을 결정했습니다.

수능 세대를 위해 학력고사를 설명하자면, 학력고사는 운전면허 필기시험과 비슷한 4지선다형 시험입니다. 수학만 한 문제당 2분이고, 나머지 과목들은 한 문제당 1분의 시간이 배정되었습니다. 그러니 문제를 읽는 즉시 답이 나와야 합니다.

단순 지식을 묻는 문제라서 암기식 교육을 조장했습니다. 그래서 고3 때만 정신 차리고 문제 풀이를 달달 외워도 대학 가는 게 가능했고, 개천에서 용이 많이 나왔던 시험이기도 했습니다.

학력고사가 조장하는 주입식 암기식 교육의 문제점을 해결하고자 도입된 제도가 수능입니다. 말 그대로 대학에 '수학'할 '능력'이 있는지를 테스트하겠다는 것이죠.

1993년 수능이 처음 도입되었을 때 나름대로 신선한 충격을 주었습니다. 문제 유형도 추론, 이해, 문제 해결, 창의성 순서로 출제되었습니다. 교과서를 벗어난 지문도 꽤 출제되어 학교에서 입시 공부에만 매달린 학생이 잘 볼 수 있는 시험이 아니며, 어릴 때부터 책을 많이 읽는 아이들이 잘 보는 시험이라는 평가도 받았습니다. 그래서 수능 시행 초기에는 독서 열풍이 일기도 했습니다.

그러면 수능은 주입식 암기식 학교 교육을 바꿨을까요?

1980년대 후반에 수능을 설계했고, 1993년 첫 시행을 주도했으며, '대학수학능력시험'이라는 명칭도 직접 지은 박도순 고려대 명예교수는 수능을 실패한 제도라고 평가합니다. 박도순 교수는 "수능점수 ±10점은 통계적으로 의미가 없는데 1점 차이로 당락이 갈리는 제도 자체가 근본적 한계"라고 지적합니다.

수능을 거듭할수록 초기의 신선함은 사라지고 '이전의 학력고사와 근본적으로 무엇이 다른가?' 하는 회의가 쌓여갔습니다. 단편적 교과 지식이 아니라 통합교과를 지향하면서 사고력, 종합적 이해력, 문제 해결 능력을 측정하겠다고 했으나 문제 유형이 정형화되면서 '기능시험'이 되어갔죠.

이명박 정부는 사교육을 잡겠다며 2011년부터 EBS 교재에서 70%를 연계하여 출제하도록 했습니다. 이는 수능의 취지에 완벽히 역행하는 것입니다. 사교육을 잡지도 못했을 뿐 아니라, 교과서 위에 새로운 교과서를 만들었고, 전국의 모든 고3 학생들이 1학기엔 EBS '수능특강', 2학기엔 EBS '수능완성'을 교과서로 삼아 획일적 공부를 하게 되었습니다.

2023년 3월 KBS 〈시사기획 창〉이 제작한 '30살 수능, 길을 잃다'에서 분석한 바에 따르면 2011년을 기점으로 수능에서 추론 문제 비중은 줄어들고 정보처리 문제가 늘었다고 합니다. 즉 사고력보다 연습을 요구한 것이죠. 2023학년도 수능 문제를 유형별로 분석해보면 이해, 문제 해결, 계산, 정보처리 순서로 출제되었다고 합니다.

수능시험 다음날 뉴스는 둘 중 하나입니다. '불수능, 사교육 증가 우려', 아니면 '물수능, 변별력 떨어져 입시 대혼란'이죠. 쉽게 내도 문제, 어렵게 내도 문제입니다. 수능은 사지선다 학력고사보다는 진보한 시험입니다. 그러나 본질은 학력고사와 다르지 않습니다. 문제 풀이 기술자가 되어야 하는 시험이지요.

예를 들어 수능 국어시험을 보면 80분 동안 A3 용지 크기의 시험지 16페이지, 7개 지문에 45문제를 풀어야 합니다. 지문 중 4개는 문학, 3개는 비문학(인문, 사회, 과학, 기술, 예술. 주제복합 중 3개) 영역입니다. 처음 보는 지문 7개를 다 읽고 45문

교육개혁은 없다 2

제를 풀자면 한 문제를 1분 안에 풀어야 합니다. 한마디로 기술자가 돼야 합니다.

게다가 상위권 학생들의 등급을 가르는 '킬러 지문, 킬러 문제'가 있습니다. 2020 학년도 국어 40번 문제는 유명합니다. 경제 관련 지문을 읽고 푸는 문제였는데, 한국은행 직원들에게 문제를 풀어보라고 했더니 대다수가 틀렸다고 합니다.

국어 교사도 혀를 내두르는 문제들을 학생들은 잘도 풀어냅니다. 지문 내용을 제대로 이해하지 못하더라도 답을 찾아내는 기술이 고도로 훈련되었기 때문입니다.

시험을 통해 주입식 암기식 교육의 폐해를 극복하려면 논술식으로 봐야 합니다. 아무리 문제를 잘 개발한다 해도 선택형 문제를 찍어서 맞추는 방식으로는 사고력을 측정할 수 없습니다.

〈북어〉, 〈아마존 수족관〉, 〈대설주의보〉 등으로 유명한 최승호 시인의 시는 수능 모의고사에 자주 출제되어왔습니다. 최승호 시인은 2014년 서울시교육청 교육연수원에서 국어 교사들을 대상으로 '시의 이해'를 강의하면서 "내가 쓴 시가 대입 모의고사에 자주 나온다고 해서 직접 풀어봤는데 작가인 내가 모두 틀렸다"며, "작가의 의도를 묻는 문제를 진짜 작가가 모른다면 누가 아는 건지 참 미스터리"라고 쓴소리를 날린 바 있습니다.

그러면 수능을 논술식 시험으로 전환하면 되지 않을까요? '글쎄올시다'입니다. 50만 명 가까운 수험생의 시험을 논술식으로 채점하는 게 가능할지도 의문이거니와 공정성 시비로 소송이 끊이지 않을 것 같습니다. 학교 내신 시험도 논술식으로 치르지 못하는 이유가 채점에 대한 공정성 시비 때문인데, 과연 50만 명을 논술식으로 치러낼 역량이 있을까요?

프랑스는 채점에 시간이 걸리더라도 바칼로레아(대학 입학시험)를 논술 형태로 치러내지만, 우리나라의 지금 풍토에서 바칼로레아 같은 시험이 성공할 수 있을까요?

대학별 고사는 규모가 작으니까 논술식 시험이 가능하지 않을까요? 그것은 더 '글쎄올시다'입니다. 1970년대 대학별 고사는 당시 어렵기 짝이 없다는 도쿄대 입시 문제를 베껴다 치렀습니다. 그래서 과외가 극성이었죠.

1980년부터 본고사를 없앴다가 1994~96년에 잠시 대학별 고사가 부활한 적 있었는데, 대학들은 1970년대에 하던 짓을 반복했습니다. 그래서 3년 만에 다시 대학별 고사가 폐지당했습니다.

지금도 수시에 논술 전형이 있습니다. 수시 논술 전형 문제들을 보면 대학교 과정을 선행 학습하거나 별도의 사교육을 통해 꾸준히 훈련된 학생들만 쓸 수 있게 출제합니다. 매년 논술시험이 끝나면 대학마다 '선행학습 영향 평가 보고서'를 공개하는데, 결론은 언제나 선행학습과 무관하다는 것입니다.

대학은 늘 대학입시의 자율성을 주장합니다. 자기가 가르칠 학생을 뽑을 권리가 있다는 주장은 맞습니다. 그러나 자율성을 주면 꼭 고액 과외를 받아야 풀 수 있는 문제를 출제해서 비난받습니다. 대학이 주장하는 입시의 자율성은 신뢰를 잃었습니다.

그러면 어떻게 하는 것이 정답일까요? 저는 지금은 답이 없다고 봅니다. 이 말을 하기가 참 어렵습니다. 그러나 지금은 입시제도 변화를 통해 교육을 바꿀 수 있다는 생각 자체를 성찰해야 할 시기라고 생각합니다. 시험이 교육의 논리로 돌아가는 게 아니라 전쟁의 논리로 돌아가기 때문입니다.

입시제도 변화가 의미 있으려면 교육이 교육의 논리로 돌아가는 사회 체제가 돼야 하고 사회적 합의를 이루어야 합니다. 그전까지는 어떤 형태로 입시제도를 바꿔도 내세운 목표를 달성하기 어렵습니다. 누구에겐가 유리하면 또 다른 누군가에게는 불리하고, 하나의 문제를 해결하면 또 다른 문제가 등장할 뿐입니다.

내신 제도는 학교 교육을 정상화했는가?

1970년대에는 학교에서 치르는 시험 성적이 대학입시에 반영되지 않아서 학교 밖 과외에 매달리는 폐단이 심각했습니다. 그래서 1980년 7.30조치로 고등학교 내신 성적을 대학에서 반영하도록 제도를 변경했고, 대입에서 내신을 반영하는 제도는 지금까지 유지되고 있습니다.

그러면 내신 제도를 통해 학교 교육이 정상화되었을까요? 학교에서 가르친 교사가 평가한 것이 대학입시에 반영된다는 점에서는 내신 제도가 없는 것보다는 낫다고 할 수 있습니다. 그러나 경쟁이 더 치열해지고 잔인해졌다는 측면에서 과연 학교 교육의 정상화라고 할 수 있을지 의문입니다.

"내가 조는 그 순간에도 경쟁자의 책장은 넘어간다." 대한민국 어느 학교 교실에 걸렸던 급훈이라고 합니다. 경쟁자가 눈앞에 보이지 않는 50만 수험생일 때는 그러려니 하겠지만, 그 경쟁자가 나와 같은 교실에서 생활하는 친구일 때 경쟁은 매우 잔인한 게 됩니다.

그러면 친구와 잔인한 경쟁을 하지 않도록 내신 제도를 절대평가로 바꾸면 되지 않을까요? 1996년 종합생활기록부(학생생활기록부의 전신)가 도입되면서 내신을 절대평가로 바꾼 적이 있었습니다. 그때 어떤 일이 벌어졌냐면 학교마다 '성적 부풀리기'를 했습니다.

대체로 학생들이 가장 어려워하는 수학은 평균 점수가 낮아도 '그러려니' 하는 과목입니다. 그런데 성적이 절대평가로 전환되는 것에 맞춰서 A학교가 수학 시험 평균을 70점에 맞추고, 90점 이상이 20%가 되도록 난이도를 조절했다고 합시다. 그런 상황에서 B학교가 수학 시험에서 평균 50점, 90점 이상 10%로 난이도를 유지한다면 B학교 학생과 학부모들의 원성을 감당할 수 없습니다. 그래서 모두 성적 부풀리기를 하게 됩니다.

실제로 1999년 서울의 26개 고등학교가 시험 문제를 미리 알려줬다는 등의 이유로 재시험을 쳤습니다. 그해 교육부 국정감사에서 전국 1,131개 학교를 대상으로 조사한 결과 10.3%인 117개 학교가 성적 부풀리기로 적발되었다고 합니다. 문제가 심각해서 적발된 것이 그 정도였으니 성적 부풀리기는 광범위했습니다.

그런 분위기가 되니 대학들은 내신 성적을 신뢰하지 않게 되었고 수능시험 반영률을 더 높였습니다. 그래서 내신이 3년 만에 다시 상대평가로 돌아가게 되었습니다.

그런데 상대평가로 돌아가면서 이전과 다른 문제가 발생했습니다. 그전까지는 전 과목 합산 성적으로 내신을 매겼는데, 과목마다 석차 등급을 매기게 된 것입니다. 그 이유는 모든 과목을 잘하지 않더라도 자기가 잘하는 과목의 성적으로 대학에 갈 수 있게 하겠다는 것입니다.

그랬더니 이게 더 사람 잡는 제도가 되었습니다. 사람이 모든 과목을 다 잘할 수는 없습니다. 전 과목 합산 성적일 때는 자신이 약한 과목은 강한 과목 성적으로 보완해서, 비벼볼 언덕이 있었는데, 과목마다 등급을 매겨버리니 모든 과목을 다 잘해야 합니다. 요즘 학생들이 중간고사, 기말고사 시험 기간에 받는 스트레스는 과거와 비교할 수 없이 심각합니다.

다른 나라는 어떨까요? 고등학교 성적을 대학입시에 반영하는 나라도 있고, 반영하지 않는 나라도 있습니다. 그러나 학교 성적을 상대평가 하는 나라는 한국 외에

교육개혁은 없다 2

찾기 어렵습니다. 그러니 입시제도와 관련하여 내신을 절대평가로 전환하자고 주장하는 이들이 많습니다. 교육적으로 당연하고 옳은 주장입니다. 그러나 한국 교육이 어디 교육의 논리로 움직이는 나라입니까?

다가올 내신 제도의 변화는 '고교학점제'입니다. 문재인 정부에서 꾸준하게 추진된 거의 유일한 정책이 고교학점제입니다. 고교학점제란 대학처럼 자신이 원하는 과목을 골라서 듣고 학점을 채우면 졸업하는 시스템을 고등학교에 만들겠다는 것입니다.

지금도 학생들에게 과목 선택권이 매우 많습니다. 선택권을 확대하겠다고 예전에 하나였던 과목을 지금은 몇 개로 쪼개놨습니다. 국어를 '독서', '문학', '화법과 작문', '언어와 매체', 이렇게 4개로 쪼개놓고 선택하라고 합니다. 수학은 수학 I · II 는 공통으로 하고 '확률과 통계', '미적분', '기하' 중 선택하라고 합니다. 수능시험도 그렇게 선택해서 치르고 있습니다.

2025년에 고교학점제가 전면 시행되면 학교가 더 많은 과목을 개설해서 학생들이 선택할 수 있도록 하라고 합니다. 수학 과목을 예로 들면 '생활수학', '경제수학', '인공지능 수학', '세계문명과 수학' 등 기존에 존재하지 않았던 과목들을 개설하라는 것이죠.

그러면 학생들이 자기가 원하는 공부, 자기의 진로에 맞춘 공부를 하게 되어 학교생활이 즐거워지고 수업이 살아나지 않겠냐는 것이죠. 기자가 되고 싶은 학생은 수학·과학은 조금만 공부하고 사회과목을 많이 선택해서 배우고, 엔지니어가 되고 싶은 학생은 사회과목은 조금만 공부하고 수학·과학을 많이 선택해서 공부하라는 것입니다.

고교학점제는 절대평가를 전제로 합니다. 기계공학과를 가겠다는 학생이 물리를 이수하지 않는 현실을 바꾸려면 물리를 신청해도 내신에서 불이익이 없어야 하는데 상대평가로는 실현이 안 되니까요.

절대평가를 하면 40점 이하는 미이수(I학점)가 됩니다. 대학으로 치면 'F'학점인데요, 교육청에서 하는 연수를 들어보면 'I학점'을 주지 말라고 합니다.[2] 사실 교사들 입장에서 'I'학점은 주고 싶지 않습니다. 대학에서는 "그 교수가 F 주는 바람에 졸업 못 하고 1년 더 다녔다"가 말이 되는데, 현재 대한민국에서 "그 교사가 I학점 주는 바람에 졸업을 못 하고 1년 더 다녔다", 이게 가능합니까?

고교학점제 이야기가 길어졌는데요, 이 이야기의 끝은 무엇일까요? 고교학점제가 되면 학교생활이 정말 재미있겠다는 게 아닙니다. 학생과 학부모의 관심은 "그래서 특목고·자사고 가는 게 유리해요? 일반고 가는 게 유리해요?"입니다. 그동안 특목고·자사고 학생들이 가장 걱정하는 게 상대평가로 인한 내신의 불리함인데, 이게 사라지게 됩니다. 그래서 학원가에서는 지금부터 고교학점제는 특목고·자사고에 절대적으로 유리하다고 홍보하고 있습니다.

지금도 소위 인서울 상위권 대학은 특목고·자사고 출신 학생들이 '싹쓸이'를 하고 있는데, 고교학점제가 전면화되면 중학교에서 우수한 학생들의 쏠림 현상이 심해지겠죠. 그렇게 되면 대학에서 일반고의 절대평가를 신뢰할까요? 우수한 학생들이 특목고·자사고로 더 몰려서 일반고의 학력 저하 현상이 지금보다 더 심각해질 텐데, 일반고에서 'A학점' 받은 학생의 'A'를 신뢰할까요?

---

2) 'F'가 'Fail'(실패, 낙제)이라는 부정적 의미라서 'Incomplete'(불완전, 미완성)의 머리글자로 'I'로 쓰겠다는 게 교육부 방침이다.

교육개혁은 없다 2

더구나 'I'학점을 주지 말라고 합니다. 'I'학점을 안 주는 방법은 두 가지입니다. 문제를 아주 쉽게 내거나, 수행평가에서 기본 점수를 왕창 주고 지필고사에서 난이도를 조절하는 방식입니다. 그렇게 하면 대학에서 일반고 학생의 A학점은 더욱 신뢰성을 상실하게 됩니다.

2023년 1월 3일 조희연 서울시교육감은 신년 기자회견에서 "2025년부터 고교학점제가 전면화되어 절대평가가 자사고·외고 존치와 결합한다면 최악의 조합이 되거나 부정적 의미의 파괴적 결과를 초래할 수 있다"고 우려를 표명했는데, 지극히 현실적인 지적입니다.

'여러 줄 세우기'는 교육의 획일성을 혁신했는가?

김영삼 정부는 1995년 5.31 개혁 조치를 통해 대학입시 제도의 청사진을 제출했습니다. 대학별 고사를 폐지하고 수능과 함께 종합생활기록부, 논술, 면접, 실기 등 다양한 전형 요소를 반영하는 길을 트고, 복수 지원 확대와 모집 시기의 다양화로 학생들의 선택 폭을 확대하도록 했습니다.

5.31 개혁 조치는 김대중 정부에서 그대로 계승되었습니다. 이해찬 교육부 장관은 수능 점수로 모든 학생을 한 줄로 세우지 말고, 모든 과목을 다 잘하지 않고 한 과목만 잘하더라도 대학에 갈 수 있도록 하자는 주장을 펼쳤고, '2002학년도 대학입학제도 개선안'으로 구체화

했습니다.

'한 가지만 잘해도 대학에 갈 수 있다', '전원 무시험 전형' 등 이전과 완전히 다른 분위기가 조성되고 '여러 줄 세우기'라는 말이 유행했습니다.

'여러 줄 세우기'는 세 가지 측면에서 제도화되었습니다.

첫째, 모든 과목을 똑같이 공부하는 것이 아니라 자기가 좋아하고 잘하는 과목을 선택하고 시험 봐서 대학에 갈 수 있도록 하는 것입니다.

둘째, 대학 입학 전형을 다양화해서 내신이 좋은 학생, 수능에 강한 학생, 논술을 잘하는 학생 등이 다양한 방식으로 대학에 갈 수 있도록 하는 것입니다.

셋째, 점수로 드러나지 않는 소질과 자질을 대입에 반영할 수 있도록 '비교과' 영역을 학생생활기록부에 기록하여 대학에 제공하는 것입니다. 동아리 활동, 교내 수상 실적, 학생 자치활동, 독서활동, 봉사활동 등 수많은 내용이 학생생활기록부에 기록됩니다. 이를 뒷받침할 수 있도록 학생생활기록부를 전산화하였습니다.

이중 학생생활기록부에 대한 것은 학생부종합전형에서 따로 다루기로 하고, 과목 선택권과 입시 전형 다양화 문제를 먼저 살펴보겠습니다.

1980년대 학력고사의 시험 과목 수는 연도에 따라 다르지만 대체로 15개 내외였습니다. 학교에서 배우는 과목을 대부분 시험 쳤습니다. 과목이 많으니 시험 부담이 컸다고 할 수 있습니다.

지금 수능은 국어, 수학, 영어, 한국사는 필수이고, 사회·과학 중 2과목을 선택하며, 제2외국어 응시도 선택입니다. 한국사는 절대평가에다 문제가 쉬워서 부담이 별로 없고, 제2외국어는 응시자가 7만 명 정도라서 사실상 국영수와 탐구 2과목을 준비하는 시험이라고 할 수 있습니다.

형식만 놓고 보자면 학생이 치러야 할 시험 과목이 적어졌으니 부담이 줄어들어야 합니다. 그런데 그렇게 되었을까요?

학력고사는 전체 점수에서 국영수 배점이 60%를 넘지 않았으나 지금은 국영수가 400점 만점에 300점, 75%입니다. 시험 과목은 줄었지만, 선택 과목의 비중은 축소되었습니다. 더 중요한 것은 시험의 난이도인데요, 단순 암기식 학력고사와는 비교할 필요가 없지만, 시간이 흐를수록 난이도가 높아졌습니다.

난이도가 어느 정도일까요? 앞서 2020학년도 수능 국어 40번 킬러 문제를 이야기했는데, 이번에는 수학 킬러 문제를 이야기해보겠습니다. 수능 수학 문제는 30개인데, 통상 15, 22, 30번 문제가 킬러 문제로 예정되어 있습니다. 특히 30번 문제는 킬러 중의 킬러로 불립니다.

2018년 브라질에서 열린 세계수학자대회에 난데없이 한국의 수능 수학 30번 문제가 등장했습니다. 전 세계의 내로라하는 수학자들은 수능 수학 30번 문제를 풀며 "gosh!(어이쿠)"를 내뱉었다고 합니다.

세계 수학자들에게 수능 수학 문제를 건넨 사람은 한국인 수학자로는 처음으로 국제수학연맹 집행위원으로 선출된 박형주 아주대 총장입니다. 박형주 총장은 지금 우리나라 수능 출제방식으로는 생각하는 힘을 키울 수 없다는 것을 확인하기 위해서 이런 시도를 했다고 합니다.

선택과목이 줄어들면 학생 부담이 줄어든다는 것은 상상력의 영역입니다. 시험에 대한 부담은 경쟁이 얼마나 심한가에 있지 응시 과목 수에 있지 않습니다. 그리고 선택과목을 줄이는 것이 꼭 바람직한가도 따져볼 문제입니다.

2020년 수능부터 문·이과 구분은 사라졌지만, 이공 계열로 진학할 학생이라면 과학 8과목 중 2과목을 선택해서 시험을 치릅니다.

학문의 가치를 따지자면 어느 과목이 중요하다고 말할 수 없지만, 이공 계열에 진학해서 공부하자면 물리와 화학은 필수 과목에 해당합니다. 수학처럼 물리와 화학은 이공 계열 학과에서는 언어와 같은 것입니다. [표2]는 2023학년도 수능 과학탐구 영역에서 과목별 응시 인원입니다.

[표2] 2023학년도 수능 과학탐구 영역 과목별 응시 인원

물리 I	68,169	화학 I	76,802	생명과학 I	153,629	지구과학 I	158,363
물리 II	3,235	화학 II	3,408	생명과학 II	6,032	지구과학 II	3,314

사회과목과 달리 과학탐구는 'I'과 'II'로 위계화되어 있습니다. 고등학교 1학년 때 통합과학을 필수로 공부하고, 이공 계열로 진학할 학생들은 2학년 때 'I' 과목을 이수하고, 3학년 때 'II'과목을 공부한 후, 수능에서는 과학 8개 과목 중 2개 과목을 선택하여 시험을 치릅니다.

2023학년도 수능 응시자 508,030명 중 과학탐구 영역에서 'I'과목 선택자(복수)가 총 456,963명인데, 'II'과목 선택자(복수)는 15,989명으로, 'I'과목의 3.5%에 불과합니다.

고등학교 내신 성적은 3학년 1학기로 끝납니다. 8월 31일이 되면 고등학교 성적을 마감하고 대학으로 전송합니다. 내신 산출이 끝났으니 2학기에 고3 학생들은 수업을 들으려 하지 않습니다. 학생들이 듣지 않으려는데 교사가 수업할 수도 없습니다. 2학기 고3 교실은 자습실입니다. 그러니 3학년 때 이수하는 과학II 과목은 한 학기만 수업하는 과목이 되었습니다. 사실상 의미가 없어진 셈입니다.

'I'과목 중 가장 많이 선택한 지구과학 I 은 물리 I 의 2.3배, 화학 I 의 2배입니다. 그러면 천문학과, 지질학과, 기상학과, 해양학과 등 지구과학 계열의 대학이나 학과가 문전성시를 이뤄야 합니다. 그러나 학생들은 그런 학과는 쳐다보지도 않습니다.

학생들이 가려는 학과는 '전화기'입니다. '전화기'란 고3 교실에서 쓰는 은어인데, 공대의 전기·전자공학과, 화학공학과, 기계공학과의 첫 글자입니다. 왜 '전화기'에 몰릴까요? 취직이 잘 되니까요. 물리는 공부하기 싫으면서도 대학은 물리가 필수인 학과에 가려는 현상, 이게 현실입니다.

2018년 서울대 공대 교과과정위원회는 고등학교에서 물리Ⅱ 과목을 이수하지 않은 학생들을 위해 '교양필수' 과목인 〈물리학〉 대신 〈물리의 기본〉이라는 과목을 이수하도록 규정을 만들었습니다. 서울공대 입학생 정원 900여 명 가운데 절반 정도가 고등학교에서 물리Ⅱ를 배우지 않고 들어오는데, 대학에서 갑자기 확 높아진 물리학의 난이도에 좌절해 공학도의 꿈을 접는 사례가 늘고 있기 때문이라고 합니다.

서울대가 그 정도니 다른 대학은 어떨까요? 고등학교에서 배워야 할 물리Ⅱ, 화학Ⅱ를 대학에서 교수들이 가르쳐야 하는 상황입니다.

과목 선택 이야기가 나왔으니 수능에서 제2외국어 선택 문제도 빼놓을 수 없습니다. 제2외국어 시험이 로또 판이라는 비아냥이 거셌기 때문입니다.

제2외국어를 입시에 반영하는 대학은 많지 않고, 반영하는 대학도 계속 변해왔습니다. 서울대 인문계열이 필수로 지정했지만, 당락에 영향을 미칠 요소는 아닙니다. 서울대를 목표로 제2외국어를 선택하는 학생이 많지도 않겠지만요.

학생들이 제2외국어를 선택하는 이유는 사회탐구 대신 제2외국어로 대체할 수 있는 대학들이 있기 때문입니다. 사회탐구 성적이 좋지 않게 나오면 제2외국어를 '조커'로 활용하는 겁니다.

최근 제2외국어 시험에서 중요한 변화는 2022학년도부터 상대평가에서 절대평가로 바꾼 것입니다. 상대평가였을 때는 아랍어가 10년 동안 부동의 1위였습니다. [표3]은 2020학년도 수능에서 제2외국어에 응시한 65,111명의 과목별 응시자 수입니다.

[표3] 2020학년도 수능 제2외국어에 응시한 65,111명의 과목별 응시자 수

독일어	프랑스어	스페인어	중국어	일본어	러시아어	아랍어	베트남어	한문
1,192	1,200	1,267	3,892	5,567	620	47,074	1,527	2,772

현재 일반고에서 가르치는 제2외국어는 대부분 일본어와 중국어입니다. 그런데 선택과목을 보면 아랍어가 무려 72%입니다. 전국에서 아랍어를 가르치는 학교는 울산외고, 저동고, 동산고 등 6개 정도로 알려져 있습니다.

그러면 왜 학교에서 배우지도 않는 아랍어를 선택해서 시험을 볼까요? 평균점수가 워낙 낮아 조금만 공부해도 표준점수[3]가 높게 나오기 때문입니다. 2009년에 아랍어 선택자가 일본어를 제치고 1등으로 올라섰고, 최근 몇 년간 압도적으로 많은 학생이 아랍어를 선택하여 로또판을 벌여 왔습니다. 아랍어 시험을 한 줄로 찍었는데도 4등급이 나왔다는 전설적인 이야기와 함께….

제2외국어를 상대평가에서 절대평가로 바꾼 후 어떻게 됐을까요? 다시 일본어와 한문이 아랍어를 제치고 1, 2위를 차지했습니다.

---

3) 현재 수능에서 사용하는 점수 방식. 100점 만점을 받았더라도(원점수) 난이도가 높아 평균점수가 낮으면 130점, 평균점수가 높으면 110점, 이런 식으로 난이도에 따라 환산한 점수.

입시제도 변화로 교육을 개혁할 수 있는가?

지금까지 "입시제도 개혁은 목적을 달성한 적이 있는가?"라는 질문에 대해 세 가지 주제로 살펴보았습니다.

- 수능시험은 암기식 교육의 폐단을 해결했는가?
- 내신제도는 학교 교육을 정상화했는가?
- '여러 줄 세우기'는 교육의 획일성을 혁신했는가?

입시 제도 변화에 대한 고찰 중 학생부종합전형이 빠졌습니다. 이는 분량이 꽤 많아서 다음 장에서 독립적으로 살펴보려 합니다.

입시 제도 변화를 통해서 기존 교육의 문제점을 해결하려는 정책은 모두 실패했습니다. 한국 교육이 교육의 논리가 아니라 전쟁의 논리로 돌아가기 때문입니다. 그러면 교육의 문제점을 어떻게 해결해야 할까요?

독일에서 10년간 유학하며 독일 사회를 자세히 들여다본 조성복 중앙대 독일유럽연구센터 연구교수는 "교육개혁의 핵심은 공정한 입시 제도를 만드는데 있는 게 아니라 교육을 마친 후에 발생하는 극심한 차별을 줄이는 데 있다"고 지적합니다.[4]

"매번 새로운 교육부 장관이 들어설 때마다 교육개혁을 말하지만, 수능제도 변경과 같이 대학입시 제도를 개선하는 식의 개혁은 아무런 의미가 없다. 예를 들어, 서울대가 100미터를

---

4)　조성복, 『독일 사회, 우리의 대안』, 어문학사, 2019

11초 이내에 달리는 학생을 뽑겠다고 하면, 대다수 부모는 아이가 어렸을 때부터 달리기 훈련을 시킬 것이다.

우리의 문제는 공정한 입시 제도를 만드는 데 있는 것이 아니라, 소정의 교육을 마친 이후 직업 생활에서 최소한의 생활이 가능하도록 급여 수준을 보장하는 것, 즉 지나치게 벌어지고 있는 직업 간 급여나 보상의 격차를 줄이는 것이다.

격차를 줄이는 문제를 먼저 해결하지 않는다면 입시 제도를 어떻게 바꾸더라도 우리의 교육은 정상화되기 어려울 것이다. 현재와 같은 무한경쟁의 소용돌이 속에서 어떻게 인성교육이 가능하며, 개인의 적성과 소질에 맞는 교육을 할 수 있겠는가?"

제3부 〈교육개혁의 전제, 사회개혁에 이르는 길〉에서 다시 말씀드리겠지만, 대학입시 제도를 바꿔 교육 문제를 해결하겠다는 생각은 대학 진학률이 낮았던 시대의 산물입니다. 대학 진학률이 50%를 넘어선 게 1990년대 중반입니다. 교육의 최종 목표 지점은 대학 입학이 아니라 대학 졸업 이후 점하게 될 사회적 지위입니다. 사회가 각자도생의 전쟁 상태인데, 대학입시를 아무리 바꿔본들 교육의 본질이 달라지지 않습니다.

대학입시 제도 변경은 적응해야 할 제도의 변경일 뿐, 교육의 성격을 바꾸지 못합니다. 그래서 수학능력시험도 도입 초창기의 참신함을 다 잃었고, 내신 제도를 도입해도 학교 교육은 정상화되지 않으며, 여러 줄 세우기를 외쳐도 교육의 획일성을 바꾸지 못했습니다.

학생부종합전형, 공정성만 문제인가?

2019년 소위 '조국 사태'로 전 국민이 대학 입시 제도를 공부하게 되었습니다. 장관 청문회부터 사퇴할 때까지 두 달 동안 뉴스는 온통 정시와 수시, 학생부종합전형, 스펙 등의 용어로 장식됐습니다.

2019년 9월 10일 연합뉴스 보도에 따르면 2014년 세월호 참사 이후 한 달 동안 관련 보도가 24만 건, 2016년 jtbc의 최순실 태블릿PC 보도 이후 한 달 동안 관련 보도가 11만9천 건이었는데, 조국 장관 후보자 지명 이후 한 달 동안 보도 건수는 무려 118만 건이었다고 합니다. 검찰 개혁을 막으려고 조국 장관 자녀의 학생생활기록부와 봉사활동 확인서까지 탈탈 턴 검찰과 언론의 기가 막힌 합작품이었습니다.

문재인 대통령은 사태를 수습하면서 "수시에 대한 신뢰가 형성될 때까지 서울의 주요 대학을 중심으로 수시와 정시 비중의 지나친 불균형을 해소할 방안을 마련하라"고 지시했고, 교육부가 2023년까지 16개 대학[5])에 정시를 40% 이상으로 끌어올리겠다고 발표하는 것으로 마무리했습니다. 조국 사태 이후 여론조사 결과 정시 확대 의견이 60%를 넘었던 사회적 분위기 때문이었을 것입니다.[6])

---

5) 건국대, 경희대, 고려대, 광운대, 동국대, 서강대, 서울시립대, 서울대, 서울여대, 성균관대, 숙명여대, 숭실대, 연세대, 중앙대, 한국외대, 한양대
6) 2019. 10. 28. 리얼미터 여론조사 결과 정시 확대 찬성 63.3%, 반대 22.3%

문재인 정부의 정시 확대 입장에 대해 전국시도교육감협의회는 반대 성명서를 냈습니다. 이유는 수능 점수로 선발하는 정시를 확대할 경우 학교 교육과정의 파행을 부추기고 문제 풀이 중심의 수업을 낳기 때문이라는 것입니다. 시도교육감협의회뿐 아니라 많은 교육·시민단체들도 정시 확대에 반대하는 성명을 발표했습니다.

4년 전 '조국 사태'를 꺼낸 이유는 학생부종합전형에 대한 논쟁이 학교 현장의 현실에 대한 깊은 성찰로 이어지지 못하고 대충 봉합하여 마무리되었기 때문입니다.

정시(수능) 확대는 '공정성' 확보라는 명분은 있으나 학교 수업을 과거의 문제풀이식 교육으로 돌리는 것이라서 문제일까요?

정시를 확대하면 특목고, 자사고, 강남8학군이 이득을 보기 때문에 문제일까요?

학생부종합전형은 '부모 찬스'를 쓸 수 있고 '묻지마 전형'이라는 문제점은 있으나 학교 교육을 정상화하는데 기여하는 제도일까요? 학생부종합전형은 수능으로 대학 가기 어려운 지역의 학생들에게 유리한 제도일까요?

미국의 입학사정관제를 도입하여 변형한 학생부종합전형은 그 어느 나라에서도 찾아볼 수 없는 기괴한 제도입니다. 미국조차도 이렇게는 안 합니다. 그런데 학생부종합전형이 학교 교육의 문제를 해결할 수 있는 것처럼, 또는 가난한 지역 학생들에게 기회를 제공할 수 있는 듯이 왜곡되어 있고, 오히려 학생부종합전형으로 인해 학교가 얼마나 파행적으로 운영되고 있는지에 대해 제대로 알려지지도 않았습니다. 이에 학생부종합전형에 대해 자세히 다뤄보도록 하겠습니다.

학생부종합전형에 대한 이해

입시제도가 대한민국보다 복잡한 나라는 없을 것입니다. 4년제 대학이 200여 개,

전문대가 140개 정도인데 입시 전형은 3천 가지가 넘습니다. 이렇게 복잡한 제도를 만들게 된 중심에 학생부종합전형이 있습니다. 워낙 제도가 복잡해서 고등학교 교사들도 3학년 담임을 몇 년 동안 안 하면 잘 모릅니다. 본격적으로 대학입시를 논하기 전에 용어와 제도를 간략히 설명하겠습니다.

먼저 학생생활기록부(이하 생기부)에 무엇이 기록되는지 알아야 합니다. [표4]

[표4] 학생생활기록부 기재 내용

교과성적 (내신)	성적	과목별로 점수와 등급을 기록(9등급제)
	세부능력 특기사항	교사가 수업시간에 관찰한 학생 활동과 특성을 기록. 500자까지 기록 가능
비교과활동 (스펙)	진로 희망	1학년 때부터 학년별로 기록
	자율활동	학급자치 활동, 학생회 활동, 수학여행을 비롯하여 학교에서 진행한 다양한 활동
	동아리활동	정규 수업시간에 진행한 동아리 활동, 학생들끼리 자발적으로 만들어 운영한 자율동아리 활동
	봉사활동	봉사활동을 인증할 수 있는 기관에서 한 봉사활동 시간 및 그 내용
	진로활동	자신의 진로와 직업을 탐색하기 위한 활동
	독서활동	독서 목록(과거에는 간단한 독후감까지)
	수상기록	학교장이 인정한 교내 수상 실적
	자격증	재학 기간 중 취득한 국가 기술 자격증 등
종합 의견		담임교사가 학년 말에 기록해주는 종합 의견

대학은 [표4]와 같이 기록된 생기부와 수능, 면접으로 학생을 선발합니다. 선발 방식을 크게 나눠보면 [표5]와 같습니다. [표5]는 2023학년도의 전형 비율입니다. 실기 위주인 예체능 계열은 뺐습니다.

[표5] 2023학년도 학생 선발 전형 비율

	선발방법과 유형		전국	상위15개대학
수시	학생부 교과전형	① 고교 내신만 평가	44.3%	11.4%
		② 내신+수능 최저기준 충족		
	학생부 종합전형	③ 내신+스펙	24.2% (+논술3.2%)	35.5% (+논술8.6%)
		④ 내신+스펙+수능 최저 충족		
정시	⑤ 사실상 수능 점수로만 선발		22.2%	41.7%

형식만 보면 [표5]의 5가지 유형 중에서 학생이 자신에게 가장 유리한 전형을 선택해서 입학하면 될 것처럼 보입니다. 예를 들어 학교 내신은 좋은데 수능 점수가 안 좋은 학생은 ①번, 수능도 좀 받쳐주면 ②번, 내신뿐 아니라 스펙도 어느 정도 있으면 ③번, 여기에 수능까지 받쳐주면 ④번, 내신은 별로지만 수능에 강하면 ⑤번, 이런 식으로 말입니다. 그러나 그 속을 들여다보면 그렇지 않습니다.

전국 대학을 통털어 보면 학생부교과전형(이하 교과 전형)이 44.3%, 학생부종합전형(이하 학종)이 24.2%입니다. 그러나 소위 인서울 '상위권 15개 주요 대학'은 학종이 35.5%로 훨씬 많으며 교과 전형은 11.4%밖에 안 됩니다. 서울대는 학종이 69.4%, 연세대는 56.7%, 고려대는 59.9%로 상위권 15개 주요 대학 중 가장 많습니다.

문재인 대통령이 정시를 40%로 확대하라고 지목한 15개 대학의 2023학년도 입학생 정원은 44,976명입니다. 2023학년도 수학능력시험 지원자가 508,030명이니, 정시·학종 논쟁은 10% 안에 드는 상위권 학생들의 문제입니다.

서울의 일반고에서 고3 담임을 맡아온 경험으로 이야기하자면, 제가 담임을 맡은 학급 학생 중 학종을 고민하는 학생은 내신이 2등급대까지, 한 학급에서 5명 이내입니다. 내신이 3등급을 넘어가면 대체로 인서울이 어려운데, 인서울이 아닌 대학들의 경우 교과 전형이 가장 큰 비율을 차지할 뿐 아니라 특별한 학생이 아니면 학종을 노릴만한 스펙이 없습니다. 스펙이란 게 다 고만고만합니다.

스펙은 내신 1등급, 2등급대 학생들이 덤으로 해야 하는 짐입니다. 인서울 학생들을 학종으로 뽑느냐, 수능으로 뽑느냐, 이것은 인서울을 꿈꿀 수 없는 80% 학생들에게는 의미가 없습니다.

인서울 주요 대학들은 왜 학종을 선호할까요? 고등학교가 서열화되어 있기 때문입니다. 일반고의 1등급과 특목고·자사고의 1등급이 같습니까? 특목고에서는 내신이 3등급, 4등급이어도 여러 가지 스펙을 쌓아 인서울 주요 대학에 진학하는 것이고, 일반고는 3등급대부터는 인서울이 어려운 것이며, 인서울이 아닌 경우에는 그냥 학교 내신 성적으로 가는 것입니다.

학생부종합전형은 달콤한 약속을 지켰는가?

학생부종합전형은 미국의 입학사정관제를 수입한 것입니다. 2007년에 수입해서 2013년 학종으로 이름표를 바꿨습니다.

이명박 정부는 출범 직후 '고교 다양화 300 프로젝트[7]'와 함께 입학사정관제를 밀어붙입니다. 2008년 교육과학기술부는 입학사정관제 실시 대학에 거액의 예산을 지원하기 시작합니다. 2007년 20억 원이었던 재정 지원 규모를 2008년 157억 원, 2009년 236억 원, 2010년 350억 원으로 대폭 늘렸습니다. 심지어 이명박 대통령은 자신의 임기 말까지 입학사정관제로 100% 선발하겠다고도 했습니다.

다른 나라의 교육제도 중 좋은 것이 있다면 그 취지를 잘 살릴 수 있는 방향으로 도입할 수 있습니다. 그러나 입학사정관제는 아닙니다.

입학사정관제는 대학 졸업 후 기부금을 잘 내지 않는 유대인들의 아이비리그 점령을 막기 위해 고안된 기형적 제도입니다. 유대인들이 미국으로 대거 이주해온 1차대전 이전에는 미국도 성적으로 학생을 선발했습니다. 입학사정관제는 태생 자체가 매우 불순하고, 돈으로 입학증서를 팔고 사는 비윤리적 제도입니다. 왜 이런 제도를 수입해왔을까요?

입학사정관제가 도입된 이유를 두 가지로 생각해볼 수 있습니다.

첫째, 한국의 교육 현실이 미국과 흡사해졌기 때문입니다. 미국은 10%에 불과한 사립학교 출신이 아이비리그 대학생의 40%를 차지합니다. 입학사정관제가 시범 도입된 2007년은 전국에 과학고, 외고가 자리 잡은 시기입니다. 입학사정관제가 확대되어 학종으로 개명하고 정착된 2013년은 전국에 자사고가 급속히 팽창하던 시기입니다.

고교평준화가 깨진 조건에서 영재고, 국제고, 과학고, 외고, 자사고의 우수한 학생을 입학시킬 방도를 미국의 입학사정관 제도에서 찾았다고 봅니다.

둘째, 한국 교육의 미국 종속성입니다. 한국 교육계를 쥐고 흔드는 외국 교육학

---

7)   기숙형 고등학교 150개 교, 자율형 사립고등학교 100개 교, 마이스터고 50개 교를 설립하여 학생의 선택권을 확대하고, 사회에서 필요로 하는 인재를 육성하겠다는 정책.

박사의 77%가 미국 박사가 아니었다면 입학사정관제가 수입되었을까요?

학종 도입을 추진하던 사람들은 두 가지 달콤한 이유를 들어 교육계와 학부모들을 설득했습니다.

첫째, 기존 입시제도는 성적으로만 학생을 선발하여 학생의 다양한 소질과 잠재력을 외면했으나, 학종은 학생을 공부하는 기계에서 벗어나 꿈과 끼를 살려주는 입시 전형이 될 것이라고 했습니다.

둘째, 학종은 비교과 영역을 반영하기 때문에 절대로 학원에서 대신해줄 수 없는 제도가 될 것이며, 사교육을 받지 않고도 학교생활만 충실히 하면 얼마든지 대학에 갈 수 있다고 했습니다.

입학사정관제 도입부터 따져보면 16년이 지났습니다. 학종은 달콤한 약속을 지켰을까요?

학종을 통해 보고자 하는 자질과 잠재력은 어떤 학생의 자질과 잠재력일까요? 주로 특목고, 자사고 학생의 자질과 잠재력입니다. 2019년 11월 교육부는 SKY를 비롯한 13개 주요 대학의 2016~2019학년도 입시 전형자료 202만여 건을 받아 분석한 결과를 발표했습니다.

일반고는 평균 2등급 정도의 학생이 지원해 1.5등급 이내 학생이 합격하는데, 자사고·특목고는 평균 3.0~3.5등급의 학생이 지원해 2.5등급 안팎의 학생이 합격하는 경향을 보였습니다.

더불어민주당(이하 민주당) 김태년 의원실에서 발표한 고교 유형별 서울대 합격자 비율을 보면 명확합니다. 학종이 시작된 2013년보다 3년 후인 2016년에 수시 합격자의 일반고 출신 비율은 10.4%가 줄었고, 그 자리를 자사고가 채웠습니다. 정시도 마찬가지입니다. [도표1] [도표2]

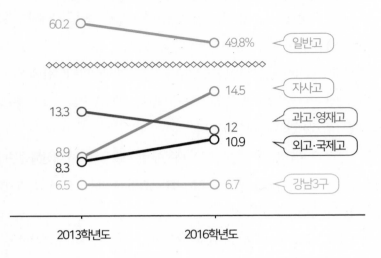

[도표1] 서울대 2013·2016 고교 유형별 합격자 현황 - 수시

60.2 — 49.8% — 일반고

14.5 — 자사고
13.3 — 과고·영재고
12 — 외고·국제고
10.9
8.9
8.3
6.5 — 6.7 — 강남3구

2013학년도 · 2016학년도

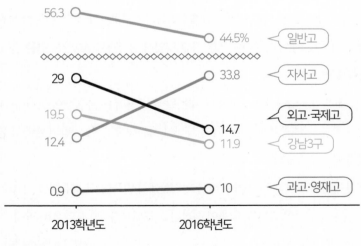

[도표2] 2013~2016학년도 서울대 합격자 현황(최종 등록자 기준) - 정시

56.3 — 44.5% — 일반고

29 — 33.8 — 자사고
19.5 — 외고·국제고
12.4 — 14.7
11.9 — 강남3구

0.9 — 10 — 과고·영재고

2013학년도 · 2016학년도

자료: 김태년 의원실

교육개혁은 없다 2

학종으로 사교육이 완화되었을까요? 오히려 계속 증가했습니다. [도표3]과 [도표4]는 2019년에 교육부와 통계청이 전국 1486개교 학부모·교사 4만여 명을 대상으로 조사하여 발표한 '2018년 초·중·고 사교육비 조사'입니다. 자료를 보면 진로진학 컨설팅 사교육비만 해도 1년에 616억 원에 이릅니다. 기존의 사교육에 진로 컨설팅 사교육까지 보태졌습니다.

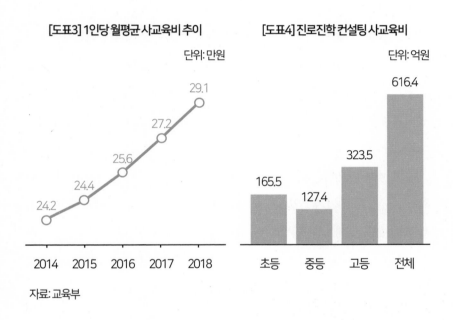

[도표3] 1인당 월평균 사교육비 추이
단위: 만원

24.2 (2014)
24.4 (2015)
25.6 (2016)
27.2 (2017)
29.1 (2018)

자료: 교육부

[도표4] 진로진학 컨설팅 사교육비
단위: 억원

165.5 (초등)
127.4 (중등)
323.5 (고등)
616.4 (전체)

2019년 최고의 시청률을 자랑했던 〈스카이 캐슬〉은 서울의대를 목표로 학종에 목숨을 건 학부모들의 빗나간 교육 행태를 다룬 드라마입니다. 이것이 상류층들만의 빗나간 행태일까요? 아닙니다. 학종으로 인해 학원에 대한 의존도가 더 커졌습니다. 입시제도가 너무 복잡해졌기 때문입니다. 학원은 기존의 공부는 공부대로 가르치면서 학생의 스펙을 설계하고 관리하는 일까지 하면서 더 크게 성장했습니다.

2019년 민주당 박경미 의원이 교육부에서 제출받은 〈진학상담·지도 교습 과정 교습비 분당 조정기준〉과 서울시교육청의 학원 등록 현황 자료를 분석한 결과, 서울 강남서초교육지원청은 진학상담 지도비가 1분당 5천 원이었습니다. 1분에 5천 원 이면, 10분에 5만 원, 1시간에 30만 원이죠. 강남서초교육지원청에 신고한 금액이 그 정도이니 실제로는 얼마인지도 모르죠.

학종은 학생의 꿈과 끼와 잠재력으로 대학에 가는 제도가 아닙니다. 일단 내신이 좋아야 합니다. 학원의 첫 번째 과제는 내신을 대비해주는 것입니다. 학원에서는 중간고사, 기말고사 한 달 전에 학교별로 반 편성을 합니다. 그 학교의 중간고사, 기말고사 기출 문제를 분석하여 대비해줍니다. 그렇게 하라고 도와주려는 건지 모르겠으나 교육부에서는 학교 홈페이지에 중간고사, 기말고사 문제를 탑재하도록 강제하고 있습니다.

내신만 좋으면 안 됩니다. 수능도 잘 봐야 합니다. 상위권 대학으로 갈수록 수능 최저등급을 요구하기 때문입니다. 의대는 대체로 1등급 3과목 정도를 요구합니다. 서울대는 2등급 3과목을 요구합니다. 이런 걸 최저등급 충족이라고 합니다. 수능 최저등급을 요구하는 대학·학과가 있고 없는 대학·학과도 있지만, 최저등급을 충족시킬 수 있으면 원하는 대학과 학과의 레벨을 한 단계 높일 수 있습니다.

좋은 내신과 수능 최저등급을 전제로 해서 스펙이 필요합니다. 학종이 생겨난 이후 사교육 업체들이 학부모를 모아놓고 하는 대규모 입시 설명회가 일상화되었습니다. 사교육 업체들은 대놓고 이야기합니다. 고등학교 가면 각종 스펙 만드느라 공부할 시간이 부족하니 중학교 때 고등학교 것을 미리 다 공부해야 한다고. 터무니없는 말이 아닙니다. 소위 명문대를 가려면 생기부가 20장은 넘어야 합니다.

그래서 결과는? 학생들이 쉴 틈이 없다는 것입니다. 성적만 좋은 학생이 아니라 전인적 학생을 뽑겠다는 취지는 학생들을 더 입시의 노예로 만들어버렸습니다.

학생부종합전형과 대학의 위선

학종이 고등학교에 불러온 새로운 풍경 중 하나가 입시 설명회입니다. 대학의 입학사정관이 고등학교에 직접 와서 학생, 학부모를 대상으로 입시 설명회를 합니다. 입학사정관은 학종에 대해 아래와 같이 설명합니다.

"4차 산업혁명 시대에는 새로운 인재 개념이 필요합니다. 시험 점수로 표현되는 '능력'이 아니라 미래 사회에 필요한 '역량'이 중요합니다. 자기 관리 역량, 지식정보 처리 역량, 창의적 사고 역량, 심미적 감성 역량, 의사소통 역량, 공동체 역량 등을 핵심 역량이라고 합니다.

대학에서는 내신 성적 1.2와 1.4의 차이가 중요하다고 생각하지 않습니다. 그것보다는 학생의 역량을 보고자 합니다. 특히 대학에서 요구하는 것은 '전공적합도'입니다.

예를 들어 물리학과에서 중요하게 생각하는 것은 전 과목 성적의 평균값이 아니라 물리학에 대한 학생의 열정입니다. 생기부의 희망 직업란에 1학년 때 과학자라고 썼다면, 2학년 때는 물리학자, 3학년 때는 양자물리학자, 이렇게 꿈이 점점 구체화되고, 이를 위하여 노력한 흔적이 생기부에 기록되어야 합니다. 이것을 '진로성숙도'라 합니다.

학년이 올라가면서 물리 성적이 좋아졌거나, 다른 과목은 몰라도 물리는 우수한 성적을 유지했거나, 물리 관련 서적을 많이 읽었거나, 동아리도 물리 관련 동아리를 한 학생, 대학은 그런 학생을 원합니다.

그러니 선생님들은 학생들의 진로 지도를 잘 해주고, 학생의 활동을 세세히 기록해주십시오. 실제로 OO년도 우리 대학 △△학과에 내신이 얼마인 학생이 지원했는데, 우리가 그 학생을 뽑았습니다. 성적은 좀 부족했지만 가능성을 봤기 때문입니다."

저는 그런 설명을 들을 때마다 웃음밖에 안 나옵니다. 아주 쉬운 해결 방법이 있는데 왜 대학들은 어렵게 신입생을 선발하는지 모르겠습니다. 물리학과 지원 학생은 물리 시험을 보고, 경영학과 지원 학생은 경제 시험을 보는 것입니다. 그러면 학생의 '전공적합도'뿐 아니라 실력까지 측정할 수 있는데 말입니다.

'전화기'를 쓰면서 수능에서 물리·화학을 선택하지 않은 학생이 얼마나 많은지, 경영학과에 가겠다면서 수능에서 경제를 선택하지 않는 학생이 얼마나 많은지 대학 관계자들이 모를 리 없지 않겠습니까.

앞서 수능 과학탐구와 제2외국어 응시자 수를 알아냈는데, 이번에는 사회탐구 응시자 수를 살펴보기로 하죠. [표6]은 2023학년도 사회탐구 과목별 응시 학생 수입니다.

응시자가 가장 많은 과목은 '생활과윤리', 다음으로 '사회문화'입니다. 응시자 수만 보면 철학과와 사회학과가 가장 인기가 높아야 할 것 같은데, 모두 알다시피 가

[표6] 2023학년도 사회탐구 과목별 응시 학생 수

과목	응시자수	과목	응시자수
생활과윤리	142,541	법과정치	25,682
사회문화	127,189	동아시아사	20,413
한국지리	34,489	세계사	16,457
윤리와사상	34,226	경제	4,927
세계지리	25,980		

장 기피하는 학과입니다. 취직이 안 되기 때문이죠.

인문사회 계열에서 가장 선호하는 학과는 경영학과이고, 단일 학과로서 학생 수도 가장 많지만, 2023학년도 수능 사회탐구 응시자 중 '경제' 선택자는 4,927명으로 꼴찌입니다. '생활과윤리' 선택자 수의 3.4%에 불과합니다. 수능 선택자만 그런 게 아닙니다. 고등학교에서 사회과목 선택자 수도 마찬가지입니다.

학종이 추구한다는 새로운 인재상과 관련하여 대학 관계자들의 말을 신뢰하기 어려운 이유는 고등학교에 요구하는 것을 자신들은 전혀 실천하지 않기 때문입니다.

대학에서 말하는 대로 공부만 잘하는 학생을 뽑지 않겠다면, 학생의 잠재력과 인성과 다양한 능력을 소중히 하겠다면, 대학도 그런 대학생활기록부를 만들어야 합니다. 학점뿐 아니라 대학 시절 다양한 학내 활동, 독서 활동, 동아리 활동, 직업 준비 활동 등을 기록해서 기업에 추천해야 합니다. 그러나 대학은 달랑 학점만 기록하죠.

대학입시 설명회에서 입학사정관들은 21세기에 고등학교 교육이 바뀌어야 한다고, 이제 지식 위주의 교육이 아니라 역량을 키우는 교육이 되어야 한다고, 창의적 인재를 육성해야 한다고 목에 힘을 주어 말하는데, 정작 대학 교육은 어떤 상황일까요?

〈교육과혁신 연구소〉 소장 이혜정 교수가 2014년에 쓴 『누가 서울대에서 A+를 받는가』는 교육계에 큰 충격을 던졌습니다. 이혜정 교수는 서울대 사범대학 학부와 대학원에서 학생들을 가르치면서 4.0 이상의 최고 학점을 받는 최우등 학생들은 무엇이 어떻게 다를까 하는 호기심에서 출발하여 1,100명의 서울대생을 심층 조사했습니다.

서울대에서 최우등 학생들을 인터뷰해보니 수업시간에 교수의 강의를 녹음하고, 토씨 하나 틀리지 않게 노트북에 타이핑 하고, 교수가 말한 그대로 답안지를 작성한 학생들이 A+를 받는다는 것입니다.

서울대 최우등생들의 학습 방법은 초중고 시절 공부와 다르지 않으며, 그렇게 공부해야만 높은 학점을 받을 수 있다고 합니다. 비판적 창의적 사고력은 학점에 방해가 된다고 생각하며, 교수의 말을 그대로 받아 적는 노트 정리법으로 공부하고, 자신의 의견을 갖기보다 교수의 생각을 그대로 받아들여야 한다고 믿는답니다.

이혜정 교수는 이런 모습이 서울대 학생들의 잘못이 아니라고 합니다. 교수들이 달달 외워 답안지를 작성한 학생에게 A+를 주기 때문이죠.

그러면 교수들은 왜 그렇게 할까요? 학생들이 교수의 평가 기준에 따라 공부법을 선택하듯이 교수들은 대학 당국의 교수평가 기준에 따라 수업을 설계하기 때문이라는 것입니다.

2000년대 들어 기업들은 대학의 학점이 부풀려져 있다며 대학에 엄격한 상대평가를 요구했고, 대학은 기업의 요구를 수용했습니다.

그런데 취업이 안 되는 시대라서 학생들은 학점에 더 민감해졌습니다. 학점에 이의를 신청하고, 과제물 점수에 항의하는 학생들이 많아졌습니다. 교수들도 난처하겠지요. 그래서 대학도 선다형으로 출제하는 경우가 많아졌다고 합니다. 대학생들이 "사형제 폐지에 대한 생각을 쓰시오"가 아니라 "다음 중 사형제가 폐지된 나라는?"식의 문제를 풀고 있다고 합니다.[8]

인성과 역량을 강조하는 대학은 막상 자기 학교 학생들을 100명, 200명씩 대형 강의실에 집어넣고 시간강사들의 값싼 강사료로 운영하면서 천문학적인 적립금을 쌓아왔습니다. 이러면서 고등학교에 21세기 인재를 요구하다니 기가 막힌 일이죠.

---

8)　오찬호, 『진격의 대학교』, 문학동네, 2016

학생부종합전형으로 더욱 고통스러워진 학생들

학종을 긍정적으로 평가하는 사람들도 있습니다. 교사 중에도 그렇게 평가하는 분들이 적지 않은데요, 이유는 두 가지입니다.

첫째로 독서, 봉사활동, 학생자치 활동, 동아리 활동 등 수능만으로 대학 가던 시절에는 죽어있던 비교과 활동들이 학종 덕분에 살아났다는 것입니다.

둘째로 수능이 모든 것을 결정했던 시기에는 학원에서 밤늦게까지 공부하고 학교에서는 엎드려 자는 학생들이 부지기수였는데, 지금은 교사가 써주는 교과별 세부능력특기사항(이하 교과세특)이 중요해지고, 교과세특을 쓰기 위해선 학생들에게 다양한 활동을 시키고 관찰해야하기 때문에 학생들의 수업 참여도가 높아졌다는 것입니다.

세상에 100% 좋은 제도, 100% 나쁜 제도는 없습니다. 학종이 가져온 긍정적 변화도 있습니다. 그러면 긍정적 측면과 부정적 측면 중 어떤 것이 더 클까요?

가장 '선한' 활동으로 평가되는 봉사활동을 살펴보겠습니다. 2019년 '조국 사태'로 대입 불공정 논란이 빚어지자 문재인 정부는 '대입제도 공정성 강화 방안'을 발표했습니다. 교육부는 부모 배경 등 외부요인을 차단하기 위해 봉사시간은 학교 교육계획에 따라 교사가 지도한 것만 기록하고, 봉사활동 관련 특기 사항을 2022학년도 대학입시부터 기재하지 않도록 했습니다.

그 후 봉사활동은 어떻게 되었을까요? 〈1365〉라는 자원봉사 포털이 있습니다. '1년 365일 자원 봉사하기 좋은 날'이라는 뜻인데요, 봉사활동을 안내하고, 참여하면 그 기록을 생기부와 연동시켜주는 포탈입니다. 〈1365〉에 기록된 연인원수는 2019년 771만 명에서 2022년에 134만 명으로 줄어들었습니다. 3년 사이에 1/6로 감소한 것이죠. 코로나 영향도 없지 않겠지만, 코로나가 유행해도 학원은 다들 다녔으니 봉사활동이 입시에 들어가냐 안 들어가냐의 차이겠지요.

봉사활동만 그럴까요? 독서를 보겠습니다. 몇 년 전까지는 생기부에 책 제목과 함께 간단한 소감도 기록했는데요, 지금은 책 제목과 저자만 기록합니다. 그렇다고 아무 책이나 기록하지는 않습니다.

학종에서 자기소개서를 작성할 때 1~3번 문항은 대학 공통이고, 4번 문항은 대학 자율입니다. 서울대는 4번 문항에 자신에게 영향을 준 책 3권과 그 이유를 쓰게 합니다. 독서는 여기에 맞춰져야 합니다.

2022학년도 서울대 입학생들이 자소서 4번에 제출한 도서 1위 목록이 서울대 홈페이지 '아로리 웹진'에 게시되어 있습니다. [표7]이 그 목록입니다.

그냥 독서가 필요한 게 아니라 '전공적합도'에 맞춰진 독서가 필요합니다. 그래서 감동적으로 읽어야 할 필독서 목록이 표준화됩니다.

저는 독서를 생기부에 기록하는 순간, 독서가 입시 과목에 추가되었을 뿐이라고

[표7] 2022학년도 서울대 입학생들의 도서 1위 목록

단과대학	도서	단과대학	도서
인문대학	데미안	자연과학대학	침묵의 봄
사회과학대학	공정하다는 착각	미술대학	변신
수의과대학	의사와 수의사가 만나다	공과대학	엔트로피
간호대학	아픔이 길이 되려면	음악대학	하노버에서 온 음악편지
경영대학	넛지	의과대학	숨결이 바람 될 때
농생과학대학	침묵의 봄	자유전공학부	팩트풀니스

생각합니다. 하지만 달리 생각하는 사람도 있을 것입니다. 이렇게라도 하니까 학생들이 책을 읽게 되는 긍정적 효과가 있지 않겠냐고. 글쎄요, 봉사활동이 생기부에 기록되는 순간 입시 과목이 되는데, 독서는 아닐까요?

학교 사정을 잘 모르는 사람들은 생기부가 몇 쪽 정도일지 궁금할 것입니다. 일반고에서 학종으로 인서울 주요 대학에 가려면 18~20쪽, 서울대에 가려면 25쪽은 넘어야 한다는 것이 정설입니다.

일반고에서 서울대는 내신은 1점 초반대에 수상, 학생회, 동아리, 봉사, 독서, 진로 탐색 활동, 멘토·멘티 활동, 교과세특 등을 최고의 미사여구로 무장한 학생들이 지원합니다.

민주당 김병욱 의원이 서울대에서 받은 '2014~2018년 서울대 수시 합격생 교내상 현황'에 의하면 교내 수상은 2014년 20개, 2015년 23개, 2016년 25개, 2017년 27개, 2018년 30개로 나타났습니다.

모든 과목이 경시대회를 엽니다. 과목별로 경시대회를 열고, 탐구주제 발표대회, UCC 발표대회 등 일 년 내내 경시대회를 엽니다. 경시대회를 통해 성적으로 드러나기 어려운 학생들의 잠재력이 드러날까요?

다 그 학생이 그 학생입니다. 물리 시험 잘 본 학생이 물리 경시대회에서 상을 타지, 물리 경시대회에서 두각을 나타내는 학생이 따로 있는 게 아니겠죠. 성적 좋은 학생들이 상을 나눠 먹고, 많은 학생이 들러리 서야 합니다. 생기부에 경시대회 참가 인원을 써야 하기 때문입니다. 참가 인원이 적으면 수상의 신뢰성에 문제가 생기기 때문에 학교에서도 학생들에게 옵션을 걸어 참여에 협조를 요청합니다.

앞의 서울대 자료에 따르면 서울대 입학생의 평균적 동아리 활동시간은 2014년 99시간, 2015년 107시간, 2016년 110시간, 2017년 113시간, 2018년 112시간으로 나타났습니다. 정규 시간의 동아리만으로는 부족하니 자율동아리를 2개, 3개씩 만들어 활동해야 합니다.

학생들이 이렇게 생활하는 게 비교과 활동이 살아나서 학교를 긍정적으로 바꿨다고 할 수 있을까요? 국가교육회의 홈페이지의 '국민제안' 메뉴에 올라온 어느 학생의 글을 보겠습니다.

각종 대회란 대회 다 나가서 20개 이상 최우수, 우수로 채웠고, 독서도 엄청나게 해서 개인 문집 발간하고 최다 독서상도 받아놓았습니다. 지역 의료봉사 3년 내내 했고, 소방서 봉사도 방학 때마다 일주일 넘게 했습니다.

3년 내내 봉사상, 표창장을 학교 친구들 추천으로 다 받았고, 멘토 멘티, 동아리부장, 과목부장 다 했습니다. R&E 대회가 중간고사랑 겹칠 때도 그것 놓칠까봐 시간 쪼개가면서 참여했습니다.

대학교 연구실 쫓아다니고 조교들 사귀어 가면서 논문 썼습니다. 지역 사회 건의 활동도 다 참여해서 논문 쓰고, 시 지역 신문에 기고도 하고, 시민들과 학생들 상대로 설문 조사, 청원서 만들어 시의회에도 내고, 심지어 명예기자 한다고 여름방학 내내 지역신문사 다니면서 취재해서 상 받고 아무튼 상상 이상 미친 듯이 달려왔지만 결국 남은 건 상처뿐입니다.

학교는 생기부를 채우기 위해 수많은 활동을 조직합니다. 활동을 기록하는 것이 아니라 기록하기 위해 활동을 조직합니다. 수업도 수행평가를 많이 합니다. 교과세특을 쓰기 위해서입니다.

교실 칠판에는 다음 주 수행평가 과목이 늘 써있습니다. 교사 입장에선 자기 과목에서 한 학기에 2~3번 수행평가를 하는 거지만, 모든 과목이 그렇게 하면 학생들은

교육개혁은 없다 2

미칠 지경이 됩니다. 학생들은 학원에 다녀와서 잠을 못 자고 수행평가를 합니다. 앞서 인용한 국가교육회의 홈페이지에 어느 학부모가 쓴 글을 보겠습니다.

욕설 금지 표어·포스터 만들기, 조별과제 UCC 제작, 수학여행 코스별 역사적 내용 정리하기,… 수학여행 갈 때 노트북을 들고 가더라구요. 조별과제는 애들이 새벽까지 의논하느라 그룹채팅하고 잠도 못 자고 난리도 아니더라구요.

비정상 상태를 제도화한 학생부종합전형

제가 학종을 부정적으로 평가하는 가장 중요한 이유는 낯 뜨거운 말장난으로 양심을 속이면서 대학에 가기 때문입니다. 입학사정관들은 일찍부터 진로를 정해서 '진로성숙도'를 높이는 방향으로 잘 지도하여 학생의 꿈과 끼를 살려주는 교육을 하라고 요구하지만, 현실은 그렇지 않습니다. 생기부에 맞춰서 꿈과 끼를 만들어내며, 자기소개서와 교사의 추천서는 거짓말 대잔치 창작물입니다.

수시에서 원서를 6개 씁니다. 같은 학과로 6개 대학을 쓰는 학생도 가끔 있지만, 대부분 학생은 서열화된 학교와 학과에 맞춰 원서를 씁니다. '최적화'된 예상 합격선에 맞춰 원서를 쓰는 것이죠. 대학을 상향해서 쓰면 학과를 낮추고, 대학을 안전하게 쓰면 학과를 높여서 씁니다.

대학이 달라지면 학과도 달라지니 그때마다 다른 자기소개서를 써냅니다. A대학은 어릴 때부터 물리학자를 꿈꾼 학생의 모습으로, B대학은 어릴 때부터 기계공학을 꿈꿔온 학생의 모습으로, C대학은 생물학에 대한 관심과 호기심을 지닌 학생의 모습으로, 그렇게 꿈을 바꿔가며 자기소개서를 씁니다.

자기소개서는 근거 없이 작성하는 창작물이 아닙니다. 학생이 아무리 물리에 관심이 많다고 주장해봐야 소용없습니다. 생기부에 근거가 있어야 합니다. 생기부에 물리 성적이 좋거나 경시대회에서 상을 탔거나 뭐라도 근거가 있어야 합니다. 그러니 자기 생기부를 꼼꼼하게 검토한 후 '스토리'가 되도록 꿈을 창작합니다.

담임인 저는 그걸 알고 있지만, 대학 홈페이지 교사 추천란에 들어가서 "이 학생을 강력히 추천합니다" 메뉴를 누르고, 그에 맞춰 추천서를 씁니다. 안 그럴 수 없지 않습니까? 꿈을 창작한 학생이 '나쁜 놈'이 아니라, 꿈까지 강요하는 입시 제도가 문제 아닐까요?

대한민국을 구석구석 누비며 2만 명이 넘는 청소년들의 고민을 직접 들은 〈한국마인드케어연구소〉 이창욱 대표는 청소년기의 꿈과 진로에 대해 이렇게 말합니다.[9]

"사회 전반적으로 아이들에게 진로나 꿈을 강요하고 있습니다. 어려서부터 큰 꿈과 이상을 품는 것은 좋지만, 청년층을 대상으로 한 리서치 결과를 살펴보면 자신이 진짜 하고 싶은 일을 발견하는 나이는 대략 27~30세 전후라고 합니다. 너무 어린 나이에 진로를 결정하는 것은 매우 위험합니다. 청소년기에는 가능하면 다양한 활동을 하는 것이 중요합니다."

수시 합격자 발표가 시작되면 학생들에게 화장실에 갈 때도 핸드폰을 들고 가라고 지도합니다. 언제 대학에서 추가합격자 전화가 올지 모르기 때문이죠. 학교에서는 약어로 '추합', '추추합', '추추추합', '추추추추합'이라고 합니다. 최초 합격이 아니

---

9) 이창욱, 『사춘기 쇼크』, 맛있는책, 2014

더라도 대기자 순번을 알면 전년도 상황을 보면서 추가합격 가능성을 예측할 수 있습니다.

서울대 합격생은 여러 대학에 붙은 상태에서 맘에 드는 것을 선택합니다. 서울대 합격생이 선택을 시작하면 폭포수 떨어지듯이 다음 서열의 대학 지원자가 선택하고, 그다음 서열 대학의 지원자가 고르고 골라 자신에게 기회가 옵니다. 윗서열 대학에 지원한 이름 모를 어느 합격생의 선택이 나의 꿈을 결정합니다.

학종은 본인의 노력만이 아니라 학교가 어떤 생기부를 만들어주느냐, 담임교사가 생기부를 얼마나 잘 지도했느냐, 부모가 얼마나 신경 써줄 수 있느냐에 따라 당락이 결정됩니다.

조국 장관의 딸 조민 씨가 제1저자로 등록한 논문의 제목이 「출산 전후 허혈성 저산소뇌병증(HIE)에서 혈관내피 산화질소 합성효소 유전자의 다형성」입니다. 이 논문 제목을 보고 무슨 뜻인지 아는 사람은 없을 것입니다. 이것을 고등학교 2학년 학생이 해냅니다. 이것이 학생의 능력일까요, 부모의 능력일까요?

마지막으로 수시 제도 자체의 문제를 지적하지 않을 수 없습니다. 대한민국 고등학교는 5학기제가 되었습니다.

4년제 대학은 3학년 1학기까지 성적으로 학생을 선발합니다. 수능을 11월에 보는데 왜 문제냐구요? 수능이 필요한 학생은 정시로 가려는 학생, 수능 최저등급이 적용되는 대학에 가려는 학생입니다. 서울의 일반고에서 그런 학생은 한 반에 5명 안팎입니다. 수능 최저 점수가 적용되는 대학이라 하더라도 모든 과목의 최저 점수가 필요한 게 아니라 2과목 정도라서 3학년 2학기 수업은 대부분 자습입니다.

생기부가 8월 31일자로 완성되어 교육부에 제출되기 때문에 2학기에는 이런저런 핑계를 대고 결석, 조퇴하려는 아이들로 교무실이 북적입니다. 코로나가 창궐하던

2021년, 2022년에는 가정학습을 57일까지 허용해주니 학생들이 대부분 안 나옵니다. 교실에 5명 내외가 나와서 앉아 있었지요. 멀쩡한 아이들도 3학년 2학기 중간고사, 기말고사는 OMR 카드에 한 줄로 찍고 잡니다.

그런데 수능이 끝나면 교육청에서는 〈수능 이후 학생 관리 철저〉라는 공문을 보내고 어떻게든 학생들을 학교에 잡아두라고 압박합니다. 이미 수시 원서 접수가 끝난 9월부터 3학년 교실은 '개점휴업' 상태인데 말입니다.

전문대학은 한술 더 뜹니다. 2019년부터 조금씩 바뀌고 있지만, 그 이전까지 전문대학은 3학년 성적을 아예 반영하지 않았습니다. 3학년 1학기까지 성적을 반영하는 전문대학은 5개 정도에 불과했죠. 1, 2학년 성적을 다 반영하지도 않습니다. 어떤 전문대는 2학년 성적만, 어떤 전문대는 1, 2학년 성적 중 가장 좋은 한 학기 성적만 반영합니다. 이럴 바엔 전문대에 갈 학생은 2학년 마치고 조기졸업 시키는 게 나을 것입니다.

고등학교 교육을 정상화하겠다는 학종은 고등학교를 5학기제로 만들어놓았습니다. 이유는 아주 간단합니다. 9월에 수시 원서를 받아 짧게는 40일, 길게는 60일 동안 생기부를 봐야 하기 때문입니다.

예전에는 2학기를 완전히 뭉개려는 학생들에게 "혹시라도 재수나 반수를 할 수도 있으니 2학기에도 성실하게 생활하라"고 설득했습니다. 그런데 이제는 재수·반수생도 재학생과 형평성을 위해 2학기 생기부를 안 보는 대학이 늘었습니다. 그러니 학생들이 아예 설득이 안 됩니다.

교육과정에는 3학년에서 1년 동안 배우기로 되어있는 많은 과목이 1학기로 끝나버리니 도대체 누구를 위한 선발입니까? 도대체 학종이 말하는 고등학교 교육 '정상화'란 어떤 상태를 말하는 것일까요?

교육개혁은 없다 2

3천 가지 입시 전형으로 학생을 줄 세우는 풍경

이해찬 교육부장관이 '여러 줄 세우기'라는 말을 유행시킨 지 20년이 흘렀습니다. 대입제도가 변천에 변천을 거듭하여 지금 대입 전형이 3천 가지가 넘습니다. 이중 자신의 꿈과 끼를 실현해줄 가장 유리한 대학을 찾아내야 합니다.

이 어려운 일을 지휘하는 야전 사령관이 있습니다. 이대부고 박권우 선생님입니다. 교육부, 시도교육청에서도 대입 지도와 관련하여 여러 가지 자료를 만들고 일선 학교에 공급하고 있지만, 박권우 선생님이 매년 출판해온 『수박먹고 대학간다』를 따라잡지 못합니다. '수박'이란 '수시대박'의 줄임말입니다. 전국 모든 고3 담임들의 책꽂이와 고3 교실에 이 책이 놓여 있습니다.

3월에 『수박먹고 대학간다』 '기본'편이 나오고, 7월에 '실전'편이 나오면 전국의 고등학교에서 학생 지도가 본격적으로 시작됩니다. 9포인트 크기로 1,500쪽에 이르는 『수박먹고 대학간다』로 전국의 입시 지도는 완벽히 표준화되었습니다.

매년 7월에 경희대에서 박권우 선생님이 주관하는 전국교사연수가 열립니다. 전국에서 교사들이 인터넷으로 신청을 하는데 1분 안에 마감됩니다. 1분이 지나면 버퍼링 신호만 들어옵니다. 4천 석이 넘는 경희대 '평화의전당'이 발 디딜 틈도 없이 꽉

찹니다. 창원에서, 해남에서, 강릉에서 새벽밥 먹고 출발한 교사들이죠. 8시간 동안 박권우 선생님 혼자서 강의를 하고, 교사들은 『수박먹고 대학간다』에 밑줄 긋고 형광펜을 칠하면서 강의를 듣습니다.

학생들을 여러 줄로 세우기 위해 한 줄로 서야하는 교사들의 노력이 정말 눈물겹습니다. 교육부도 아니고, 시도교육청도 아니고, 일개 학교의 일개 교사가 전국 고3 담임들의 야전사령관을 하는 현실을 보면서 교육부 관료들은 무슨 생각을 하고 있을까요?

박권우 선생님만 고3 담임을 돕는 것이 아닙니다. 전국의 고3 담임 컴퓨터에는 대부분 '비엘소프트' 회사에서 만들어 판매하는 '유니브(UNIV)'라는 프로그램이 깔려 있습니다. 생기부의 모든 자료들이 유니브에서 변환되어 저장되고, 3월~7월 모의고사 성적이 입력되면, 학생이 지원할 수 있는 대학 목록이 뜹니다. 교사들은 이 자료를 참고하여 지도합니다. 유니브 외에도 입시 관련 프로그램들은 많이 있습니다.

현재 전국에 4년제 대학은 204개, 전문대학은 138개가 있습니다. 이중 우리가 이름을 알고 있는 대학이 몇 개나 될까요? 학생은 말할 것도 없고 교사들도 잘 모릅니

전국의 고3담임을 지휘하는 박권우 교사   4천석이 꽉찬 경희대 평화의전당

교육개혁은 없다 2

다.

대학 홈페이지에 들어가면 모든 대학이 다 글로벌 인재를 키우고, 취업률이 가장 높고, 교육부 선정 우수대학이라고 나오니 학생들은 이것저것 뒤져보다가 "선생님, 그냥 제가 갈 수 있는 대학 목록 좀 뽑아주세요"라고 할 수밖에 없고, 교사도 3천 가지 전형 방법을 알 수 없으니 입시 프로그램에 물어서 지도할 수밖에 없습니다. 이게 '4차 산업혁명 시대'다운 대학 진학 방법이라고 합니다.

추측이 사실로 드러난 '묻지마 전형' 비리

입학사정관들은 학생들의 능력과 잠재력을 제대로 평가할 수 있을까요?

2019년 9월 자유한국당 전희경 의원실이 교육부에서 제출받은 자료에 따르면 2019년 대학입시에서 서류평가 대상자 526,764명을 심사하게 될 전임 입학사정관은 817명에 불과했습니다. 입학사정관 1인당 평균 645명을 심사하며, 많게는 1,361명까지 심사했다고 합니다. 그러니 한 학생 심사에 걸리는 시간은 평균 15분이라고 합니다.

학종은 '묻지마 전형'이라고 비난받아왔습니다. 붙어도 왜 붙었는지, 떨어져도 왜 떨어졌는지 알 수 없기 때문입니다. 대학에 대한 감사를 안 하니 드러나지 않아서 그렇지 비리가 있을 것이라는 의혹도 있었습니다. 그러다 뚜껑을 열어보니 예상대로 비리로 얼룩져 있음이 확인됐습니다.

2019년 11~12월 교육부는 서울대, 건국대, 경희대, 고려대, 서강대, 성균관대에 대해 학종 관련 특정감사를 벌였습니다. 결과는 충격적입니다.

서울대 사범대의 어느 학과에서는 지역균형선발 모집정원이 6명인데 1차 서류심사를 통과한 17명 전원을 면접 심사에서 C등급(과락)으로 하여 한 명도 선발하지 않고, 그 인원을 정시로 돌렸다고 합니다.

교육부는 6개 대학 감사를 마치고 중징계 7명을 비롯하여 108명에게 신분상 조치를 했고, 서울대에는 기관경고를 하였으며, 총 5건의 '행정상 조치'를 취했습니다. 그 외 대학들의 감사 결과는 [표8]과 같습니다.

[표8] 학종 실태조사 주요 감사 결과

대학	감사결과	조치사항
서울대	지역균형선발면접 평가 부실로 전원 탈락	기관 경고
	추천서 기재금지 사항 기입한 수험생 용인	경고
고려대	수험생 중 친인척 있는 위촉사정관 용인	경고
	위촉사정관 교육·훈련 출석 허위확인	경고
성균관대	학종 서류를 입학사정관 1인이 이중 평가	중징계
	자소서·추천서 기재 금지 사항 문제없음 처리	중징계
	439명의 추천서 '복붙' 정황 검증 없이 평가 진행	중징계
	교직원 4명의 자녀 지원한 논술전형 시험감독	경고
경희대	50% 이상 표절 의심 추천서 12건 사후 검증 결과 미심의	주의
서강대	기재금지 사항(외부 경력) 쓴 자소서 0점 처리 안해	경고
	자녀 지원 학과 논술전형에 교수 채점위원 위촉	경고
건국대	추천서 '복붙' 의심 사례 98건 알고도 미조치	중징계
	추천서 기재 금지 위반 사항(출신 고교명 등) 미조치	경고
	학종 고른 기회전형 불합격자 점수 번복해 합격 처리	경징계

외국인의 눈으로 본 학생부종합전형

오른쪽 사진은 2014년 11월 미국의
월스트리트 저널에 실린 한국의 수능시
험 날 풍경 기사입니다.

영어 듣기평가 시간에는 소음 방지를
위해 비행기가 날지 않고, 출근 시간이
늦춰지고, 주식시장도 평소보다 한 시간
늦은 오전 10시에 개장되며, 정전사태에
대비해 4,000명의 한국전력공사 기술진이 시험장 주변 전선을 점검하고 대기한다
는 식의 내용입니다.

2018년 수능시험을 앞두고 독일의 '도이치벨레'(Deutsch Welle)가 한국의 교육
제도를 비판적으로 보도하기도 했고, 2019년에는 수능 직후에 영국의 BBC가 수능
을 심층적으로 취재하여 보도하기도 했습니다.

외국 언론들은 수능에 관심을 갖고 보도했는데, 학종을 외국인의 시선으로 보면
어떨까요? 2017년 EBS 다큐프라임 〈대학입시의 진실 2부─복잡성의 함정〉에서 재
미있는 실험을 했습니다.

30쪽에 이르는 우리나라 고등학생의 생기부를 독일, 프랑스, 일본, 미국, 이렇게
4개국어로 번역하여 고등학교 진로 지도 교사들에게 보여주고, 그들의 의견을 취재
했습니다. 각 나라 교사들의 반응을 그대로 옮깁니다.

- 아르노 바튀(프랑스 리에르 코르네유 고등학교 교사)

  "프랑스에서는 이런 기록물을 본 일도 없고 처음 본 것이라 놀랍습니다. 프랑스는 학생 기록이 매우 간결해서 몇 분만 봐도 학생을 알 수 있는데 한국은 매우 복잡하고 학업능력과 관련 없는 것들이 많습니다."

- 요하네스 쉥크(독일 케플러 김나지움 교사)

  "이건 우리 아비투어에는 없는 것들입니다. 겉으로 보이는 태도를 매우 중시하는 것 같습니다. 아비투어에서는 학업능력만 평가합니다. 이 정보들이 유효한 정보들인가, 사실인가 문제도 있습니다."

- 구라베 시키(일본 주체적 배움 연구소 연구원)

  "이게 한 학생의 기록인가요? 양이 대단히 많네요. 마치 직장인이 이직할 때 자신의 경력을 기록하는 서류와 비슷하네요. 수상이 하나도 없는 학생은 매우 창피할 것 같네요. 학생 본인이 작성하는 거라면 자신의 인생이 걸렸으니 이해되는데, 이것을 교사가 작성한다면 매우 힘들 것 같네요. 독서 기록 관련하여 이런 책을 읽은 사람은 신뢰할 만하다거나 배제하는 것은 인권과 관련하여 매우 위험합니다."

- 니나 트리카리코(미국 벤자민 카도조 고등학교 교사)

  "이것, 분량 줄여야 합니다. 학생의 모든 성과를 기념하고 싶다 하더라도 보여주기식에 불과합니다. 이 담임선생님은 35명을 다 면담하고 이렇게 작성한 것 같지 않은데요. '이 학생은 소통능력이 뛰어납니다', 이게 학생이 글을 잘 쓴다는 것인가요, 아니면 말로 자기 생각을 잘 표현한다는 뜻인가요? 이것은 학생보다 작성한 사람이 더 문제인 것 같군요."

1990년대에 인기를 끌었던 〈믿거나 말거나〉라는 미국 방송 프로그램이 있었습니다. 여러 나라의 기이한 현상을 소개하는 프로그램입니다. 마지막에 '믿거나 말거나'

라는 멘트와 함께.

이 프로그램에서 한국 고등학생들의 생활을 소개한 적이 있었습니다. "한국의 고등학생들은 새벽에 별을 보고 등교해서 보충수업, 야간자율학습을 마치고 한밤중에 별을 보고 집으로 돌아와 잠만 자고 다시 이튿날 학교에 갑니다. 믿거나 말거나."

만약 〈믿거나 말거나〉 프로그램이 한국의 학생생활기록부를 주제로 방송을 했다면 마지막에 '이렇게 학생의 학교 생활을 기록하는 나라가 있다. 믿거나 말거나.' 하고 끝났을 것 같습니다.

도대체 왜 이렇게 복잡한 입시제도를 만들었는가?

4개 나라 진로 지도교사들의 이야기를 들어봤는데요, 그러면 다른 나라들은 어떻게 대학입시를 치를까요?

OECD 국가 중 노르웨이, 캐나다를 제외하면 대부분 국가에 수능과 같이 표준화한 대입시험이 있습니다. 시험 방식은 미국의 SAT와 ACT[10], 일본의 센터시험, 터키, 칠레 정도 외에는 선다형 시험이 아닙니다. 대부분 논술형입니다. 우리는 어릴 때부터 5지선다형 문제에 익숙해져서 그렇지, 논술이 일반적인 시험 형태입니다. '공자왈', '맹자왈'하며 성현의 말씀을 암송하던 조선 시대에도 과거 시험 문제는 무엇을 논하라는 것이었습니다.

고등학교 내신은 대학입시에 어떻게 반영할까요? 독일, 스페인, 덴마크 등은 내

---

10) SAT(Scholastic Assessment Test): 읽기-쓰기, 수학으로 구성
ACT(American College Testing Program): 영어, 읽기, 수학, 과학으로 구성

신 성적을 반영하는 나라이고, 영국, 프랑스, 이탈리아, 네덜란드는 반영하지 않는 나라입니다. 영국은 에이레벨(A-level) 점수로, 프랑스는 바칼로레아 점수로 대학 입학 자격을 부여하고, 독일은 아비투어에 학교 내신 성적을 포함하여 합산 성적으로 대입 자격을 부여합니다.

표준화된 대입 시험이 있냐, 선다형이냐 논술형이냐, 내신을 반영하냐 안 하냐, 여기에 정답이 없습니다. 나라마다 형성된 문화에 따라 다양한 방법으로 선발합니다. 그러나 우리나라처럼 생기부에 교과·비교과 활동을 잔뜩 써 놓는 나라는 없습니다.

도대체 어느 정도 분량을 쓰는지 궁금하죠? 교사는 자기가 가르치는 모든 학생의 교과세특을 써야 합니다. '모든' 학생입니다. 분량은 학생 1인당 1,500바이트, 대략 500자 정도입니다. 이게 어느 정도인지 감이 안 오죠? 한글 문서에서 글자 포인트 10, 줄 간격 160으로 하면 12~13줄, A4 용지로 1/3장 정도입니다. 저는 작년에 170명의 교과세특을 썼습니다. A4 용지로 50장 가까운 분량입니다. 고등학교에서 기말고사가 끝나면 교사들에게는 지옥문이 열립니다.

재미있는 것은 교육부 지침입니다. 절대 부정적으로 쓰면 안 됩니다. 수업시간에 책상에 엎드려 잠만 자는 학생도, OMR 답안지 카드에 일렬로 찍는 학생도, 절대로 부정적으로 쓰면 안 됩니다. 3월에 새 학기가 시작되는데 4월에 전학하는 학생도 모든 선생님이 교과세특을 쓰지 않으면 전학이 안 됩니다. 이 어려운 일을 대한민국 교사들은 잘도 해냅니다.

이렇게 작성된 생기부가 과연 신뢰성이 있을까요? 점수가 20점, 30점인데 수업시간에 발견한 그 학생의 장점을 찾아서 쓴다 한들 그게 무슨 의미가 있다고 모든 학생의 교과세특을 써야 할까요? 대학생은 학점만 주면 되는데, 고등학생은 12~13줄씩 써야한다는 법을 누가 만들어냈을까요?

다른 나라는 어떨까요? 우리는 하루 종일 책상에 엎드려 자는 학생이든, 백지 답안지를 내는 학생이든 출석 일수의 2/3만 채우면 진급하고 졸업하지만, 학업 성취도가 일정 수준에 이르지 못하면 유급 시키거나 졸업을 안 시키는 나라들이 많습니다.

프랑스는 2014년에 유급을 '매우 예외적인 경우'에만 시행하도록 교육법 시행령을 개정했지만, 그전에는 많은 학생이 유급을 경험했습니다. 2012년에는 15세 학생들의 28%가 최소 1회 유급 경험이 있었다고 합니다. 독일, 스위스, 스페인, 포르투갈 등에 유급제도가 있고, 벨기에는 고등학교 졸업 자체가 어렵습니다. 고등학교 졸업시험을 통과하면 파티를 열어줄 정도라고 합니다.

지금까지 학종에 대해 길고 자세하게 살펴본 이유는 현재 한국의 입시제도가 인류역사상 존재하지 않았던, 인간이 상상해낼 수 있는 모든 것을 다 녹여 가장 복잡한 제도로 완성됐기 때문입니다. 내신부터 수능·논술·실기까지, 교과부터 비교과까지 모든 항목을 조합하여 제도를 만들어냈습니다.

도대체 왜 이렇게 복잡한 대학입시 제도를 만들었을까요? 특목고, 자사고 때문입니다. 중학교에서 전교 1등을 해야 들어가는 과학고, 반에서 1등을 해야 들어가는 외고 학생들을 뽑기 위해선 딱딱 떨어지는 객관적 평가 말고 주관이 개입된 평가가 필요한 것입니다. 그래서 붙어도 왜 붙었는지 모르고, 떨어져도 왜 떨어졌는지 모르는 묻지마 전형을 만든 것이죠. 그리고 특목고 자사고 학생들을 위해 '글로벌 인재 전형', '미래인재 전형', '특기자 전형', '탐구형 인재 전형' 등 온갖 이름의 복잡한 전형을 만들었습니다.

그래서 소위 인서울 대학들은 학종 선발 비율이 높고, SKY는 가장 높고, 인서울이 아닌 대학들은 그냥 고등학교 내신 성적으로 뽑고 있는 것 아니겠습니까?

학종의 부작용이 너무 크다 보니 교육부도 결국 생기부에 기록하던 많은 것들을 없애거나 단순화하거나 최소화했습니다.

방과후활동, 자율동아리, 영재교육, 청소년단체 활동, 봉사활동 특기사항, 소논문 등은 아예 생기부에 기록도 하지 못하게 했습니다. 진로 희망, 교내 수상, 독서 활동 은 기록하되 대입에 반영하지 못하도록 했습니다. 생기부에 기록할 수 있는 글자수 도 대폭 줄였습니다. 앞서 말씀드렸듯이 교과 담당교사가 써야 하는 과목 세특 대상 은 모든 학생으로 더 늘었지만요. 어쨌거나 학종을 떠받치던 많은 것들이 축소된 상 황에서도 대학들은 학종을 계속 밀고 나가겠다고 합니다. 저는 특목고와 자사고를 폐지하지 않은 한 학종의 폐해는 지속되리라 봅니다.

그나마 학생부종합전형 때문에 대학 간다는 착각

마지막으로 학종을 옹호하는 입장에 대해 살펴보겠습니다.

2019년 문재인 정부의 정시 확대 입장에 대해 전국시도교육감협의회와 많은 교 육·시민단체들이 반대하는 성명서를 냈다는 것은 앞서 말씀드렸습니다. 교사 중에 도 그렇게 생각하는 분들이 있습니다. 정시를 확대하면 학교 수업이 문제 풀이 중심 으로 진행되던 과거로 돌아갈지 모른다는 우려도 있고, 정시로 갈 수 없는 대학을 학종으로 가는 학생들이 있기 때문입니다.

정시를 확대하면 과거의 문제풀이식 수업으로 돌아가지 않겠냐는 걱정을 이해 못 하는 것은 아니지만, 그럼 지금 학교는 그 걱정에서 자유로울까요? 정시로 가려 면 수능특강, 수능완성의 문제풀이식 수업을 벗어날 수 없지만, 그래도 수업은 합니

교육개혁은 없다 2

다. 그런데 고등학교를 5학기제로 만들어버린 현재의 제도는 고3 교실을 자습실로 만들어버렸습니다. 수시 원서 접수 이후에는 아예 학교에 나오지 않으려고 합니다.

정시로는 갈 수 없는 학생들이 학종 때문에 간다는 것은 얼마나 진실에 가까운 것일까요?

[도표5]는 2020년 10월 한국장학재단이 국회 교육위원회 정찬민 의원에게 제출한 '2013~2020년 SKY대학 신입생(1학기) 고소득층 자녀 비율' 자료입니다. '고소득층'이란 장학금 혜택에서 제외되는 월 소득 9~10분위(상위 20%, 가구당 월 소득 949만 원 이상)인 학생인데요, 박근혜 정부에서 40% 남짓하던 고소득층 비율이 문

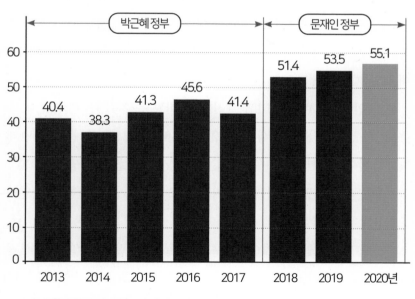

[도표5] 2013~2020년 SKY 대학 신입생(1학기) 고소득층 자녀 비율

단위: %

자료: 한국장학재단, 정찬민 국민의힘 의원

재인 정부에서 50%를 넘어섭니다.

정권이 바뀌었기 때문일까요? 아닙니다. '부모 찬스'가 크게 작용하는 학종 모집 인원이 2017년에 39%에서 54%로 증가했기 때문입니다.

정시로 못 갈 아이들이 학종으로 그나마 대학에 가고 있다는 것은 착시입니다. 통계가 명확히 말해주지 않습니까? 학종은 특목고 자사고를 위한 것이고, 부모의 능력이 입시에 그대로 영향을 주는 대입제도입니다.

그런데도 학종에 대해 착시 현상이 생기는 이유는 학종도 가장 중요한 것이 내신 성적이기 때문입니다. 학종은 특목고 학생들에게 온갖 이유로 혜택을 주지만, 내신 자체가 불리한 것은 어쩔 수 없습니다. 일반고 학생들이 수능 점수에 비해 좋은 대학에 간다는 것은 내신이 준 효과입니다.

학종을 옹호하고 있는 대학들의 논거도 알아보겠습니다. 2017년 경희대에서 〈학생부종합전형 3년의 성과와 고교 교육의 변화〉 심포지엄이 열렸습니다. 참가한 대학은 경희대, 고려대, 연세대, 서강대, 한양대, 중앙대, 성균관대, 한국외대, 서울여대, 숙명여대입니다.

심포지엄에서는 2015년, 2016년에 전형별 입학생 중도자퇴율을 분석했는데, 수능 6%, 학생부 교과 3.1%, 학생부 종합 2.5%로 나타났다고 합니다. 쉽게 말하면 대학생 중 반수, 재수한다고 나가는 학생은 수능(정시)으로 들어온 학생이 가장 많고 학종으로 들어온 학생 비율이 가장 적다는 것이죠. 이 자료가 학종을 옹호하는 논리로 가장 많이 활용되었습니다.

그러나 그런 자료만 있는 게 아니죠. 2023년 2월 종로학원이 대학알리미 공시 자료를 토대로 최근 5년(2018년~2022년) 동안 카이스트, 울산과학기술원(UNIST), 광주과학기술원(GIST), 대구경북과학기술원(DGIST)의 중도자퇴생 규모를 분석한

교육개혁은 없다 2

결과를 공개했는데요, [표9] 최근 5년간 총 1,006명, 연평균 201명이 학교를 그만두었다고 합니다. 2022년 기준 4개 대학의 신입생은 1,593명이니 12.6%가 그만둔 것이죠.

[표9] 중도자퇴생 규모

대학	모집인원 (2022년 기준)	과학고·영재고 출신 신입생 비율	매년 자퇴생 평균 인원
카이스트(KAIST)	713	69.8%	99.8명(14%)
광주과학기술원(GIST)	200	48.2%	30명(15%)
대구경북과학기술원(DGIST)	220	22.1%	18.8명(8.5%)
울산과학기술원(UNIST)	440	19.2%	52.6명(11.9%)

카이스트는 신입생 중 과학고 영재고 출신 비율이 70%에 이릅니다. 이미 중학교에서부터 진로를 명확히 하고, 고등학교 3년 동안 과학기술자의 꿈을 키워온 학생들입니다. 그리고 수능 우수자 15명을 제외하고 대부분 학생을 학종으로 선발합니다. 그런데 중도자퇴생이 14%에 이릅니다.

이들은 왜 그만두었을까요? 종로학원은 중도자퇴생들이 대부분 의약학 계열로 갔을 것으로 추정하여 발표했고, 카이스트는 종로학원의 발표에 민감하게 반응하며 중도자퇴생의 46.2%가 의치학 계열로 진학했다고 밝혔습니다.

수능으로 들어온 신입생은 중도자퇴율이 높고 학종으로 들어온 학생은 중도자퇴율이 낮다, 그래서 대학은 학종으로 뽑으려 한다는 말은 설득력이 없습니다. 수능으로 들어온 학생은 대부분 한두 문제 차이로 자기가 원하는 대학에 못 갔기 때문에 다시 도전하려는 것이죠. 특목고 자사고 때문에 학종 비율을 높게 만들었으면서 그 핑계를 학생들의 중도 자퇴율에 돌리는 것은 속이 뻔히 들여다보이는 논리입니다.

사교육 억제 정책은
왜 한 번도 성공하지 못했나?

대한민국은 전 세계에서 자녀 양육비가 가장 비싼 나라입니다. 2023년 중국의 위와인구연구소(YuWa Population Research Institute)는 각국 정부의 통계를 토대로 자녀 1명을 18세까지 키우는 데 드는 양육 비용을 조사한 후(한국은 3억 6,500만 원) 그 나라의 1인당 GDP로 나눴더니 한국이 세계 1등이라고 합니다. [도표6]은 그 순위입니다.

한국의 양육비가 세계 최고 수준인 이유는 다른 나라 아이들보다 더 잘 먹이고 잘 입히기 때문이 아니겠죠. 사교육비 때문입니다. 도대체 사교육비가 얼마나 들길래 양육비가 세계 최고일까요?

대한민국 사교육비, 도대체 얼마나 될까?

대한민국의 사교육은 공교육을 보조하거나 보충하는 수준이 아니라 독자적 산업으로 형성되어 있습니다. 2014년 기준으로 영·유아부터 성인까지 대상으로 하는 사교육 업체는 약 15만 개, 종사자는 73만 명으로, 전체 산업계에서 업체 수로는 4위, 종사자는 6위 수준입니다.

사교육에 대한 논의를 시작하기 전에 '사교육비'의 정의부터 검토해보죠.

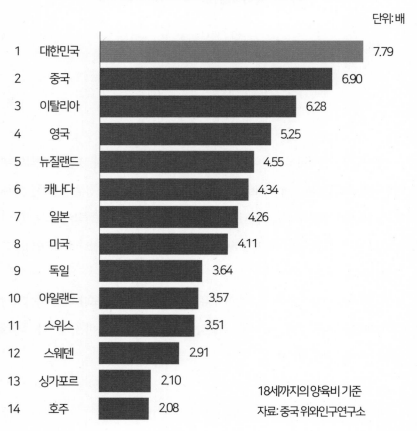

[도표6] 국가별 1인당 GDP 대비 자녀양육비 배율

단위: 배

	국가	배율
1	대한민국	7.79
2	중국	6.90
3	이탈리아	6.28
4	영국	5.25
5	뉴질랜드	4.55
6	캐나다	4.34
7	일본	4.26
8	미국	4.11
9	독일	3.64
10	아일랜드	3.57
11	스위스	3.51
12	스웨덴	2.91
13	싱가포르	2.10
14	호주	2.08

18세까지의 양육비 기준
자료: 중국 위와인구연구소

통계청은 사교육비를 '학교 정규 교육과정 이외에 학원, 개인과외, 그룹과외, 방문학습지, 인터넷 및 통신강좌 등 학교 밖에서 개인이 사적 필요성에 의해 부담하는 비용'이라고 정의합니다. 이 정의에 따라 통계청이 발표한 2022년 초중고생의 사교육비 총액은 약 26조 원입니다. 통계청은 방과후학교, EBS 교재비, 어학연수비는 포함하지 않았다고 밝히고 있는데 그 이유가 궁금합니다.

교육개혁은 없다 2

'사교육비'에 대한 정의를 통계청의 정의와 다르게 더 넓게 할 수도 있습니다. 핀란드나 독일 등 유럽 국가들은 대체로 대학 등록금이 없거나 저렴하고, 초중고 학생의 학용품비도 국가에서 지급합니다. 한국에서 대학 등록금이나 학용품비는 공교육비 범주에 들어가지만, 유럽을 기준으로 보면 사교육비가 됩니다.

그래서 공교육비를 '정부부담 공교육비'와 '민간부담 공교육비'로 분류합니다. '민간부담 공교육비'는 유치원부터 대학까지 정규교육 과정이라도 학부모가 직접 부담하는 교육비를 말합니다. [표10]은 2022년 교육부가 발표한 「OECD 교육지표 2019」입니다. 통계 수합에 시간이 걸리기 때문에 교육부 자료는 2019년 기준으로 작성되었습니다.

[표10] GDP 대비 공교육비(2019년 회계연도 기준)

단위: %

구분	초등학교~고등학교			대학교			초등학교~대학교		
	정부	민간	합계	정부	민간	합계	정부	민간	합계
한국	3.4	0.4	3.8	0.6	0.9	1.5	4.0	1.3	5.3
OECD 평균	3.1	0.3	3.4	0.9	0.6	1.5	4.1	0.8	4.9

한국의 GDP 대비 공교육비는 OECD 평균보다 높지만, '정부부담 공교육비'는 더 낮습니다. 대학에서 큰 차이를 보이기 때문입니다. OECD 평균은 대학 교육비에서 정부:민간=3:2인데, 한국은 거꾸로 2:3입니다.

통계청의 통계에 잡히지 않는 사교육비 규모가 엄청납니다. 민주당 박광온 의원실에서 국세청에 신고된 학원 매출액과 한국개발원(KDI)이 추정한 사교육 시장규모[11]를 비교한 결과, 2010~2014년 5년 동안 사교육 지하경제 규모가 97조 5천억 원이라고 합니다. 즉 사교육 지하경제 규모가 매년 20조 정도 된다는 것입니다.

이를 종합하여 민간부담 공교육비와 사교육비 규모를 추정하면 최소 80.7조 원입니다.[12] 2016년 우리나라 교육예산 75조 원에 맞먹는 규모입니다. [표11]

[표11] 민간부담 공교육비와 사교육비 규모

분류		규모
사교육비	영·유아교육	3조 7천억(2017년 기준)
	초중고 교육	26조(2022년 기준)
	대학 교육	5조(2016년 기준)
	지하경제	20조(2014년 기준)
민간부담 공교육비		26조(2016년 기준)
총액		80.7조 원

2018년 감사원의 감사 결과에 의하면 이명박 정부의 최대 실정으로 꼽히는 4대강 사업에 들어간 총예산이 31조 원입니다. 4대강 사업이 2008년 말부터 3년 5개월 동안 진행되었으니 1년에 평균 10조 정도 쓴 셈입니다. 그런데 사교육비는 매년 75조

---

11) 통계청의 '가계동향조사 명목지출 교육부분 세부항목'을 재분석하여 조사했다.

12) 영·유아 교육, 초중고 교육, 대학교육 사교육비는 박명희, 백일우 공저 『사교육 이해』 (2020, 학지사)를 인용함.

원입니다. 그렇게 천문학적인 돈을 써서 교육이 조금이라도 나아진 점이 있습니까?

사교육은 가정 경제에서 큰 비중을 차지합니다.

2022년 학생 1인당 월평균 사교육비는 초등학생 37.2만 원, 중학생 43.8만 원, 고등학생 46만 원입니다. 고등학교까지는 무상교육이니 학원비만 쓰면 되지만, 대학 등록금은 연평균 676만 원입니다. 대학생들의 32%가 취업을 위해 사교육을 받는데, 2021년 기준으로 연평균 218만 원입니다.

통계청이 발표한 2022년 가구당 월평균 소득은 480만 원이고, 4인 가족 기준으로 중위소득은 512만 원입니다. 여기서 소득세, 국민연금, 건강보험 등 각종 세금을 제외하고 나면 430만 원 정도입니다. 이 돈으로 생활하고, 자녀 교육하고, 은행 대출 갚고 나면 노후 준비를 어떻게 할까요?

자신의 수입에 비해 과도한 교육비 지출로 생활에 어려움을 겪는 교육 빈곤층을 '에듀푸어'(Edu-Poor)라 합니다. 2016년 취업포털 잡코리아가 자녀가 있는 직장인 1,202명을 대상으로 '자녀 1인당 월평균 교육비'를 조사한 결과 직장인 중 44.6%가 자신을 에듀푸어로 인정했다고 합니다. 에듀푸어로 인정한 비율은 자녀가 클수록 높아지는데, 미취학 자녀를 둔 사람은 43.6%, 초등학생 자녀를 둔 사람은 51.6%, 중고등학생 자녀를 둔 사람은 59.6%가 스스로를 에듀푸어로 규정했습니다.

에듀푸어는 부부의 노후 준비에 어려움을 초래하는 '실버푸어'(Silver-Poor)로 이어집니다. 통계청이 발표한 '2022 고령자 통계'에 따르면 2021년 기준 65세 이상 노인의 고용률은 34.9%입니다. OECD 평균 15%의 두 배가 넘습니다. [도표7] 일하기를 희망하는 비율은 55%에 이릅니다. [도표8] 상대적 빈곤율(중위소득의 50% 이하)이 2020년 기준 40.4%에 이르기 때문입니다. 한국 노인은 취업률 세계 1위, 빈곤율도 압도적 1위입니다.

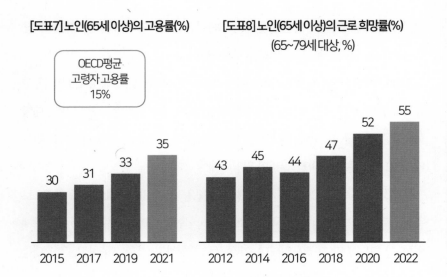

[도표7] 노인(65세 이상)의 고용률(%)

OECD평균
고령자 고용률
15%

2015 2017 2019 2021
30 31 33 35

[도표8] 노인(65세 이상)의 근로 희망률(%)
(65~79세 대상, %)

2012 2014 2016 2018 2020 2022
43 45 44 47 52 55

역대 정부의 사교육 억제 정책

사교육의 문제점에 대해서는 『교육개혁은 없다1』에서 다룬 바 있습니다. 역대 어느 정권도 사교육을 옹호한 적이 없습니다. 집권을 위해서, 또는 지지율을 높이기 위해서 사교육 문제 해결을 내걸었지만 성공한 적은 없습니다.

딱 한 번 성공한 적이 있는데 1980년 7.30 과외 금지 조치입니다. 광주학살로 권력을 잡은 전두환이 과외를 금지하고 엄혹하게 처벌하겠다고 하니 무서워서 사교육이 억제되었습니다.

그러나 2000년 헌법재판소의 위헌 판결 이후 사교육을 법률로 금지하는 것은 불가능하다고 생각하게 되었고, 사교육이 공교육을 압도하는 지금은 아예 대책을 생각하지도 않는 시대에 와 있는 것 같습니다.

우리나라의 사교육은 어떻게 형성되고 변해왔을까요? 연세대 교육대학원 박명희 교수, 교육학과 백일우 교수의 공저 『사교육 이해』에서 분류한 사교육 전개 과정 단

[표12] 사교육의 형성 과정

대학	주요 현상
성장기 (1960~1979)	한국전쟁, 토지개혁을 거치며 학력 경쟁이 치열해짐 명문중→명문고→명문대 트랙이 형성 1960년대 중학교 입시 경쟁 치열→중학교 무시험제 1970년대 고등학교·대학교 입시경쟁 치열→고교평준화 정책 ⇒고액의 개인과외와 상대적으로 저렴한 학원 과외 시장 형성
침체기 (1980~1987)	1980년 7.30 조치로 과외 금지, 본고사 폐지, 내신 도입 재수생을 제외한 재학생들의 학원 수강 금지
도약기 (1988~2008)	과외 금지 조치가 서서히 해제 2000년 헌법재판소의 과외금지 위헌 판결 이후 학원 급팽창 대학진학률 50% 돌파, 대학이 급팽창하면서 대학서열 정교화 과학고, 외고 확대로 고등학교까지 학벌 확대
유지기 (2009~현재)	입학사정관제를 비롯한 복잡한 대입 제도로 학원 수요 확대 고교평준화가 완전히 해체되면서 사교육 수요가 계속 확대

계를 인용하고, 초중고 입시교육을 중심으로 상황을 구성해보면 [표12]와 같습니다.

이종재 서울대 교육학과 교수는 논문 「사교육 대책의 유형에 관한 분석적 연구」에서 역대 정부의 사교육 대책을 4종류로 분류했습니다.[13] [표13] 이 분류법을 인

---

13) 〈아시아 교육연구〉 9권 4호, 2008.

용하여 역대 정권의 사교육 억제 정책을 살펴보고, 사교육 억제 정책이 왜 모두 실패했는지 이유를 생각해보고자 합니다.[14)]

[표13] 역대 정부의 사교육 대책

	사교육 억제		
원인 요법	①입시경쟁제거형	②사교육 규제형	대증 요법[15)]
	③공교육 내실화형	④사교육 제공형	
	사교육 수용		

입시경쟁 제거형 정책

사교육의 원인이 되는 입시경쟁 제도를 폐지하거나 완화하여 사교육을 억제하려는 정책을 살펴보겠습니다.

박정희 정권은 중학교 입시가 과열되어 초등학교 과외 문제가 심각해지자 1968년 중학교 무시험제도를 도입했고, 고등학교 입시가 과열되어 과외가 심각해지자 1974년 고교평준화 정책을 내놓았습니다.

그러나 초등학교 과외를 해결하면 중학교 과외가, 중학교 과외를 해결하면 고등학교 과외가 창궐했습니다. 전두환은 1980년 7.30 조치로 고등학교 사교육을 해결하기 위해 대학별 본고사를 폐지했습니다.

---

14) 분류는 이종재 교수의 방식을 따르되, 내용은 필자의 생각임.
15) 문제의 원인을 찾아 없애기보다는 현상에만 대응하여 처리하는 방법.

교육개혁은 없다 2

김영삼 정부도 1994~1996년 대학별 본고사가 부활하자 이를 사교육의 주범으로 보고 5.31 개혁조치 이후 본고사를 금지했지만, 본고사 대비 사교육이 수능 대비 사교육으로 대체되었을 뿐 사교육은 억제되지 않았습니다.

김대중 정부는 '여러 줄 세우기' 교육으로 사교육을 잡겠다며 수시 모집을 도입하고, 수능에서 총점제를 폐기하고 과목별 점수제를 도입하며, 논술과 심층 면접 등 대입제도를 다양화했습니다. 그러나 결과는 사교육을 다양화했을 뿐입니다. 논술학원과 면접 대비 학원이 더 생겨났습니다.

이명박 정부는 입학사정관제 도입을 통해, 박근혜 정부는 학종으로 변경을 통해 사교육이 개입할 수 없을 것이라 약속했지만, 결과는 앞서 살펴본 바와 같이 사교육이 더 크게 번창하는 결과만 낳았습니다.

사교육 규제형 정책

사교육을 규제해서 실효성이 있었던 경우는 1980년 7.30 조치와 이 기조가 유지되었던 전두환 정권 시기입니다.

1989년 노태우 정부가 대학생의 과외 교습과 초중고생의 방학 중 학원 수강을 허용하면서 사교육 규제는 사실상 무력화되었습니다.

김영삼 정부 들어서는 학기 중에도 학원 수강이 가능하도록 규제를 풀었습니다.

김대중 정부 들어서는 '사교육특별위원회'를 설치하고 고액과외 특별단속대책반을 구성하여 검찰·경찰 합동단속까지 벌였습니다. 물론 효과는 없었죠.

2000년 헌법재판소의 과외 금지 위헌 판결 이후에는 사교육을 막을 수 없으니 학원 운영의 과도한 부분을 규제하는 정책들이 나왔습니다.

2009년부터 지자체 단위로 심야 교습, 일요일 교습을 제한하는 조례를 제정했습니다. 이에 대해서도 위헌소송이 제기되었으나 헌법재판소는 심야 교습 제한에 대해 합헌 판결을 내렸습니다. 그러면 심야 교습 제한 조례가 실효성을 발휘했을까요? 2019년 11월 26일 jtbc 뉴스룸의 취재 내용을 보겠습니다.

밤 10시가 조금 넘은 시간 대치동 학원가입니다. 밤 10시부터는 학원교습 금지라서 이 시간만 되면 이렇게 학생들이 쏟아져 나옵니다. 하지만 학원가의 밤은 아직 끝나지 않았습니다. 근처 스터디 까페로 옮겨서 수업을 계속하는 학원들도 있습니다. 이렇다 보니 일요일 학원 휴무제에 대해서도 회의적입니다.

2014년 국회에서 '공교육 정상화 촉진 및 선행교육 규제에 관한 특별법', 일명 '선행학습 금지법'이 통과되었습니다.

학교에 대해서는 선행학습을 부추기는 신입생 배치고사, 정기고사(중간·기말고사), 상급학교 진학 시험, 대학별 논술고사, 초등 1~2학년의 불법적 영어 교육과정 운영을 금지했습니다. 학원에 대해서는 선행학습을 금지하지 않고 선행학습을 광고하고 선전하는 행위를 규제했는데, 위반했을 때 처벌 규정은 없습니다. 영유아 대상 교육기관은 선행학습 금지법 적용 대상에서 빠졌습니다.

결과는 어땠을까요? 사교육비는 전혀 줄어들지 않았습니다. 선행학습을 유발할 수 있는 학교 시험만 규제하고 학원의 선행학습 자체를 금지한 게 아니기 때문입니다.

공교육 내실화형 정책

사교육 대책으로는 공교육을 내실화해서 사교육을 억제하겠다는 것이 정답입니

교육개혁은 없다 2

다. 그런 취지로 도입된 정책들도 많았습니다.

'교육과정'(curriculum)이란 무엇을 가르치고 배울 것인지 체계적으로 작성한 계획을 말합니다. 해방 이후 우리나라 교육과정은 여러 차례 바뀌었는데, 현재는 7차 교육과정입니다. 2000년부터 현재까지 운영되고 있습니다.

7차 교육과정을 기획한 사람들은 이전보다 학생의 학습 부담을 30% 덜고 고등학교 2, 3학년에서 선택과목 수를 확대하면 사교육이 줄어들 것이라고 주장했으나, 현실은 사교육이 증가하는 것으로 나타났습니다.

수능에서 과목 수를 줄이면 사교육이 줄어들 것이라는 예측처럼 학교에서 선택과목 수를 늘리면 사교육이 줄어들 것이라는 주장도 현실과 동떨어진 탁상공론입니다. 7차 교육과정이 시작된 시기가 외환위기 이후 빈부격차가 극심해지고 학벌경쟁이 더 치열해진 시점이기 때문입니다.

노무현 정부는 2004년 발표한 '사교육 경감 종합대책'에서 교원평가 도입을 예고했습니다. 교원평가를 도입하면 공교육의 책무성이 강화되어 사교육을 억제할 수 있다는 것이죠. 당시 김영식 교육부 차관의 문제의식을 들어보겠습니다. "학교 교사와 학원 강사들의 태도 자체가 다르다. 학원 강사들은 학생의 출결이나 성적이 자신의 수입과 직결되므로 원인을 파악해 문제점을 해소하려 든다. 재미있는 강의를 위한 교수법 연구에도 열심이다. 그러나 대부분의 학교 교사들은 어떤가?" 이런 소리를 교육부 차관이 하고 있으니 교육부 관료들의 의식 수준을 알 만합니다.

이명박 정부는 "학교 만족 두 배, 사교육비 절반"이라는 매력적 구호를 내걸고 자사고 100개, 기숙형 공립고 150개, 마이스터교 50개 설립 정책을 밀어붙였습니다. 상위권 학생들이 만족할 수 있는 학교를 전국에 300개 만들면 사교육비가 절반으로 줄어든다는 것인데, 결과는 거꾸로 나타났습니다.

한 해 교육비가 천만 원에 이르는 자사고에 진학한 학생들은 일반고보다 3배 많은 등록금을 내면서도 학원을 더 열심히 다닙니다. 자사고가 대거 등장하면서 일반고의 학력 저하 현상은 더욱 심각해져 일반고의 만족도는 절반 이하로 떨어졌습니다.

사교육 제공형 정책

사교육을 억제하기 위해 학교를 학원화하는 정책들도 도입되었습니다. 노무현 정부는 학원비가 비싸니 학교가 이를 학교 안으로 끌어들이자며 '방과후학교'를 도입했고, 노무현 대통령은 자신의 임기 중 가장 성공한 정책으로 '방과후학교'를 들었습니다.

초등학교나 중학교에서 특기·적성 교육의 일환으로 실행된 방과후학교는 긍정적 효과가 일부 있었을지 모릅니다. 그러나 고등학교의 방과후학교는 낡은 보충수업의 부활일 뿐이었습니다.

게다가 방과후학교 이수를 생기부에 기록해서 대학 입시의 한 종목으로 만들어버리니 교사들이 학생들에게 방과후학교 수강을 적극적으로 권장하게 되었습니다. 문제는 그렇다고 학생들이 학원을 가지 않느냐, 그렇지 않다는 것입니다. 학원은 학원대로 다니면서 학교 안에서 방과후학교도 해야 하는 고통으로 몰아넣었습니다.

'방과후학교'는 학교가 학원 수업을 싼 가격으로 떠맡으라는 것이었다면, 아예 정부가 학원 역할을 하겠다는 정책도 있습니다. 역사를 따지자면 가장 오래된 정책인데 정부가 장악한 방송을 통해 직접 과외를 공급하는 것입니다. 세계 그 어느 나라에서도 찾아보기 어려운 한국적 현상입니다.

EBS 방송교육의 뿌리는 40년 전으로 거슬러 올라갑니다. 1980년 전두환은 7.30 조치와 함께 EBS의 전신인 KBS 3TV에서 'TV 고교 가정학습'을 시작했습니다. 전

교육개혁은 없다 2

두환을 계승한 노태우 정부는 서한샘을 비롯한 '스타 강사'들을 기용하여 과외방송을 키우려 했습니다.

김영삼 정부는 지상파를 이용한 교육방송의 난시청 지역이 전국의 1/3에 이르는 현실을 타개하여 소외된 지역의 사교육 문제를 해결하겠다며 위성방송을 도입했습니다. 당시 활동을 시작한 지 얼마 되지 않은 무궁화 위성을 과외에 이용하겠다는 것인데, 전 세계에서 인공위성을 이용해 과외를 한 나라는 한국이 유일할 것입니다.

〈한국일보〉 1980년 4월 19일자

1997년 위성 교육 방송을 개국하면서 당시 한국교육방송공사 박흥수 사장은 '과외와의 전쟁'을 선언하고 "과외 수요 40%를 흡수하고 사교육비를 수천 억 줄이겠다"고 기염을 토했습니다. 위성 과외방송 시대를 열기 위해 전국의 모든 학교에 안테나와 셋톱박스 등을 설치하도록 했습니다만, 효과가 없었음은 마찬가지입니다.

노무현 정부도 2004년 사교육 경감 종합대책의 중요한 내용으로 EBS 수능 강의를 도입했습니다. 노무현 정부는 EBS를 통해 사교육비를 줄이겠다며 인터넷 서비스를 출범시키고 위성방송 서비스를 강화했습니다. 2007년 4월에는 영어 전문 채널도 개국했습니다.

이명박 정부는 한 걸음 더 나아가 "3년 안에 사교육비를 20% 줄이고 EBS 시청률과 만족도를 두 배 높이겠다"며 수능 문제의 70%를 EBS 교재와 연계해서 출제하도록 했습니다. 지금도 그 정책은 유지되고 있습니다. 2022년 수능부터는 연계 출제 비율을 50%로 낮추기로 했습니다. EBS 연계 출제는 사교육비를 줄이기는커녕 사교육 종목만 하나 더 추가했고, 전국 고3 교과서를 EBS로 통일시키는 결과만 낳았을 뿐입니다.

역대 정부의 사교육 억제 정책은 왜 실패했나?

역대 정부의 사교육 정책이 모두 실패한 원인은 사교육을 낳는 근본적 문제, 사회 구조적 모순을 외면했기 때문입니다. 사교육은 학교 교육이 실패해서 창궐한 게 아닙니다. 19세 때 입학한 대학이 평생을 결정하고 패자부활전을 허락하지 않는 대한민국의 학벌 체제가 학교 밖에 강고한 사교육 체제를 만들었습니다.

사교육 체제는 학교와 교사가 무능해서 형성된 것이 아닙니다. 이는 사교육이 처음 형성되고 성장하던 1960년대를 돌아보면 알 수 있습니다. 당시 사교육은 학원이 아니라 학교 교사가 밤에 과외를 하면서 성행했습니다. 똑같은 교사가 낮에는 부실하게 가르치고 밤에 잘 가르쳤겠습니까?

사교육은 학교에서 뒤떨어지는 학생이 학원에서 보완하려고 가는 게 아닙니다. 공부를 잘할수록 선행학습을 하러 학원을 더 많이 다닙니다.

2013년 중학교 1학년에 시험을 없앤 자유학기제가 도입되자, 학원들은 학습 격차를 벌려야 하는 선행학습 기간이라고 선동하고 홍보했습니다.

교육부와 한국인터넷광고재단은 2016년 7~8월에 서울의 학원 밀집 지역인 강남구, 노원구, 양천구를 중심으로 자유학기제를 이용한 선행학습을 유발하는 광고를 조사하여 88개 학원을 적발했다고 발표했습니다. 아래 이미지는 당시 적발된 어느 학원의 광고 문안입니다. "자유라는 말에 속아 1년을 헛되게 보내지 말자"는 문구가 참 선동적입니다.

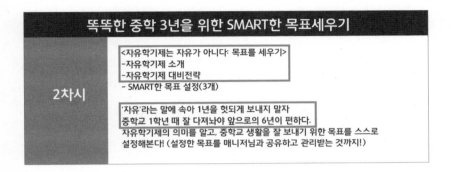

아이의 성적을 알 수 없으니 학원에서 시험을 치러 성적을 확인해주겠다고 '불안 마케팅'으로 유혹했습니다. 자유학기제마저도 사교육 유발의 원인이 되는 게 대한민국 교육의 씁쓸한 현실입니다.

이런 구조적 문제를 교육 관료들이 모르는 건지, 아니면 알면서도 기득권 세력의 이익을 보호하기 위해서 애써 외면하는 것인지, 모든 사교육 정책들은 입시 제도를 비롯하여 지엽적인 문제를 슬쩍 건드리는 수준이거나 국가가 EBS를 활용하여 직접 과외를 하겠다는 천박한 풍토만을 낳았습니다.

갈수록 학벌 경쟁이 강화되고 사교육비 증가로 이어지는 구조적 문제를 손대지 못했다 하더라도, 학교 시스템을 악화시키지 않았다면 모르겠는데, 역대 정권은 학교 시스템을 계속 악화시켰습니다.

대표적인 것이 영재고, 과학고, 외고, 국제고, 자사고 확대 정책입니다. '수월성(秀越性) 교육' 명목으로 부유한 집과 가난한 집 아이들의 진학 과정을 '투 트랙'으로 만들어 놓으니 사교육이 초등학교까지 확대되었습니다. 영어교육 광풍은 유치원까지 사교육 대열에 합류시켰습니다. 대학설립을 자유화하면서 대학이 난립하여 취업이 안 되니 사교육이 대학생까지 확대되었습니다. 교육정책은 계속 사교육을 확대 강화하는 방향으로 만들어 놓고 학원을 규제한다거나 학교에 사교육을 떠넘기는 방식으로 해왔으니 백약이 무효였습니다.

40년 전 과외를 금지했을 때도 '과외망국'이라 했습니다. 지난 40년 동안 셀 수없이 많은 사교육 정책들이 나왔어도 모두 실패했으니 대한민국은 망했어도 여러 번 망했어야 합니다.

이제 새로운 길을 찾아야 합니다. 현실을 외면하고 입시제도나 바꾸는 탁상행정에 맡겨서는 안 됩니다. 우리 사회 모두가 합의할 수 있는 정책을 내놓고 정확한 개혁의 길을 밟아가야 합니다.

학벌 완화 정책은 효과가 있었는가?

학벌주의 사회를 당장 뜯어고칠 수는 없으니, 학벌주의의 폐해를 완화할 수 있는 정책을 도입하자는 주장들이 다양하게 나왔고 시행되었습니다. 대표적인 정책으로 세 가지를 살펴보겠습니다.

첫 번째는 취업 과정에서 블라인드 채용입니다. 문재인 정부는 2017년 출범하자마자 350개 공공기관에 입사지원서와 면접에서 출신지, 가족관계, 학력, 외모 등 인적사항을 삭제하도록 하는 블라인드 채용 가이드라인을 제시했습니다. 이후 5년간 실시된 블라인드 채용은 어떤 효과가 있었는지 살펴보겠습니다.

두 번째는 'NCS'입니다. 블라인드 면접을 선도한 공기업의 채용에는 'NCS'가 결합되어 있습니다. 'NCS'란 'National Competency Standards'(국가직무능력표준)의 약자입니다. 산업현장에서 직무를 수행하기 위하여 요구되는 지식·기술·태도 등의 내용을 국가가 산업 부문별·수준별로 체계화한 것입니다. 2015년 박근혜 정부가 '능력주의 사회'를 내걸고 'NCS'를 전격적으로 시행하여 24개 분야에 1천 개 가까운 자격증을 개편했습니다. 'NCS'로 능력 중심 채용에 발전이 있었는지 살펴보겠습니다.

세 번째는 '고졸 성공시대'입니다. 고졸 성공시대를 대표하는 정책으로 세 가지를 들 수 있습니다.

- 산업계의 수요에 직접 연계된 맞춤형 교육과정을 운영하는 마이스터고등학교
- 특성화고 졸업생들의 대학 진학을 위한 특별 전형 제도
- 특성화고·마이스터고 학생들을 대상으로 9급 공무원 할당제

대졸도 성공하기 어려운 시대에 고졸 성공시대라는 목표가 어떻게 실현되고 있는지 살펴보겠습니다.

블라인드 채용

채용방식의 변화를 통해 학벌주의의 영향력을 약화하려는 정책은 아래와 같습니다.

- 2004년 국가인권위원회는 근로복지공단, 예금보험공사 등 9개 공공기관에서 직원 채용 시 나이와 학력 제한을 폐지할 것을 권고했습니다.
- 2005년에 공무원시험에서 학력 기재가 폐지되고 블라인드 면접을 도입했습니다.
- 2007년에 성별 구분, 신체조건, 용모, 학력, 나이 제한을 금지하는 공공기관 전형기준 개선안이 마련되었습니다.
- 2015년에 NCS를 기반으로 하여 필기시험과 구조화된 면접을 중심으로 하는 능력 중심 채용 안이 채택되었습니다.
- 2017년에는 블라인드 면접이 모든 공기업에 전면 도입되었습니다.
- 2019년에 '채용절차의 공정화에 관한 법률'이 통과되어 공공기관이 직무 수행에 필요하지 않은 정보는 수집할 수 없도록 했습니다.

공개 채용 제도에 대한 성찰

블라인드 면접이나 NCS에 대해 살펴보기 전에 먼저 공개채용(이하 공채) 제도 자체에 대해 알아볼 필요가 있습니다.

한국의 공채는 세계적으로 매우 희귀한 형태의 채용 방법입니다.[16] 다른 나라들은 기업에서 직원이 필요할 때, 그 직원이 일할 부서의 책임자가 구직자의 원서를 보고 사람을 직접 불러 인터뷰를 하고 채용을 결정합니다. 우리나라처럼 대규모로 뽑아서 신입사원 연수를 하고 회사와 부서에 배치하는 시스템은 없습니다. 당연히 '입사 동기'라는 개념도 없고 입사 '기수'에 따른 위계도 없습니다.

2005년 6월 류희림 YTN 편성운영팀장이 두 달 동안 미국의 방송국, 저널리즘 스쿨들을 견학한 후 〈미디어오늘〉에 기고한 "저널리스트를 시험 쳐서 뽑는다고? 한국식 언론고시 이대로 둘 것인가"라는 글은 다른 나라의 채용 방법을 잘 보여줍니다.

방문하는 곳마다 "한국 언론사들은 어떻게 기자들을 선발하느냐?"는 질문을 받았다. 한국에서 규모가 큰 방송국과 신문사들은 대부분 정기적으로 공개 채용시험을 통해 기자들을 뽑는다는 대답을 듣고 놀라지 않는 사람들이 없었다. 어떤 사람들은 큰소리로 웃기까지 했다. "어떻게 저널리스트들을 시험 쳐서 뽑을 수 있는가?"라는 질문을 하도 많이 받아서 나중에는 그런 질문이 나오지 않는 게 이상할 정도였다.

CNN, NBC, ABC, FOX 등의 방송국과 워싱턴 포스트, 크리스찬 사이언스 모니터 등 유수 신문사들의 부장급 기자들은 모두 지역의 조그마한 방송국이나 신문사에서 기자 생활을 시작해 보통 2~3군데 언론사를 거쳐 현재의 자리에서 일하고 있다고 했다.

16) 〈한·미·일·독 기업의 채용시스템 비교와 시사점〉, 대한상공회의소 2013. 5. 연구보고서

기업에서 지금과 같은 공채 제도를 도입한 것은 1957년 삼성그룹이 최초입니다. 그 이전까지 혈연, 지연, 학연 등 사적 네트워크를 기반으로 채용이 이뤄졌던 풍토를 혁신하기 위해 대졸 신입사원 공채를 삼성이 처음으로 시도했습니다. 이후 다른 기업으로 점점 퍼져나갔습니다.

재벌기업들이 해온 공채 제도는 일단 그룹 차원에서 신입사원을 뽑아놓고 신입사원 연수를 한 후에 회사와 부서에 배치하는 방식입니다. 삼성그룹 차원에서 마지막 공채가 시행된 2016년에 뽑은 인원이 1만 명이 넘습니다. 그러니 해당 업무의 전문성보다는 어떤 일을 시켜도 잘할 것 같은 사람을 뽑게 되고, 학벌은 중요한 선발 기준이 됩니다. 공채는 혈연, 지연의 영향력은 없앴지만, 학벌을 강화하는 효과를 낳았습니다.

이런 문제를 고치려고 가장 먼저 시도한 기업도 삼성입니다. 삼성은 정부가 블라인드 채용을 권고하기 훨씬 전부터 채용방식을 바꿨습니다. 1995년 3급 신입사원 채용부터 개인의 능력과 무관한 차별적 요소들을 배제한 '열린 채용'을 시행했습니다. 서류전형이 폐지되고, '삼성직무적성검사'(SSAT)를 도입하여 단편적 지식과 학력 위주의 평가방식에서 탈피하려 했습니다. 2012년에는 신입사원의 25% 수준이었던 지방대 출신을 35% 수준으로 높이고, 저소득층에서 5%를 선발하도록 했습니다.

그런 삼성이 2017년 그룹 차원의 공채를 폐지하고 기업별 채용으로 전환했습니다. 국정농단 사건으로 이재용 부회장이 구속되기 직전 국회 청문회에서 약속한 대로 삼성그룹의 콘트롤 타워인 '미래전략실'을 해체했기 때문입니다.

삼성이 그룹 차원의 공채를 폐지하고 기업별 채용, 수시 채용 중심으로 전환하자 현대자동차, SK 등 다른 재벌들도 수시 채용으로 전환을 선언했습니다. 그러자 가장 타격을 받은 곳이 지방대였습니다. 할당제가 사라졌기 때문입니다. 그러면 우리나라에만 존재하는 대규모 공채를 유지하고 블라인드 채용을 계속 요구해야 할까요?

수시 채용은 취업 시장에서 어떤 변화를 가져올까요?

대규모 공채가 대졸 예정자들을 대상으로 블라인드 면접으로 뽑는다면, 수시 채용은 해당 부서에서 경력자를 중심으로 채용합니다. 그러니 경력과 함께 출신대학도 보게 됩니다. 그것을 막을 방법은 없습니다. 혈연·지연·학연 문제를 해결하고자 도입한 신입사원 공채는 학벌을 강화했고, 대규모 신입사원 공채를 폐지해도 학벌 강화를 낳습니다.

블라인드 채용 이후 변화에 대한 성찰

2017년부터 거의 모든 공기업에서 시행해왔고, 사기업에서도 확대하고 있는 블라인드 채용은 어떤 변화를 가져왔을까요?

2021년 9월 고용노동부가 작성한 「공정 채용 정책 현장실태 조사 및 정책 이슈 분석」 보고서에는 253개 공공기관의 2016~2019년 4년간 신규채용 현황 결과가 담겼습니다. 블라인드 채용 전인 2016년과 블라인드 채용 3년 차인 2019년 사이에 어떤 변화가 있었을까요?

- SKY 출신 비율은 2016년 8%에서 2019년 5.3%로 감소했습니다.
- 비수도권 대학 출신 비율은 2016년 43.7%에서 2019년 53.1%로 증가했습니다.
- 여성 채용 비율은 2016년 34%에서 2019년 39%로 증가했습니다.

비수도권 대학 출신 비율이 9.4%나 높아진 것이 눈에 띕니다. 그러면 원인이 블라인드 채용 때문일까요? 이를 판단하려면 '지방대학 및 지역균형 인재 육성에 관한 법률', 소위 '지방대 육성법'에 대해 살펴봐야 합니다.

노무현 정부는 2003년 세종시로 행정수도 이전과 함께 공공기관 지방 이전을 계획합니다. 이어 이명박 정부는 2008년 '지역인재 할당제'를 시행합니다. 공공기관이 소재한 지역 대학의 출신자에게 가산점을 주거나 별도의 채용 인원을 할당하는 제도입니다.

이에 따라 공공기관의 지역인재 채용률은 2012년 2.8%에서 2016년 13.3%로 꾸준히 증가합니다. 문재인 정부는 2018년 '혁신도시법'을 개정하여 지역인재 채용 비율을 2018년에 18%에서 시작해서 매년 3%씩 증가시켜 2022년 이후 30%까지 확대하도록 했습니다. 2018년 말 기준으로 지방의 109개 공공기관 지역인재 채용 비율은 이미 23.4%로 증가했습니다.

지역인재 할당제는 쇠락해가는 지방대의 존립을 목표로 한 제도입니다. 이 제도로 지방대학이 살아났을까요? 전남대 전기공학과는 교과 전형으로 입학한 학생의 평균 등급이 2015학년도에는 2.8등급이었는데 2019학년도 이후에는 1.5등급으로 뛰었다고 합니다.[17] 광주·전남혁신도시에 입주한 한전, 전력거래소, 한전KPS, 한전KDN 덕분이죠. 기업들을 보면 짐작할 수 있듯이 한전과 관련 있는 전기공학과에 학생들이 몰린 것이고, 그 이외의 학과들은 나아지지 않았습니다.

여성 채용 비율이 증가한 것은 할당제를 적용하거나 가산점을 준 게 아니므로 순수한 블라인드 채용 효과라고 볼 수 있을까요? 이를 판단하려면 블라인드 채용을 하는 다른 분야에서 여성들의 취업 현황을 살펴봐야 합니다. [도표9]는 2013~2022

---

17) 한겨레신문, 〈"더 늘려야" "더는 안돼"…공공기관 '지역 채용 할당' 딜레마〉, 2021.9.8.

교육개혁은 없다 2

년 지방직 공무원 7급, 8·9급 공채 여성 합격자 비율입니다.

[도표9] 2013~2022년 지방직 공무원 7급, 8·9급 공채 여성 합격자 비율

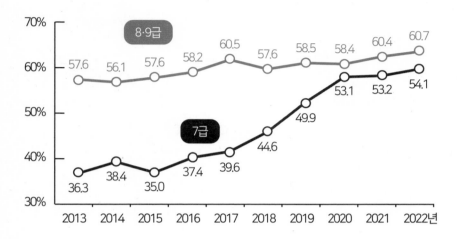

8·9급 공채는 10년 동안 큰 변화를 보이지 않았지만, 7급은 20% 가까이 상승했습니다. 이것이 블라인드 채용과 관련 있을까요? 그렇다면 공무원 블라인드 채용이 시작된 2005년 이전도 살펴봐야 할 것입니다. [도표10]은 1997~2007년에 행정고시, 외무고시, 사법고시 합격자 중 여성 비율입니다. 여성 비율이 꾸준히 증가해왔음을 확인할 수 있습니다.

한국형 블라인드 채용에 대한 성찰

공공기관의 블라인드 채용이 시행된 결과를 보면, SKY 출신이 3년 동안 2.7% 정도 감소했는데, 이게 어느 정도 의미가 있는 변화인지는 잘 모르겠습니다. 지방대 출신과 여성의 비율이 높아진 게 블라인드 채용 덕분인지, '혁신도시법' 개정으로 인

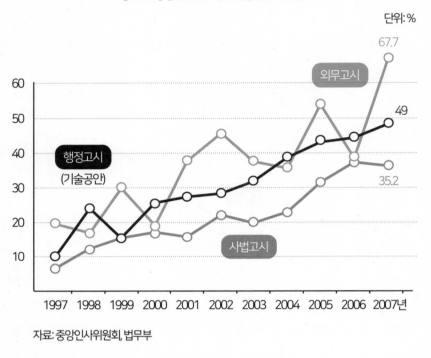

[도표10] 행시·외시·사시 여성합격자 비율

단위: %

자료: 중앙인사위원회, 법무부

한 효과인지, 여성 합격자 비율이 높아지는 다른 시험들과 같은 현상일 뿐인지도 명확하지 않습니다.

다른 나라는 어떨까요? 다른 나라에서도 블라인드 채용을 하는 기업들은 많이 있지만, 무엇을 '블라인드'로 하느냐가 다릅니다. 우리는 지원자의 출신 학교, 전공, 학점을 서류에 기재하지 못하게 합니다.

2019년 한국노동연구원이 공개한 「공정 채용의 현실과 개선방안」에 따르면 다른 나라들의 블라인드 채용이란 인종·성·나이·외모에 의해 차별을 받지 않도록 하는 것입니다. 학력과 학점까지 노출을 금지하는 한국형 블라인드 채용은 매우 '이례적'

교육개혁은 없다 2

입니다. 예를 들어 영국의 공영방송인 'BBC'나 세계 최대의 회계·컨설팅 회사인 '딜로이트' 등은 지원자의 학점 등의 요인을 적극적으로 참조해 비명문대일지라도 학업 수행을 성실히 한 지원자의 노력을 인정하는 식으로 블라인드 채용을 한다는 것이죠.

블라인드 채용은 채용의 공정성을 강화한다는 장점이 있지만, '묻지마 선발'이라는 부정적 현상도 있습니다. 대학입시에서 학종의 문제점과 비슷합니다.

짧은 면접 시간 동안 실력을 제대로 측정하기 어려워서 면접자의 성격이 외향적인가, 면접관의 마음에 드는 연기를 할 수 있는가가 중요합니다.

블라인드 채용이 확대되자 가장 먼저 반응한 곳이 면접 준비 취업 학원들입니다. 대학입시와 똑같은 현상이죠. 교사 임용고시에서 면접과 수업 시연을 보면 노량진 어느 학원에서 공부했는지 알 수 있다고 하는데 취업 면접인들 다르겠습니까.

면접관들이 지원자에게 장점을 물으면 하나 같이 '열정'이라 답한다고 합니다. 단점을 물으면 대부분이 '고집'이라고 한답니다. 학원에서 배운 그대로죠. 대한민국에서는 이미 답이 나와 있는 것입니다.

NCS(국가직무능력표준)

공공기관의 블라인드 채용은 NCS와 밀접히 결합되어 있습니다. 블라인드 채용이 채용 과정의 공정성을 목표로 한 것이라면, NCS는 채용을 위한 평가 기준을 합리화하겠다는 것입니다. 공공기관은 서류전형을 위한 입사지원서에 NCS를 기반으로 해당 직무의 내용과 직무능력을 구체화해서 요구해야 하며, 필기시험도 NCS를 기반으로 해야 합니다.

박근혜 정부는 학벌이 아닌 능력 중심 사회를 위한 국가역량 체계를 구축하겠다며 NCS를 2015년에 전격적으로 추진했습니다. 취지는 학벌 중심 사회에서 능력 중심 사회로 가자는 것입니다. NCS를 통해 취업 준비를 위한 사교육, 학력에 따른 연봉 차별, 인기학과 중심의 입시 과열, 스펙 쌓기 위한 학습 연장, 높은 취업 연령 등을 해결하겠다고 했습니다. NCS가 내건 구호는 아래와 같습니다.

- 알기만 하는 교육에서 할 줄 아는 교육으로!
- 이론과 학문 중심 교육에서 직무능력 중심 교육으로!
- 학력 스펙 중심의 입사원서에서 단순한 입사원서로!

원래 NCS는 산업이 복잡하지 않았던 1980년대에 직업교육과 산업의 연계가 약한 영국, 미국, 호주 등 시장 중심주의 국가에서 만들어졌다고 합니다. 이후 산업이 복잡하게 발전하고 직무의 융복합이 일어나면서 NCS는 시의성이 떨어졌고, 대부분 국가에서 개발을 멈췄다고 합니다. 이를 박근혜 정부가 산업단체들과 충분한 합의 없이 그대로 밀어붙인 것이죠.

NCS는 학벌사회를 바꿔내겠다는 원대한 목적을 달성했을까요? 제가 NCS의 구체적 실행 상황에 대해서는 식견이 별로 없어서 관련 분야 전문가의 평가를 들어보도록 하겠습니다.

한국직업능력개발원 선임연구위원을 지낸 김안국 씨가 2021년 6월 9일 한겨레신문에 투고한 〈실패한 NCS 정책 언제까지 방치할 건가〉의 일부 내용을 보겠습니다.

교육개혁은 없다 2

무엇보다 큰 잘못은 NCS를 정규 교육과정에 적용한 것이었다. 원래 능력 중심 사회 건설이라는 구호는 학력주의나 학벌주의의 폐단을 극복한다는 취지였다. 그런데 학력주의, 학벌주의의 온상인 4년제 대학은 그대로 놔두고, 직업계고와 전문대학에 능력중심(?) 교육이라며 NCS를 가르치고자 했다. 기존의 정규 직업교육이 능력 중심 사회를 가로막는 요인이었던가?

NCS 기반 직업교육이 교육으로서 타당성을 갖는지도 의문이다. NCS 기반 교육은 특정한 직무를 수행할 수 있는 기술(기능)을 갖추도록 학생을 훈련하는 것이다. 그러나 학생들에게는 다양한 직무에 적용할 수 있는 일반적인 역량을 갖추도록 교육하는 것이 더 중요하다. 그것이 교육의 본령이다.

직업교육을 통해서 개념과 원리를 학습하고, 기술 습득과 함께 몰입하고 전문성을 쌓아가는 경험을 하게 해야 한다. 그래야 다양하고 변화가 많은 산업 환경 속에서 직업교육을 마친 이들이 스스로 자기 발전을 이룰 수 있다.

정부는 NCS의 활용을 힘없는 특성화고등학교에 강제하였고, 전문대학에는 각종 지원 프로그램에 NCS 활용을 조건으로 내걸어서 결국 NCS 기반의 교육과정을 만들도록 하였다. 이에 학교 사정과 학생들 수준에 맞지 않는 NCS를 산업체 근무 경험이 없는 교사나 교수가 가르치는 일이 벌어졌다.

NCS 학습 모듈은 학교 시설이나 장비로 실습이 아예 불가능한 경우도 많다. 산업현장 전문가가 제시한 평가 방법도 학교 현장에 적합하지 않은 것이 대부분이다.

학교는 전문적인 기술 능력만이 아니라 평생학습의 토대가 되는 인지적 역량과 비인지적 역량을 길러내는 역할을 해야 하는데, NCS 교육과정으로 직업훈련기관과 동일하게 되어버렸다. 학교 교원들은 훈련기관 강사와 같은 처지로 전락한 듯한 자괴감에 빠져있다. 기업에서 쓰지도 않는 NCS에 기반한 교육과정을 짜고 가르치느라 특성화고 교사와 전문대 교수들이 말 못할 어려움을 겪고 있다.

교육부는 NCS 기반 교육과정을 운영하기 위해서 학생 모집, 교원 연수와 수급, 교과서와 교육과정에 대한 분석과 편성, 실습실 구축, 산학 협력 등을 우선적으로 검토했어야 했다. 졸속으로 만들어져 시작된 NCS 교육과정이 이번 정부에서도 지속되고 있다. 언제까지 실패한 직업교육 정책을 방치할 것인가?

고졸 성공시대

학력 인플레이션만큼이나 학벌 해결 정책도 인플레이션 됐습니다. 대표적인 것이 '고졸 성공시대'입니다.

고졸 성공시대는 선거 공약으로도 등장했습니다. 2017년 대선에서 문재인 후보 공약, 2018년 시도 교육감 선거 공약에 모두 들어있습니다. 조희연 서울시 교육감은 특성화고와 마이스터고 졸업생을 서울시교육청 기술직 공무원 채용에서 50%로 확대하고, 특성화고 기능대회에서 입상한 우수 인재를 실기교사로 채용하겠다고 했습니다.

특성화고, 마이스터고 출신에게도 좋은 일자리 기회를 제공하겠다는 정책에 누가 반대하겠습니까? 문제는 극소수 우수한 학생에게만 주어지는 기회에 '고졸 성공시대'라는 타이틀을 붙이는 것입니다.

특성화고 앞을 지나다 보면 정문에 9급 공무원 합격을 축하하는 현수막을 심심찮게 볼 수 있습니다. 저는 이런 종류의 현수막을 볼 때마다 2014년 2월 연세대 졸업식장 앞에 걸렸다는 현수막이 떠오릅니다. 이 두 개의 현수막은 고졸 성공시대를 확인해주는 것일까요?

교육개혁은 없다 2

9급 공무원 합격을 축하하는 현수막   연대 졸업식장에 걸린 현수막

2012년부터 특성화고, 마이스터고 졸업자를 대상으로 학교장 추천과 6개월 수습 근무를 거쳐 9급 공무원으로 채용하는 제도가 생겼습니다. 대학을 나와도 되기 힘든 9급 공무원을 고졸자만 대상으로 뽑는다니 굳이 대학에 갈 이유가 없긴 합니다. 문제는 그렇게 뽑는 인원이 몇 명이냐는 것입니다.

2022년 '지역인재 9급 추천 채용'(국가직) 인원은 380명으로 전체 채용 인원 5,672명의 6.7%입니다. 2022년 '9급 기술계고 경력 경쟁 채용'(지방직) 인원은 400명으로 전체 채용 인원 28,717명의 1.4%입니다. 전국에 특성화고가 490개입니다. 국가직과 지방직 합쳐서 780명이면 한 학교당 1.6명 수준이죠. 특성화고에서도 전교 1~2등을 해야 주어지는 기회를 '고졸 성공시대'라 할 수 있을까요?

고졸 성공 시대를 상징하는 학교인 마이스터고에 대해 자세히 알아보겠습니다.

마이스터고는 '전문적인 직업교육의 발전을 위하여 산업계의 수요에 직접 연계된 맞춤형 교육과정 운영을 목적으로 하는 고등학교'입니다. '마이스터'(Meister)는 독일말로 '장인'(匠人)이라는 뜻입니다. 장인을 고등학교에서 키워 학벌주의 폐해를 극복하겠다는 목표로, 이명박 정부 때 '고교 다양화 300 프로젝트'에 따라 기획되고 설립되었습니다.

마이스터고는 새로운 학교를 설립하는 게 아니라 특성화고(과거 상고·공고) 중에서 정부가 선별한 학교로, 과학고·외고와 함께 특수목적고등학교로 분류됩니다. 학생 선발도 과학고, 외고와 같이 전기고 모집 시기에 합니다.

마이스터고는 고졸 성공시대를 상징하는 학교로 홍보되고 있습니다. 취업률이 90%가 넘고 공기업, 대기업 등 좋은 직장에 취직할 수 있다는 것입니다.

2010년 21개 학교로 출발하여 2023년 현재 학교 수는 54개, 학생 수는 6,678명으로 늘어났으며, 바이오, 반도체, 자동차, 전자, 기계, 로봇, 통신, 조선, 항공, 에너지, 철강, 해양 등 분야도 다양합니다.

이명박 정부는 마이스터고에 엄청난 공을 들였습니다. 2010년 개교 당시부터 학비를 전액 면제하고 기숙사 생활도 지원했습니다. 이명박 정부 5년 동안 특성화고는 한 학교당 평균 36억 원을 지원했는데, 마이스터고는 평균 82억 원을 지원했습니다.

졸업과 동시에 좋은 직장에 취직할 수 있고, 졸업 후 3년이 지나면 대학도 갈 수 있다고 하니, 중학교에서 성적이 좋은 학생들이 마이스터고에 입학했습니다.

우수한 학생들이 입학하니 기업들도 마이스터고 출신을 선호했습니다. 대기업과 공기업은 덜한 편이지만, 중소기업들은 마이스터고와 산학 협약을 많이 맺었습니다. 2020년 기준으로 마이스터고와 산학 협약을 맺은 기업은 6,490개, 한 학교당 120개 기업과 협약을 맺은 셈입니다.

2013년 마이스터고 첫 졸업생 3,400명 중 90% 이상이 대기업에 취업한 이래 지금도 높은 취업률이 유지되고 있습니다.

마이스터고의 높은 취업률은 이명박 정부의 적극적 지원으로 가능했습니다. 공기업과 시중은행에 고졸 채용을 적극적으로 요청했으며, 공공기관에서 한 해 평균 2천 명씩 고졸 청년을 채용하도록 감시했습니다. 그러나 대졸자도 취업이 안 되는 판에 마이스터고가 언제까지 높은 취업률을 유지할지, 양질의 직장을 보장해줄지

교육개혁은 없다 2

알 수 없습니다.

마이스터고를 고졸 성공시대의 상징이라 할 수 있을까요?

마이스터고의 급부상은 특성화고의 몰락을 의미합니다. 동전의 양면이지요. 경기 침체로 취업률이 계속 낮아졌을 뿐 아니라 490여 개의 특성화고 졸업생들이 나눠 갖던 괜찮은 직장을 54개의 마이스터고가 독점했기 때문입니다.

그래서 특성화고 졸업생들은 울며 겨자 먹기로 대학에 진학합니다. 고등학교 졸업생 수가 대학 입학 정원보다 적으니 대학 입장에서는 대환영이죠.

대학에 어느 정도나 진학할 수 있을까요? 특성화고 졸업 예정자나 졸업자는 대학 정원 외 '특별 전형'으로 선발합니다. 2023학년도는 수시·정시 합쳐서 3,024명입니다. 전국 4년제 대학 입학 정원이 349,124명이니 1%가 되지 않죠. 그러면서 취업과 입시라는 두 마리 토끼를 모두 잡을 수 있는 학교라고 홍보하는 게 옳은 정책일까요?

저 같은 일반고 교사가 바라보는 마이스터고나 특성화고는 어떨까요? 요즘은 특성화고의 인기가 많이 떨어졌지만 5년 전만 해도 특성화고의 인기가 괜찮았습니다. 학비도 무료에다 취업과 진학 두 마리 토끼를 모두 잡는다고 하니, 중학교에서 성적이 중간쯤 되는 학생들은 특성화고를 희망했습니다.

그 시기에 저는 한 교문 안에 특성화고와 일반고가 공존하는 학교에 근무할 기회가 있었습니다. 서울에 있는 유일한 종합고등학교입니다.

학생을 선발하는 특성화고 학급은 중학교 내신 컷이 60% 정도인데, 일반고 학급은 평균 70% 학생들이 들어옵니다. 일반고 학급은 중학교 성적 80% 이하인 학생들이 1/3입니다. 그런데 교육과정은 대학 진학을 목표로 짜여 있습니다. 이것을 배워야 하는 학생들도 괴롭고, 가르쳐야 하는 교사들도 괴롭습니다. 서로 못 할 짓을 하는 것입니다.

학생들은 마이스터고에 갈 수 없으면 특성화고로, 특성화고에 갈 수 없으면 일반고로 옵니다. 대학에 가려고 일반고에 진학한 게 아닙니다. '인문계고'라는 명칭이 사라진 지 오래되었습니다. 과학고, 외고도 아니고, 마이스터고도 아니고, 특성화고도 아니고, 자사고도 아니고, 여기저기 갈 곳 없는 학생들이 오는 학교라는 뜻인지 '일반고'라고 부릅니다.

학생들은 '일반고'라고 쓰고 '잉여고'라고 읽습니다. 일반고 교사 입장에서 보면 일반고에 와서 대학에 가지 않은 학생도 성공할 수 있어야 '고졸 성공시대'라는 말에 동의할 수 있습니다.

마이스터고라는 명칭은 독일에서 수입했습니다. 독일에서 마이스터고를 보면 어떤 생각이 들까요? 『꼴찌도 행복한 교실, 독일 교육 이야기』의 저자 박성숙 씨는 자신의 블로그 〈무터 킨더의 독일 이야기〉에 마이스터고에 대한 생각을 적었습니다. 아래는 주요 내용을 요약한 것입니다.

마이스터고라는 말을 처음 들었을 때 상당히 당황했습니다. 독일에는 마이스터고라는 학교가 없을 뿐만 아니라 마이스터가 고등학생이 넘볼 수 있을 정도로 단순한 자격증이라고 생각하는 사람도 없을 것입니다. 마이스터는 대학을 가지 않은 직업인의 박사학위와 같은 것으로, 사회적인 위치도 보장되고 그 과정 또한 쉽지 않습니다.

독일은 직업교육을 받기 시작하는 사람을 '아우스빌둥'(Ausbildung)이라고 부르는데, 처음부터 마이스터가 되려고 계획하지는 않습니다. 우선 '게젤레'(Geselle)라고 부르는 전문가부터 되는 것이 순서입니다. 게젤레가 된 후 3년의 실무경력을 더 쌓아야 마이스터 과정을 시작할 수 있습니다. 게젤레가 되었다고 누구나 마이스터가 되는 것도 아닙니다. 극히 일부분이지요.

그런데 이런 마이스터를 직장생활도 경험해보지 않은 고등학교 입학생들이 처음부터 계획한다는 것이 과연 가능한 일인지 의문을 품을 수밖에 없습니다. 독일의 마이스터는 처음부터 계획적으로 길러지는 것이 아니라 그 직업에 종사하며 스스로 필요에 의해 되는 것입니다. 그 과정도 직장생활을 하며 주경야독하지요.

처음부터 성적이 우수한 지원자를 기다리는 마이스터고가 과연 취지에 맞는 것인지 생각해 보아야 합니다. 독일에서 직업교육을 받는 학생들은 대부분 김나지움을 입학하기 어려운, 성적이 낮은 학생이 많습니다. 학교성적이 좋은 학생 중에도 직업전선으로 나가는 경우도 심심치 않게 있지만 흔한 예는 아닙니다.

지금 마이스터고를 홍보하는 것을 보면 처음부터 성적이 우수한 학생을 모집하는 것에 초점을 두는 것 같습니다. 마이스터고가 진정으로 독일식 직업교육을 통해서 인재를 만들기를 원한다면, 우수한 학생을 모집할 게 아니라 공부를 못 하는 학생을 데려다가 일등 직업인으로 만드는 일을 성공적으로 해내야 합니다. 우수한 학생을 선발해서 키우고자 하는 고등학교는 우리나라에 지금도 너무 넘쳐나서 문제라는 것을 잊지 말아야 합니다.

'학력=능력'이 아니니 고졸이어도 대졸보다 능력이 있고 성공하는 사람은 얼마든지 있을 수 있습니다. 중학교 때 성적이 좋았지만, 대학 간판에 연연하지 않고 마이스터고로 진학해서 좋은 직장에 취업한 사람의 용기를 칭찬할 수도 있습니다.

그러나 같은 고졸이어도 특성화고, 일반고 졸업생 대다수가 절망하는 대한민국에서 54개 마이스터고를 사례로 들면서 고졸 성공시대가 열렸다고 한다면, 이는 너무 잔인하지 않습니까? 거기에 들지 못하는 학생들은 모두 자기 탓이 되어버릴 테니까 말입니다.

우리 사회가 정말로 고민해야 하는 것은 무엇일까요? 1985~1999년생, 고졸~대졸 청년 21명을 인터뷰하여 쓴 『회사가 괜찮으면 누가 퇴사해』(부제: 청년들의 불안하고 불행한 일터에 관한 보고서)에는 우리 사회가 진심으로 성찰해야 할 것들이 담겨 있습니다.

여기 한 청년이 있다. 학교를 졸업하기 전부터 취업 준비를 하고, 졸업한 후에는 임시노동자로 현장실습과 인턴 과정을 거치고, 어렵게 '첫 직장'에 들어갔다. 긴 취업 준비 기간을 마치고 취업을 했으니 얼마간 성취감도 느낄 수 있을 것이다. 그런데 오래 가지 않아 직장을 그만뒀다. 왜 퇴사를 했을까?

「2019년 5월 경제활동 인구조사 청년층 부가조사 결과」에 따르면, 첫 직장을 그만둔 이유 중 '근로여건 불만족'이 49.7%로 가장 높았다. 근로여건이란 근로시간과 보수 등을 뜻한다. 다음으로는 '개인 및 가족적 이유'(건강, 육아, 결혼 등)가 14.5%였고, '임시직, 계절적인 일의 완료, 계약 기간 끝남'으로 그만둔 경우가 12.3%였다.

임금을 묻는 항목에서는 150~200만 원이 34.1%로 가장 많았고, 100~150만 원이 27.7%로 다음으로 많았다. 여기에 50~100만 원을 받았다고 응답한 청년들까지 합하면 200만 원 미만의 월급을 받은 청년들의 비율은 79.4%나 된다. 첫 직장을 그만둔 배경을 유추해보면 일한 것에 비해 적절한 보상을 받지 못했음을 알 수 있다.

『회사가 괜찮으면 누가 퇴사해』에서 인터뷰한 청년들은 임금 이외에도 많은 이유로 퇴사를 결심하고, 다른 회사에 입사하지만 결국 반복되는 문제를 해결할 수 없었음을 토로합니다.

직장 내 위계적인 문화, 군대 문화, 폭력이 애정으로 둔갑한 문화, 조직에서 가장

교육개혁은 없다 2

약한 사람을 배제하는 문화, 혼나고 모욕당하는 문화, 청년들을 저렴하고 만만한 일회용품으로 쓰다 버리는 문화 등이 퇴사와 입사를 반복하는 이유입니다.

고졸 성공 시대, 고졸 희망 시대, 정말 그런 시대가 열렸으면 좋겠습니다. 극소수 학생들이 아니라 대부분 고졸 출신에게 말입니다. 선거 때는 하늘의 별이라도 따다 주겠다는 심정으로 공약을 내걸고 싶겠지만, '고졸 성공시대' 같은 말은 안 했으면 좋겠습니다.

'동일 노동'이면 '동일 임금'을 주고, 편의점 알바를 하며 최저 시급의 임금을 받더라도 사람의 존엄성을 지킬 수 있고, 성공까지는 아니어도 차별은 받지 않는 사회라도 일단 만들어본 후, 독일처럼 마이스터가 되면 박사 못지않게 인정받는 진정한 '고졸 성공시대'의 사회가 되길 바랍니다.

대학서열체제 개혁,
왜 시도조차 못 했나?

지금까지는 시행된 교육개혁 정책들에 대하여 취지와 목적, 실제 시행 결과를 살펴봤습니다. 이번에는 시행되지 않았으나, 집권당의 교육 공약으로까지 채택되었던 정책을 살펴보려고 합니다.

앞서 살펴본 대학입시 제도 변경, 사교육 대책, 블라인드 채용 등 학벌주의 사회의 폐해를 완화하기 위한 정책이었다면, 국립대통합네트워크는 학벌주의 사회를 근본적으로 바꿔보려는 매우 큰 정책입니다.

문재인 대통령이 후보 시절 공약으로 내세웠으나 시행을 위한 착수조차 하지 않았기 때문에 다음 대통령 선거에서 다시 등장할 수도 있겠는데요, 제가 앞으로 제안할 '교육개혁의 새길 찾기'에서 피해 갈 수 없는 주제라서, 비록 시행되지는 않았지만 평가가 필요하다고 생각하여 다뤄보고자 합니다.

학벌 체제 해소를 위한 대학 정책은 2000년대 들어서 논의되기 시작했습니다. 이는 『교육개혁은 없다1』에서 이미 말씀드린 바 있는데요, 다시 한번 요약해보겠습니다.

2003년 경상대가 발간한 『대학 서열체제 연구와 진단』에서 국립대통합네트워크 방안이 처음으로 제출되었습니다. 정당의 정책으로는 2007년 민주노동당이 처음으로 '국립대통합네트워크'를 대선 공약으로 채택했습니다. 2012년에는 제1야당인

민주당이 대선 공약으로 수용했고, 2017년에는 문재인 대통령도 '국립대통합네트워크'를 공약으로 내세웠습니다. 그러나 공약에 포함했을 뿐 사회적 논의가 불붙어본 적은 없습니다. 국민 대부분이 잘 모르기 때문에 추진 동력도 별로 없습니다.

대체로 학벌 문제 해결에 강한 의지를 가진 학자나 시민단체들의 생각은 '국립대통합네트워크'로 모아져 있는 듯합니다. 그런데 의문점이 있습니다. '국립대통합네트워크' 안이 제1야당의 대선 공약으로 등장한 지도 벌써 11년이 지났으며, 문재인 정부의 대선 공약이었기도 한데 왜 사회적 반향이 별로 없었을까요?

2009년 김상곤 경기교육감이 공약으로 내걸고 추진했던 무상급식은 2010년 전국 지방자치 선거에서 가장 뜨거운 이슈로 떠올랐고, 처음으로 진보적 의제가 보수 진영을 압도하면서 진보교육감 시대를 열었습니다. 그런데 '국립대통합네트워크'는 집권당의 대선 공약이 되었어도 뜨거운 이슈로 등장하지 못해왔습니다.

'국립대통합네트워크'가 생소한 분들을 위해 먼저 이 제도를 알아보고, '국립대통합네트워크'의 모델인 프랑스 파리의 평준화된 대학체제의 역사를 살펴본 후, 우리 현실에서 검토해보고자 합니다.

국립대통합네트워크란?

국립대통합네트워크는 사립대와 관계를 어떻게 설정하는가에 따라 약간 차이는 있지만, 대체로 아래와 같은 대학 모델을 추진합니다.[18]

---

18) 김영석, 『한국의 교육』, 경상대학교출판부, 2017

- 서울대학교를 포함한 기존의 국립대학교를 하나의 통합네트워크로 구성하여 공동으로 학생을 선발하고 공동으로 학위를 수여한다.
- 일정한 수준이 되는 사립대학을 국립대통합네트워크에 편입시키거나 공유하는 연합체를 구성한다.
- 서울대 학부는 폐지하고 학부 강의를 통합네트워크 학생들에게 개방한다.
- 법대, 사범대, 경영대, 의대(치대, 한의대, 수의대 포함) 등 인기 있는 전문직을 위한 학부 과정은 폐지하고 전문대학원을 설치한다.
- 지역의 국립대학들은 현재의 거점대학을 중심으로 학구(學區: 교육행정 구역)별로 통합하고 몇 개의 캠퍼스로 조직한다.
- 대학원은 일반대학원과 전문대학원으로 구분한다. 학문을 위한 일반대학원은 학구별 특성을 유도한다.

국립대통합네트워크 실행을 위해서는 다음과 같은 사항을 전제로 한다.
- 고등학교 내신을 절대평가로 전환하고, 수능을 대입 자격시험으로 한다.
- 사립의 공영화를 전제로 통합모델을 모색한다.
- 학사관리 및 교수 임용 방식을 개혁한다.
- 등록금을 인하하고 지역인재 고용 할당을 위한 제도적 개혁을 수반한다.

좀 쉽게 정리해서 설명하면,
① 서울대 학부는 없애고, 대학원은 유지한다.
② 서울대와 9개의 지방거점 국립대(강원대, 충남대, 충북대, 전북대, 전남대, 경북대, 부산대, 경상대, 제주대)를 하나의 대학으로 만들고(가칭 '한국대'), 기존 대학들은 특정 학과를 강

교육개혁은 없다 2

화하는 방식으로 특성화한다.

③ 한국대에 인적 재정적 지원을 집중하여 상향 평준화하면서 우수한 사립대들이
통합네트워크에 함께하도록 유도하고, 장기적으로 대학을 평준화해나간다.

프랑스는 평준화된 대학 체제를 어떻게 만들었나?

국립대통합네트워크가 모델로 삼고 있는 것은 프랑스의 파리제1대학~13대학 체
제입니다. 프랑스의 대학 평준화 체제는 '68운동'의 결과물입니다. 68운동에 대해
서는 원광대 역사교육과 이정재 교수가 출간한 『68운동』을 요약하여 살펴보겠습니
다.

68운동은 1960년대 후반 유럽, 미국 등지에서 권위주의 타파, 기성 질서 거부, 새
로운 창의성과 상상력 확대라는 구호를 내걸고 전개된 사회적 운동입니다. 자본주
의 사회에서 운동이란 계급적 모순을 해결하기 위한 정치적 성격을 지니는데, 68운
동은 문화운동 성격이 강합니다. 운동 주체도 노동자 대중이 아니라 대학생들이 중
심이었습니다.

68운동의 계기는 베트남 전쟁입니다. 베트남 전쟁의 추악한 진실이 전 세계에 알
려지면서 전 세계적으로 반전 운동과 사회문화 전반에 대한 저항 운동이 일어났습
니다. 사상적으로는 스탈린식 소련 사회주의를 비판하고 제3세계 혁명가인 마오쩌
뚱, 호치민, 카스트로, 체 게바라 등의 사상에 영향을 받았으며, 운동방식은 무정부
주의적이고 초현실주의적 경향을 띠었습니다.

운동을 주도한 대학생들은 인종 차별, 남녀 차별 등 모든 차별에 반대했으며, 자
본주의 소비문화를 비판하고 민주주의, 자유로운 토론, 소수자의 권익을 옹호했으

며, 성 해방을 비롯한 인간적 욕망을 숨김없이 드러냈습니다.

당시 대학생들이 외친 구호는 "모든 권력을 상상력에게", "불가능한 것을 요구한다", "금지하는 것을 금지한다", "지루함은 반혁명이다", "서른이 넘은 사람은 그 누구도 믿지 말라", "우리 안에 잠자고 있는 경찰을 없애야 한다"와 같은 것이었습니다.

2차대전 이후 베이비붐과 고등교육기관이 확대된 결과 프랑스의 대학생 수는 1960년에 20만 명에서 1968년에는 60만 명으로 급속히 늘어납니다. 사회적 지위 상승을 꿈꾸며 대학에 진학한 학생은 차고 넘치는데 교육환경은 열악했고 졸업 이후의 지위도 불안정했습니다. 드골 정부는 1964년 선별 입학 시험제를 도입해서 대학생 수를 조절하려 했습니다. 이는 대학 개혁 방향과 관련하여 격렬한 논쟁을 일으켰습니다.

대학 공간의 협소함, 대형 강의의 범람, 암기와 주입식 교육 방식, 교수와 학생의 위계적 관계, 대학 교원 수 부족 등 대학생들의 불만은 넘쳐났습니다. 프랑스를 대표하는 명문 소르본 대학은 학문의 경직성과 폐쇄성으로 청년들의 비판을 받았습니다. 미셸 푸코와 같은 유명한 학자들도 소르본 대학에 교수 자리를 얻을 수 없었고, 대학생들은 자신의 적성과 흥미에 맞는 강의를 제대로 들을 수 없었습니다.

프랑스의 68운동은 대학에서 시작되었습니다. 당시 운동의 신호탄이 되었던 것은 1966년 스트라스부르대학 캠퍼스에 뿌려졌던 『비참한 대학 생활』이라는 소책자입니다. 소책자는 "프랑스에서 대학생은 성직자와 경찰 다음으로 가장 널리 멸시받는 존재"라는 도발적인 비판으로 시작하여, 대학생들의 비참한 현실을 날카롭게 분석하고, 그 근원인 자본주의 사회질서를 극복할 새로운 혁명의 방향을 제시한 시국 선언이었습니다.

68운동은 미국의 베트남 침공에 항의하는 낭테르 대학생들의 시위에서 시작되었습니다. 학생 8명이 아메리칸 익스프레스 사무실을 습격하고 성조기를 태운 죄로 경찰에 체포되자 학생들의 항의가 시작되었고, 점차 다른 대학으로 퍼져갔습니다.

경찰과 충돌이 발생하고 학생들이 체포되면서 소르본 대학이 폐쇄되고 전국프랑스학생연합과 전국고등교원조합이 무기한 휴업에 들어갔습니다. 파리 시내에 바리케이드가 쳐지고 최루탄과 화염병이 난무하면서 노동자들이 총파업으로 가세했습니다. 대학생들의 운동에서 시작하여 수십만 시민이 드골의 사임을 요구하며 시위했습니다.

항쟁은 거세졌으나 드골이 국민투표로 해결하겠다고 약속한 이후 운동의 방향을 놓고 내부에 분열이 생겨났고, 드골을 지지하는 우파들이 시위에 나서면서 운동은 실패로 돌아갔습니다.

정치적 운동으로서 68운동은 실패했지만, 사회문화적으로는 큰 변화가 왔습니다. 드골이 추진한 선별 입학제도는 폐기되고, 바칼로레아에 합격한 모든 학생에게 대학 입학 자격이 주어졌으며, 대학 운영에 민주적 자치를 도입하는 방향으로 대학 개혁이 이루어졌습니다.

1968년 이전에 느슨한 단과대학으로 분리되어 있던 대학체제가 종합대학으로 재편되고, 학제적 성격을 띤 학과가 600여 개 생겨났으며, 이를 토대로 파리대학도 13개의 종합대학으로 재구성되었습니다.

대학은 권력에서 독립된 비판적 역할을 할 수 있게 되었고, 등록금을 폐지하고 선별 없이 평등한 교육을 받게 되었으며, 교수와 학생이 교육내용을 자유롭게 검토하게 되었습니다. 교수들은 정치적 색깔에 따라 자신이 원하는 곳으로 헤쳐 모였습니다. 소르본 대학에는 우파 교수들이 모였고, 파리1대학에는 좌파 교수들이 모였습니다.

파리의 대학들이 통합되고 평준화된 반면 그랑제꼴은 이에 편입되지 않았습니다. 공교육 장관으로 임명된 에드가 포르(Edgar Faure)가 마련한 '고등교육 기본법안'을 하원이 만장일치로 통과시키면서 대학 개혁이 진행되었는데, 그랑제꼴 교장들이 법 적용을 거부한다는 것을 공식적 입장으로 발표하면서 법은 오직 일반 대학에만 적용되었습니다.

프랑스의 대학 개혁 모델은 우리나라에 적합한가?

개혁은 현실에 강한 불만을 가진 세력이 원하는 해결 방향이 있어야 추진 동력이 생깁니다. 파리 제1대학~제13대학 체제는 당시 프랑스 대학생들이 갖고 있던 불만을 해결하는 방식이었습니다. 대학생은 급속히 증가하고, 교육환경은 열악한 상황에서 누구나 자유롭게 공부할 수 있는 대학을 '평준화'와 '특성화'라는 방식으로 해결했습니다. 기존의 파리 대학들을 재구성할 수 있었던 것은 모두 국립대학이었기 때문입니다.

지금 프랑스의 대학 재편이 우리나라 학생, 학부모들에게 "바로 그거네!"하고 고개를 끄덕이는 방도가 될 수 있을까요? 고민해야 할 핵심 지점입니다.[19]

오랫동안 사립대학교 민주화운동을 펼쳐온 덕성여대 영문학과 윤지관 교수는 국립대통합네트워크가 우리 현실에 부합하는지 의문을 제기합니다.

윤지관 교수는 국립대통합네트워크가 1960년대 대학에 대한 수요가 늘어나고 대

---

19) 윤지관, 『위기의 대학을 넘어서』, 소명출판, 2019

교육개혁은 없다 2

학 교육이 대중화되던 시기에 도입된 프랑스 파리 대학과 미국 캘리포니아 주립대학 체제를 절충한 것으로 평가하면서, 학생 수 감소로 대학 정원을 1/3 이상 줄여야 할 상황이 도래할 한국 상황에 적합하지 않다고 지적합니다.

파리의 대학 체제를 살펴보았으니 캘리포니아 주립대학 체제도 알아보겠습니다. 캘리포니아주는 한반도의 2배 크기에 인구는 4천만에 육박하며 샌프란시스코, 로스앤젤레스 등 세계적인 도시들이 있는 미국에서 가장 큰 주입니다. 캘리포니아에는 2023년도 THE[20] 기준 세계 대학 순위 10위 안에 드는 대학들이 3개나 있습니다. 스탠포드 대학(4위), 캘리포니아 공과대학(6위), 캘리포니아대 버클리 캠퍼스(8위)입니다.

캘리포니아의 주립대학은 3중 체제입니다. 표로 정리하면 [표14]와 같습니다.

[표14] 캘리포니아 주립대학 체제

UC 계열 University of California	CSU 계열 California State University	CCC 계열 California Community Colleges
4년제 연구중심대학 10개	4년제 교육중심대학 23개	2년제 직업중심대학 116개
고교성적 상위 12.5%	고교성적 상위 33.3%	

윤지관 교수는 대학이 대부분 국립인 프랑스, 주립인 캘리포니아와 달리 국공립대학이 15% 수준인 한국에서 국립대학통합네트워크 정책은 새로운 일류대를 만들어내는 기획이 될 것을 우려합니다. 상위 3천 명의 좁은 문이 3만 명으로 넓어지기

---

20) 영국 신문사 〈The Times〉에서 발행하는 주간지 〈The Times Higher Education〉

만 할 뿐 일류대를 지향하는 정책 방향은 근본적으로 차이가 없다는 것이죠.

윤지관 교수는 대학 평준화가 아닌 특성화가 필요하다고 지적합니다. 국립대통합네트워크에는 전문대에 대한 입장이 없습니다. 그래서 윤지관 교수는 4년제 대학은 연구중심 대학과 교육중심 대학으로 나누고, 취업과 기술 교육 중심의 2년제 전문대의 특성을 각각 분명히 하며, 구조조정의 대상이 될 사립대학들을 공영화시켜 국공립 중심의 대학 편제로 바꾸는 것이 대학 체제 개편의 핵심이 되어야 한다고 주장합니다.

윤지관 교수와 다른 시각에서 캘리포니아 대학 체제를 바라보는 학자도 있습니다. 『서울대 10개 만들기』의 저자인 김종영 경희대 사회학과 교수는 캘리포니아 대학 체제를 벤치마킹하여 서울대 10개 만들기를 하자고 제안합니다.

김종영 교수는 파리의 1~13대학 체제는 단과대(college)의 연합체인 반면, 캘리포니아의 대학들은 파리보다 훨씬 규모가 크고 공공성, 접근성, 기회 균등성에서 탁월하다고 평가합니다. 일반적으로 대학의 서열은 연구중심 대학-교육중심 대학-직업중심 대학 순이고, 캘리포니아 대학 체제도 10개의 연구중심 대학-23개의 교육중심 대학-116개의 직업중심 대학 구조로 되어있는데, 10개의 연구중심 대학을 묶는 방식으로 서울대와 지방의 거점대학을 묶어 '서울대 10개 만들기'를 통해 대학 서열 체제를 개혁하자는 것입니다.

조금 더 현실적인 고민도 있습니다. '좋은교사운동' 대표를 역임한 정병오 선생님은 2017년 교육전문지 『교육비평』 제39호에 기고한 「국립대통합네크워크가 더 고민해야 될 부분들」에서 다음과 같은 문제를 제기합니다.

첫째, 국립대학간 통합이 서울대의 저항을 이겨낼 수 있을까?

그동안 같은 광역 지역 내에서 국립대학 간 통합 논의(예: 전남대, 목포대, 순천대)조차도 제대로 진행되지 않았다. 서울대를 세계적 명문대학으로 육성해야 한다는 명분으로 통합을 거부할 경우 이를 이겨낼 수 있을까?

둘째, 서울 소재 사립대학들을 국립대통합네트워크로 편입시키는 것의 가능성 문제이다. 국립대학 간 통합네트워크가 형성되더라도 서울의 명문 사립대학들이 네트워크에 참여하지 않는다면 국립대통합네트워크는 서민의 자녀들이 진학하는 중상위권 대학으로 전락할 수 있다. 아이비리그를 비롯한 주요 사립대학들이 최상위권 그룹을 형성하고, 주립대학들이 저렴한 학비와 많은 지원을 통해 중상위권을 형성하고 있는 미국 대학 체제와 비슷해지지 않을까?

셋째, 치열한 경쟁을 대학 입학 전에서 입학 이후로 바꾸는 정도의 효과에 머물 가능성 문제이다. 학과 단위로 입학하지 않고 교양학부로 입학해서 학년이 올라가면서 학과를 결정할 경우 소위 인기학과 경쟁이 치열할 수밖에 없다. 이는 학부제 시행 당시 이미 경험한 바이다. 지금도 대학생들에게 인기 있는 법학전문대학원, 약학대학원 준비를 위해 대학 교육이 실종되고, 전문대학원 진학을 위한 맞춤형 고액 사교육까지 성행하는 것이 현실이다.

위의 세 가지가 현실적 타당성에 대한 질문이라면, 정병오 선생님은 좀 더 근본적인 문제로 다음과 같은 질문을 던집니다.

첫째, 우리 교육이 추구해야 할 적정 학력 수준은 어느 정도인가? 국립대통합네트워크 안은 대부분 학생이 초중고를 거쳐 대학 교육을 받는 것을 전제로 하고 있는데, 지금처럼 높은 대학진학률이 바람직한가?

둘째, 직업교육과 노동시장 개선 문제를 어떻게 해결할 것인가? 현재 특성화고 학생들이 취업이 잘되지 않아 어쩔 수 없이 대학에 진학하는 현실을 개선하는 것이 대학 서열화 극복에도 도움이 되지 않을까?

셋째로 전문대학원 체계는 국립대통합네트워크 체계의 정신과 어울리는 조합인가? 소위 인기 있는 직업들에 진출하는 관문을 전문대학원을 통해 통제하기보다 전문대학원 학과들의 인기를 약화시키는 방안을 찾는 것이 더 바람직하지 않을까?

윤지관 교수, 정병오 교사의 문제의식에 대하여 국립대만의 통합네트워크가 아니라 일정한 조건이 되는 사립대를 '정부책임형 사립대'로 전환하여 대학통합네트워크에 참여하도록 하면 해결할 수 있다는 주장도 있습니다.[21]

대학통합네트워크에 참여하는 대학에는 법정 교원 수를 확보할 수 있도록 교직원 임금을 지급하며, 고등학교 수준으로 대학 등록금을 인하하여 사립대학의 적극적 참여를 끌어내면 된다는 것입니다.

이 대목에서 대학통합네트워크에 대한 판단이 달라집니다. 정부가 재정 지원으로 유인한다고 해서 상위권 명문 사립대학들이 대학통합네트워크에 참여할까요?

2005년 12월 국회에서 과반수 의석을 점유한 열린우리당과 민주노동당이 협력하여 사립학교법이 개정되었습니다. 법 개정의 목표는 사립학교의 부정부패를 예방하고 투명성을 강화하는 것이었습니다.

구체적 제도로는 사립학교 운영의 주체인 이사회 정수의 1/4 이상을 학교운영위원회와 대학평의원회가 추천하는 개방형 이사제를 도입하고, 친인척 이사를 1/4 이하로 제한하며, 이사장의 친인척을 교장과 총장에 임명하지 못하게 하며, 비리를 저

---

21) 참교육연구소 입시연구팀, 『대한민국 입시혁명』, 살림터, 2016

교육개혁은 없다 2

질러 물러난 이사는 5년 이내에 복귀하지 못하게 하는 것입니다.

그러자 난리가 났습니다. "사유재산권 부정이다", "건학 이념에 대한 침해다"라며 한나라당이 똘똘 뭉쳐 두 달 넘게 국회를 거부하고 장외투쟁을 벌였습니다. 사립재단들은 신입생 배정을 거부하고 신규교사 채용도 중단하겠다고 협박했습니다. 결국 사립학교법은 시행도 해보지 못하고 누더기가 된 채 2007년에 재개정됐습니다.

당시 사립학교법 재개정 투쟁의 선봉에 선 것은 종교계 사학이었습니다. 개방형 이사제가 건학 이념에 대한 침해이며 사립학교법이 종교의 자유를 억압하는 악법이라고 선동했습니다. 사학 비리를 막자고 했더니, 종교의 자유를 억압한다고 응수했습니다.

서울의 상위권 명문 사립대학들을 봅시다. 연세대와 이화여대는 기독교 학교, 서강대는 카톨릭 학교, 동국대는 불교 학교입니다. 교양필수인 종교 과목을 이수해야 하며, 학교의 종교적 정체성을 명확히 표명합니다. 고려대는 동아일보를 소유한 김성수 일가가 운영해온 학교입니다. 성균관대는 삼성이, 중앙대는 두산이 인수하여 운영하고 있습니다. 한양대도 학교를 10개 운영하는 사학 재벌이 소유한 학교입니다.

소위 명문 사학들은 대부분 황금알을 낳는 종합병원을 소유하고, 천문학적인 적립금을 쌓아놓은 '기업'들입니다. 이 기업들이 학벌 사회의 폐해를 극복하기 위해 대학통합네트워크에 가담할까요?

만약 정부가 정말로 국립대통합네트워크 구성에 착수한다면 사립대학들이 위기의식을 느끼고 반대할까요, 아니면 서울대를 제치고 올라갈 기회라고 생각할까요? 그동안 명문 사립대들은 특목고, 자사고 학생들을 유치하기 위하여 온갖 복잡한 전형을 만들어왔습니다. 신입생 선발에서 고교등급제를 적용하고 있다는 의심도 받아왔습니다. 그런 명문 사립대의 풍토가 바뀌지 않고, 사립대의 공공성을 획기적으로 강화하기 위한 규제가 사회적으로 합의되지 않는 한, 대학통합네트워크는 현실적 대안이 되기 어렵습니다.

국립대통합네트워크가 처음 제출되었던 2003년 이후 20년이 흘렀습니다. 그동안 지방 국립대의 위상은 계속 낮아졌습니다.

1990년대 초반까지만 해도 지방 국립대의 위상은 높았습니다. 서울 유학 비용을 감당하기 어려운 학생들은 지방 국립대에 진학하여 그 지역 직장에서 취직하고 잘 살았습니다. 지금 주요 대기업 임원들을 보면 지방 국립대 출신이 매우 많습니다. 그러나 지난 30년 동안 서울과 수도권으로 모든 자원이 몰리고 지방이 몰락하면서 덩달아 지방 국립대의 위상이 많이 낮아졌습니다.

종로학원의 '2020 대학 정시 합격선 분석'에 따르면 인문계 상위 300위 학과 중 지방 국립대 학과는 제주대 초등교육학과 딱 1개라고 합니다. 의예·치의예·한의예를 제외한 자연계 상위 300위 학과 역시 지방 국립대 학과는 3개에 불과합니다.

[표15]는 2009년과 2020년의 정시 합격선 상위 300개 학과를 비교한 것입니다. 자연계에서 의대, 치대, 한의대는 제외했습니다.

국민의힘 김병욱 의원이 지역거점국립대학들에서 제출받은 '2020학년도 모집 인원 및 합격 포기 인원 현황'에 따르면 강원대는 정시 모집 인원 대비 미등록 인원이 98%에 달했다고 합니다. 100명 중 98명이 다른 대학을 선택하여 추가합격자로 채웠다는 것이죠. 경상대는 99%, 전남대는 78%, 부산대도 75.3%에 이릅니다.

지방대 기피 현상은 입학 이후 자퇴로 이어집니다. 김병욱 의원이 교육부에서 받은 '지역거점대학 자퇴자 현황'에 따르면 2019년에 경북대는 796명, 전남대는 620명, 부산대는 642명, 전북대는 593명이 자퇴했습니다. 수도권 국공립대인 서울대가

[표15] 2009년과 2020년의 정시 합격선 상위 300개 학과

인문계

2009학년도	2020학년도
부산대 영어교육(87위), 경북대 영어교육(94위), 부산대 국어교육(107위), 전남대 영어교육(109위), 경북대 국어교육(116위), 전남대 국어교육(116위), 부산대 역사교육(125위), 전북대 영어교육(136위), 전남대 영어교육(151위), 경북대 역사교육(164위), 부산대 일반사회교육(164위), 충남대 영어교육(164위), 전남대 국어교육(172위), 전북대 영어교육(172위), 경북대 일반사회교육(191위), 전북대 국어교육(정시 가군 191위), 전북대 국어교육(정시 나군 191위), 충남대 국어교육(정시 가군 191위), 충남대 국어교육(정시 나군 191위), 경상대 영어교육(217위), 부산대 지리교육(217위), 충남대 영어교육(217위), 경북대 지리교육(232위), 부산대 윤리교육(232위), 전남대 역사교육(232위), 전북대 사회교육(232위), 제주대 국어교육(249위), 경북대 행정학부(258위), 전남대 지리교육(258위), 강원대 영어교육(정시 다군 283위), 강원대 영어교육(정시 가군 294위), 강원대 국어교육(294위), 경북대 윤리교육(294위), 경상대 국어교육(294위)	제주대 초등교육과 (253위)

자연계(의·치·한의대 제외)

2009학년도	2020학년도
경북대 수학교육(170위), 부산대 수학교육(182위), 전남대 수학교육(189위), 전북대 수학교육(200위), 충북대 수학교육(207위), 전남대 수학교육(222위), 경북대 화학교육(235위), 경상대 수학교육(235위), 경북대 생물교육(252위), 전남대 생물교육(252위), 강원대 수학교육(273위), 부산대 조선해양공학(273위), 전남대 생물교육(273위), 전남대 간호학(273위), 전북대 과학교육(273위), 제주대 수학교육(273위), 충남대 수학교육(273위), 경북대 물리교육(296위), 부산대 화학교육(296위), 부산대 나노과학기술학과군(296위), 전남대 화학교육(296위)	경북대 모바일공학 (269위), 경북대 수학교육 (288위), 부산대 수학교육 (288위)

217명, 서울시립대가 157명인 것과 비교하면 3배 정도 차이입니다.

교육평론가 이범 씨는 "국립대통합네트워크는 정책이라고 주장되지만 실은 구호이며 구체적 실행 계획을 만들 수 없다"고 말합니다. 이와 관련하여 그는 2017년 대선 당시 선거 캠프에서 있었던 일화를 이야기합니다.[22]

"2017년 문재인 캠프에서 일할 때 대학 정책은 내 권한 밖이었다. 그런데 어느 날 대학 관련 공약을 담당하던 간사급 인물이 나에게 찾아오더니 질문을 던졌다. "이범 선생님, 공동입학제는 어떻게 하는 거예요?" 국립대를 통합하고 공동입학제를 실시하는 방안을 시뮬레이션하다가 벽에 부딪힌 것이다. 도저히 답이 안 나온다는 것이었다. (중략) 이후 캠프 내에서 대학 시스템과 관련해 어떤 논의를 했는지는 자세하게 알지 못한다. 그런데 아니나 다를까 문재인 후보 대선 공약집에는 '국공립대네트워크 구축'이라고 해서 '통합'이라는 두 글자가 빠져있었다. 그리고 문재인 대통령 취임 이후 발표한 '100대 국정 과제'에는 국립대 통합이나 국립대 네트워크가 아예 언급조차 되지 않았다."

후보 시절에는 공약이었던 국립대통합네트워크가 정부 출범 이후에는 아예 공론의 장에 올라오지 못한 데에는 저런 속사정들이 있었던 것 같습니다.

독일이나 북유럽 나라들처럼 대학 서열화가 없고 학생들이 집 근처 대학을 다닐 수 있는 사회가 되면 좋겠죠. 문제는 그런 사회에 이르는 경로가 무엇인가 하는 것입니다.

독일은 여러 개로 분리된 공국(公國)들이 1871년에 통일된 나라입니다. 통일되기

---

22) 이범, 『문재인 이후 교육』, 메디치, 2020

교육개혁은 없다 2

전부터 공국마다 좋은 대학교가 있었기 때문에 대학 간 서열이라는 관념이 형성되지 않았습니다.

프랑스 파리의 평준화된 대학체제는 68혁명이라는 사회적 운동 속에서 구축된 체제이고, 그랑제꼴이 포함되지 않았기 때문에 현재 우리가 해결하려는 방향이나 사회적 조건과는 매우 다릅니다.

대학 서열화 해소는 아주 장기적 과제입니다. 대학을 가지 않아도 먹고 살 수 있는 사회 시스템이 구축되어야 할 것이고, 대학도 사립이 85%가 아니라 대부분 국립으로 전환되어야 할 것입니다.

지금은 서울대조차 국립대가 아닙니다. 2012년에 '국립서울대학법인'이 운영하는 사립대학이 되었습니다. 물론 10년도 지나지 않았으니 법을 재개정하여 국립대로 복원할 수는 있겠습니다. 그러나 형식논리로 보자면 서울대의 독점적 지위를 해소하기 위해 국립대네트워크에 서울대가 참여할 수 없는 상태입니다. 서울대를 국립대로 복원하기 위한 논의조차 없는 상황과 여론 지형에서, 대학통합네트워크가 학술적 주제가 아니라 현실적 주제로 등장하기까지는 상당히 오랜 시간이 필요할 것입니다.

2부

성공한 교육개혁과
실패한 교육개혁

제1부에서 대학입시 제도 개혁, 사교육 대책, 학벌 완화 정책 등 1990년대 이후 시도된 교육개혁 정책들이 왜 모두 실패했는지 살펴보았습니다.

한국의 교육개혁 정책 중 가장 중요한 것은 1995년에 수립되어 현재까지 진행되고 있는 '5.31 교육개혁'입니다. 입시제도 변화나 사교육 대책 등이 낱개 상품이라면, 5.31 교육개혁은 종합선물 세트입니다. 군부독재 종식이라는 국내적 변화와 WTO 체제 등장이라는 세계적 변화에 맞춰 새로운 교육체제를 모색했고, 초등학교부터 대학교에 이르기까지 종합적으로 기획되어, 한 세대에 걸쳐 진행되었습니다.

5.31 교육개혁은 실패했습니다. 새로운 교육개혁은 5.31 교육개혁을 완전히 부정하고 새로운 철학과 방법론 위에 세워져야 합니다. 5.31 교육개혁은 방대한 주제라서 2부에서 살펴보려고 1부에서 다루지 않았습니다.

5.31 교육개혁을 살펴보기에 앞서 교육개혁에 성공한 나라와 실패한 나라의 사례를 살펴보려고 합니다. 사례는 핀란드, 미국, 독일, 쿠바입니다.

『한국 교육은 왜 전쟁이 되었나?』의 제1부 〈교육과 사회 체제〉에서 핀란드와 미국의 교육 현실에 대해 알아본 바 있습니다.

1950년을 기점으로 보면 핀란드는 유럽 변방의 낙후한 농업국이었고, 미국은 전 세계 GDP의 절반을 차지하는 초강대국이었습니다. 그로부터 두 세대가 흐른 후 핀란드는 유엔에서 발표하는 행복지수 1위의 복지국가, 사교육과 경쟁 없이 세계 최고의 학력을 자랑하는 교육 강국이 되었습니다. 미국은 대학 교육의 경쟁력은 세계 최고지만, 고등학교는 중퇴율이 심각해 한국 교육을 부러워하는 지경에 이르렀습니다.

그러면 미국은 교육이 그런 지경이 되도록 가만히 있었을까요? 그렇지 않습니다. 미국은 두 차례에 걸쳐 국가 수준에서 대대적 교육개혁 정책을 펼쳤습니다. 그러나 실패했습니다. 왜 그렇게 되었을까요? 핀란드의 교육개혁은 왜 성공했고, 미국은 왜 실패했는지 비교해서 살펴보겠습니다.

독일 교육을 살펴보려는 이유는 교육개혁의 목표가 무엇인지, 교육의 근본 목적을 생각해보기 위해서입니다.

『한국 교육은 왜 전쟁이 되었나?』에서 살펴보았듯이 한국은 해방 이후 친일파가 집권하면서 사회의 가치관이 전도되고, 군부독재 30년 동안 전체주의 교육을 통해 굴종 의식을 지닌 인간을 육성했으며, 문민정부 이후에는 자본의 이데올로기에 포획된 경쟁적 인간을 키워왔습니다. 일제 잔재를 청산하지 못한 상태에서 미국식 가치관을 얹어 세계에서 가장 경쟁적이고 불행한 교육을 만들어왔습니다.

한국 사회가 고민해야 할 교육개혁은 공정한 대학입시 제도를 만들거나 교육 불평등을 완화하는 수준의 문제를 넘어서, 우리 교육이 육성해온 인간에 대한 성찰에 기초하여 교육의 근본 목적을 합의하는 것이어야 합니다.

그런 점에서 1970년대 이후 독일에서 이루어진 교육개혁은 시사하는 바가 큽니다. 독일은 1945년 2차 대전에서 패망한 이후 히틀러의 망령을 청산하지 못한 채 한 세대가 흘러갑니다. 그런 독일이 1970년대 들어서 나치의 잔재를 청산하고 새로운 인간형을 육성하기 위한 개혁에 착수합니다.

낡은 시대를 청산하고 새로운 시대를 열자는 사회적 합의, 이를 구체적으로 학교 현장에서 실천하는 현재의 모습을 살펴봄으로써 교육개혁에 대한 근본적 고민을 나눠보고자 합니다.

쿠바 교육을 살펴보려는 이유는 사회주의 국가의 교육도 한번 알아보자는 단순한 호기심은 아닙니다. 쿠바는 유네스코(UNESCO)[23)가 핀란드와 함께 교육 모델로 추천한 모범국입니다.

1959년 피델 카스트로, 체 게바라가 성공시킨 혁명 이후 쿠바는 60년 가까이 미국과 서방 세계의 경제 봉쇄에서 살아왔습니다. 게다가 1990년대 초 소련 동구 사회주의가 무너지면서 쿠바가 겪은 경제적 어려움은 1930년대 세계 대공황 당시보다 심각했습니다. 지금도 쿠바는 경제적으로 어렵습니다. 선배들이 사용한 교과서를 물려받아 공부하는 상황입니다.

쿠바의 1인당 GDP는 1만 달러 수준입니다. 한국의 1인당 GDP가 1만 달러를 넘어선 게 1994년이니 경제성장만 놓고 보면 한국보다 30년 정도 뒤처졌다고 볼 수 있겠죠. 그런데도 뛰어난 학업 성취도를 보이며 유네스코가 인정한 교육 모범국이 된 비결이 무엇일까요? 함께 알아보겠습니다.

---

23) 전 세계의 교육, 과학, 문화 보급과 교류를 위해 설립된 유엔 산하 전문 기구

성공한 핀란드와 실패한 미국,
무엇이 달랐나?

토론토대학 온타리오 교육연구소장 마이클 풀란(Michael Fullan)은 세계 여러 나라의 교육개혁에 참여하고 컨설팅한 바 있는 교육개혁 분야의 권위자입니다.

풀란은 자신의 저서 『학교개혁은 왜 실패하는가』[24]에서 "대부분의 교육개혁이 실패하는 이유는 좋은 자료가 부족했다거나, 전문성 개발이 효과적이지 못했다거나, 행정 지원이 부족했다는 기술적 문제를 훨씬 뛰어넘는다. 근본적 문제는 기획자들이 내린 잘못된 가설 때문이고, 다른 한편으로는 큰 문제를 해결하는 것 자체가 매우 복잡한 사안이기 때문이다"라고 지적합니다.

그는 『학교개혁은 왜 실패하는가』에서 교육개혁이 얼마나 복잡한 사안인가에 대해 구체적으로 예를 들어 설명합니다.

정책입안자들은 교사들이 변화에 저항한다고 불만스러워하고, 교사들은 정책입안자들이야말로 교실에서 진정으로 필요한 것은 외면한 채 자리보전을 위한 정책 변경만 일삼는다고 비난한다.

학부모들은 새로운 학습방식 또는 현재의 교육이 자녀의 미래를 대비하는 데 과연 도움이

---

24) 1982년 제1판이 나온 이후 여러 차례 개정하면서 2016년에 제5판을 출간되었다.

될까 불안해한다.

학교의 재구조화만이 답이라고 외치는 사람이 있는가 하면, 재구조화는 핵심을 벗어난 몽상일 뿐 당장 변경해야 하는 것은 교육과정이라고 주장하는 이들도 있다.

중앙정부에서는 성취 기준을 강화하고 새로운 평가를 도입하는 데 반해, 지방자치단체는 학교의 자율권 확대가 답이라고 주장한다.

학교는 사회를 반영하는 거울일 뿐 그 자체가 변화의 주체는 될 수 없다고 주장하는 학자가 있는 반면, 또 다른 학자는 교육의 리더인 교육감과 교장이 원대한 비전을 갖고 교사가 신규 교육과정을 학습할 열정과 의지를 갖추기만 한다면 학교도 성공적으로 바뀔 수 있다고 믿는다.

이렇게 교육개혁에 대해 입장이 다양한데, 성공과 실패는 어떻게 갈리게 될까요? 풀란은 "교육 변화를 성공으로 이끄는 데 중요한 열쇠는 관계의 개선이다. 정확히 말하면 집단의 형성에 초점을 두는 것이다. 교육 변화의 성패는 교육자와 학습자들이 지금 배우고 있는 내용과 학습방식에서 얼마나 개인적인 의미를 발견할 수 있는가에 달려 있다"고 말합니다. 즉 교육개혁이 정책기획자들의 거창한 담론이 아니라 학생과 교사에게 어떻게 받아들여지고 학교 교실에서 시행되는가에 달려있다는 것이죠.

교육을 국가 발전의 동력으로 만들어낸 핀란드

저는 『교육개혁은 없다1』의 제1부 〈교육과 사회 체제〉에서 핀란드 교육이 성공한 원인을 제대로 이해하려면 핀란드의 학교 이전에 핀란드 사회를 먼저 봐야 한다고 말씀드렸습니다.

핀란드에 경쟁이 없는 것은 16세까지 그렇다는 것이고, 고등학교 진학부터는 경쟁이 있고 학력에 따른 사회경제적 보상에도 차이도 있습니다. 그런데도 핀란드가 행복한 교육체제를 만들 수 있었던 이유는 사회적 평등 지수가 높고 사회 복지 시스템이 견고하기 때문입니다.

그러면 교육은 사회 시스템의 단순한 반영일까요? 그렇지 않습니다. 사회는 사회대로 잘 만들어가면서, 동시에 교육은 다양한 이해관계와 가치관을 가진 사람들의 요구를 묶어내서 개혁해 나가야겠죠. 사회개혁과 교육개혁은 떼어놓을 수 없지만, 교육개혁이 사회개혁의 단순한 종속변수는 아닙니다. 그러면 핀란드는 어떻게 교육개혁을 했을까요? 그리고 핀란드의 교육개혁에서 우리는 어떤 교훈을 얻어야 할까요?

정치적 변화에서 시작되었으나 정치에서 독립된 교육개혁

핀란드의 교육개혁은 1968년에 시작됩니다. 핀란드의 교육개혁이 어떻게 성공했는지는 1972년부터 1991년까지 20년 동안 핀란드 국가교육청장을 역임한 에르끼 아호(Erkki Aho)의 『핀란드 교육개혁 보고서』[25]에 잘 담겨있습니다. 앞으로 드리는 말씀도 대부분 『핀란드 교육개혁 보고서』의 내용을 요약하여 인용한 것입니다.

그런데 그 보고서의 내용보다 더 궁금한 것은 어떻게 한 사람이 20년 동안 국가교육청장을 역임했는가 하는 것입니다. 한국으로 치면 정권이 4번 바뀌는 동안 교육

---

25) 에르끼 아호 외 2인, 『핀란드 교육개혁 보고서』, 한울림, 2010

교육개혁은 없다 2

부 장관을 한 사람이 했다는 것인데요, 대통령이나 수상을 한 사람이 20년쯤 했다면 이해가 되는데, 교육부 장관을 20년씩이나 했다는 이야기는 세계 어느 나라에서도 들어본 적이 없습니다.

그러면 핀란드는 20년 동안 한 정당이 계속 집권했을까요? 그것도 아닙니다. 핀란드는 다당제 국가입니다. 핀란드 의회의 의원은 200명인데 2023년 현재 5명 이상의 의원을 보유한 정당만 해도 9개입니다. 오랜 역사를 지닌 정당도 많습니다. 정당의 이념도 보수주의, 핀란드 국민주의, 민주사회주의, 사회민주주의, 중도주의, 기독교 민주주의, 생태주의 등 다양합니다.

영향력 큰 정당이 총선에서 과반수를 득표하여 집권하는 게 아니라 여러 개의 정당이 연립하여 내각을 구성합니다. 에르끼 아호가 국가교육청장을 시작하던 1972년부터 1983년까지 내각의 평균 수명은 18개월이었습니다. 1983년이 지나서야 임기 4년의 내각이 안정적으로 정착되었습니다. 그런 정치 상황에서 어떻게 한 사람에게 20년 동안 교육개혁을 총 책임지게 하면서 일관되게 교육개혁을 밀고 나갔을까요?

핀란드는 스웨덴의 지배 600년, 러시아의 지배 100년을 거쳐 1917년 독립했습니다. 독립 직후 극심한 좌우 갈등으로 유혈 내전을 겪었고, 1939년부터 러시아와 두 번의 전쟁을 치렀으며, 1944년 영세중립국을 선언하고, 1945년에서야 정치적 안정을 이뤘습니다.

가난한 농업 국가 핀란드는 좌우의 극심한 이념 대립을 경계하면서 1956년에 대통령으로 당선된 중도좌파 성향의 지도자 께꼬넨(Kekkonen)이 1981년까지 25년 동안 핀란드를 이끌면서 경제성장과 함께 복지국가를 만들었습니다.

께꼬넨이 핀란드를 안정적으로 이끌어가던 1966년 총선에서 좌파 정당들이 과반수를 확보하면서 연립정부를 구성합니다. 제1당이 된 사회민주당과 인민민주당이 연합하고 공산당과 농민당도 가세했습니다.

핀란드는 국민이 직접 선출한 대통령과 의회에서 선출된 총리가 함께 국정을 이끌어가는 이원집정부제 국가입니다. 1966년 총선 이후에도 대통령은 께꼬넨이 계속 맡았지만, 내각은 좌파 정당들의 연합체로 구성된 것이죠.

1968년 좌파 다수당 정부는 교육개혁을 국정의 최우선 목표로 설정하고 교육개혁에 착수합니다. 교육개혁의 목표는 좋은 교육을 받을 기회를 모든 시민에게 동등하게 주자는 것입니다. 개인의 거주지, 경제 사정, 성별, 모국어 사용 여부26)와 상관없이 모두에게 동등하게 주자는 것이 지금까지 유지되는 핀란드 교육의 목표입니다.

좌파 연립정부가 교육개혁을 시작했지만, 내각의 평균 수명이 18개월인데 어떻게 일관된 교육개혁을 밀고 나갈 수 있었을까요? 세 가지 정도의 요인으로 설명할 수 있습니다.

첫째는 교육에 대한 핀란드 국민의 생각입니다. 핀란드 사람들은 오랫동안 교육을 개인의 복지와 국가 번영의 핵심으로 바라보았습니다. 자원이라고는 숲과 호수밖에 없는 나라에서 교육은 경제성장, 사회적 유대, 더 나은 삶의 기회를 가져오는 방법이라는 인식이 깊은 공감대를 이뤘습니다.

둘째는 제2차 세계대전을 함께 겪고 이겨내면서, 계급 갈등과 정당 간 대립이 격화되기보다 경제성장과 사회적 평등을 동시에 강조하는 '케인즈주의'가 광범위하게

---

26) 핀란드는 핀란드어(92.3%)와 스웨덴어(5.6%)가 공용어로 지정되어 있고, 새미어를 사용하는 사람도 0.4%이다.

교육개혁은 없다 2

지지받았습니다.

셋째는 다당제 시스템이 오히려 사회적 타협과 합의를 촉진했습니다. 양당제 국가에서는 여론과 논쟁이 양극화되는 경향이 많습니다. 정당 간 스펙트럼이 다양한 핀란드는 오히려 논쟁의 양극화를 피하고 공동의 합의를 추구하는 경향이 강했습니다.

사회적 합의에 기초한 점진적 교육개혁

핀란드는 1950년대까지 농업사회였습니다. 도시와 농촌 인구 비율은 3:7이었습니다. 1960년대 들어 산업화 국가 대열에 합류하면서 경제성장이 최우선 목표가 되었습니다. 도시와 농촌 인구 비율은 4:6으로 변했으며, 1970년대가 되면 도시와 농촌 인구 비율이 5:5가 됩니다.

농업사회에서 산업사회로 변화는 전통적 가치관의 변화를 가져오게 되었으며, 교육 분야에서도 변화에 대한 요구가 높아졌습니다. 이 시기에 핀란드가 교육개혁에 착수하게 됩니다.

교육개혁의 방향은 국민(학부모)의 요구가 결정합니다. 교육개혁의 승패는 교육의 담당자인 교사들의 자발성과 책무성이 결정합니다. 핀란드 국민의 요구는 무엇이었을까요?

첫째, 모두에게 질 높은 공교육을 보장하는 것입니다. 특히 농촌 인구가 갈수록 줄어드는 조건에서 도시뿐 아니라 농촌에도 누구나 집 근처에 좋은 학교가 있어야 합니다.

둘째, 초등학교를 졸업하면서 문법학교(인문계)와 공민학교(직업계)로 진로를 결정하는 기존 학제를 개혁하여 가난한 집 학생들에게도 고르게 기회를 제공하는 것입니다.

셋째, 수업 편성에서도 능력에 따라 학생을 분류하여 가르치는 것을 폐지하고 통합하여 가르치도록 합니다.

위와 같은 요구를 집약한 게 학제 개편을 통한 종합학교 설립입니다. [표16]은 교육개혁 이전과 이후의 학제입니다.

[표16] 교육개혁 이전과 이후의 학제

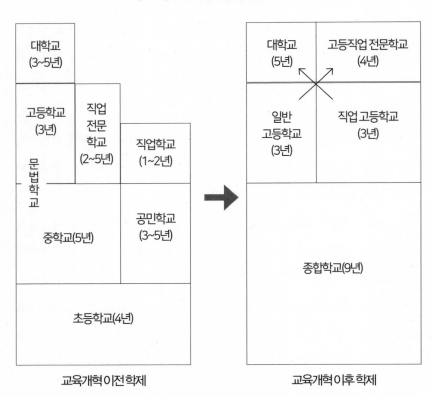

1968년 시작된 교육개혁에서 가장 먼저 착수한 과제는 기존의 학제를 바꾸는 것입니다. 1960년대까지 핀란드는 초등학교 4년을 마치면 문법학교와 공민학교로 나뉘어 진학했습니다. 문법학교는 중학교 5년, 고등학교 3년을 거쳐 대학에 진학하는 경로이고, 공민학교는 3~5년을 거쳐 직업학교로 진학하는 경로입니다.

즉 11세 정도에 진로를 결정해버리는 것이었죠. 초등학교는 하층 노동자를, 문법학교의 중학교 과정은 중간관리자를, 문법학교 고등학교 과정은 사회를 이끌 예비 주역을 배출하는 학교였습니다. 핀란드도 처음부터 교육이 평등한 것은 아니었습니다. 학교 제도와 관련하여 부유층의 요구는 더 많은 문법학교를 짓자는 방향으로, 대다수 계층은 15세까지는 차별 없이 평등하게 교육하자는 것이었습니다. 서로 대립하는 것은 아니었으나 요구의 방향은 달랐습니다.

좌파 연립정부는 1963년 의회의 결정에 따라 기존 학제를 폐지하고 초등학교와 중학교를 통합하여 9년제 종합학교 설립에 착수합니다.

종합학교를 설립하면서 고등학교도 일반고교와 직업학교의 격차를 줄이기 위해 직업학교를 나온 학생들도 대학에 진학할 수 있도록 교육 경로를 신설했습니다.

이런 과정에서 갈등이 없었을 리가 없겠죠. 에르끼 아호는 "교육개혁 초기 3~4년 동안 내가 추진하는 개혁이 사회주의적이라는 의혹에 시달렸다. 나를 공산주의자로 몰던 언론도 있었다. 하지만 다양한 교육 주체들과 교육개혁의 취지와 방향, 실현 방법 등에 대하여 대화하고 토론을 거듭하면서 이런 비난은 사라졌다"고 말합니다.[27]

핀란드 교육개혁의 핵심인 종합학교 제도는 도입을 위한 일정표 짜기부터 제도

---

27) 한겨레신문, 〈핀란드, 22년간 교육개혁…정권 바뀌어도 생명력〉, 2010. 12. 13.

화, 정착, 세부 문제에 대한 정치적 합의까지 22년이 걸렸다고 에르끼 아호는 말합니다.

에르끼 아호는 1960년대 핀란드의 교육개혁 전략을 '삼지창 접근법'이라고 부릅니다. 세 개의 창끝이라는 뜻인데요, 처음에는 초등학교를, 다음에는 문법학교의 저학년을 쇄신하고, 동시에 교사 양성 시스템 개선에 착수하는 것을 목표로 삼았다고 합니다. 즉 교육개혁의 목표와 단계를 설정하여 진행했다는 것이죠.

1970년대에는 초등·중등 교육의 성공적인 변화에 힘입어 고등교육 변화로 목표를 확장했고, 중앙집중적 관리에서 분권화로 방식을 바꿔나갔으며, 정치인 주도에서 전문가와 교육자 주도로 개혁의 주체를 잡았다고 합니다.

에르끼 아호는 핀란드의 교육개혁이 '혁명적'이 아니라 '점진적'으로 이루어졌다고 평가합니다. 다양한 정치세력이 공존하는 다당제 국가에서 그럴 수밖에 없었을 것입니다. 혁명적 방법이 좋으냐 점진적 방법이 좋으냐 하는 것보다 중요한 것은 변화가 얼마나 확고하게 뿌리내리도록 하느냐, 그럴 수 있는 사회적 역량이 있느냐 하는 문제가 아닐까 생각합니다.

에르끼 아호의 평가대로 장기적인 비전, 끈질긴 노력, 선의와 합의, 전문가를 존중하는 정책과 원칙, 지속 가능한 리더십이 핀란드 교육개혁의 성공 요인이라는 것이 중요한 것 아니겠습니까.

교사를 주인으로 만드는 교육개혁

아무리 좋은 방향으로 개혁의 목표를 설정하고 사회적 합의를 형성해도 교육개혁의 승패는 교실에서 직접 학생들을 가르치는 교사들의 자발성과 책무성에 의해 결정됩니다. 정치인과 행정가들이 교육개혁의 틀을 다 만들어놓고 교사들에게 따라오라는 식으로는 교육을 바꿀 수 없습니다. 핀란드에서는 교사를 개혁의 주체로 만드는 문제를 어떻게 해결해 나갔을까요?

에르끼 아호는 개혁의 실행 과정에서 교사들이 의문을 품고 우려하는 문제들이 많았다고 말합니다.

예를 들어 기존 학제를 폐지하고 초등학교와 중학교를 통합하여 종합학교로 전환할 때 기존 4년제 초등학교에 근무하던 교사들이 9년제 통합학교에서 가르칠 수 있을까 하는 걱정이 많았겠죠. 또 당시에는 초등학교, 공민학교, 문법학교 교사의 임금이 달랐는데 종합학교 교사의 보수는 어떤 기준으로 책정될 건가 하는 걱정도 있었겠죠.

신분의 안정성이나 임금뿐 아니라 교육개혁의 방법론에 대한 우려도 있었는데요, 예를 들어 능력별로 학생들을 편성하는 구제도를 폐지하는 것에 대해 반대하는 교사들이 적잖게 존재했습니다. 이에 대해 교사들과 합의하는 과정도 당연히 필요했겠죠.

핀란드는 교육개혁에서 교사들의 지지를 확보하기 위해 노력했습니다. 교사들에게는 고용과 임금의 안정성을 보장하고 교원노조와 민주적으로 소통했습니다. 정부는 교사들이 기존 학교에서 인정받던 연공과 임금을 인정함은 물론이고 종합학교에서는 더 어려운 업무가 많이 생기기 때문에 더 많은 임금을 보장했습니다.

정부가 교사를 신뢰하자 교사들은 전문가로서 헌신을 발휘했으며, 정부의 각종 교육 관련 위원회에 참가하여 교육과정 개발을 비롯한 여러 변화를 자발적으로 이끌어갔습니다.

교사들의 자발성을 확인하면서 핀란드의 교육행정 방식도 변화합니다. 1970년대에 시작된 교육개혁이 1985년에 전국적으로 시행되기 이전까지 핀란드의 교육체제는 중앙집중적이었습니다. 교사의 매일매일 일과를 규제하는 규칙과 법령이 세밀하게 존재했습니다.

1990년대에 접어들면서 정부는 교사 직무에 대한 전통적 통제를 과감하게 청산합니다. 학교 장학, 세밀한 국가 교육과정, 공식적 수업 자료, 가르칠 교과에 기반한 주간 시간표, 시간마다 가르친 것을 기록으로 남겨야 하는 교사의 학급 일지 등 모든 전통적 통제가 사라집니다. 종합학교에서 전국적으로 치러지던 표준 테스트도 없어졌습니다.[28]

교육개혁을 통해 교사들의 자발성과 책무성이 높아지면서 학교에 대한 학부모들의 믿음도 커졌습니다. 핀란드에서는 부모-학교 모임이 별다른 주목을 받지 못합니다. 부모들이 학교의 능력을 신뢰하기 때문입니다.

가정과 학교 사이에는 무언의 합의가 존재합니다. 부모는 자신의 원칙과 가치에 따라 자녀를 양육할 주된 책임이 있고, 교사는 학문과 사회생활을 위한 교육에 책임이 있다고 생각합니다. 이 역할 분담에 대한 합의가 1990년대 이후 강화되었습니다.

교육개혁의 결과 핀란드의 교사들은 다른 나라보다 사회적 지위가 높아졌습니다. 핀란드 국민은 가르치는 일을 소중히 여기고 교사에 대한 존중을 표현합니다. 그래서 학생들에게 교사는 선망하는 직업입니다. 전통적으로 인기가 높은 의사, 변호사, 엔지니어 등에 비해 교사에 대한 선호도가 낮지 않습니다. 교육과 관련된 학과에 진학하는 학생들은 고등학교에서 상위 10% 이내의 학생들입니다.

---

28) 『핀란드 교육혁명』, 한국교육연구네트워크 총서기획팀, 살림터, 2010

교육개혁은 없다2

사회적 합의와 교육개혁의 중심에 선 노동조합

좌파 정당들이 집권하면서 1960년대에 노동조합운동이 급격히 성장했습니다. 좌파 정당 집권 이전에는 노동조합 가입률이 18%였는데, 1970년에 이르러 43%까지 증가했습니다. 현재는 60% 정도입니다. 핀란드 교사의 교원노조 가입률은 95%로, 노동계 전체 가입률보다 높습니다. 핀란드에는 교장 선생님들의 노조도 있습니다.

노동조합 가입률이 증가하고 사회적 발언권이 커지면서 노동조합의 활동 방향도 변화합니다. 명목임금 인상에 집착하지 않고 양질의 교육을 하고 건강 서비스를 받을 권리 등 정치적 권리를 주장하기 시작했습니다. 노동조합이 강력하게 성장함에 따라 사회정책 개혁이 지속적이고 일관되게 진행되었습니다.

핀란드는 '계약 사회'라는 특징이 있습니다. 중요한 사회정책을 결정할 때 정부와 노동조직들 사이의 합의에 기초한다는 것입니다. 왜 노동조합과 합의가 중요할까요? 정부와 국민이 사회적 합의를 할 때 국민의 뜻을 대변할 수 있는 조직적 실체가 노동조합이라고 보기 때문입니다.

그래서 정부가 교육개혁과 관련하여 합의해야 할 가장 중요한 조직은 교원노조뿐 아니라 핀란드산업연맹(STK), 핀란드 노동조합중앙기구(SAK)입니다. 학계의 의견을 수렴할 때도 전문가노동조합연합회와 대화를 하는데, 그 구성원 중 1/4은 교원노동조합 조합원입니다.

새로운 교육 시스템과 관련한 모든 계획과 결정이 교육부, 교원노조, 지방자치단체 조직들 사이의 협상에 의해 이루어졌습니다.

사회발전의 동력이 된 교육개혁

1990년대 초반 주요 교역국이던 소련이 몰락하면서 핀란드는 심각한 경제 위기를 겪게 됩니다. 경제성장률은 마이너스로 떨어지고, 실업률은 18%까지 급등했으며, 공공부채는 GDP의 60%까지 치솟아 국가 부도 위기까지 몰렸습니다.

핀란드는 경제 위기를 극복하기 위해 목재와 제지 등 1차 원료 산업에 의존하던 산업 체제를 지식기반 산업 체제로 변경했습니다. 이런 변화가 가능했던 것은 장기간의 교육개혁을 통해 우수한 인력이 형성되었기 때문입니다.

1996년부터 10년 동안 핀란드는 세계경제포럼(WEF)이 주관한 4번의 국제 평가에서 3번이나 국가경쟁력 1위의 자리를 차지했습니다. 변변한 자연 자원이 없는 핀란드가 어떻게 국가경쟁력 1위에 오를 수 있었겠습니까? 교육개혁으로 형성된 질 높은 노동력이 최고의 국가경쟁력이었던 것입니다. 우수한 노동력이 정부의 집중적 투자와 지원과 결합하면서 정보통신 분야에서 성공을 거두고 경제 위기를 극복하는 중요한 동력이 되었습니다.

핀란드는 경제 위기를 복지를 포기하거나 노동자에게 희생을 요구하는 방식으로 극복하지 않았습니다. 일용직이나 비정규직과 같이 불안정한 삶에서는 창조적 아이디어가 나올 수 없다는 게 핀란드인들의 생각입니다. 복지 시스템이 튼튼하게 유지될 때 미래에 대한 불안감 없이 자유로운 환경에서 창조력이 발휘된다고 보는 것이죠. 한국은 한 번도 기술 무역 수지 적자에서 벗어난 적이 없지만, 핀란드는 기술 무역 수지 흑자이며 기술 수출국입니다.

실패로 끝난 미국의 교육개혁

2차 대전 이후 세계 최강국으로 등장한 미국은 두 차례에 걸쳐 국가 차원의 교육개혁을 시행했습니다.

교육개혁은 없다 2

첫 번째는 1957년 소련의 스푸트니크 발사 사건 이후 1960년대에 펼쳐진 '교육과 정 개혁'입니다.

두 번째는 학생들의 학력 저하를 극복하기 위해 1990년대 이후 시행한 신자유주의 교육개혁입니다.

두 번의 개혁이 어떤 내용이고 그 결과가 어떠했는지 살펴보겠습니다.

스푸트니크 충격이 가져온 학문중심 교육과정 개혁

2차 세계대전 종전 후 세계는 자본주의와 사회주의 진영 사이에 총성 없는 전쟁, 냉전 시대로 진입했습니다. 1950년대 미국 내 공산주의자와 소련 첩자를 색출하겠다는 매카시 선풍은 당시의 시대상을 잘 보여줍니다.

그런데 적대국 소련이 1957년에 인공위성 스푸트니크를 우주 공간에 먼저 올립니다. 1917년 볼셰비키 혁명이 성공할 때까지만 해도 유라시아의 낙후한 농업국이었고, 히틀러의 침공으로 쑥대밭이 된 소련이 인공위성을 먼저 띄워 올린 것은 미국인들의 수치심과 공포심을 자극했습니다.

이 충격 때문에 1959년 미국의 각 분야 학자와 교육전문가 35명이 우즈홀이라는 곳에 모여 회의를 개최합니다. 이를 '우즈홀 회의'(Woods Hole Conference)라고 부릅니다. 회의 참가자들은 그동안 미국 교육계를 지배했던 '아동 중심'의 실용주의 교육관을 비판하고 수학·과학을 중시하는 '학문 중심' 교육으로 전환을 시도합니다.

미국 정부가 추진한 것은 교육과정 개혁입니다. 물리교육연구위원회, 생물교육과정연구회, 사회과학교육과정위원회, 열린교실학교, 팀티칭 등 교육과정 개혁에 엄청난 예산을 투입했습니다.

그렇게 1970년대 초반까지 10년 이상 추진했으나 개혁의 성공 사례는 미미했습니다. 그 이유는 혁신적 정책을 개발하는 데에만 초점을 맞추고, 혁신이 일어날 학교와 학구(學區)의 문화에는 거의 관심을 기울이지 않았기 때문입니다.[29] 이렇게 첫 번째 교육개혁 시도가 완패로 끝난 후 1970년대에는 교육개혁이 잠잠해졌습니다.

1970년대에 접어들어 학문 중심 교육이 아동들에게 너무 어렵고 학교 교육과 현실 생활이 크게 유리된다는 비판이 일면서, 다시 수학·과학의 난이도를 쉽게 하고 도덕 교과와 예술 교과의 비중을 늘리는 방향으로 돌아가게 됩니다.

학업성취도 향상을 목표로 한 경쟁주의 개혁

1975년 뉴욕 타임스는 미국의 주요 대학 입학시험인 SAT 점수가 지난 10년 동안 하락했다는 기사를 1면에 실었습니다. 1977년 'SAT 위원회'는 그 이유를 기초 교과 과정을 선택하는 비율이 점점 낮아지고, 모호한 선택과목을 수강하는 학생들의 비율이 늘어나며, 과제는 줄어들고 결석률은 높아지며, 비판적으로 사고하는 독서 비중도 줄어든 것에서 찾았습니다.

미국 학생들의 학업 성취도가 떨어진다는 비판이 계속 제기되자, 1983년 레이건 정부에서 교육부장관을 역임한 테렐 벨이 주도한 '국가교육수월성위원회'가 「위기에 처한 국가」라는 보고서를 제출합니다.

보고서는 미국 교육의 위기를 극복하기 위한 방도로 다음과 같이 권고합니다.

• 졸업 요건을 더욱 강화할 것.

---

29) 마이클 풀란, 『학교 교육은 왜 실패하는가』, 21세기교육연구소, 2017

- 도달해야 할 성취 기준을 높여 학습 성과를 높일 것.
- 수업과 숙제에 더 많은 시간을 할애할 것.
- 교원 자격 기준을 높일 것.

레이건에 이어 대통령으로 당선된 조지 부시 대통령은 1989년 교육개혁 조치를 위해 주지사 회의를 소집합니다. 회의 참가자들은 10년 후인 2000년을 도달 목표로 다음과 같은 구체적 계획을 세웠습니다.

"미국의 모든 아이는 준비된 채로 학교에 입학할 것이며, 미국 학생은 수학과 과학 분야에서 세계 1위가 될 것이다. 전체 학생 중 최소 90%는 고등학교를 졸업할 것이고, 모든 아이는 어려운 과목을 완벽히 학습할 것이다. 나아가 성인 식자율(글을 읽고 쓸 줄 아는 비율) 100%를 달성할 것이며, 미국의 모든 성인은 세계 경제 무대에서 경쟁할 준비를 하게 될 것이다. 그리고 미국의 모든 학교는 약물과 알콜, 폭력에서 자유로와질 것이다."

위와 같은 원대한 목표를 달성하기 위해 미국 정부가 선택한 방법은 무엇일까요? 부잣집 자녀들이 다니는 사립학교는 문제가 없습니다. 문제는 공립학교입니다. 정부는 무능한 공립학교의 학업 성취도를 높이기 위해 다음과 같은 방법을 채택합니다.

- 바우처(Voucher) 제도를 통해 학생 학부모에게 학교 선택권을 준다.
- 차터 스쿨(Charter School)을 통해 공립학교에 경쟁체제를 도입한다.
- '낙오학생방지법'을 통해 학교와 교사에게 실패의 책임을 묻는다.

'바우처'란 정부가 복지 서비스 구매 비용을 지불하는 쿠폰 같은 것입니다. 교육 바우처는 학생이 공립학교가 아니라 사립학교를 선택할 경우 수업료의 일부를 국가가 지원하는 시스템입니다. 그러면 학부모들은 경제적 부담을 덜게 되고, 사립학교들은 재정이 보장되니까 경쟁력을 높일 수 있고, 결과적으로 공립학교까지 개혁하는 효과가 생길 것으로 기대했습니다.

'차터 스쿨'은 민간이 운영하는 공립학교입니다. '민간이 운영하는 공립학교'란 '따뜻한 냉수'처럼 형용 모순인데, 학교를 전문적으로 운영하는 회사가 교육 목표와 운영방식을 정한 학교 헌장(Charter)으로 주 정부와 계약을 맺고 운영한 후 목표를 달성한 학교는 계약을 갱신하고, 달성하지 못하면 문을 닫는 시스템입니다. 클린턴, 부시, 오바마 대통령 모두 차터 스쿨이 미국 교육을 혁신할 핵심 수단이 될 것으로 칭찬한 학교 시스템입니다. 1991년 미네소타, 1992년 캘리포니아에서 출발하여 많은 주로 확산되었으며, 2016년 기준으로 6,700여 개 차터 스쿨에 300만 명이 교육을 받고 있습니다.

교육 바우처와 차터 스쿨은 무능한 공립학교를 개혁했을까요?

바우처 제도는 크게 확산되지 못했습니다. 수혜자의 80%가 종교계 사립학교를 선택해서 미국 헌법이 보장하고 있는 '정교분리' 원칙에 어긋난다는 논쟁에 휩싸였습니다. 바우처로는 사립학교의 비싼 학비를 감당할 수 없어서 가난한 사람은 혜택을 보기가 어려웠습니다. 바우처로 사립학교에 간 학생과 공립학교 학생 사이에 의미 있는 학력 격차가 나타나지도 않았습니다.

차터 스쿨은 확산됐지만 미국 교육을 개혁하지 못했습니다. 근본적 이유는 차터 스쿨의 최우선 목표가 학교 운영 기업의 이윤 증대에 있기 때문입니다. 차터 스쿨에 학생들이 몰리면서 교사 1인당 학생 수, 체육관이나 도서관을 비롯한 학교 시설, 교사들의 질이 공립학교보다 낮은 경우가 허다했습니다. 이윤을 위해 자격증 없는 교사를 저렴한 인건비로 채용하는 일도 많이 발생했습니다.

아버지에 이어 대통령에 오른 조지 W.부시 대통령은 2001년 민주당과 공화당 모두의 압도적 지지로 '낙오학생방지법'(No Child Left Behind)을 통과시킵니다. 낙오학생을 방지할 방도는 학교와 교사의 책무성을 강화하는 것입니다.

표준화된 시험을 쳐서 시험 점수 결과에 따라 학교 예산과 교사들의 연봉과 승진을 결정하도록 하고, 시험 성적이 부진할 경우 교사들은 감봉 처분을 받고, 심할 경우 해고할 수 있도록 했습니다.

우리나라에 널리 알려진 미셸 리 워싱턴DC 교육감은 2010년 '학생이 유능한 교사를 만날 권리'를 실현하기 위해 교사 241명을 해고했습니다. 해고되지 않았어도 최저 수준의 업무능력 등급으로 분류된 교사 700여 명에게는 향후 1년간 업무 고과 점수를 높이지 못하면 다음 학년도에는 해고될 수 있다고 발표했습니다.

이런 식으로 해서 학교의 책무성이 강화되고 학생들의 성적이 올라갔을까요? 전혀 반대의 결과로 치달았습니다. 대표적 사례가 애틀랜타주 공립학교 성적 조작 사건입니다. 애틀랜타주의 초등 중등 56개 학교 중 44개 학교에서 38명의 교장을 포함하여 178명의 교사가 성적 조작에 가담했습니다.

이들은 정부가 주는 보조금과 성적 향상에 따른 보너스를 받을 목적으로 학력평가시험 시간에 학생들에게 정답을 알려주거나, 학생들의 오답을 지우개로 지워 정답으로 바꾸거나, 의도적으로 오답을 정답 처리하는 식으로 2001년부터 10년 동안 조직적으로 성적을 조작했습니다. 애틀랜타주에서만 성적 조작이 있었을까요? 인터넷에서 검색하면 유사한 기사가 차고 넘칩니다.

뉴욕대학교 교육학부 교수 다이안 래비치(Diane Ravitch)는 부시 행정부에서 교육차관보 겸 교육부장관의 카운슬러로, 클린턴 행정부에서는 '연방학업성취도검사 운영위원회'에서 활동한 사람입니다.

그는 10년 동안 학교선택제와 학교의 책무성 강화에 신념을 갖고 미국 연방정부에서 교육개혁 정책에 참여했는데, 교육개혁이 실패하는 것을 지켜보며 2010년 자신의 신념이 잘못되었음을 인정하는 『미국의 공교육 개혁, 그 빛과 그림자』를 썼습니다. 래비치가 책의 결론 부분에서 밝힌 견해를 요약해서 소개하겠습니다.

시장의 마법에 학교를 내맡긴다면 학교는 결코 발전할 수 없다. 시장에는 늘 승자와 패자가 있다. 학교가 이익을 추구하는 민간 기업처럼 작동하기를 기대해도 학교는 발전할 수 없다.

학교는 비즈니스가 아니라 공공재다. 지금과 같은 상황이라면 교사들은 심사숙고한 글쓰기, 비판적 읽기, 과학적 실험, 역사 공부가 아니라 주에서 시행하는 학업 성취도 검사 대비에 더 많은 시간을 보낼 것이다. 경험 있는 학교장을 학교에서 몰아내고 리더십 훈련만 받았을 뿐 교사로서 경험이 적거나 전혀 없는 초보자를 학교장에 앉힌다면 학교는 결코 발전하지 못한다.

책무성 부과가 특효약이며 학교선택제 자체가 만병통치약이라는 지난 10년간의 주장을 뒷받침해줄 수 있는 근거는 전혀 없었다.

미국의 실패, 핀란드의 성공, 무엇이 달랐나?

교육개혁 철학의 차이

20세기 초반부터 미국 교육은 '투 트랙'을 유지해왔습니다. 상위 20%는 기숙형 사립고나 좋은 학군의 공립학교에 자녀를 보냅니다. 상위 20%의 학교 교육은 훌륭합니다. 좋은 시설, 실력 있는 교사, 학습 열의가 높은 학생들로 채워진 학교에서 미국의 미래를 이끌고 갈 인재들을 양성합니다.

문제는 하위 80%가 다니는 공립학교입니다. 부모의 낮은 교육열, 학습에 흥미를 느끼지 못하는 학생들, 실력 없는 교사로 채워진 학교에서는 졸업하는 것 자체가 목표가 되어버렸습니다. 그래서 미국의 개혁 목표는 공립학교의 학업성취도를 높이는 것이었습니다.

그런데 왜 사립학교와 공립학교에 차이가 발생할까요? 근본 원인은 극심한 빈부 격차 때문입니다. 따라서 교육개혁은 경제적 불평등을 줄여나가는 사회개혁과 함께 추진되지 않으면 불가능합니다.

그러나 미국 정부가 추진한 교육개혁에는 사회개혁이 전혀 고려되어 있지 않습니다. '부의 불평등→교육 불평등→부의 불평등'의 악순환을 끊을 생각 없이 당근과 채찍으로 교육을 바꿔보겠다는 생각은 모래사장 위에 집 짓기와 같습니다.

핀란드의 교육개혁 철학은 평등한 복지국가 체제를 통해 담보되었습니다. 만약 핀란드가 미국처럼 불평등이 심각한 나라였다면 핀란드에서 진행되었던 정책들도 성공하지 못했을 것입니다.

'모두에게 제공되는 평등한 양질의 교육', '누구나 집 근처에 훌륭한 학교', '한 학생도 낙오시키지 않는 교육', 이렇게 좋은 구호를 내걸었지만, 사회가 불평등하고 약자를 보살피지 않는다면 학교 교육이 목표대로 진행될 수 있을까요?

종합학교 9년 동안은 성적표도 없고 경쟁도 없다지만, 고등학교 진학부터는 성적에 따라 진로가 분류되고, 대학도 경쟁이 있지만, 직업과 학력에 따른 임금 격차가 크지 않고, 국가가 개인의 삶을 보호해준다고 믿는 신뢰 사회이기에 교육이 교육답

게 꽃 피어난 것 아니겠습니까?

교육개혁 전략의 차이

교육개혁은 정치가의 연설, 행정가의 서류가 아니라 교실에서 학생들을 바라보는 교사의 눈빛과 숨결에서 승패가 갈립니다. 교육개혁은 교사들이 교육에 전념하고 헌신할 수 있는 조건을 마련하고, 교사들의 자발성과 책무성으로 교육 시스템을 만드는 것이 중요합니다.

핀란드는 그렇게 했습니다. 교사들의 임금과 고용을 안정적으로 보장하고, 교사들이 교육과정 개발과 정책 수립에 적극적으로 참여하도록 했으며, 교원노조를 교육개혁의 중요한 파트너로 인정했습니다. 교육부, 교육청에서 지침을 내리고 학교를 감독하는 장학감사 제도 같은 것들을 학교와 교사를 믿고 모두 폐지했으며, 학교 평가는 학교 스스로 3년에 한 번씩 15쪽 정도 분량의 평가서를 작성하는 것으로 대신했습니다.

반면 미국은 교사들을 교육개혁의 대상으로 취급했습니다. 바우처 제도, 차터 스쿨로 학교를 경쟁체제로 몰아넣고, 낙오학생방지법으로 시험을 쳐서 성적이 낮은 학교에는 지원을 줄이거나 중단하고 교사를 해고하는 방식으로 교육개혁을 달성하고자 했습니다.

그 결과는 무엇입니까? 미국 교사의 임금은 비슷한 수준의 교육을 받은 다른 전문직 노동자의 60~70% 수준으로 매력이 없는 직업인데, 교사를 불신하고 경쟁을 강화하니 교사 이직률이 매우 높아졌습니다. 젊은 교사들 가운데 1/3은 3년 안에 교직을 떠나고, 절반은 5년 안에 떠납니다. 빈민 지역의 학교들은 훨씬 더 심각하죠.

핀란드는 고등학교 졸업 당시 상위 10%에 든 사람이 교사가 되지만, 미국은 고등

교육개혁은 없다 2

학교 졸업 성적이 상위 1/3인 교사는 20%에 불과합니다. 고등학교 수학 교사 중 수학을 전공한 사람은 절반도 되지 않는다고 합니다.

교육은 교사의 수준을 넘을 수 없습니다. 미국 공립학교의 미래가 암울한 것은 교사들을 개혁의 대상으로 내몬 결과입니다.

핀란드와 미국의 교육개혁 철학, 개혁 전략의 차이를 알아봤는데요, 1990년대 이후 미국에서 '학교선택제'와 '낙오학생방지법'을 교육개혁의 핵심 정책으로 삼은 것은 옳은 결정일까요? 지금 미국 교육에서 개혁해야 할 가장 중요한 과제는 무엇일까요?

2020년 한해만 봐도 19세 미만의 아동 4,357명이 총기 관련 사건으로 숨졌습니다. 총기 관련 사망자가 아동 사망 원인 1위입니다. 미국 인구가 우리보다 6배 정도 많으니 한국으로 치면 1년에 700명 넘게 총에 맞아 죽거나 자살한다는 건데, 그걸 막는 것보다 더 중요한 게 무엇이 있을까요?

마약은 또 어떻습니까? 미국 국립보건원(NIH) 산하 기구인 약물남용연구소(NIDA)에 따르면 2019년 기준으로 마리화나에 손대는 학생이 8학년(한국의 중2)은 11%, 10학년(한국의 고1)은 28%, 12학년(한국의 고3)은 35%에 이른다고 합니다.

코카인, 환각제(엑스터시), 암페타민(필로폰), 신경안정제, 비의료적으로 사용된 오피오이드(마약성 진통제) 등도 학생의 5~10% 정도가 복용한다고 합니다.

이런 나라에서 아동 보호를 우선시하지 않고 학생들 성적 올리는 것을 교육개혁 방향으로 잡는다니, 이걸 어떻게 이해해야 할까요?

히틀러의 망령을 청산한
'아우슈비츠 이후의 교육'

평범한 사람을 살인마로 만들었던 독일 교육

'독일' 하면 누가 떠오릅니까? 지금부터 독일 사람 이름을 적어 보겠습니다.

칸트, 헤겔, 맑스, 쇼펜하우어, 니체, 베버, 하이데거, 베토벤, 하이네, 괴테, 헤세, 브레히트, 아인슈타인, 가우스, 하이젠베르크,···. 18세기 이후 철학, 음악, 문학, 과학 분야에서 독일 출신의 천재들입니다.

독일은 수많은 노벨상 수상자를 배출한 천재들의 나라, 내면의 풍요를 이상으로 삼았던 교양 있는 나라, 교육받은 중간계층을 최초로 형성한 나라, 대학과 연구소의 나라였습니다.[30] 20세기가 독일의 시대일 수도 있었는데, 두 차례의 세계대전을 일으켜 인류의 공적이 되었습니다.

'악의 평범성에 대한 보고서'라는 부제를 단 『예루살렘의 아이히만』은 1961년에 진행된 나치 전범 아돌프 아이히만(Adolf Eichmann)의 재판을 지켜본 유대인 출신 독일 철학자 한나 아렌트(Hannah Arendt)가 써서 세계적으로 충격을 던진 책입니다.

---

30) 피터 왓슨, 『저먼 지니어스』, 글항아리, 2010

2015년에 〈아이히만 쇼〉라는 제목의 영화로 만들어졌고, 한국에서도 2017년에 개봉되었습니다. 아이히만 재판은 당시 전 세계에 생중계되었는데, 영화 〈아이히만 쇼〉에는 재판 녹화 영상들이 삽입되어서 아이히만의 표정들을 생생하게 볼 수 있습니다.

아이히만은 1932년 26살 때 나치당(정식 명칭은 '국가사회주의독일노동자당')에 입당했고, 하인리히 히믈러(Heinrich Himmler)가 조직한 나치 친위대 정예부대에 들어갔습니다.

히믈러가 국가안전국을 창설하자 아이히만은 유대인 담당 부서에서 일했습니다. 아이히만은 유대인을 식별하고 집결시켜 집단수용소로 보내는 일을 담당했는데, 가스실이 설치된 열차는 아이히만이 고안해낸 것입니다.

1945년 독일이 패전한 후 미군에 붙잡힌 아이히만은 포로수용소에서 탈출하여 15년 동안 도피하다가 1960년 아르헨티나에서 이스라엘의 정보기관인 모사드에 체포되어 예루살렘의 특별법정에서 재판을 받습니다.

아이히만 재판 전까지 600만에 이르는 유대인 학살의 진실은 제대로 알려지지 않았습니다. 그런 소문들은 있었으나, '설마'하는 생각들이 많았다고 합니다. 법정에는 대규모 학살 과정에서 살아남은 사람들의 생생한 증언이 터져 나와 충격을 주었습니다.

법정에서 아이히만은 무죄를 주장합니다. "나는 잘못이 없다. 단 한 사람도 내 손으로 죽이지 않았다. 나는 시키는 것을 그대로 실천했을 뿐이다"라고 변명했습니다.

한 걸음 더 나아가 "나는 남을 죽이는 것에는 관심이 없다. 내가 관심 있는 것은 맡은 일을 잘하는 것뿐이다. 가스실이 고안된 열차를 만든 것은 지시받은 업무를 잘 처리하기 위한 것이었다. 그 열차 덕분에 우리 조직은 시간 낭비 없이 일을 처리할 수 있었다"고 말했습니다. 양심의 가책을 받은 적 없냐는 질문에는 "월급을 받으면서 주어진 일을 열심히 하지 않았다면 양심의 가책을 느꼈을 것이다"라고 답합니다.

재판을 지켜본 6명의 정신과 의사들은 아이히만의 정신상태가 정상이며, 준법정신이 매우 투철한 국민이었을 뿐이라고 판단합니다. 이 재판을 처음부터 끝까지 보고 기록한 한나 아렌트는 "생각하지 않는 것, 이것이 바로 악"이라고 결론을 내리게 됩니다. 그래서 한나 아렌트는 '악의 평범성에 대한 보고서'라는 부제를 단 것입니다.

독일은 1918년 11월 혁명으로 황제 빌헬름 2세를 폐위하고, 사회민주당이 주도하는 바이마르 공화국을 수립합니다. 1차 세계대전 패전으로 막대한 전쟁 배상금을 치러야 했던 독일은 1929년 세계 대공황을 맞아 실업자가 급증하고 국가재정이 거액의 적자로 허덕이게 되면서 계급 갈등이 격화됩니다. 독일 국민은 좌절감과 궁핍을 해결해 줄 과감한 처방을 요구했고, 위대하고 강력한 국가를 약속한 히틀러의 선동이 먹히면서 1933년에 나치당이 집권에 성공합니다.

히틀러는 권력을 강화하기 위해 정치적 적극성을 지닌 청소년들에 주목했습니다. 제1차 세계대전 패배, 세계대공황 이후 허약하고 불안정한 정부, 높은 실업률, 광범위한 빈곤으로 신음하던 시기에 나치당은 위대한 독일의 찬란한 미래를 약속하며 청소년들을 '히틀러유겐트'(Hitlerjugend: 히틀러청소년단)로 끌어들였습니다.

1926년에 출범한 히틀러유겐트는 청소년들에게 제복을 입히고 캠핑, 캠프파이어, 퍼레이드, 스포츠 경기, 전쟁놀이, 담력 테스트, 비밀 회합 등을 마음껏 제공했습니다. 청소년들은 흥분과 모험을 즐기며 결속되었고, '강한 조국 건설'을 위한 의무 노동에 뛰어들었으며, 제2차 세계대전에 가장 적극적으로 참여한 전사들이 되어갑니다.

　청소년들은 "우리의 지도자를 상징하는 이 피의 깃발 앞에서 조국의 구세주 아돌프 히틀러에 혼신을 바칠 것을 맹세합니다. 그를 위해 목숨을 바칠 준비가 되어있으니, 신이시여 굽어살피소서"라고 서서했습니다. 1933년 5만 명에 불과했던 히틀러 유겐트는 1939년에 700만 명이 이르게 되었습니다.[31] 히틀러는 아리아 인종의 우수성을 찬양하고, 유럽의 경제력을 쥐고 있던 유대인을 인류의 적으로 몰았습니다.

　그 시기에 교사들은 무엇을 하고 있었을까요? 1936년 공립학교 교사의 97%인 30만 명이 '국가사회주의교사연합'에 가입했습니다. 교사는 나치 당원 중 가장 많은 직업군이었습니다.

　히틀러는 군사 쿠데타가 아니라 선거로 집권했습니다. 히틀러를 선출한 것은 독일 국민이고, 죄의식 없이 유대인 학살에 가담한 것도 평범한 독일인입니다. 그래서 히틀러의 독재 정치를 '동의의 독재'라고 부릅니다.

　아이히만은 살면서 단 한 번도 법을 어긴 적 없고, 언제 어디서나 최선을 다했던 사람입니다. 히틀러 시절 주입식 국민교육 제도와 선진학습법 수출국이었던 독일은 아이히만과 같은 인간을 양산했으며, 독일이 새로운 나라로 거듭나려면 그들의 교육을 근본부터 뒤집는 변화가 필요했습니다.

한 세대가 지나고서야 시작한 독일의 나치 청산

　2005년부터 16년간 총리를 역임한 앙겔라 메르켈(Angela Merkel)은 2차 세계대

---

31)　수전 캠벨 바톨레티, 『히틀러의 아이들』, 지식의풍경, 2008

전 피해국을 방문하면 늘 사죄합니다. 독일의 과거사 청산 작업이 유대인과 서방 세계에만 한정되어있고 아프리카 식민 지배 피해자들에 대해서는 언급조차 피한다는 비난을 받기도 하지만, 그것은 일단 독일 사회가 앞으로 해결해야 할 과제이고, 메르켈의 사죄가 쇼가 아닌 것은 분명합니다.

일본은 지금도 자신들이 우리 민족을 비롯하여 인류에게 저지른 온갖 악행에 대해 반성하지 않고 있습니다. 독일과 비교되지요. 그래서 많은 이들이 2차 대전 직후 독일은 곧바로 나치의 잔재를 청산했을 거라고 상상합니다. 그렇지 않습니다. 독일이 히틀러의 망령에서 헤어나올 때까지 오랜 시간이 필요했습니다. 지금부터 그 과정을 살펴보겠습니다.

2차 대전에 패배한 독일은 승전국인 미국·영국·프랑스·소련에 의해 4개로 분할되었다가, 미국·영국·프랑스가 점령지를 통합하면서 동독과 서독으로 분단되었습니다.

1945년부터 1948년까지 독일의 전쟁 범죄자들을 처벌하기 위한 국제 군사 재판이 열립니다. 재판이 열린 지명을 따서 '뉘른베르크 재판'이라고 부릅니다. 나치 독일의 정치인, 사령관급 이상 군인 24명이 재판정에 서게 됩니다. 무려 5천만 명을 죽음으로 내몬 제2차 세계대전 전범국에서 겨우 24명이 기소되었다니 믿어지지 않죠? 24명 중 12명에게 사형이 선고되고, 종신형 3명, 20년형 2명, 15년형 1명, 10년형 1명, 미결수 2명, 무혐의 석방 3명으로 끝났습니다.

뉘른베르크 군사 재판 이후 독일은 자체로 나치 부역자 처벌을 진행하지만, 고위급들은 빠져나가고 힘없는 말단직들이 주로 처벌받았습니다. 영국 유니버시티칼리지런던 역사학과의 메리 풀브룩(Mary Fulbrook) 교수에 따르면 나치 부역자 20만 명 중 14만 명이 법정에 섰지만 5%도 안 되는 6,656명만 유죄 판결을 받았다고 합니

교육개혁은 없다 2

다.

　나치에 점령되었던 동유럽 국가들이 해방되면서 사회주의 국가로 변화되는 것을 본 미국은 독일을 재건하여 소련에 반대하는 전진기지로 만들겠다는 생각으로 대규모 원조를 단행합니다. 그 결과 완전히 망했어야 할 독일은 1950년대에 '라인강의 기적'을 일으키며 부흥하고 미국의 적국에서 동맹국으로 전환됩니다.

　히틀러는 1933년 집권 후 가장 먼저 독일공산당을 해산하고, 다음으로 노동조합을 해산하고, 결국 나치당을 제외한 모든 정당을 해산했습니다. 바이마르 공화국에서 집권당이기도 했던 사회민주당도 해산당했습니다. 히틀러에 저항할 가능성이 있는 모든 민주 세력을 다 해산하고 탄압했으니 민주주의의 씨가 말라버렸습니다.

　그러면 나치 패망 이후 독일 사회를 이끌어간 정치세력은 누구였을까요? 1945년 독일의 우파 정당들이 연합하여 '기독교 민주연합'(이하 기민당)[32]을 창당하고, 1949년에 실시된 총선에서 집권합니다. 총리로 콘라트 아데나워(Konrad Adenauer)가 선출되어 1963년까지 역임합니다. 아데나워는 나치 협력자들까지 정권에 끌어들입니다. 1966년부터 3년 동안 총리를 역임한 게오르크 키징거(Georg Kiesinger)는 청년 시절 나치 당원이었고, 1959년부터 10년 동안 연방 대통령을 지낸 하인리히 뤼프케(Heinrich Lübke)는 나치 정권에서 강제수용소를 설계한 사람입니다.

　기민당이 집권하던 시기의 독일을 '침묵의 공동체'라 부릅니다. 나치 청산이 흐지부지되자 패전 후 6년 만에 나치 친위대 출신들이 모여 나치 재건을 목표로 '사회주

---

32)　기독교와 민주주의의 조화를 추구. 이념적 성향은 중도우파. 1945년에 창당하여 독일 초대 수상 아데나워를 비롯하여 최근 메르켈에 이르기까지 많은 총리를 배출했다.

의국가당'을 만듭니다. 1956년 헌법수호청은 '사회주의국가당'에 해산 명령을 내리고 후속 또는 대체 정당도 금지한다고 선고했습니다. 동시에 독일의 재무장을 반대하며 아데나워 정권을 비판했던 독일공산당도 1956년 해산당했습니다. 나치의 부활도 안 되지만, 나치와 단절도 안 되는 상황, 그것이 '침묵의 공동체' 기간입니다.

침묵의 공동체는 새로운 세대에 의해 깨집니다. 제1부에서 유럽의 68운동 전개 과정을 소개했는데, 프랑스에서 시작된 68운동 바람은 독일에서도 붑니다.

독일 패망 이후 1946년 창립된 '독일사회주의학생연맹'은 1961년에 독일 사회민주당과 결별합니다. 사회민주당이 독일의 재무장에 동조했기 때문입니다. 제1차 세계대전에 동조했던 사회민주당의 흑역사가 재현된 것이죠.

1966년 사회민주당은 기민당과 대연정을 하면서 급진 세력의 확대를 막기 위해 긴급조치법도 제정합니다. 그러자 기성 정치에 대한 학생들의 반감은 더 커졌습니다.

1968년에 대대적인 베트남 전쟁 반대 시위가 일어납니다. 당시 독일 대학생의 절반이 반전 시위에 참여했다고 합니다. 1962년 아이히만이 재판받고 처형되는 것을 지켜본 독일 청년들은 68운동 이후 나치 청산 운동에 돌입합니다.

1968년 11월 나치의 과거를 추적하던 20대 여성 언론인 베아테 클라르스펠트는 집권당인 기민당의 당대회에 들어가 단상에 앉아 있던 키징거 총리의 뺨을 후려치며 "키징거! 나치! 물러나라!"라고 외칩니다. 독일 현대사에서 아주 유명한 장면입니다. 청년들은 나치 부역자로 기민당 대표였던 뤼브케의 사임도 요구하여 결국 사임하게 됩니다.

68운동으로 청년들의 반나치 정서가 폭발하는 가운데 1969년 총선에서 사회민주당이 자유민주당과 연합하여 집권당이 되었습니다. 68세대는 사회민주당에 나치 청산을 요구했습니다.

총리가 된 빌리 브란트의 가장 중요한 정책은 동방정책입니다. 기민당의 아데나워 시절 서독은 나토에 가입하고 유럽경제공동체 창설에 가담하며 친미·친서방 정책을 펼쳤습니다. 동독을 국가로 인정하지 않았고, 심지어 동독과 외교 관계를 맺고 있는 모든 나라와 외교 관계를 맺지 않았습니다. 그러니 서독도 유엔 회원국이 될 수 없었습니다.

빌리 브란트는 아데나워의 대외 정책을 폐기하고, 동독을 국가로 인정하며 동유럽 사회주의 국가들과 관계를 정상화하며, 1973년 동독과 함께 유엔 가입을 추진합니다.

나치에 점령당해 고통을 겪었던 동유럽 국가들과 관계를 정상화하려면 사죄가 선행되어야 했겠죠. 그래서 브란트 총리가 1970년 폴란드를 방문했을 때 희생자 기념탑 앞에서 무릎을 꿇게 됩니다. 이 역사적 사건은 침묵의 공동체를 깨고 과거사 직시와 사죄로 이어지게 됩니다.

무릎 꿇고 사죄하는 브란트 총리
ⓒ독일 베를린 박물관

이 시기에 독일 교육이 변화를 시작합니다. 철학자 아도르노가 '아우슈비츠 이후의 교육'이라는 말로 정식화한 과거 청산 교육입니다.

아우슈비츠는 나치가 유대인을 학살하기 위해 만든 강제수용소입니다. 나치가 세운 강제수용소 중 최대 규모의 인간 도살장입니다. 이곳에 유대인, 소련의 전쟁 포로, 나치에 저항한 사람들이 수용되어 있다가 집단 학살당했습니다. 희생자 수가 대략 300만 명이라고 합니다.

'아우슈비츠 이후의 교육'은 무엇보다 히틀러 시절 독일의 죄악상을 철저히 가르칩니다. 독일의 역사교육은 히틀러 집권 시기와 제2차 세계대전에 많은 부분을 할애합니다. 그 시기 나치의 권력 장악 과정, 침략 지역에서 나치의 정책, 유대인 박해와 학살 등을 자세히 다룰 뿐 아니라 아우슈비츠를 비롯하여 25개 강제수용소 견학이 의무화되어 있습니다. 이를 초등학교 때부터 지속적·반복적으로 학습합니다.

공부 방식도 객관적 사실을 아는 데 그치는 것이 아니라 토론을 통해 내면화하도록 합니다. 예를 들어 "우리는 과연 2차 세계대전을 무산시킬 수 있었을까?"라는 주제를 놓고 '독일인이 깨어있었다면 히틀러를 제지할 수 있었을 것'이라는 주장과 '히틀러가 독일 국민의 생명을 위협했기 때문에 자신을 지키기 위해서는 침묵할 수밖에 없었을 것'이라는 주장을 놓고 토론하도록 합니다.

'아우슈비츠 이후의 교육'은 교육철학과 교육정책 전반의 변화를 추구합니다. 아이히만과 같은 인간을 키워내지 않기 위해 주체적 결정권을 지닌 비판적 인재 양성 교육, 한두 명의 뛰어난 엘리트보다 꼴찌까지 고른 성장을 추구하는 행복 교육을 목표로 삼았습니다.

독일에서는 아우슈비츠 교육을 할 때 네덜란드 암스테르담 대학의 이도 아브람(Ido Abram) 교수가 제시한 '3대 원칙'을 따릅니다.[33]

첫째, 다른 사람의 처지를 이해하고 온정을 베푸는 공감의 능력을 배양한다.

둘째, 자율성을 육성해서 깊이 생각하고, 양심에 입각한 주관에 따라 행동하며, 불의와 타협하지 않는다.

---

33) 최호근, 『독일의 역사교육』, 대교, 2009

교육개혁은 없다 2

셋째, 아우슈비츠로 상징되는 집단 악의 희생자뿐만 아니라, 가해자와 방조자까지도 자신과 연관지어 이해할 수 있도록 돕는다.

1976년에는 학생들에 대한 정치 교육 원칙을 합의합니다. 독일의 작은 도시 보이텔스바흐에 정치인, 교육자, 시민사회 운동가들이 모여 '보이텔스바흐 협약'에 합의합니다. 협약은 독일 정치 교육의 헌법이라 불리며, 유럽연합 국가들에서 보편적으로 적용되고 있습니다. 협약의 핵심 내용은 세 가지입니다.

첫째, '주입과 교화 금지' 원칙입니다. 사회적 쟁점 사항에 대해 교사가 사전에 견해를 제시하지 않고 학생 스스로 독립적인 판단을 하도록 지원하는 원칙입니다.

둘째, '논쟁' 원칙입니다. 사회적으로 논쟁적인 사안은 학교에서도 논쟁을 통해 학습해야 한다는 원칙입니다.

셋째, '정치적 행위능력 강화' 원칙입니다. 현실의 정치 상황에서 자신의 개인적 이해관계가 어떻게 영향을 받는지 스스로 탐색하고, 더 나아가 다양한 수단과 방안도 탐색할 수 있어야 한다는 것입니다.

1979년이 되어서야 독일 국회는 "나치 범죄에는 시효가 없다"고 선언합니다. 뉘른베르크 재판 이후 한 세대가 흐르고 난 뒤였습니다.

2011년에는 목격자의 증언만 있으면 살해를 방관한 이들도 처벌할 수 있도록 관련법을 개정합니다. 이에 따라 나치 치하에서 20대였던 수용소 경비병까지도 재판장에 서게 되었습니다. 20대 초반에 나치 수용소 경비병을 지낸 요한 레보겐은 94세에, 한스 베르너는 96세에, 오스키어 그뢰닝은 94세에 기소되어 법정에 섰습니다. 자연적 수명도 얼마 남지 않은 90대 노인을 법정에 세운다는 것이 비정하게 보일지 모르겠지만, 그 속에 담긴 나치 잔재 청산의 의지는 일제 잔재를 청산하지 못한 대한민국에 큰 의미를 던집니다.

　독일의 과거사 반성은 정부뿐 아니라 민간 기업에서도 이루어집니다. 2016년 창립 100주년을 맞은 독일의 대표적 자동차 회사 BMW는 "창업자 귄터 크반트와 그의 아들 헤르베르트 크반트가 1930~1940년대 독일 나치당에 협조해 군수물자를 댔으며 5만 명의 포로들을 강제 동원해 전투기 엔진을 만들게 했다. 과거의 어두운 역사를 인정하고 마음 깊이 사죄드린다"고 발표했습니다.

'아우슈비츠 이후의 교육'이 구현된 교육 현실

　'아우슈비츠 이후의 교육'은 학교에서 어떻게 구현되고 있을까요? 독일 교육을 소개하는 책은 많이 있는데요, 박성숙 씨가 쓴 『꼴찌도 행복한 교실, 독일 교육 이야기』를 통해 살펴보고자 합니다. 박성숙 씨는 잡지사 기자로 일하다 남편과 함께 독일로 유학을 떠나 두 아이를 키우면서 블로그 '무터 킨더의 독일이야기'에 올렸던 글들을 모아서 『꼴찌도 행복한 교실, 독일 교육 이야기』 1, 2권을 냈습니다.

　유럽의 대부분 나라가 그렇듯이 독일도 초등학교에 들어가기 전에는 글자를 가르치지 않습니다. 초등학교 입학 후 1년 동안 알파벳을 배웁니다.

　재밌는 것은 수학을 공부하는 방법인데요, 초등학교 1학년 내내 1부터 20까지 숫자를 더했다 뺐다 하면서 시간을 보낸다고 합니다. 구구단은 물론이고 세로로 계산하는 법도 가르쳐주지 않고 스스로 방법을 찾아낼 때까지 담임선생님이 '세월아 네월아' 기다린다고 합니다. 박성숙 씨는 한국 엄마가 보면 답답해서 숨이 넘어갈 지경이라고 표현합니다.

　초등학교 3학년이 되면 한 자릿수 곱셈과 나눗셈을 수도 없이 반복 또 반복한다고 합니다. 구구단은 절대로 가르치지 않는다고 합니다. 참다못한 어떤 한국 엄마가 아이에게 세로 계산법을 가르쳤다가 학교에 불려가 담임선생님에게 지적받았다고 합니다.

손가락으로 하든 발가락으로 하든 스스로 노력해서 깨우치기 전까지는 어른들이 미리 가르쳐주지 말라는 것이 독일에서 합의된 교육철학입니다.

독일은 선행학습이 금지되어 있습니다. 법으로 금지한 게 아니라 사회적으로 합의를 한 것입니다. 교사는 학부모에게 절대로 집에서 가르치지 말 것을 요구합니다. 가르치는 게 교사의 몫이기 때문만은 아닙니다. 교사는 학생들에게 계속 질문을 하는데, 선행학습을 한 학생이 정답을 말하게 된다면 다른 학생이 생각할 시간과 질문할 기회를 빼앗는 것이며, 질문에 대한 답을 기다리는 것으로 설계된 교사의 수업권을 침해하는 것이기 때문입니다. 그러니 학과 공부를 위한 사교육은 당연히 없습니다.

구구단도 가르치지 않는 교육이니 암기식 문제 풀이 교육은 당연히 없겠죠. 초등학교에 들어와서야 알파벳을 배우지만 4학년쯤 되면 우화 한 편은 쓰도록 교육합니다. 생각하는 사람을 만들기 위해 모든 과목에서 글쓰기 교육을 강조합니다. 미술 같은 과목도 절반은 비평문을 쓰는 것입니다. 독일에서는 운전면허 시험을 제외한 모든 시험이 다 논술로 치러집니다.

독일의 생각하기 교육, 글쓰기 교육은 고등학교 졸업고사 겸 대학입학 자격시험인 아비투어(Abitur)를 보면 잘 알 수 있습니다. 한 과목당 315분 동안 논술로 치릅니다. 아래는 바이에른주의 2016년 아비투어 독일어 과목 시험에 출제된 5개의 문제 중 하나입니다.[34]

---

34) 오마이뉴스, 〈객관식 없는 독일 수능, "우리도 금지하라"〉, 2017.3.26.

다음 두 가지 문항 중 하나를 선택하여 논술하시오.(제시문 있음)

(선택지 1) 디지털화된 미디어 세상에서 '읽기'가 의미를 잃어가는지 논술하시오. 다음 제시문에 근거하여 작성하되 개인적 경험과 배경 지식을 최대한 활용하시오.

(선택지 2) '글쓰기 문화의 종말'이 계속 화제가 되고 있다. 지역신문에서는 '디지털화된 미디어 세상에서 읽기 활동이 의미를 잃는다'면서 문제제기를 하고 있다. 이와 같은 문제 제기에 관한 당신의 생각을 800자로 논술하시오. 다음 제시문에 근거하여 작성하되 개인적 경험과 배경 지식을 활용하시오. 적절한 제목도 붙이시오.

한두 명의 뛰어난 사고보다 모두의 깊이 있는 사고를 원하는 교육, 다 함께 사는 법을 가르치는 교육, 이것이 아우슈비츠 이후의 교육이 추구하는 방향입니다. 과거 주입식 국민교육이 전쟁과 인종 우월주의라는 괴물을 키웠다는 반성에서 일등 다툼은 필요 없다는 사회적 합의를 만들어낸 것이죠.

『꼴찌도 행복한 교실, 독일 교육 이야기』 1권에 '홈 스쿨링'(Home-Schooling)에 대한 독일 법원의 판단이 나옵니다.

사건의 주인공은 노이브론너 부부입니다. 이들에게는 초등학교에 입학하기 전부터 책을 읽고 셈을 하는 자녀 둘이 있었습니다. 두 자녀가 학교에 입학한 후 학교생활이 원만하지 않자, 2005년 노이브론너 부부는 아이들을 자퇴시키고 4년 동안 집에서 교육했습니다. 독일은 홈 스쿨링을 금지하기 때문에 노이브론너 부부는 브레멘 최고행정재판소에 홈 스쿨링을 허용해달라고 요청했습니다.

노이브론너 부부는 법정에서 "우리 아이들은 학교보다 집에서 더 질 좋은 교육을 받았다고 자부한다. 아이들의 지적 능력은 뛰어났고, 제도권 방식으로 치른 시험에서도 우수한 성적을 받았다"고 주장했습니다. 이에 대해 재판부는 "고른 인격 형성

교육개혁은 없다 2

을 위해서는 타인과 어우러지지 않는 교육은 의미가 없으며, 학교와 연계하여 이루어지는 것이 정상"이라며 제소를 기각했습니다.

홈 스쿨링을 인정하는 나라들은 많습니다. 미국은 홈 스쿨링을 하는 학생이 200만 명에 이릅니다. 홈 스쿨링은 남에게 피해를 주는 것도 아니고, 노이브론너 부부는 국가에 특혜를 요구한 것도 아닙니다. 그런데도 브레멘 최고행정재판소는 노이브론너 부부의 요구를 기각했습니다. 그 이유는 사회성과 인성교육을 뒤로하고 성적 지상주의에 매달렸던 히틀러 시대 교육에 대한 사회적 반성과 합의 때문입니다.

'아우슈비츠 이후의 교육'에 비춰본 한국의 교육이념

독일은 유럽연합을 이끌어 가는 강대국입니다. 독일의 GDP는 프랑스나 영국보다 훨씬 많고, 유럽연합의 수도는 본부가 있는 브뤼셀이 아니라 베를린이라고 하지요.

2018년 세계경제포럼이 발표한 국가경쟁력 순위에서 독일은 미국, 싱가포르에 이어 세계 3위였습니다. 그런데 2018년 독일의 PISA 성적표를 보면 한국보다 아래입니다. 읽기, 수학, 과학 분야에서 한국이 6~11위였는데, 독일은 14~24위였습니다. 2018년에만 그런 게 아니라 독일은 PISA에서 늘 중위권이었습니다.

한국은 PISA 순위가 발표되는 날, 교육부가 보도 자료를 내고 언론사마다 '3년 전과 비교해서 몇 등이 떨어졌네', '어느 과목이 올라가고 어느 과목이 내려갔네' 하며 호들갑을 떨지만, 독일은 신경 쓰지 않습니다. 그들은 자신들이 사회적으로 합의한 '아우슈비츠 이후의 교육'을 실천할 뿐입니다.

독일의 '아우슈비츠 이후의 교육'을 보면서 한국 교육은 어떤 인간을 키워내고 있다는 생각이 드시나요? 우리 교육은 아이히만과 같은 인간을 육성하지 않는다고 말할 수 있을까요? 우리는 학교 교육을 통해 어떤 인간을 만들어내야 한다고 사회적으로 합의한 적은 있었을까요?

한국 교육을 칭찬하고 지금처럼 계속 가자고 하는 사람들은 거의 없습니다. 그런데 한국 교육에 대한 비판은 과도한 공부량과 교육 불평등 현상에 집중되어 있고, 교육을 통해 어떤 인간을 만들어야 하는지에 대한 근본적 성찰은 부족해 보입니다.

학생이 스스로 깨우칠 때까지 기다리는 교육, 선행학습을 금지한 교육, 학교는 단순히 공부만 하는 곳이 아니라는 독일 사람들의 교육관은 무슨 법률로 정한 게 아닙니다. 히틀러 체제를 만들어낸 자신들의 부끄러운 과거에 대한 반성과 성찰을 통해 만들어낸 사회적 합의입니다.

우리는 독일처럼 인류 앞에 죄를 지은 민족이 아닙니다. 우리는 일제 강점 35년, 외세에 의한 분단과 전쟁, 군부독재 30년, 신자유주의 30년의 불행을 강요받은 민족입니다. 오랜 시련과 고통 속에서 우리 사회 구성원들의 마음은 갈가리 찢어져 있고, 사회 발전 경로에 대한 합의를 이뤄본 적이 없습니다. 우리 교육의 근본적 문제는 교육을 통해 만들어내고자 하는 인간형에 대한 합의가 없는 것입니다.

사회적으로 합의된 교육이념이 없었기에 지배자들이 마음대로 교육이념을 결정해왔습니다. 지금부터 뒤틀어진 교육이념의 역사를 살펴보면서 우리에게 어떤 사회적 합의가 필요할지 생각해보기로 하죠.

한국 교육의 이념은 '교육기본법'에서 규정하고 있습니다. 교육기본법은 교육 관련 법률들의 헌법이라고 볼 수 있는데요, 교육기본법 제2조에서 교육이념을 '홍익인간(弘益人間), 즉 '널리 인간을 이롭게 한다'로 규정하고 있습니다. 1945년 12월 교육기본법의 전신인 '교육법'이 제정될 때 교육이념으로 채택되어 78년 동안 유지되었습니다.

홍익인간은 고려 시대 일연이 쓴『삼국유사』와 이승휴가 쓴『제왕운기』의 고조선 건국 신화에 등장하는 글귀입니다. 아주 먼 옛날 환인(=하느님)의 아들 중 환웅이 있었는데 환웅이 '홍익인간'을 실현할 만한 존재라서 인간 세계에 내려가 다스리게 되었고, 곰에서 사람이 된 웅녀와 환웅 사이에서 아들이 태어났으니, 그가 우리 민족의 조상인 단군이라는 거죠.

홍익인간은 1945년 12월 20일 미군정 학무국의 자문기구였던 조선교육심의회 제1분과위원회 회의에서 교육이념으로 채택됐습니다. 당시 위원회에는 향후 한국의 교육이념으로 '인류공영'과 '홍익인간'이 제출되었다고 합니다.

홍익인간을 제안한 위원은 백낙준인데, 기독교 목사인 그가 고조선 건국 신화에서 교육이념을 가져온 것은 의외의 사건이었다고 합니다. 그 당시 위원회에서는 홍익인간이 단군 신화에 나오는 비과학적인 용어일 뿐만 아니라 일본이 침략 논리로 즐겨 쓰던 '팔굉일우'(八紘一宇)와 비슷하다는 비판도 있었다고 합니다. '팔굉일우'란 온 집안이 한 지붕이라는 뜻으로 일본 제국주의자들이 태평양 전쟁을 일으킬 때 외쳤던 구호입니다. 제가 보기엔 인류공영이나 홍익인간이나 그게 그건데, 어쨌거나 둘 중에 홍익인간이 채택되었다는 거죠.

'널리 인간을 이롭게 하는 것'은 지금이나, 백 년 전이나, 천 년 전이나, 한국에서나, 일본에서나, 미국에서나, 언제 어디서나 좋은 말입니다. 부모에게 효도하고 형제간에 우애 깊은 것만큼이나 말입니다. 언제 어디서나 좋은 교육이념이 시대의 교육적 요구와 역사적 현실에 절실히 부합하는 것이었을까요?

대한민국은 헌법 전문에 3·1운동으로 건립된 대한민국임시정부의 법통을 계승한다고 선언하고 있습니다. 대한민국임시정부 주석 김구 선생은『백범일지』에서 이렇게 절규했지요.

네 소원이 무엇이냐 하고 하느님이 내게 물으시면, 나는 서슴지 않고, '내 소원은 대한독립이오'하고 대답할 것이다. 그 다음 소원은 무엇이냐 하면, 나는 또 '우리나라의 독립이오'할 것이요, 또 그 다음 소원이 무엇이냐 하는 세 번째 물음에도, 나는 더욱 소리를 높여서 '나의 소원은 우리나라 대한의 완전한 자주독립'하고 대답할 것이다.

누구나 한 번쯤은 읽어봤을 〈나의 소원〉입니다. 저도 학교 다닐 때 배운 기억이 생생한데, 지금도 중학교 3학년 국어 교과서에 실려 있습니다. 식민지에서 해방된 대한민국의 교육이념은 〈나의 소원〉의 절절한 심정을 담았어야 합니다. 대한민국 임시정부가 내건 자주독립 국가 건설, 식민 잔재와 봉건 잔재 청산, 민주사회 건설이 교육이념으로 선명히 표현되었어야 합니다.

단군 신화에 나오는 한 구절을 교육이념으로 삼는 방식이라면 공자님의 '인의예지' 사상은 어떻습니까? 반외세 반봉건 투쟁으로 일어선 동학농민운동을 주도한 천도교의 '인내천' 사상은 또 어떻습니까? 다 좋은 말 아닙니까?

홍익인간을 제안한 백낙준은 어떤 인물일까요? 백낙준은 『친일 인명사전』에 등재된 반민족행위자입니다. 1927년 예일대학교에서 박사 학위를 받고 조선에 돌아온 백낙준은 '조선임전보국단' 발기인, 일본 군용기 헌납 지원단체인 '조선 장로교 신도 애국기헌납 기성회' 부회장으로서 태평양 전쟁을 아시아인의 해방을 위한 성전이라고 주장했고, 〈기독교신문〉 편집위원으로서 일왕의 만수무강을 빌었던 사람입니다.

일제 강점기에 미영 제국주의 타도를 외치던 백낙준은 해방이 되자 미군정에 들어가 조선교육심의회에서 활동합니다. 대부분 친일파가 그러했듯이 백남준은 연세대학교 초대 총장, 이승만 정부에서 문교부 장관을 비롯해 평생 부귀영화를 누리며

교육개혁은 없다 2

살았습니다. 미군정에 들어가 한국 교육의 기틀을 잡은 이들 중 상당수가 백낙준처럼 친일파였습니다. 우리는 그런 자들이 만든 교육이념을 78년째 유지하고 있습니다.

군부독재 시대를 연 박정희는 1968년 '국민교육헌장'을 만들었습니다. 국민교육헌장은 모든 교과서 표지를 넘기면 첫 페이지에 실려 있었습니다. 학교 행사 때마다 '국기에 대한 경례'를 하고 애국가를 부른 후에 국민교육헌장을 낭독했죠.

제 추억 속의 국민교육헌장은 초등학교 4학년 때 단 한 글자라도 틀리게 쓰면 집에 보내지 않는다는 학교의 방침 때문에 달달 외워야 했던 지겨운 글입니다. 어느 학교에선가는 '국민교육헌장은 총 몇 글자인가?'가 시험 문제로 나왔다는 전설적 이야기도 있습니다.

일왕에게 충성을 맹세하는 혈서를 쓰고 독립군을 때려잡던 만주군 장교 다카기 마사오, 한국 이름 박정희, 그가 만든 국민교육헌장의 첫 마디는 '우리는 민족중흥의 역사적 사명을 띠고 이 땅에 태어났다'입니다. 국민교육헌장이 사라진 것은 1994년입니다.

박정희에 이어 군사 쿠데타와 내란으로 정권을 찬탈하고 광주시민을 학살한 전두환은 '선진조국 창조'와 '정의 사회 구현'을 내세우며 '전인교육'을 부르짖었습니다. 1980년에는 '사회정화위원회'라는 것을 만들었습니다. 제가 중학교 3학년 때였는데요, 학급마다 '학급 정화 추진위원회'를 만들고 학급 회의가 아니라 '학급 정화 회의'를 했습니다. 우리 반에서 누가 수업 시간에 학습 분위기를 망치는지, 누가 청소 안 하고 도망갔는지, 누가 쉬는 시간에 몰래 도시락을 먹었는지 고발하는 회의였죠. 고발하지 못하면 자기 죄라도 고백해야 끝나는 회의였죠.

전두환에 이어 대통령이 된 노태우는 1989년 사회정화위원회의 후신으로 '바르게살기운동협의회'를 만들었습니다. '바르게살기운동협의회'라는 촌스러운 이름의 단체는 지금도 존재합니다. 정부에서 예산도 지원하죠. 내란과 학살의 주범들이 참 가지가지 했습니다.

군부독재가 끝나면 나아질 줄 알았는데, 문민정부 이후 교육은 자본의 지배에 놓이게 되었습니다. 김영삼 정부는 1994년 갑자기 세상이 변했다며 '세계화'를 들고나오면서 '글로벌 인재'가 되어야 한다고 했습니다. '글로벌 인재'가 뭐냐, 영어 잘하는 인재입니다.

김대중 정부 들어서는 세계가 지식정보화 사회가 되었다며 '신지식인'을 들고나왔습니다. 신지식인이 뭐냐, 영어에 더해서 인터넷도 잘하는 인재입니다.

'세계화·정보화'라는 용어가 식상해지자 이명박 정부는 '선진화'를 들고나왔습니다. 이름만 달라졌을 뿐 내용은 똑같았죠. 박근혜 정부는 창조경제를 들고나왔다가 신통치 않자 '4차 산업혁명'을 들고나왔고, 지금까지 우리 교육의 방향을 규정하고 있습니다.

교육청에서 주관하는 연수들은 모두 4차 산업혁명을 시대 규정으로 삼고 시작합니다. 다음 세대는 평생 3개 이상의 영역에서 5개 이상의 직업을 갖고 19개 이상의 서로 다른 직무를 경험하게 될 것이며, 4년제 대학에서 배운 전공 하나로 30년씩 회사 다니며 먹고 사는 시대는 끝났는데, 학교는 아직도 구태의연하다는 식으로 교육을 비난합니다.

그래서 어쩌라는 것이냐? 아마존(Amazon), 우버(Uber), 에어비앤비(Airbnb) 등 창업에 성공한 사례들을 나열하면서 인문학적 감성과 테크놀로지를 동시에 갖춘, 그래서 문·이과를 넘나드는 '융복합 인재'를 만들어야 한다는 것입니다.

그래서? 학교에서는 문·이과 구분 없이 반을 편성하고 수능도 문·이과 통합해서 치르고, 초등학교부터 '코딩 교육'을 해야 한다고 합니다. 그게 4차 산업혁명 시대를 대비하는 한국 교육의 모습입니다.

친일 반민족행위자가 제안한 '홍익인간', 독립군 때려잡던 자가 만든 '국민교육헌장', 광주학살의 주범이 부르짖은 '전인교육', 사회정화와 바르게살기, 이게 조폭들이 '차카게 살자'고 문신을 새기고 다니는 것과 무엇이 다를까요?

세계화 시대의 글로벌 인재, 지식정보화 시대의 신지식인, 4차 산업혁명 시대의 융복합 인재, 결국 교육의 목적이 '국가경쟁력' 강화에 이바지할 인재가 되라는 것인데, 이게 본질적으로 '수출만이 살길이다'를 외치며 근면·자조·협동하는 '새마을 인재'가 되라는 것과 무엇이 다를까요?

그렇게 국가경쟁력 강화를 외치면서 학생들을 쪼아댔지만, 그들이 살아야 할 터전은 '헬조선'이 되어 결혼도 출산도 포기하며 살아가고 있으니 대한민국에서 교육이념은 무슨 의미가 있는 것일까요?

한국의 교육이념은 시작부터 철저히 시대의 요구, 사회의 현실을 외면한 것이었습니다. 민족 반역자·독재자들이 가장 두려워하는 것은 대중이 현실을 깨닫는 것입니다. 그래서 현실과 동떨어진 미사여구를 교육이념으로 내놓았던 것입니다.

'아우슈비츠 이후의 교육'이란 무엇입니까? 히틀러를 지도자로 내세우고, 유대인 학살을 방관하고, 침략 전쟁을 일으켜 수많은 인류 앞에 죄를 지었던 선대의 역사를 똑똑히 기억해서 두 번 다시 그런 나라를 만들지 말자는 것이지요. 그래서 일등 경쟁 따위가 아니라 자기 머리로 비판적으로 생각할 수 있는 인간을 만들자는 것이지요. 그래서 '인류의 공적'이었던 독일이 다시 일어설 수 있게 된 것 아니겠습니까?

그러면 지난 78년 동안 한국 교육을 지배한 진정한 교육이념은 무엇일까요?

『공남주』라는 책이 있습니다. 국어, 영어, 한국사, 행정학개론, 행정법총론 등 9급 공무원 시험 과목의 5년간 기출문제를 모아놓은 시리즈 서적입니다.

'공남주'는 '공무원, 공부해서 남주나'의 줄임말입니다. "공부해서 남 주냐? 이게 다 너를 위한 거야!"는 엄마가 애를 혼내면서 하는 '은밀한' 이야기지, 다른 직업도 아니고 공무원 시험 준비 서적 제목이라니요. 속마음이야 어떻든 국민의 세금으로 월급 받아 먹고사는 공무원은 공부해서 남 줘야 하는 직업 아닙니까?

체면도 없고 염치도 없는 세태지만, 한편으로 생각하면 "공부해서 남 주냐" 말고 대한민국에서 모두가 동의하고 실천한 교육관이 있을까 하는 생각이 듭니다.

제가 교육이념에 대해 길게 말씀을 드린 이유는 교육개혁이 과도한 공부량, 사교육, 교육 불평등 정도를 해결하는 문제가 아니기 때문입니다. 일제 강점기부터 시작하여 우리 민족의 불행했던 역사를 있는 그대로 이해하고, 누가 조국을 위해 살았고 누가 조국을 배신했으며, 왜 사회정의가 사라진 사회가 되었는지 온 국민이 깨닫고 합의하지 못하면 교육개혁은 불가능하기 때문입니다. 교육의 목적이 '공부해서 남 주냐'는 이기적인 목적인 한, 그 어떤 정책 수단을 내놓아도 교육은 바뀌지 않을 것입니다.

'아우슈비츠 이후의 교육'을 뒷받침하는 독일 사회 체제

앞서 '아우슈비츠 이후의 교육'이 구현된 교육 현실을 살펴보았습니다. 초등학교 들어가기 전에는 알파벳을 가르치지 않고, 덧셈·뺄셈 계산을 스스로 깨달을 때까지 기다려주며, 선행학습은 용인하지 않는 독일 교육도 사회 체제가 뒷받침되어야 지속 가능합니다. 교육은 히틀러의 망령을 청산하자고 하는데, 사회는 히틀러 때와 같다면 교육개혁이 불가능하겠죠.

히틀러는 어떻게 집권했습니까? 제1차 세계대전 패배 이후 천문학적인 전쟁 배상금을 물어내야 하는 상황에서 1929년 세계 대공황이 발생합니다. 실업률이 치솟고 인플레이션으로 민심이 불안해지면서, 히틀러의 선전 선동에 독일 국민이 넘어갑니다. 따라서 '아우슈비츠 이후의 교육'을 담보하려면 국가가 개인의 삶을 지켜줄 수 있는 체제를 사회적으로 합의해야 했습니다.

독일에서는 '야수 자본주의'(Raubtierkapitalismus)라는 용어를 사용한다고 합니다.[35] '자본주의는 자유롭게 놓아두면 인간을 잡아먹는 야수가 된다'는 뜻이라고 하는데요, 1974~1982년에 독일 총리를 지낸 헬무트 슈미트(Helmut Schmidt)가 자주 사용했다고 합니다. 슈미트 총리는 야수 자본주의를 막아내는 게 정치의 책무라는 신념으로 정치를 했다고 합니다.

독일에서 야수 자본주의라는 용어를 사용하는 이유는 자신들의 자본주의 체제가 야수적이지 않다는 뜻이겠지요. 그러면 독일은 자기 사회의 정체성을 어떻게 규정할까요? 독일은 '사회적 시장경제'(Soziale Markwirtschaft)로 규정합니다.

---

35) 김누리, 『우리의 불행은 당연하지 않습니다』, 해냄, 2020

사회적 시장경제는 경제 체제이고, 국가의 정체성은 어떻게 규정할까요? 독일은 국가의 정체성을 사회국가(Sozialstaat)[36]로 규정합니다. 사회국가란 '사회적 정의의 실현을 위하여, 자유의 실질적 조건을 마련하기 위한 적극적 조치를 취할 의무를 지는 국가'를 의미합니다. 국가의 정체성은 '사회국가', 경제 체제는 '사회적 시장경제'가 독일 사회의 합의입니다.

조성복 박사는 한국에서 '사회'를 논하지 않는 것이 문제라고 지적합니다.

우리 사회에서는 '사회주의'는 물론이고, '사회민주주의'나 사회적 측면을 강조하면 일부에서는 이를 북한과 동일시하며 무조건 적대시하는 경향이 있다. 이런 까닭에 우리는 인간의 삶을 논하면서 반드시 필요한 두 가지 요소, 즉 개인과 사회 가운데 '사회' 부분을 잃어버린 채 60년 넘게 살아왔다. 해방과 분단, 이어진 전쟁의 참화, 이후 휴전 상태의 지속 등을 통해 형성된 상호 적대 관계가 해소되지 않고 있기 때문이다.

사회적 안정, 평등 및 정의의 원칙에 따른 법적 사회적 질서를 구체적으로 실현하는데 정책의 초점을 맞추는 국가를 '사회국가'(Sozialstaat)라고 한다. 이 사회국가의 원리는 대다수 서유럽 국가의 주요 특징이다. 독일 기본법 20조 1항은 "독일연방공화국은 민주주의 국가이며, 동시에 사회국가이다."라고 규정하고 있다.

사회국가는 약자를 지원하고, 빈곤과 최저 생계에서 보호하며, 양극화를 해소하기 위해 노력하며 재분배 정책을 중시한다. 이런 방식으로 사회 갈등을 예방하고 상호 적대감을 해소하며 사회적 평화를 유지한다.

---

36) 한국의 헌법에 해당하는 독일 기본법 20조 제1항에서 "독일연방공화국은 민주적 사회적 연방 국가"라고 규정하고 있다.

교육개혁은 없다 2

한국 정부의 공익 광고나 기업의 홍보영상 등을 보면, 한국 사회는 구성원을 서로 위하고 돌보는 공동체 사회라고 끊임없이 자랑하고 강조한다. 도대체 무슨 근거로 우리 사회가 공동체 사회라고 말하는 것인지 궁금하다.

그러면 독일은 언제 '사회국가'와 '사회적 시장경제'라는 정체성을 합의했을까요? 제2차 세계대전 이후 독일 사회를 이끌어온 정당은 기민당과 사민당입니다. 이 두 당이 다른 정당들과 연정을 하면서 독일 사회를 이끌었죠.

사회적 시장경제는 1940년대 독일의 경제학자 뮐러 아르막(Müller Armack)이 제안한 경제 체제로, 자유방임적 시장경제(=영미식 자본주의)나 국가 계획경제(=소련식 사회주의)와 다른 제3의 길을 의미합니다. 즉 미국식도 소련식도 아닌 새로운 길을 가겠다는 것이죠.

사회적 시장경제는 1949년 기민당의 강령으로 채택되었고, 1957년에 『모두를 위한 복지』라는 대중적 학술서적을 출판하면서 널리 알려지게 되었습니다. 이 책에서 독일 정치의 목표는 '파이를 키우고, 그것을 모두에게 같은 크기로 나누는 것'이라고 정의했습니다.[37]

기민당과 함께 독일 사회를 이끌어온 사민당의 강령은 어떨까요? 사민당은 '민주적 사회주의'를 강령으로 표방해온 정당인데, 1959년 '사회주의 노동자당'에서 '실용주의적 국민정당'으로 전환을 표명한 '고데스베르크 강령'[38] 채택 이후 '사회적

---

37) 조성복, 『독일 사회, 우리의 대안』, 어문학사, 2019
38) 고데스베르크는 사민당 당대회가 열린 지역 명칭이다. 고데스베르크 강령이란 계급투쟁, 주요 산업의 사회화, 계획 경제 등 맑스주의 이념과 결별을 선언한 강령이다.

시장경제'를 받아들였고, 1990년대 이후 사회적 시장경제를 사용했습니다.

사회적 시장경제란 어떤 경제 체제일까요? 자유시장 경제의 장점은 살리되, 자본 권력의 제한, 노동 권리의 보장, 분배의 정의, 종합적 사회복지 등 사회국가의 요소를 결합하는 것입니다.

사회적 시장경제의 특징을 좀 더 정확히 이해하기 위해 미국의 자유시장 경제와 비교해보겠습니다. 한반도선진화재단 독일연구포럼 대표 양돈선 박사는 저서『기본에 충실한 나라, 독일에서 배운다』에서 미국 사회와 독일 사회를 [표17]과 같이 비교합니다.

[표17] 미국과 독일 사회 비교

	자유시장 경제(미국식 자본주의)	사회적 시장경제(독일)
배경	신자유주의	질서자유주의
핵심 문화	상인(商人) 문화	장인(匠人) 문화
국가 역할	정부 개입 최소화, 시장에 일임	제한적 개입 허용, 필요시 규제
추구 방향	개인의 부와 성공, 단기 이익, 주주의 이익	연대와 공동체 정신, 장기 수익, 지속 가능성
경제 정책	대기업 중심, 사회보장 축소	중소기업 중심, 사회보장 확대

독일식 경제 모델에서 부연 설명이 필요한 부분이 있습니다. 미국은 대기업 중심인데 독일은 중소기업 중심으로 되어있습니다.

독일은 2003~2008년에 전 세계에서 수출 1위 국가였습니다. 독일 인구가 8천만 명인데 인구가 3억2천만 명인 미국, 1억 2천만 명인 일본, 14억 명인 중국보다 수출을 더 많이 했다니 놀랍습니다. 2009년부터 중국이 1위를 치고 올라와 지금까지 중국이 세계에서 수출 1위 국가지만, 그전까지 독일이 1위였습니다.

독일은 지멘스, 보쉬, 벤츠 등 한 세기 넘게 승승장구하는 '글로벌 브랜드'가 있을 뿐 아니라 '미텔슈탄트'(Mittelstand)라고 불리는 중소기업들이 튼튼합니다.

독일의 경영학자 헤르만 지몬(Hermann Simon)은 세계 시장에서 1~3위 이내 제품을 가지고 있고, 매출이 50억 유로(6조 5,630억 원) 이하이며, 일반에 잘 알려지지 않은 글로벌 기업을 '히든 챔피언'(Hidden Champion)이라고 정의합니다. 2017년 기준으로 전 세계 '히든 챔피언' 2,734개 중 독일 기업이 1,307개로 압도적인 1위입니다. 미국이 366개, 일본이 220개, 한국은 23개에 불과합니다.

독일에 히든 챔피언이 많은 이유는 무엇일까요? 이에 대해 독일의 기업인들은 4가지를 말한다고 합니다.[39]

첫째, 임원과 직원의 관계가 수직적, 권위적이지 않고 수평적 관계로 한 식구같이 지냅니다.

둘째, 한 해 매출액의 6~7%를 연구개발비로 투자합니다. 매출액 대비 연구개발비가 대기업보다 많습니다. 그래서 대기업보다도 기술력이 뛰어날 수 있습니다.

셋째, 일과 공부를 병행하는 시스템으로 '마이스터'를 양성하고, 평생직장 개념으로 노동자의 전문성과 안정성을 확보합니다.

넷째, 매출액의 60% 이상을 해외에서 거두어들이는 글로벌 경쟁력을 추구합니다.

독일 기업들은 주주의 이익 극대화보다는 종업원, 협력업체, 공동체, 산업 발전, 고객을 우선시합니다. 따라서 대기업과 중소기업의 관계에서 '갑질', '납품가 후려치

---

39)　오마이뉴스〈강한 경제의 비밀, 히든 챔피언과 미텔슈탄트〉, 2019. 9. 4.

기' 같은 것이 있을 수 없습니다. 경영자가 직원에게 폭행 혹은 사적인 강요를 하는 행위는 범죄에 해당하기 때문에 있을 수 없습니다.

한국에서 청년들의 취업난에는 중소기업 문제가 존재합니다. 한국에서 중소기업이 담당하는 고용이 86%입니다. 그런데 왜 모두 대기업 취직만 원할까요? 대기업이 중소기업을 착취하고, 중소기업은 이를 버텨내기 위해 열악한 근로조건을 강요하기 때문입니다. 한국의 중소기업들이 독일의 히든 챔피언처럼 수평적 관계로 한 식구처럼 지내며, 일과 공부를 병행하는 시스템을 통해 마이스터로 성장시켜주는 직장이라면, 청년들이 14%밖에 안 되는 대기업에 들어가려고 죽어라 경쟁할까요?

앞서 4차 산업혁명에 대해 잠시 말씀드렸는데요, 한국에서는 4차 산업혁명 시대에 노동자들은 일자리를 잃게 될 것이니 AI와 자동화 기기에 밀려나지 않으려면 열심히 공부하고 실력을 쌓으라는 협박조의 이야기가 유포되지만, 4차 산업혁명의 본 거지인 독일은 그런 식의 담론을 유포하지 않습니다.

4차 산업혁명은 2016년 세계경제포럼의 클라우스 슈밥 회장이 독일의 '산업 4.0'(Industry 4.0) 정책에서 힌트를 얻어 제안한 개념입니다. 과연 지금 시점이 4차 산업혁명을 논할 때인가 하는 반론도 많지만, 일단 반론은 논외로 하고 독일의 '산업 4.0' 정책을 살펴보겠습니다.

2011년 독일의 메르켈 총리는 독일 제조업의 문제를 정보통신 기술과 접목하여 해결하려는 전략을 세웁니다. 제조업에 ICT 시스템을 결합해 생산시설을 네트워크화하고 지적 기반을 가진 생산시스템을 갖춘 '스마트 팩토리'를 추진합니다. 이 전략을 '산업 4.0'이라 합니다.

최초의 '스마트 팩토리'는 독일을 대표하는 기업 '지멘스(Siemens)'에서 시도되었습니다. 지멘스의 암베르크 공장은 생산 라인 전체를 자동화하였습니다. 그 결과

제품 불량률이 0에 가깝게 낮아지고 생산성이 비약적으로 향상되었습니다.

그러면 독일은 왜 '산업 4.0' 정책을 추진했을까요? 제조업에 대한 독일 사회의 합의 때문입니다. 독일은 핵심 생산기지를 반드시 국내에 두는 원칙을 고수하고 있습니다. 노동자들에게 높은 임금을 지불하면서도 인건비가 저렴한 나라들과 경쟁에서 이기기 위한 방도를 찾고자 추진한 것이 '산업 4.0'입니다. 독일이 '산업 4.0'을 추진하던 2013년 독일의 시간당 소득(구매력 기준)은 31.2달러로 한국(14.6달러)의 두 배에 이릅니다.

독일의 산업 경쟁력은 세계 최고 수준입니다. 산업 경쟁력 평가에서 독일은 1995년부터 2015년까지 20년 동안 세계 1위를 차지했습니다. 독일의 산업 경쟁력은 제조업에서 나옵니다. 제조업의 경쟁력은 저렴한 가격이 아니라 품질에 있고, 품질의 경쟁력은 기술력에서 나오며, 기술력은 사람에게서 나옵니다. 기업은 직원의 경쟁력 강화를 위한 교육과 훈련을 통한 기술 혁신에 주력합니다. 그런 독일에서 '산업 4.0' 정책을 추진한 것은 자국 노동자들의 높은 임금을 보장하면서도 경쟁력을 갖추기 위함입니다.

그래서 독일 정부는 '산업 4.0' 뿐 아니라 2016년에 '노동 4.0'(Arbeit 4.0)을 발표했습니다. '노동 4.0'은 정부 주도 아래 기업가와 노동조합이 사회적 파트너십을 통해 변화하는 환경에 맞춰 양질의 노동을 구축하려는 정책입니다. 독일 정부는 '우리는 미래에 어떻게 일하기를 원하며, 그것을 위해 어떤 새로운 규정이 필요한가?'라는 질문을 던지고 시민과 전문가들이 참여하는 토론회를 200회 가까이 개최했습니다. 토론회를 통해 노동자들이 가질 수 있는 불안감을 해소하고 미래의 노동은 결정된 게 아니라 함께 만들어가는 것이라는 메시지를 전달했습니다.

독일의 '노동 4.0'은 한마디로 '인간 중심의 기술 개발'입니다. 독일 정부는 기업가, 노동조합, 노동자평의회, 전문가, 시민들의 의견을 모으고 서로를 설득시켜 합의를 이끌어내겠다는 확고한 의지를 표명하고 있습니다.

독일 정부가 기업가뿐 아니라 노동조합과 사회적 협의를 해나간다는 것이 눈에 띄는데요, 독일의 노동조합은 기업의 사외이사로 참여하여 경영권에 개입할 정도로 영향력이 큽니다. 큰 기업들은 대부분 이사회가 20명으로 구성되는데, 10명이 노동이사이고 나머지 10명은 주주총회에서 선출된 이사입니다.

따라서 노동자들이 반대하면 회사의 대표가 될 수 없으며, 노동자들을 마음대로 부리고 해고하는 경영은 불가능합니다. 독일은 이를 '노사공동결정제'라고 부릅니다. 종업원 2,000명 이상의 회사들은 '노사공동결정제'를 의무화하는 법률이 1976년에 제정되었습니다. '아우슈비츠 이후의 교육'이 한참 논의되던 시기죠.

독일은 1969년 '노동학'이 정규 교과목으로 편성되어 학교에서 노동조합 활동을 배웁니다. 노동에 대한 추상적 이론을 가르치는 것이 아니라 학생들이 직접 노동자—사용자 측으로 나뉘어 모의 단체교섭도 해봅니다. 노동자 측에게 기업 경영에 관한 자료를 제공하면, 단체협약 요구안을 만들고 교섭을 해보며, 단체협약을 체결한 다음 언론과 인터뷰하는 방법, 연설문을 작성하는 방법까지 배웁니다.

2013~2017년 독일의 연방의회를 구성하는 613명 의원 중 자유시장 경제를 지지하는 의원은 단 한 명도 없다고 합니다.[40]

파이를 키우되 파이를 같은 크기로 나누는 '사회적 시장경제'를 표방하면서, 실업, 질병, 연금, 간병 보호, 노후 대책에 이르기까지 모든 영역에서 최고 수준의 복지 정책을 실현하는 '사회국가'를 건설해온 것, 그것이 '아우슈비츠 이후의 교육'을 지

---

40) 김누리, 『우리의 불행은 당연하지 않습니다』, 해냄, 2020

교육개혁은 없다 2

속시키는 사회적 배경입니다.

　'아우슈비츠 이후의 교육'이란 다시는 히틀러, 아이히만 같은 인간을 만들지 말자는 독일 교육의 다짐이기도 하지만, 히틀러가 집권하게 된 사회경제적 원인을 바꿔내겠다는 철학의 산물이기도 합니다. '교육개혁'이라고 하면 교육제도, 입시제도만 바꾸는 한국의 사고방식과 다릅니다. 우리가 진정으로 교육개혁을 하고자 한다면 교육개혁과 사회개혁을 한 묶음으로 생각하고 종합적인 청사진이 있어야 할 것입니다.

가난한 교육 모범국, 쿠바의 교육개혁

지금까지 살펴본 핀란드, 미국, 독일은 모두 잘 사는 자본주의 국가들입니다. 이제 눈을 돌려 카리브해의 가난한 사회주의 국가 쿠바의 교육을 살펴보려고 합니다.

쿠바의 교육을 살펴보려는 이유는 사회 체제가 다르다거나 가난하기 때문만은 아닙니다. 2004년 유네스코가 〈만인을 위한 교육 모니터링 리포트 2005〉에서 '교육 모델국'으로 선정한 나라는 핀란드, 한국, 캐나다, 쿠바였습니다. '한국이 웬 교육 모델국?'하는 생각이 머리를 스쳐 지나가지만, 오바마 대통령도 한국 교육을 부러워했으니 여기서는 일단 넘어가기로 하죠.

쿠바의 교육을 살펴보려는 더 중요한 이유는 쿠바가 교육만 모델국이 아니기 때문입니다. 세계 최초로 무상의료 체제를 확립한 영국도 쿠바의 의료 체제를 부러워합니다. GDP로만 따지면 쿠바는 가난하지만 인적 자원은 풍요로운 나라입니다.

지방의료원에서 연봉 4억을 내걸어도 의사를 못 구했다는 뉴스, 서울대 이·공계열 합격생들이 대거 등록을 포기하고 의대로 빠져나갔다는 뉴스, 서울 대치동·목동 학원가에서는 10살짜리 초등학생들을 모아서 '의대 준비반'을 운영한다는 뉴스, 의사들이 의대 정원 확대에 반대하여 파업한다는 뉴스 속에 살고 있는 대한민국에서 쿠바는 여러 가지 생각거리를 던져주는 나라입니다. 이제 카리브해의 섬나라로 가 보겠습니다.

쿠바는 왜 가난한가?

중남미 국가들의 역사는 제국주의의 침략과 지배, 이에 맞선 독립투쟁의 역사입니다. 쿠바도 예외가 아닙니다. 쿠바는 1511~1898년, 무려 400년 가까이 스페인의 식민지였습니다. 스페인에 맞선 독립투쟁이 세 차례에 걸쳐 일어났는데, 세 번째 독립투쟁이 거의 승리할 단계에 이른 1898년, 미국이 스페인과 전쟁을 벌여 이기면서 쿠바에 대한 지배권이 스페인에서 미국으로 넘어갑니다.

미국은 스페인과 다르게 쿠바를 직접 통치하지 않고 형식적인 정부를 세워놓고 조정하면서 쿠바를 지배했습니다. 미국의 꼭두각시 정부들은 부패하고 무능한 독재 정부였고, 국민은 가난에 허덕였습니다. 당연히 독재정권에 맞선 저항이 일어났고, 1959년 피델 카스트로가 이끄는 혁명군이 승리하면서 쿠바는 450년의 식민지 지배를 청산하고 독립을 이루게 됩니다.

혁명 이전의 쿠바는 어떤 나라였을까요? 쿠바의 수도 아바나는 미국인들의 휴양지로 중남미에서 가장 화려한 도시였는데, 화려함은 미국 관광객과 극소수 부유층의 것이었고 대부분 국민은 비참한 삶을 살았습니다.

1957년 '카톨릭대학교연합'이 발표한 보고서에 따르면 지방에 사는 쿠바인 중 고기를 먹을 수 있는 사람은 4%, 달걀을 먹을 수 있는 사람은 20% 미만이었고, 수돗물을 마시는 사람은 2%, 전기를 사용하는 사람은 9%였다고 합니다.[41]

피델 카스트로는 두 차례에 걸쳐 바티스타 독재정권과 무장투쟁을 벌입니다. 1953년 137명을 규합하여 벌인 1차 투쟁은 실패하여 카스트로는 징역 15년을 선고

---

41) 배진희, 『거꾸로 가는 쿠바는 행복하다』, 시대의창, 2019.

받습니다. 카스트로는 법정에서 "역사는 나를 무죄로 하리라"라는 유명한 최후진술을 합니다. 부유한 가정에서 태어나 아바나 대학 법대를 졸업한 변호사 카스트로가 왜 혁명에 뛰어들었는지 최후진술에서 밝히고 있습니다.

> "지금 매년 수천, 수만의 아이들이 죽어가고 있습니다. 단지 예산이 없다는 이유로 말입니다. 아이들은 극심한 고통으로 인해 거친 숨소리를 내뱉고, 순진한 눈망울 속에서 닥쳐오는 임종을 묵묵히 맞고 있습니다.
>
> 한 집안의 가장이 1년에 고작 4개월 일하고 도대체 무슨 방법으로 자식들 옷과 약을 구할 수 있단 말입니까. 이 아이들이 서른 살이 되면 입안에 멀쩡한 치아가 하나도 없을 지경입니다."

여론의 압력으로 2년 만에 석방된 카스트로는 다시 82명의 동지를 모아 1956년 2차 투쟁을 시작하고 3년 만에 혁명군은 아바나에 입성합니다. 이렇게 적은 인원으로 시작한 혁명이 성공할 수 있었던 원인은 바티스타 정권의 부패와 무능, 대다수 국민의 가난, 혁명군이 내세운 개혁정책에 대한 지지 때문입니다.

1959년 쿠바 혁명은 사회주의를 목표로 한 혁명이었을까요? 아닙니다. 쿠바에도 맑스 레닌주의를 내건 인민사회당이 1925년 설립되었으나 국민의 지지를 많이 받지 못했습니다. 카스트로의 혁명군대는 인민사회당과 무관하게 독자적으로 조직되었습니다.

1959년 혁명이 성공했을 당시 카스트로는 혁명정부의 정치적 이념을 명확히 밝히지 않았습니다. 미국은 신생 혁명정부의 성격을 궁금해하면서 혁명정부를 승인하고 대사를 임명했습니다. 카스트로는 혁명 직후 워싱턴을 방문해 쿠바에 대한 미국인 투자 허용, 미 해군의 관타나모 기지 주둔 등을 약속하면서, 미국 정부가 쿠바

교육개혁은 없다 2

의 주력 산업인 설탕 수입을 지속해달라고 요청했습니다.

카스트로가 미국에 설탕 수입을 지속하도록 요청한 이유는 쿠바 경제가 미국에 철저히 종속되어 있었기 때문입니다. 1958년 통계를 보면 서비스 산업의 90%, 철도의 50%, 사탕수수 농장의 60% 등 주요 산업은 다 미국 자본 소유였습니다. 설탕과 관련해서 보면, 쿠바 전체 농토의 80%가 사탕수수 농장이고, 전체 노동 인구의 40%가 설탕 산업에 종사했으며, 생산된 설탕의 80%는 미국으로 수출되고 있었습니다.

미국은 카스트로의 요구를 거부했습니다. 요구를 거부한 데 그치지 않고 1960년 쿠바와 외교 관계를 단절하고 혁명정부를 전복할 계획을 세웁니다. CIA는 혁명에 반대하여 미국으로 망명한 쿠바인들을 모아 군사훈련을 시킨 뒤 1961년 4월 피그스(Pigs) 만에 1,400여 명을 상륙시켜 혁명정부 전복 작전을 펼칩니다. 작전은 실패합니다.

피그스만 침공 작전은 실패했지만, CIA의 지원을 받는 쿠바 망명자들의 공격은 끊이지 않았습니다. 미국 CIA가 쿠바 혁명을 전복하기 위해 시도한 작전이 150회나 되었다고 합니다.[42]

미국은 쿠바 망명자들을 이용하여 혁명정부 전복을 지원할 뿐 아니라 쿠바에 대한 경제 봉쇄를 단행합니다. 경제 봉쇄란 미국과 쿠바 사이의 경제 교역만 중단하는 게 아닙니다. 쿠바와 무역하고자 하는 모든 나라의 기업을 대상으로 감시 활동을 벌여서 쿠바와 무역하는 기업에 대해 거액의 벌금을 부과하거나, 그 기업이 미국에 투자한 자본을 강제로 철수시키거나, 생산 제품이 미국 내에서 유통되지 못하도록 제

---

42) 이성형, 『배를 타고 아바나를 떠날 때』, 창비, 2001.

재를 가하는 법률을 만들었습니다.[43]

쿠바 혁명이 처음부터 사회주의를 표방한 게 아니었다고 말씀드렸는데요, 그러면 쿠바는 언제 사회주의를 표방했을까요? 1961년 피그스만 침공 사건 이후입니다. 카스트로가 쿠바공산당을 창당한 것은 1965년입니다.

〈서울대 라틴아메리카연구소〉 연구교수였던 고(故) 이성형 선생은 "쿠바 혁명은 사회주의 혁명이 아니라 호세 마르띠의 혁명"이라고 말합니다.[44] 호세 마르띠는 19세기 말 쿠바의 독립운동 지도자입니다. 호세 마르띠가 이루고자 했던 독립과 사회개혁이 1959년 혁명을 통해 실현되었다는 것이지요.

쿠바 거리에는 맑스, 레닌, 카스트로의 동상은 없고 호세 마르띠, 막시모 고메스, 안또니오 마세오 등 19세기 쿠바 독립운동 지도자들의 동상만 있다고 합니다. 이성형 선생은 "쿠바가 사회주의를 택한 게 아니라 미국이 쿠바를 사회주의로 밀어붙였다"고 평가합니다.

미국이 외교를 단절하고 혁명정부를 전복하려 시도하면서 쿠바 경제를 봉쇄하자, 소련이 쿠바의 설탕 대부분을 구매해줍니다. 냉전 시대에 쿠바로서는 소련과 동구 사회주의 국가와 교역을 통해 경제를 유지하는 수밖에 없었습니다.

그러다 쿠바에 큰 위기가 옵니다. 1991년 소련 동구 사회주의 국가가 무너진 것입니다. 쿠바의 수출은 70%, 수입은 75%가 줄어들고, GDP도 1/3로 줄었습니다. 석유가 부족해 노선버스도 1/3 이상 줄었고, 전기가 부족해 출근했다가 그냥 돌아오는 직장인들이 속출했다고 합니다. 1930년대 세계대공황도 이 정도는 아니었다고

---

43) 알레이다 게바라, 「쿠바 무상 의료 54년의 성과」, 2012.
44) 이성형, 『배를 타고 아바나를 떠날 때』, 창비, 2001.

교육개혁은 없다 2

합니다.

1991년 카스트로는 국회 연설에서 "지금은 혁명 이래 가장 힘든 시기가 아니라 쿠바 역사상 가장 힘든 시기"라고 말했습니다. 식량이 부족해서 약 50만 명이 실명 위기를 겪었으며, 국민 평균 체중이 10kg이나 감소했다고 합니다.[45]

당시 상황이 얼마나 힘들었는지 퓰리처상을 수상한 미국의 저명한 저널리스트 안드레스 오펜하이머가 1992년 쿠바를 방문하고 쓴 책의 제목이 『카스트로 최후의 시간: 쿠바 공산주의의 임박한 붕괴의 이면사』입니다.

쿠바가 어려워지자 미국은 경제 제재를 더욱 강화합니다. 1992년 '쿠바 민주화법'을 제정해 미국 회사의 외국 지사가 쿠바와 무역을 할 수 없도록 봉쇄했습니다. 1996년에는 '쿠바의 자유 및 민주연대법'을 제정하여 쿠바와 무역을 하는 기업인은 미국 땅에 발을 들여놓을 수 없도록 했습니다. '재미쿠바인재단'의 총재 마스 까노싸는 마치 임시정부 대통령처럼 행세했다고 합니다.[46]

소련 붕괴로 인한 경제 위기와 미국의 강화된 경제 봉쇄에 대처하기 위해 쿠바는 자본주의 경제 요소를 도입합니다. 자본주의적 소유권을 인정하고, 자영업을 허가하여 민간 경제를 육성하며, 외국자본을 유입하기 위해 관광업을 활성화합니다.

새로운 경제 정책으로 위기는 벗어났지만 자본주의의 폐해도 발생합니다. 불평등, 물질 중심적 가치관, 소비주의가 확산됐습니다. 무상의료·무상교육과 같은 기본 질서가 변한 것은 아니지만, 쿠바는 새로운 극복 과제를 맞이한 상태입니다.

1962년에 시작된 경제 봉쇄로 인해 쿠바는 1,542억 달러, 인플레이션을 감안하면

---

45) 배진희, 『거꾸로 가는 쿠바는 행복하다』, 시대의창, 2019.
46) 이성형, 『배를 타고 아바나를 떠날 때』, 창비, 2001.

1조3,910억 달러(≒1,670조 원)의 피해를 보면서 국가를 운영해왔습니다.

쿠바에 대한 미국의 경제 제재는 온당한 것일까요? 이 문제는 1992년 이후 유엔에서 매년 논의가 되었습니다. 쿠바에 대한 경제 제재를 해제하라는 결의안이 30번이나 통과되었습니다. 작년에도 미국과 이스라엘만 반대하고 185개국이 찬성했지요. 그러나 미국은 막무가내입니다.

지금까지 쿠바가 왜 가난한지 살펴보았습니다. 가난한 나라에서 사회주의가 시작되었고, 미국의 경제 봉쇄를 60년 동안 견뎌야 했으며, 소련 붕괴 이후 30년 동안 경제가 힘들었습니다. 지난 30년 동안은 자본주의 요소가 도입되면서 불평등까지 확대되는 시련의 길을 걸어왔습니다.

가난한 쿠바는 왜 사회주의를 고수할까?

쿠바는 우리나라와 미수교 국가지만, 여행은 2013년부터 자유화되었습니다. 쿠바를 여행한 사람들이 유튜브에 올린 영상을 보면 쿠바의 어려운 경제 형편이 잘 드러납니다. 민박집도 아니고 호텔이 하루에 한 번씩 정전된다거나, 물 하나 사려고 슈퍼마켓 앞에 긴 줄을 선다거나, 인터넷이 안 터져 너무 불편하다는 것들이지요. 여행자들이 스치듯 본 쿠바 말고, 오랫동안 체류한 사람이 들여다본 쿠바는 어떨까요?

예수대학교 사회복지학과 배진희 교수는 잘 사는 나라의 복지가 아니라 가난한 나라의 복지는 어떤지 연구할 목적으로 쿠바에서 1년을 체류하면서 느낀 점을 모아 2019년 『거꾸로 가는 쿠바는 행복하다』를 출간했습니다. 책의 부제가 〈저성장 고복지, 쿠바 패러독스의 비밀을 찾다〉이니 배진희 교수의 문제의식을 짐작할 수 있습니

교육개혁은 없다 2

다. 배진희 교수의 이야기를 들어보죠.

"한국에서 쿠바에 대한 이미지는 둘로 나뉜다. 50년 넘게 독재정권 하에서 자유를 제한받고 가난을 견디기 어려워 국민이 망명을 꿈꾸는 북한과 비슷한 나라. 그리고 살사와 시가, 카리브해 쪽빛 바다를 경험할 수 있는 정열의 섬나라. 하지만 쿠바는 사회주의 국가 혹은 낭만적 여행지에 그치지 않는, 우리가 주목할만한 저력 있는 국가이다.

사회보장 제도와 공공부조 제도가 운영되고, 무상교육이 실현되고 있으며, 태아 때부터 건강을 책임지고, 남녀평등 29위를 기록하고 있는 나라이다. 이뿐만 아니라 국제 원조에도 앞장서고 있다."

배진희 교수는 쿠바를 '콩 한 쪽으로 8가지 기적을 이룬 나라'라고 표현합니다. 8가지가 무엇일까요?

- 무료로 언제든 배울 수 있다.
- 국민의 기본 생활이 보장된다.
- 누구나 무상으로 치료받는다.
- 아이를 소중히 여긴다.
- 여자와 남자가 평등하다.
- 늙는 것이 두렵지 않다.
- 국민 안전이 보장된다.
- 의료 시스템으로 국제주의를 표방한다.

8가지 기적을 다 살펴보려면 지면이 부족하니 쿠바의 의료 체제를 집중적으로 알아보기로 하겠습니다. 쿠바의 의료 체제에 쿠바의 사회 원리가 다 녹아 있으니까요.

1959년 카스트로가 이끄는 혁명군이 아바나에 입성하자 독재자 바티스타는 정부 금고에 남은 돈을 모두 털어 미국 은행에 넣어놓고 도미니카로 도주합니다. 바티스타만 도주한 게 아닙니다. 바티스타 정권에 복무하던 사람들, 혁명에 불만을 품은 기득권층들이 대거 미국으로 탈출합니다. 미국은 탈출한 사람들을 모두 받아주겠다며 탈출을 부추겼습니다.

당시 쿠바 인구가 700만이었는데, 50만 명이 탈출했습니다. 쿠바의 의사 6천 명중 4천 명이 미국으로 빠져나갔고, 250명이던 아바나 의과대학의 교수 중 단 12명이 남았다고 합니다.

가난과 질병에서 대중을 구하겠다던 혁명정부는 시작부터 위기에 봉착했습니다. 의사가 없으니 의료 상황은 더 나빠졌고, 의대 교수가 없으니 의사를 육성할 수 없었습니다. 쿠바의 의료는 빈터에서 완전히 새롭게 시작하게 되었습니다.

60년 전 빈터에서 새롭게 시작한 쿠바 의료 제도의 가장 중요한 특징은 '예방 의학'을 지향하는 것입니다. 아픈 사람을 치료하는 것도 중요하지만, 건강할 때 예방하는 의료가 더 중요하다는 것이죠. 우리는 환자가 의사를 찾아가는 의료 시스템인데, 쿠바는 의사가 환자를 찾아가는 시스템입니다. 의사가 환자를 찾아가려면 의사가 엄청 많이 필요하겠죠?

[도표11]은 2018년 기준 인구 1천 명당 의사 수입니다. 쿠바는 인구가 1,130만 명인데 의사는 83,000여 명입니다. 한국은 인구가 5,200만 명인데 의사는 11만 명입니다. 인구 1,000명당 쿠바의 의사 수는 8.7명으로 OECD 평균의 2.4배, 한국의 3.5배입니다.

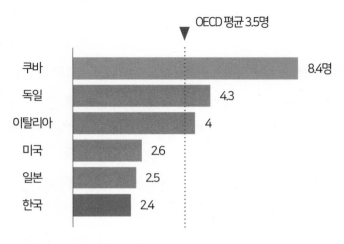

[도표11] 인구 1000명당 의사 수

OECD 평균 3.5명

국가	의사 수
쿠바	8.4명
독일	4.3
이탈리아	4
미국	2.6
일본	2.5
한국	2.4

2018년 기준, 한국은 한의사 포함
자료: OECD, 세계은행

쿠바는 모든 국민이 주치의를 갖고 있습니다. 이를 '패밀리 닥터'라고 부릅니다. '패밀리 닥터'가 무슨 일을 하는지 알아보기 위해 김해완 작가가 2023년 출간한 『쿠바와 의생활』의 내용 일부를 소개합니다.

김해완 작가는 2017년에 남미 문학을 전공하려고 쿠바에 갔다가 쿠바의 의료 체제에 반해 아바나 의과대학에 입학했다고 합니다. 2년간 공부하다가 코로나19 때문에 대학이 제대로 운영되지 않자 지금은 스페인 바로셀로나의 의과대학에서 공부하는 예비의사입니다.

쿠바에는 콘술토리오(Consultorio), 폴리클리니코(Policlinico), 오스피탈(Hospital)이라는 세 체계의 의료기관이 있습니다. 우리나라로 치면 보건소, 종합병원, 상급종합병원에 해당합니다.

콘술토리오는 보통 패밀리 닥터 1명과 간호사 1명으로 구성됩니다. 콘술토리오 1개가 평균 500~700가구의 건강을 책임집니다. 콘술토리오는 건강한 생활을 '촉진'하고 주민에게 자주 발생하는 병을 예방하는 것이 주된 임무입니다. 패밀리 닥터는 오전에는 콘술토리오에 오는 환자를 진료하고, 오후에는 동네 가정을 방문하여 사람들의 건강을 체크합니다. 패밀리 닥터를 통해 환자의 80%를 치료하고, 패밀리 닥터가 치료할 수 없는 환자는 상급 단위 병원인 폴리클리니코, 오스피탈로 보내 치료합니다.

『쿠바와 의생활』에 묘사된 콘술토리오의 일상이 매우 재밌습니다.

콘술토리오에는 각자 자기 역할이 있다. 환자들은 이야기를 생산해 내는 '헤비 토커'(heavy talker)다. 진료소에 들어가기 전부터 이들은 동네의 잡다한 소식을 공유할 만반의 준비가 되어 있다. 간호사는 걸어 다니는 '검색 엔진'(searching engine)이다. 주민들의 숟가락 개수부터 최근 이들 사이에 벌어진 사건을 실시간으로 파악한다. 일상의 사소한 변화 하나라도 사람들의 안녕에 영향을 끼칠 수 있기 때문이다. 가족주치의는 모든 이야기를 주의 깊게 듣고 종합해 내는 '리스너'(listener)다. 이 정보는 진료하는 동안 적재적소에 활용된다.
환자가 병원에 오면 빨리 진단해서 약이나 주사를 주면 의사의 임무가 끝나는 한국과 달리 콘술토리오의 가족주치의들은 환자의 생활 습관, 집안 사정 등에 훤한 '오지랖 대마왕'이다. 가족주치의와 검진 약속을 잊어버린 젊은 임신부를 찾기 위해 주치의와 간호사가 그 임신부가 놀러 갔을 법한 동네 친구들 집에 전화까지 돌리는 쿠바 진료소 풍경은 한국의 '3분 진료'와 대비돼 생경하게만 다가온다.

콘술토리오의 가족카드에는 개인의 건강 상태는 물론 가족력, 거주상태 등 다양

교육개혁은 없다 2

한 정보가 기록돼 있다고 합니다. 집 주변에 쓰레기장이 있는지, 햇볕은 잘 드는지, 천장이 무너져 있지는 않은지 등 거주 공간의 구성 요소들까지 기록한답니다.[47] 심지어 가족 구성원 간의 관계, 이웃과의 불화, 반려동물을 기르는지도 파악한답니다. 우리식으로 표현하면 그 집 숟가락 개수까지 파악하고 있다는 것이죠.

쿠바의 예방의료 시스템은 어떤 결과를 낳았을까요? '쿠바인은 가난하게 살고 부자로 죽는다'는 말이 있답니다. 쿠바의 평균 수명은 2017년 기준 79.4세로 쿠바를 봉쇄한 미국(79.8세)과 차이가 없습니다. 영아 사망률은 미국보다 낮고, 100세 이상 인구 비율도 100만 명당 346명으로 세계에서 가장 높다는 프랑스(364명)와 비슷합니다.

쿠바는 예방의료 시스템만 뛰어난 게 아닙니다. 의약 기술도 세계 최고 수준입니다. 쿠바가 보유 중인 생명공학 분야 특허는 500개가 넘고, 라틴아메리카 최대의 의약품 수출국이기도 합니다. 단 개발도상국에는 판매 로열티를 포기하는 나라가 쿠바입니다.

의사의 2/3가 탈출하고 아바나 의과대학에 12명의 교수가 남았던 쿠바가 택한 길은 자체로 의사를 육성하고 예방 의학을 지향하면서 전 국민 무상의료를 실현하는 것이었습니다.

우리나라는 의과대학 1년 수업료가 천만 원 정도지만 쿠바는 무상교육입니다. 입학은 어렵지 않으나 졸업은 매우 어렵습니다. 의사가 되면 쿠바의 농촌이나 개발도상국에 파견되어 근무하는 게 의무입니다.

---

47) 경향신문, 〈콘술토리오 가족주치의, 동네 함께 거주하며 주민들 생활 전반 돌봐〉, 2018.1.25.

전 세계에 6만 명의 쿠바 의사가 빈민 구호와 재난 구호 활동을 하고 있습니다. 그런데 쿠바에서 의사를 파견하는 것보다 그 나라의 의사를 육성하는 것이 더 낫겠다는 생각으로 1998년 '라틴아메리카 의과대학'을 설립했습니다. 매년 1,500여 명의 외국 학생들을 입학시켜 무료로 공부시킨 후 돌려보냅니다. 의사를 만나지 못하는 사람을 지구상에서 없애겠다는 '무모한 꿈'을 실현하고 있습니다.[48]

쿠바는 어떻게 교육 모범국이 되었나?

요시다 다로(吉田太郎)는 농정 업무에 종사하는 공무원이자 나가노현 농업대학교 교수입니다. 요시다 다로는 유기농업 선진국인 쿠바에 대한 관심으로 1999년부터 꾸준히 쿠바를 방문했다가 일본에서 쿠바에 대한 정보가 왜곡된 것이 안타까워 2007년에 『의료 천국, 쿠바를 가다』, 2008년에 『교육 천국, 쿠바를 가다』를 출간했습니다.

요시다 다로 교수는 『교육 천국, 쿠바를 가다』의 첫머리에 2008년 6월에 공표된 중남미 국제학력시험에서 각국의 시험 성적을 표로 보여주면서 이렇게 말합니다.

"아이의 학력은 대개 국가의 부나 가정소득에 따라 결정된다. 이것은 각국에서 실제로 증명된 상식이다. 가난한 집 아이는 계속 저학력 상태에 머물러 있게 되는 것이다. 하지만 전 세계에서 유일하게 이 슬픈 법칙을 무시하고 있는 나라가 하나 있다. 물론 경쟁은 한다. 그러나 그것은 동급생과 서로 돕기 위해서다.

---

48) 요시다 다로, 『교육 천국, 쿠바를 가다』, 파피에(딱정벌레), 2012.

교육개혁은 없다 2

'인간은 교양을 갖추어야만 비로소 자유로워질 수 있다.' 쿠바가 내건 이 교육철학은 의미심장하다. 그런데 가난한 나라인 쿠바의 아이들은 어떻게 최하점수조차도 다른 나라의 평균점을 웃도는 고학력을 갖게 되었을까? 유네스코가 핀란드와 나란히 모델로 추천하는 카리브 해의 교육대국, 쿠바의 비밀을 파헤치는 여행을 떠나보자."

혁명 이전 쿠바의 교육

쿠바는 1940년 헌법에 모든 아동에 대한 의무교육을 명시했습니다. 그러나 현실은 헌법과 다르게 돌아갔습니다. 초등학교 입학률은 50% 정도에 불과했고, 초등학교 3학년이나 그 이하의 교육밖에 받지 못한 국민이 60%였습니다. 부자와 빈자의 격차, 인종 차별에 따른 격차, 도시와 농촌의 격차가 매우 심각했습니다.

놀라운 점은 1940년대에 전체 국가 예산의 1/4을 교육에 배정할 정도로 다른 중남미 국가보다 많은 예산을 투입했는데 교육 문제가 심각했다는 것입니다. 이유는 불합리한 제도와 부정부패 때문이었습니다.

학생 수에 비해 장학관, 관리자, 행정 직원 등이 필요 이상 많았고, 1만 명이 넘는 교사가 일자리를 구하지 못하고 있었는데 학교에는 교사가 부족했답니다. 이유는 수업하지 않고도 월급 받는 교사가 많았답니다. 그들을 '종신 교원'이라 하는데, 미국 플로리다에 살면서 실직 상태인 교사를 저임금으로 고용해서 대리수업을 시키는 종신 교원들이 많았다고 합니다. 혁명 이후 의사의 2/3가 쿠바를 탈출한 것처럼, 교사들도 절반 가까이 쿠바를 빠져나갔다고 합니다.

혁명 정권이 물려받은 것은 100만 명이 넘는 문맹자, 초등학교 3학년 이하 수준의 교육을 받은 60%의 국민, 교사의 절반이 빠져나간 교육 현실입니다. 의료 분야처럼 교육도 빈터에서 시작해야 했습니다.

알면 가르치재! 모르면 배우재!

호세 마르띠는 쿠바인들의 정신적 지주이자 쿠바 교육 사상의 근원입니다. 그는 "배우지 못하면 침묵할 수밖에 없고, 주변화되고 억압받을 수밖에 없다. 대중이 교육을 통해 의식화될 때 불평등을 타파하고 권력을 찾고 자유로워질 수 있다."고 강조했습니다.

호세 마르띠의 사상은 카스트로와 체 게바라에게 이어집니다. 카스트로는 "읽고 쓰기를 하지 못하고 권리를 깨닫지 못하면 그 국가를 완전히 활용할 수 있는 국민이 될 수 없다"고 말했습니다. 쿠바 혁명에서 빼놓을 수 없는 인물인 체 게바라는 생사를 넘나드는 게릴라 투쟁 과정에서도 학교를 세우고 교육했습니다. 혁명이 성공한 이후에는 문맹 퇴치 운동을 벌이면서 본인이 직접 농민들을 교육하기도 했습니다.

혁명정부는 1961년을 '문자 해독력 향상, 교육의 해'로 선언하고 100만 문맹 퇴치에 나섰습니다. 당연히 교사가 부족했죠. 그래서 학교 문을 닫고 중고등학생들을 훈련하여 농촌에 교사로 투입했습니다. 혁명정부답게 혁명적으로 해결했죠. 그때 내건 구호가 "알면 가르치자. 모르면 배우자"입니다. 카스트로는 1년 후 450년에 걸친 문맹을 퇴치했다고 선언했습니다.

교육이 행복하고 학교가 즐거운 쿠바의 교육

앞서 유네스코가 쿠바를 교육 모범국으로 선정했다고 말씀드렸는데요, 그 이야기를 조금 더 자세히 해보겠습니다. 유네스코가 쿠바 교육에 주목하기 시작한 것은 1997년 라틴 아메리카 13개 국가가 참여한 학력 시험 결과입니다. 당시 쿠바는 경제적으로 매우 어려웠죠. 경제력만 보면 13개 국가 중 최하위 수준이었습니다.

시험은 초등학교 3, 4학년을 대상으로 나라마다 100개 이상 학교를 무작위로 추출한 후 도시에서 2천 명, 농촌에서 2천 명을 뽑아서 치렀습니다. 시험 결과를 보고 유네스코 관계자들은 깜짝 놀랐습니다. 다른 나라 학생들의 평균 점수가 50점이라면, 쿠바 학생들의 국어는 평균 80점, 수학은 평균 90점이 나왔습니다.

혹시 쿠바가 성적이 뛰어난 학생들만 따로 골라서 시험을 치른 게 아닐까 의심한 유네스코는 1998년에 쿠바에 대해 재시험을 치렀답니다. 그런데 결과가 똑같이 나왔습니다.

유네스코 관계자들이 하나 더 놀란 것은 쿠바에서는 도시와 농촌 학교의 성적 차이가 없었다는 것입니다. 사립학교가 없으니 공립과 사립의 격차가 없고, 사교육이 없으니 성적에서 빈부격차도 없지요.

그러면 쿠바 교육은 무엇이 다를까요? 한국교육과정평가원 초대 원장과 한국교육학회장을 역임한 박도순 고려대 명예교수는 2016년 11월 9일 교육 전문 언론 〈에듀인뉴스〉에 투고한 칼럼 '쿠바 교육에서 우리는 무엇을 배워야 할까?'에서 쿠바가 이룬 교육개혁의 성과를 다음과 같이 정리합니다.

- 쿠바는 타인과 경쟁이 아니라 상호 협력 학습을 통해 고학력을 추구한다.
- 쿠바는 세계에서 교육에 대한 투자 순위가 가장 높은 국가이다. 쿠바는 GDP 대비 10~11%, 국가 예산의 23~24%를 교육에 투자한다. 교육에 가장 많은 투자를 한다는 핀란드(GDP의 6%)보다 월등히 높다.
- 쿠바의 교육은 '인간은 교양을 갖추어야 비로소 자유로워진다'는 교육 사상에서 출발하고 이것이 쿠바 교육의 궁극적 목적이다.
- 쿠바는 교양 교육을 어렵게 하는 경쟁의 폐해를 최소화하기 위해 절대평가를 하고, 소수 정원의 학급을 운영한다. 초등학교는 20명 이내, 중학교는 15명 이내, 고등학교는 30명

이내, 대학은 10~11명 이내로 교양인 양성에 주력한다.

- 교육개혁을 통해 초등학교뿐 아니라 중학교도 학급담임제로 변경하고, 학생에게 문제가 발생하면 지역, 가정, 학교가 공동 노력을 통해 문제를 해결한다.

- 교사의 사회적 지위가 교수, 의사 등 전문직과 별반 차이가 없으며, 학생 지도에서도 높은 권위를 인정받고 있다.

- 국가가 철저히 학력을 관리하여 절대 성취 수준의 85% 이하가 되면 낙제시키고, 학업 성취도가 낮은 학생들을 집중적으로 관리하여 낙오 학생을 최소화한다.

- 친구들 사이에 경쟁이 없으며, 상호 협력 학습을 통하여 함께 발전하도록 한다.

- 도시와 농촌의 격차가 없고, 모두가 질 높은 교육을 받을 수 있다.

박도순 명예교수는 칼럼에서 "쿠바 학생들은 학교 가는 걸 즐거워한다. 쿠바 학생들은 가장 싫은 게 수업 끝나고 집에 가는 것이다. 쿠바 교육이 우리 교육에 던져주는 시사점은 학교는 즐겁고 가고 싶어 하는 곳이어야 하고, 방학이 아니라 개학을 기다리는 학교가 되어야 한다는 점이다. 그것이 학교의 환경과 여건이 가정보다 좋아서든, 공부하는 것이 재미있어서이든, 선생님과의 관계가 좋아서든, 학생들이 원하는 것을 해주는 곳이기 때문이든, 학생들이 가고 싶은 학교를 만들기 위해 이제 우리 교육을 위해 우리가 무엇을 해야 할지를 다시 생각해보는 계기가 되어야 한다."고 지적합니다.

박도순 교수가 정리한 쿠바의 교육개혁을 조금 더 보완해서 설명하겠습니다. 쿠바가 GDP 대비 교육 예산이 가장 많은 국가이긴 하지만, GDP 자체가 적기 때문에 교육 예산이 풍부하지는 않습니다. 대학생들조차 선배에게 교과서를 물려받아 공부하는 환경입니다. 그러면 쿠바는 교육 예산을 어디에 집행하는 걸까요?

교육개혁은 없다 2

앞서 쿠바는 의사가 환자를 찾아가는 예방 의학 시스템을 구축했다는 것을 살펴 봤는데, 교육도 마찬가지입니다. 상급학교 진학을 위해 이사하거나 집을 떠나는 일이 드물다고 합니다. 학교가 학생이 있는 곳으로 가기 때문입니다.[49]

쿠바의 도시 학교 학생 수는 평균 256명, 농촌 학교 학생 수는 평균 31명입니다. 농촌 지역의 초등학생은 전체의 22%이지만, 교육 인력의 34%가 농촌 학교에 배치되어 있습니다. 도시 지역은 교원 1인당 학생 수가 7.5명인데, 농촌 지역은 교원 1인당 학생 수가 4.1명입니다.

쿠바의 학급당 학생 수도 우리 관점에서는 매우 특이합니다. 초등학교 20명, 중학교 15명, 고등학교 30명을 넘지 않도록 하는데요, 왜 중학교를 15명으로 했을까요? 사춘기라서 그렇다고 합니다.

2000년 세네갈에서 개최된 유네스코 국제회의에서 2015년까지 '만인을 위한 교육을 실현한다'는 목표가 제창되었는데, 동시에 중학교 교육이 아이들을 등급 매기는 차별 교육의 위험에 처해있다는 우려가 표명되었다고 합니다. 그래서 쿠바는 자체의 '사상투쟁'을 통해 중학교를 15명으로 축소했다고 합니다.[50]

중학교의 학급당 학생 수를 15명으로 줄임과 동시에 과목별로 교사가 가르치던 시스템을 바꿔 초등학교처럼 한 명의 교사가 가르치는 '올라운드 플레이어 교사'를 양성하고 있다고 합니다. 그것도 한 명의 교사가 3년 동안 담임을 하면서 말입니다.

한국은 초등학교에서 영어, 체육, 과학 등은 교과전담 교사가 가르치고, 나머지 과목들을 한 명의 담임이 가르치죠. 중학교부터는 전 과목을 다른 교사가 들어와서

---

49) 배진희, 『거꾸로 가는 쿠바는 행복하다』, 시대의창, 2019.

50) 요시다 다로, 『교육 천국, 쿠바를 가다』, 파피에(딱정벌레), 2012.

가르치고요. 그런데 쿠바는 중학교도 초등학교처럼 컴퓨터, 체육, 예술 등 특수한 과목을 제외하고 3년 동안 한 담임이 가르치는 것으로 교육을 개혁했다는 것입니다.

한국은 매년 담임이 바뀌지만, 한 교사가 몇 년 동안 담임을 지속하는 나라들은 꽤 있습니다. 독일, 핀란드, 덴마크, 스위스, 이탈리아, 오스트리아 등 유럽의 많은 나라들이 그렇게 합니다. 나라마다 초등 교육 기간이 다르니까 독일·오스트리아는 4년, 이탈리아는 초등 5년, 핀란드는 초등 교육 6년 동안 담임이 바뀌지 않습니다.

이렇게 오랫동안 한 교사가 학생들을 관찰하면서 학생의 적성과 재능을 파악한 후 초등학교 졸업 시점에서 공부에 재능이 있는 학생은 대학 진학을 목표로 하는 인문학교를, 기술에 재능을 보이는 학생은 직업교육 학교를 추천합니다. 대부분 학부모는 교사의 추천대로 자녀의 상급학교를 결정합니다.[51]

그런데 중학교를 한 교사가 담임을 지속하면서 초등학교처럼 전 과목을 가르치는 경우는 쿠바 외에 들어본 적이 없습니다. 사회주의 사회건 자본주의 사회건 '질풍노도의 시기'를 보내는 중학생에 대한 고민은 같을 것입니다. 이를 해결할 방도로 한 교사가 3년 동안 아이를 책임지고 돌보는 시스템, 3년 동안 같은 친구들과 한 반에서 함께 공부하는 시스템을 쿠바의 교육자들이 결정했다는 것이 참 놀랍습니다.

초등학교에서 6년을, 중학교에서 3년을 한 교사가 담임을 맡아 지도한다는 것은 교사가 거의 부모와 같은 심정으로 학생들을 대한다는 뜻이고, 학부모는 교사를 신뢰한다는 뜻이며, 아이를 사회가 키워낸다는 뜻입니다. 쿠바는 패밀리 닥터가 주민들 속으로 들어가 삶을 보살피는 나라이며, 사춘기까지는 교사가 책임 있게 학생을 돌보는 나라입니다.

---

51) 중앙일보, 〈한국 엄마, 세계의 학교를 가다〉, 2015.8.19.

교육개혁은 없다 2

쿠바를 통해 한국 교육은 무엇을 성찰해야 하는가?

지금까지 쿠바는 왜 가난한가, 가난한데 왜 사회주의를 고수하는가, 쿠바는 어떻게 교육 모범국이 되었는지 살펴보았습니다.

쿠바가 가난한 이유, 가난한데 사회주의를 고수하는 이유에 대해 꽤 많은 분량을 할애했는데요, 그 이유는 우리나라에서 쿠바를 선입견 없이 있는 그대로 보기 위함입니다. 우리는 미국이라는 창을 통해 세계를 보는 경우가 많죠. 유엔에서 모든 나라들이 매년 미국의 쿠바 봉쇄 해제를 결의하는데, 우리가 보는 세상의 창이 미국이기 때문에 쿠바를 자세히 알아봤습니다.

제가 쿠바에 관해 인용한 책의 저자 중 고 이성형 교수는 한국에서 최고의 라틴아메리카 전문가로 인정받는 정치학자지만, 요시다 다로 교수, 배진희 교수, 김해완 작가는 쿠바 연구가 전공인 분들이 아닙니다. 쿠바를 알게 된 후 매력을 느껴 직접 가서 보고 느낀 점을 기록하여 책까지 내신 분들입니다. 그런 걸 보면 쿠바가 매력 있는 나라인가 봅니다.

쿠바가 미국의 봉쇄 때문에 가난한지, 사회주의 체제 자체의 약점 때문에 가난한지, 쿠바 사람들이 가난해도 계속 사회주의를 유지할지, 1990년대 이후 도입된 자본주의 요소가 쿠바를 어떻게 변화시킬지 저는 잘 모릅니다. 다만 유네스코가 선정한 교육 모범국 쿠바를 보면서 한국 교육이 성찰해야 할 부분은 매우 많다고 생각합니다.

왜 한국 학생들은 공부를 싫어하는가?

한국은 코로나19로 전 세계 학교들이 문을 걸어 잠글 때 온라인 동영상 수업으로 학습 결손을 돌파한 ICT 교육[52] 강국입니다.

2022년 서울시교육청은 모든 중학교 1학년 학생들에게 태블릿PC를 한 대씩 지급했습니다. 다른 지역 교육청에서도 비슷한 사업들을 추진하고 있죠. 시도교육청에서는 4차산업혁명 시대에 맞춰 에듀테크(EduTech)를 강조하고 있습니다. 세계 10위권 경제 대국답게 한국의 교육 여건도 빠르게 변화하고 있습니다.

그러나 교실에서 아이들의 눈빛은 어떨까요? 공부에 지친 아이들, 공부를 포기한 아이들, 왜 살아야 하는지 이유를 모르겠다는 아이들이 넘쳐나는 교실에서 ICT 교육과 에듀테크가 학생들에게 의욕을 샘솟게 해줄까요?

10년 전 미국에서 흥미 있는 실험을 했습니다. 2013년 구글 출신 엔지니어 맥스 벤틸라(Max Ventilla)는 첨단 기자재로 무장한 대안학교를 설립했습니다. 학교 이름은 '알트스쿨'(Altschool)입니다.

알트스쿨은 나이에 따라 학년과 반을 나누는 게 아니라 학생 개인의 흥미와 특성에 따라 맞춤형 교육을 제공합니다. 학생은 디지털 플랫폼에서 자신에게 적합한 교육과정을 짜고 교사는 디지털 플랫폼에서 학생을 교육합니다.

알트스쿨은 단박에 화제가 되어, 2014년에 3,300만 달러(≒390억 원), 2015년에는 1억 달러(≒1,100억 원)의 투자를 유치했습니다. 투자자 명단에는 페이스북 창업자 마크 주커버그도 있었죠.

초창기 알트스쿨은 9개가 설립됐는데 머지않아 교육계의 신화가 될 것으로 예상했습니다. 그러나 5년 만에 9개 중 5개는 폐교하고, 4개는 다른 학교에 흡수되었습니다. 태블릿을 사용해 오디오북을 들을 줄은 알지만 정작 글자를 읽지 못하는 학

---

52) 정보통신기술 교육. 'Information & Communications, Technology'의 머리말

교육개혁은 없다 2

생, 맞춤법 검사 프로그램이 자동으로 글을 고쳐주니까 기초 수준의 단어 스펠링도 틀리는 학생이 속출했기 때문입니다. 결국 분노한 학부모들이 일반 학교로 자녀를 전학시켰습니다.

그렇다면 쿠바 학생들은 왜 공부를 잘하는지 생각해보겠습니다. 요시다 다로 교수가 쓴 『교육 천국, 쿠바를 가다』의 제1장 제목이 〈고학력의 비밀을 파헤친다〉입니다. 요시다 다로 교수는 뛰어난 성적을 올린 국어 수업(스페인어)을 견학하고 싶다고 요청하여 어느 초등학교 1학년 교실에 들어갑니다. 그가 관찰한 내용입니다.

"먼저 선생님이 아이들 앞에서 큰 소리로 교과서를 똑똑하게 읽어주고, 모르는 부분이 있으면 질문합니다. 그런 후 한 사람 또는 그룹으로 선생님이 읽은 대로 따라서 읽습니다. 다 읽은 다음에는 공책에 옮겨 쓰거나 묻고 싶은 것을 자유롭게 질문합니다." 이게 고학력의 비밀이랍니다.

말을 물가에 끌고 갈 수는 있지만 물을 억지로 마시게 할 수는 없다는 말이 있습니다. 공부하기 싫은 아이를 억지로 잘하게 하는 방법은 없습니다. 사탕을 준다고, 공부를 게임처럼 만들어준다고 하기 싫은 공부가 되는 게 아닙니다. 쿠바가 교육 모범국이 된 가장 중요한 이유는 학생들이 학교에 가는 것, 공부하는 것을 즐거워한다는 것입니다.

사실 공부는 재미있는 것입니다. 인간이 만물의 영장이 된 이유는 생물학적 능력 때문이 아니라 인간이 사회적 존재이기 때문입니다. 수많은 철학자, 인류학자, 심리학자들이 밝힌 것은 인간의 본성은 협동을 근간으로 한 사회성이라는 것입니다. 경쟁과 이기주의는 인간의 본성과 거리가 멉니다.

공부는 사회화 과정입니다. 인간의 사회적 본성을 체득하는 과정입니다. 대한민국 학생들이 왜 공부하기 싫어합니까? DNA 탓은 아니겠죠. 학교와 가정이 사회적 본성에 어긋나게 공부를 출세의 수단, 친구와 경쟁에서 이겨야 할 과업으로 취급하기 때문입니다. 그래서 질려버리는 것이죠.

일부 학생들은 전쟁 규칙에 잘 적응해서 공부를 잘하기도 합니다만, 많은 아이들이 왜곡된 사회화 과정에서 튕겨 나갑니다. 교육은 단순히 먹고 사는 기술을 배우는 데 그치는 게 아니라 사람을 자유로운 교양인으로 만드는 게 목적입니다. 쿠바의 교육이 성공한 것은 바로 그 측면입니다.

교과서를 물려받아 공부하는 열악한 환경이지만 배우고자 하는 인간의 사회적 본성을 높이 살려주었기에 쿠바 학생들이 공부를 잘하는 것입니다.

교육을 경제 논리로 운영할 것인가?

쿠바의 1인당 GDP는 산출 기관에 따라 약간씩 차이가 나는데 대략 1만 달러 수준입니다. 우리가 1인당 GDP 1만 달러를 돌파한 게 1996년이니까 대략 30년 전쯤 우리의 경제 형편과 비슷하다고 볼 수 있겠죠.

제가 그즈음 교사 생활을 시작했습니다. 제가 첫 담임을 맡았을 때 학생 수는 50명이 훨씬 넘었습니다. 당시 교육운동 단체들은 교육개혁의 제일 과제로 교육재정 GDP의 6% 확보, '콩나물 교실' 해결을 주장했습니다.

그런데 쿠바는 1인당 GDP 1만 달러 수준에서 초등 20명, 중학교 15명, 고등학교 30명 이하의 학급당 학생 수를 유지하고 있습니다. 그것도 대내외의 어려운 경제 상황을 감내하면서 말입니다.

"왜 부자를 돕는 것은 '투자'라고 하고, 가난한 자를 돕는 것은 '비용'이라고 하는가?" 브라질의 룰라 대통령이 2010년 두 번째 대통령 임기를 마치면서 브라질 사회를 향해 던진 질문입니다.

한국 사회에서 교육은 투자입니까, 비용입니까? 우리는 2008년에 1인당 GDP가 2만 달러를 넘었는데, 2011년 수도 서울의 초등학생들에게 급식을 무상으로 할 것인가 말 것인가를 놓고 주민투표를 한 적이 있습니다. 당시 오세훈 시장이 이 투표에 서울시장직을 걸었다가 임기 도중 사퇴했죠.

한국은 수도권만 살고 지방은 소멸하고 있습니다. 20~39세 여성 인구수를 65세 이상 노인 수로 나눈 값을 '인구소멸지수'라고 합니다. 0.5~1.0은 소멸 '주의' 단계, 0.5 미만이면 소멸 '위험' 단계로 분류합니다.

2023년 2월 기준 전국 228개 시군구 중 인구소멸위험 지역은 118개로 51.8%입니다. 대도시를 제외하고 지방만 따지면 74%입니다. 농촌은 평균 연령이 68세입니다. 앞으로 10년 후면 대한민국에는 농사지을 사람이 없을 것입니다.

지방이 망한 이유는 역대 정부의 농업 천시 정책, 수도권 집중 개발 때문입니다. 지방에 쓸만한 직장이 없으니 농촌에 남는 청년이 없어졌고, 농촌에 사람이 없으니 학생이 줄고, 학생이 줄어드니 학교 문을 닫았습니다.

1982년 농산어촌에서 학생 수 100명 이하인 학교를 통폐합하기 시작해 2021년 5월까지 40년 동안 사라진 학교가 3,855개입니다. 현재는 면·도서벽지는 60명 이하, 읍 단위는 '초등 120명, 중등 180명 이하', 도시 단위는 '초등 240명, 중등 300명 이하'의 학교가 통폐합 대상입니다. 학교가 문을 닫으니 젊은 층이 살 수가 없고, 젊은 층이 없으니 학교 문을 닫는 악순환이 반복되고 있습니다. 과거 아이들이 뛰놀던 학교는 모두 폐허가 되거나 요양원으로 변했습니다.

평균 학생 수 30명인 농촌 학교를 유지하고 있는 쿠바를 보면 룰라의 질문이 자꾸 떠오릅니다. 지방은 학교가 없고 병원이 없어 인구가 계속 소멸하고 있는데, 수도권은 인구 과밀로 집값이 너무 올라 청년들이 결혼을 못 합니다. 서울의 합계출산율은

0.59명입니다. 서울도 지옥, 지방도 지옥, 온 나라가 헬조선입니다.

지방을 살리려면 폐교를 멈춰야 합니다. 학교를 '비용'이 아니라 인간의 삶을 위한 국가의 투자로 생각해야 합니다. 갈수록 학생 수가 줄어드는 것을 당분간은 되돌릴 수 없습니다. 2022년까지 출생자가 이미 결정되어 있으니까요. 그렇다면 줄어든 학생 수에 맞게 학급당 학생 수를 줄여서 교육의 질을 높여야 합니다.

그러나 대한민국 정부는 그럴 생각이 전혀 없습니다. 쿠바보다 1인당 GDP가 3배인데 현재의 학급당 학생 수를 유지하기 위해 앞으로는 교사를 조금만 뽑겠답니다. 비용이 중요합니까, 사람이 중요합니까?

우리는 어떤 인재를 키워내고 있는가?

의대 광풍이 10년 넘게 불고 있습니다. '의치한약수'라는 신조어가 등장한 지도 꽤 오래됐습니다. 전국의 수험생을 줄 세운다면 1등부터 3천 등까지 전국의 의대를 지원하고, 그다음부터 치대, 한의대, 약대, 수의대를 채우고, 그다음에 공대나 자연과학 학과들이 채워집니다.

이유는 단 하나입니다. 정년 없이 오래 일할 수 있다는 것이죠. 의사는 사회에서 가장 중요하고 소중한 직업이지만 괴로운 직업이기도 합니다. 매일 아픈 사람을 만나야 하고, 사람이 죽어가는 것도 지켜봐야 하는 직업입니다. 그래서 의사는 사회적으로 존경받아야 하고, 넉넉한 생활도 보장해줘야 합니다. 저는 의사들에게 많은 임금을 주는 것을 반대하지 않습니다.

그런데 최근 의사들이 욕을 많이 먹고 있습니다. 2020년 코로나가 창궐하면서 정부가 더 많은 의사를 공급하기 위해 공공의대를 설립하겠다고 하자 의사들이 파업으로 맞섰고 의대생들은 의사국가고시를 거부했습니다. 앞서 인구 1천 명당 의사

교육개혁은 없다 2

수를 보셨듯이 한국은 OECD 평균인 3.5명에서 한참 못 미친 2.4명입니다.

2023년 11월 8일 보건복지부 발표에 따르면 2019년 한국의 의대 졸업생 수 (한의대 포함)는 3,827명으로, 2010년 4,027명보다 5% 줄었습니다. 같은 기간 (2010~2019년) 동안 다른 나라들의 의대 졸업생 수는 어땠을까요? 프랑스는 71%, 이탈리아는 56%, 미국은 30%, 일본은 18%, 캐나다는 17% 증가했습니다.

한국 의사들이 파업할 당시 독일 정부도 의사 수 확대를 위해 의대 정원을 늘리겠다고 발표했습니다. 그때 독일 의사들은 의대 정원 확대를 찬성했습니다. 독일은 1천 명당 의사 수가 OECD 평균보다 높은 4.3명인데 말입니다.

왜 한국 의사는 독일 의사와 다를까요? 저는 쿠바의 교육 문제를 다루면서 교육보다 의료 부분에서 고민을 더 많이 하게 되었습니다.

가난한 나라 쿠바가 인류를 향해 발휘하는 인간애는 우리에게 많은 생각거리를 던져줍니다. 수많은 사례가 있지만, 2005년 파키스탄 지진 당시 쿠바 의사들의 활동을 보겠습니다.

2005년 10월 8일 파키스탄 북부에서 규모 7.6의 대지진이 발생했습니다. 사망자 7만 5천 명, 중경상자 12만 명, 주택상실자 330만 명이 발생한 대참사였습니다. 전 세계에서 모금 운동이 벌어지고 구호물자가 갔습니다.

당시 카스트로는 "다른 나라는 헬리콥터와 자금을 보내고 있지만 불과 몇백만 달러로 무엇을 할 수 있겠는가? 필요한 것은 생명을 구하고 아픈 이들을 치료할 수 있는 의사들이다. 다른 나라는 이 일을 할 수 없다. 왜냐하면 그런 의사를 가지고 있지 않기 때문이다."라고 말했다고 합니다.

쿠바에서는 모든 경비를 자비로 부담하면서 900명의 의사와 250톤의 의약품을 보냈습니다. 당시 쿠바와 파키스탄은 외교 수립도 되지 않은 상태였습니다. 파키스탄의 수도인 이슬라마바드의 공식 자료에 따르면 당시 치료의 73%를 쿠바 의료진이 담당했다고 합니다.

우리나라에서 존경받는 인물로 고 이태석 신부님이 있습니다. 의과대학을 졸업한 의사로서 사제 서품을 받은 후 내전이 끊이지 않는 아프리카 수단의 톤즈 지역에서 학교를 세우고 의료 활동을 했습니다. 그의 생애를 다룬 다큐멘터리 영화 〈울지 마 톤즈〉는 참 감동적입니다.

쿠바는 이태석 신부님 같은 의사들이 수만 명 있습니다. 쿠바 의사들의 일터는 전 세계 오지입니다. 구호 단체들도 포기한 위험한 지역, 그 나라 의사들도 들어가려고 하지 않는 빈민가에 쿠바의 의사들이 있습니다.

'글로벌 인재'를 키우겠다는 한국 교육이 꿈에서도 상상할 수 없는 '글로벌 휴머니즘'을 쿠바의 의사들이 실천하고 있는 것이죠.

교육개혁은 없다2

한국의 교육개혁이 실패한 이유

1995년 5월 31일에 발표했다고 해서 '5.31 교육개혁'이라 부르는 개혁 조치는 대한민국 정부 수립 이후 유일한 '종합적' 교육개혁 정책입니다.

1969년 중학교 입시 폐지, 1974년 고등학교 평준화, 1980년 과외 금지와 대입 본고사 폐지·학력고사 시행, 1994년 수능시험 도입 등 사회적 파장이 큰 교육개혁 조치들이 있었지만, 이는 교육의 일부 영역에 대한 조치였습니다.

5.31 교육개혁은 자체의 시대 인식, 철학, 방법론을 갖추고 초등학교부터 대학교육, 평생교육에 이르기까지 전 영역에서 기획되었으며, 김영삼 정부에서 시작하여 2023년 현재까지 한 세대를 관통하는 큰 개혁입니다. 그래서 5.31 교육개혁에 대해 간간이 언급했지만, 이 시점에서 자세히 다뤄보려고 합니다.

5.31 교육개혁의 철학과 방향

1993년 2월 문민정부가 출범했습니다. 후보 시절 '교육 대통령'을 자처한 김영삼 대통령은 1994년 2월 대통령 직속 조직으로 '교육개혁위원회'를 출범시킵니다.

교육개혁위원회는 1995년 5월 31일 「신교육체제 수립을 위한 교육개혁 방안」을 발표하고, 1997년 6월까지 총 4차례에 걸쳐 22개 분야 120개 과제를 교육개혁 방안으로 대통령에게 건의합니다. 네 번째 건의가 김영삼 정부 말기였기 때문에 김대중 정부가 이어받아 시행이 시작됩니다.

오른쪽 사진은 5.31 개혁 제1차 보고서 표지인데요, 개혁의 목표를 '세계화·정보화 시대를 주도'할 수 있는 신교육체제 수립으로 잡았음을 알 수 있습니다.

개혁의 방향은 '획일적 교육에서 다양화 교육', '교육공급자 위주의 교육에서 교육소비자 선택의 교육'으로 정하고 해방 이후 50년간 유지해 온 교육의 기본틀을 바꾸고자 했습니다. 4차례에 걸쳐 발표된 개혁안의 주요 내용은 아래와 같습니다.

- 제1차(1995.5.31.): 대학설립·정원 및 학사운영 자율화, 세계화 교육 및 외국어 교육 강화, 종합생활기록부제 도입 등
- 제2차(1996.2.9.): 수준별 교육과정 도입, 법학전문대학원 제도의 도입 등
- 제3차(1996.8.20.): 교직의 개방화·다양화, 사학의 자율과 책임의 제고, 사회교육법을 평생학습법으로 확대 개편 등
- 제4차(1997.6.2.): 학생체벌 금지, 학교 내 전국 단위 모의고사 실시의 점진적 축소, 방과 후 탁아기능 확대 강화 등

교육개혁은 없다 2

5.31 교육개혁에 대한 평가와 관련하여 안병영 연세대 명예교수가 하연섭 연세대 교수와 함께 집필한 『5.31 교육개혁 그리고 20년』을 주로 살펴보고자 합니다.[53]

안병영 교수는 김영삼 정부에서 5.31 교육개혁이 가장 활발하게 진행되던 시기에 교육부 장관을 지냈고(1995.12.~1997.8.), 6년 후 노무현 정부에서도 부총리 겸 교육인적자원부 장관을 지냈습니다.(2003.12.~2005.1.) 5.31 교육개혁이 준비되던 시기와 집행되던 시기에 두 차례 교육부 장관을 지냈다는 점, 20년이 지난 후 직접 평가 작업을 수행했다는 점에서 그의 생각을 직접 들어보는 것이 가장 좋을 것입니다.

5.31 교육개혁이 등장한 배경

『5.31 교육개혁 그리고 20년』은 앞에 '한국 교육의 패러다임 전환'이라는 부제가 붙어있습니다. 패러다임은 원래 과학계에서 사용한 용어인데 지금은 다양한 분야에서도 사용합니다.[54] '패러다임'(paradigm)이란 '어떤 시대에 사람들의 견해나 사고를 근본적으로 규정하고 있는 인식의 체계'를 뜻합니다.

5.31 개혁안은 시대가 변했다는 것에서 출발하여 한국 교육의 패러다임을 바꾸고자 했습니다. 변화된 시대란 민주화, 세계화, 정보화, 지식사회화입니다. 아래는 이에 대한 안병영 교수의 설명입니다.

"민주화란 군부독재 시대의 마감을 의미합니다. 1990년대 초 한국은 거대한 민주주의의 물결 속에 있었으며, 민주주의가 추구하는 핵심 가치는 자유, 다원성, 경쟁, 참여로 요약됩니다.

---

53) 안병영, 하연섭, 『5.31 교육개혁 그리고 20년』, 다산출판사, 2015
54) 1962년 발간된 『과학혁명의 구조』에서 토마스 쿤(Thomas Kuhn)이 제안한 개념

따라서 교육계에서도 권위 관계에 기초한 중앙집권적, 위계적 교육체제를 자치와 자율에 바탕을 둔 민주적 교육 질서로 전환을 도모했습니다.

'세계화'란 1989년 소련 동구의 몰락으로 냉전 체제가 무너지고 국경을 초월하는 글로벌 경제권이 형성된 세계에 대한 관점입니다. 자본의 무한 팽창 욕구, 첨단 정보통신과 교통의 발달로 세계는 하나의 생활권, 지구촌으로 전환되었습니다. 세계화는 거스를 수 없는 흐름이므로 시장 기제의 활성화, 경쟁력 강화는 불가피합니다. 교육이념에서 수월성(秀越性)을 강조하는 것은 필연입니다.

'정보화'란 컴퓨터와 통신의 결합입니다. 교육도 정보화 시대에 맞게 기반 구축, 교육용 소프트웨어 개발 보급, 정보기술 활용 교육 등을 강화해야 합니다.

'지식사회화'란 소품종 대량생산, 표준화된 생산공정, 대규모 공장설비와 육체노동 시대가 가고 다품종 소량생산, 다기능 지식노동이 중시되는 사회를 의미합니다. 따라서 급변하는 산업구조와 고용시장의 변화에 대응하기 위해서는 개인이 전 생애주기에 걸쳐 공부하는 평생학습 사회를 건설해야 합니다."

5.31 개혁안이 추구하는 '신교육체제'

위와 같은 시대 인식으로 구상한 '신교육체제'는 열린교육 체제, 수요자 중심 교육, 교육의 자율성, 다양화와 특성화, 정보화, 이렇게 다섯 가지로 요약됩니다.

'열린교육 체제'란 언제, 어디서나, 누구나 원하는 교육을 받을 수 있는 체제입니다. 이를 위해 학점은행제를 도입하고, 복수 전공, 대학 편·전입학, 고등학교에서도 일반계 실업계 특목고 사이의 전학 등을 보장합니다.

'수요자 중심 교육'을 위해서 학교 입학과 교육과정에서 학생의 선택권을 보장하고, 복수 지원을 확대하며, 수준별 교육과정을 수립합니다.

'교육의 자율성'을 위해서 '교육규제완화위원회'를 구성하여 규제를 줄이고, 초중고에 학교운영위원회와 학교장·교사 초빙제를 도입하며, 대학은 입학 전형과 학사 관리를 자율화합니다.

'교육의 다양화와 특성화'를 위해서 학교생활기록부를 도입하고, 특별활동과 봉사활동 등 비교과 과목도 중시하며, 특성화고등학교를 확대하고, 단설전문대학원 제도를 도입합니다.

'교육 정보화'를 위해서 정부가 멀티미디어 지원센터, 첨단학술 정보센터 등을 구축합니다.

5.31 개혁안이 내놓은 구체적 정책

5.31 개혁의 시대 인식에 기초한 새로운 교육체제 수립을 위해 초중고에 도입된 제도는 아래와 같습니다.

- 초등학교에 영어교육 도입. 영어로 하는 영어교육. 원어민 교사 채용.
- 교사 중심 수업을 지양하고 수요자(학생) 중심의 '열린 교육' 지향.
- 필수과목 축소, 선택과목 확대를 위한 교육과정 도입. 수준별 교육과정 도입.
- 학생의 특기·적성 교육을 공교육 체제에서 책임지는 방과후교육 활동 활성화.
- 내신 성적을 상대평가에서 절대평가로 전환하고, 종합생활기록부를 도입.
- 특수목적고, 국제고, 자립형 사립고 등 다양한 유형의 학교 도입·확대 및 학생의 학교 선택권 보장.
- 시도교육청 평가와 재정 지원 연계와 학교평가 제도 도입.
- 학교의 자율적 운영을 위해 학교운영위원회를 도입하고, 교장·교사 초빙제 실시.

대학에 도입된 제도는 아래와 같습니다.

- 대학입시에서 본고사를 폐지하고 논술, 면접 등 전형 방법을 다양화.
- 대학 모형을 다양화하고 복수 전공이 가능한 체제를 수립.
- 대학설립준칙주의: 다양한 대학 설립을 위해 규제 완화.
- 대학 평가와 재정 지원 연계.
- 1998년까지 교육재정을 GNP의 5%로 확대.

5.31 개혁안의 실현 과정

5.31 개혁안을 준비한 김영삼 정부에서 120개의 개혁 과제 중 87개가 집행단계로 들어갔고, 나머지는 김대중 정부에서 집행되기 시작합니다. 김대중 정부는 5.31 개혁안의 기본 방향에 찬성했습니다. 김대중 정부에서 시행된 것들은 아래와 같습니다.

- 수준별 선택형 교육과정을 표방한 7차 교육과정.
- 수행평가 도입. 대학입시에 학교생활기록부를 활용.
- 특목고(과학고, 외고) 확대. 전문계고(과거 공고, 상고) 외에 특성화고 제도 도입.
- 민족사관고, 상산고 등 자립형 사립고 6개 시범 운영.
- 교원 정년 3년 단축. 교원 성과급 제도 도입.
- 국립대학 구조조정 및 평가사업. BK21. 연구중심 대학 육성 사업 시작

개혁에 대한 높은 기대감 속에 출범한 노무현 정부는 5.31 개혁안의 기조를 유지하면서도 속도를 조절했습니다. 자립형 사립고를 6개에서 더 확대하지 않았고, 대학입시의 자율성을 보장하면서도 본고사, 기여입학제, 고교등급제에 대해서는 선을 그었습니다. 이를 '3불 정책'이라고 했습니다.

'참여정부'라는 명칭에 걸맞게 교육감을 주민 직선으로 선출하도록 '지방교육자치에관한법률'을 개정했고, 2004년 총선에서 열린우리당이 압승한 후 4대 개혁 입법의 일환으로 사립학교법을 개정했습니다.

노무현 정부에서 5.31 개혁안을 기조로 시행된 정책은 3개 정도를 꼽습니다.

- 국립대 통폐합 및 정원 축소 등 대학 구조조정.
- 경제자유구역에 외국인을 위한 국제학교, 자율학교 설립 등 교육 개방.
- 교원 평가제 도입.

5.31 개혁안은 이명박 정부가 들어서면서 전면화되었습니다. 이명박 정부에 5.31 개혁안을 만든 김영삼 정부의 정책팀 인맥이 대거 참여했습니다. '세계화'를 '선진화'로 명칭을 바꾸고 '비지니스 프렌들리'(Business Friendly)를 자처한 이명박 정부는 '잃어버린 10년'을 만회하기라도 하려는 듯 초중고 교육에 대한 전면적 개편에 착수하고 전격적으로 밀고 나갔습니다.

이명박 정권에서 전개된 대표적 정책은 아래와 같습니다.

- 영어 몰입교육의 전면화.

- 고교 다양화 300 프로젝트: 자사고 100개, 마이스터고 50개, 기숙형 공립고 150개.
- 초중고에서 일제고사 실시.
- 대학입시에 입학사정관제 도입.

박근혜 정권은 이명박 정권의 교육정책을 그대로 계승했고, 새로 도입한 제도로는 중학교 '자유학기제' 정도입니다. 이명박 정부에서 창궐한 뉴라이트 세력의 교과서 이념 시비를 이어 한국사 국정교과서를 들고나와 역사를 거꾸로 돌리려다 탄핵당하고 감옥에 갔습니다. 국정교과서는 문재인 정부 출범 즉시 폐기되었습니다.

촛불 정부를 자임하며 큰 기대를 모았던 문재인 정부는 교육 분야에서도 아무 성과를 내지 못하고 끝났습니다. 문재인 대통령은 후보 시절 외고, 자사고 폐지 등 5.31 개혁안의 기조와 결별하는 공약을 내놓았습니다.

외고, 자사고 폐지는 초중고 교육에 큰 영향을 미칠 수 있는 거의 유일한 정책이었습니다. 국민의 지지도 매우 높고, 국회에서 법률을 개정해야 할 사안이 아니라 국무회의에서 시행령을 고치기만 하면 되는 정책이었습니다. 그러나 무책임하게 차기 정부 임기인 2025년에 폐지하는 것으로 어음을 발행했는데, 윤석열 대통령은 취임 즉시 부도 처리해버렸습니다.

임기 전반부에는 여당이 과반수에 못 미치는 국회 의석수를 탓하더니, 2020년 21대 총선에서 단독 입법권이 가능하도록 힘을 몰아주었으나 교육개혁에 대해 어떤 청사진도 내놓지 않았습니다. 문재인 정부에서 의미가 있는 정책이라면 고등학교까지 무상교육을 앞당겨 실현한 것밖에 없습니다.

윤석열 정부는 1년밖에 안 됐기에 평가할 시점이 아니지만, 시작부터 기대할 게 없었습니다. 윤석열 대통령은 취임한 지 한 달이 지난 2022년 6월 7일 국무회의에

교육개혁은 없다 2

서 교육부의 첫 번째 의무는 산업 발전에 필요한 인재 공급이라면서 "교육부는 스스로 경제부처라고 생각해야 한다"고 말했습니다.

게다가 '인사가 만사'라고, 초대 교육부 장관으로 내정된 김인철은 각종 의혹으로 국회 인사청문회를 앞두고 사퇴했고, 교육계의 반발 때문에 국회 인사청문회도 거치지 않고 임명을 강행한 박순애 교육부 장관은 35일 만에 사퇴했습니다. 더 이상 장관 할 만한 사람을 구하지 못해 이명박 정부에서 2년 7개월이나 교육과학기술부 장관을 역임한 이주호를 다시 데려다 앉혔습니다.

문재인 정부에서 오랜 논의를 거쳐 만들어진 국가교육위원회 초대 위원장에는 박근혜 정부에서 한국사 국정교과서 추진의 주역이었던 이배용 전 이화여대 총장을 임명했습니다. 그러니 남은 임기 동안 이명박, 박근혜 교육정책이 재현되겠죠.

5.31 교육개혁의 결과

「신교육체제 수립을 위한 교육개혁 방안」은 결론 부분에서 희망 가득한 미래를 약속했습니다.

초중고 교육이 정상화되고 사교육이 없어지며, 학교는 다양화되어 원하는 학교에 갈 수 있으며, 인성교육이 실시된다. 대학 교육 기회가 확대되고 원하는 분야를 다양하게 전공할 수 있다. 능력 있는 교원이 우대받고 전문성이 높아진다. 기업은 구인난이 해결되고, 근로자는 자기 능력을 개발할 수 있다. 정부는 규제 중심에서 지원 중심으로 변화된다. 사회는 학벌 중심에서 능력 중심으로 전환되며, 언제나 공부할 수 있는 열린 교육 사회가 된다. 그래서 세계의 중심에 우뚝 선 한국이 된다.

결과는 어떻습니까?

- 초중고 교육이 정상화되기는커녕 입시 경쟁이 초등학생까지 확대됐습니다. 1995년 이후 20년 동안 1인당 GDP는 2.5배 증가했는데, 사교육비는 15배 증가했습니다.

- 인문계 고등학교는 1년 등록금이 천만 원에 이르는 특목고·자사고와 무상교육을 하는 일반고로, 직업교육 학교는 마이스터교와 특성화고로 양극화되었습니다.

- 대학 교육 기회는 넘쳐나게 되었지만, 대학생들은 극심한 취업난으로 정신적 고통을 겪고 있으며, 절반 이상이 자신의 전공과 무관한 직장에 취직합니다.

- 학교는 수업과 담임을 잘하는 '능력 있는' 교사가 아니라 승진 점수 관리에 몰두하는 교사가 교감·교장이 되는 낡은 질서가 전혀 변화하지 않았습니다.

- 대학 서열화는 더욱 촘촘해졌고, 학벌 경쟁은 더욱 강화되었습니다.

- 5.31 교육개혁이 약속한 '세계에 우뚝 선 한국' 대신 '헬조선'이 되었습니다.

5.31 교육개혁은 실패했습니다. '실패'가 아니라 '개악'이라는 표현이 적절할 것입니다. 왜 그렇게 되었을까요?

5.31 교육개혁이 없었어도 한국 교육은 악화될 수밖에 없었습니다. 1997년 외환위기가 터졌기 때문입니다. 중산층 몰락, 양극화, 비정규직 확산, 청년 취업난 등 한국은 이전과 완전히 질적으로 다른 사회로 변모했습니다.

『교육개혁은 없다1』(부제: 한국 교육은 왜 전쟁이 되었나?)에서 경제적 불평등이 증가하고 승자독식의 문화가 나타나면 부모의 양육 태도는 자녀를 학력 경쟁에 몰아넣는 방향으로 변한다고 말씀드렸는데요,[55] 5.31 개혁은 '불에 기름 붓는' 역할을 했습니다.

5.31 개혁안 중 가장 이해하기 어려운 것은 대학설립준칙주의입니다. 1995년에 한국의 대학 진학률은 50%를 넘어서 대학 졸업장의 가치가 하락하기 시작했습니다. 합계출산율도 계속 낮아져 1.5명 수준이었습니다.

그런 상태에서 대학설립준칙주의로 규제를 풀어버리니 대학 설립이 급증했습니다. 1995년에 221만 명이었던 대학생 수는 5년 후인 2000년에 313만 명으로 증가했고, 2004년에 대학 진학률이 80%를 돌파했습니다.

대학 교육 기회의 무한 확대 정책은 미국식 신자유주의 교육의 모방입니다. 미국은 모두가 대학 교육 기회를 가질 수 있는 정책을 펴왔지만, 대학 교육을 받는 데 필요한 비용은 국가에서 지급하지 않습니다. 학비는 전 세계에서 가장 비쌉니다. 정부는 대출받기 쉽도록 도와줄 뿐입니다. 대학 교육을 통해 계층 상승을 도모하는 가난한 청년들은 대학 졸업과 동시에 채무자로 인생을 시작합니다.[56]

외환위기 이후 기업의 신규 채용이 대폭 줄어들고, 일자리라고 해봐야 인턴, 계약직인 상황에서 대학생 수가 급증하니 취업난은 극심해졌습니다. 부실 대학을 양산한 결과 대학설립준칙주의는 2014년에 폐기되었지만, 고통스러운 숙제가 남았습니다.

2020년부터 대학 입학 정원보다 고등학교 졸업생이 적어졌습니다. 2023년 현재 고등학교 3학년 학생은 40만 명 선이 무너져 대입 정원보다 13만 명 적습니다. 대학은 구조개혁을 피할 수 없게 되었습니다. 잘못된 정책이 만든 예고된 참사입니다.

무한경쟁의 신자유주의 이데올로기가 사회를 지배하는 가운데 대학은 5.31 개혁

55) 마티아스 도프케·파브리지오 질리보티, 『기울어진 교육』, 메디치미디어, 2020

56) 오욱환, 『교육불평등』, 교육과학사, 2022

의 직격탄을 맞았습니다. 1999년부터 세계적 수준의 대학원 육성과 연구인력 양성을 목표로 내건 'BK21'(Brain Korea 21) 사업이 시작되었습니다. 방법은 경쟁력 있는 대학에 재정을 집중적으로 투자하여 효율성을 극대화하는 방식입니다.

그런데 대학이 BK21 사업의 지원을 받으려면 교육부가 요구하는 학사 정원 감축, 모집 단위 광역화, 교수 계약제와 연봉제 등을 선행해야 했습니다. 교수들의 신분이 불안정해지고 비정규직 교수가 급증했습니다. 교수들은 연구비를 타내기 위해 수업보다 연구 논문 편수를 늘리는 일에 집중하게 되었습니다. '선택과 집중'의 재정 지원 결과 서울대, 연고대 등 명문대에 전체 지원액의 절반이 몰렸고, 대학 간 격차는 더욱 벌어졌습니다.

학생들의 선택권을 강화한다는 명목하에 비슷한 계통의 전공학과들을 통폐합하여 단일학부로 신입생을 모집하는 '학부제'와 단과대학 단위로 신입생을 모집하는 '모집단위 광역화'가 강요되었습니다.

결과는 어땠을까요? '학부제' 실시로 학생들의 선택권이 강화되는 긍정적 효과가 나타난 게 아니라, 취업에 유리한 과목은 수강생이 수백 명씩 몰려 대형 강의실이 북새통을 이루고, 인문·사회 과목은 고사 상태에 이르게 되었습니다. 학부제는 몇 년 시행해보다 대부분 대학에서 폐기되었습니다.

초중고 교육은 이명박 정권에서 전격적으로 시행되었습니다. 김대중 노무현 정권은 5.31 개혁을 수용하고 집행하면서도 속도를 조절했으나, 이명박 정권은 전격적으로 초중고 개혁을 밀어붙였습니다. 이명박 정권의 영어 몰입교육 바람을 타고 유치원까지 영어교육이 확산했습니다. '고교다양화 300 프로젝트'는 고교 평준화를 해체하고 서열 체제를 심화시켜 초등학생까지 입시 경쟁에 내몰았습니다. 입학사정관제 도입은 '부모 찬스'로 대학가는 세태를 만들었습니다.

5.31 개혁과는 별개로 2000년 헌법재판소가 과외 금지에 대해 내린 위헌 판결이 매우 중요했습니다. 사교육 시장에 날개를 달아주었죠.

5.31 교육개혁이 실패한 이유

한국 현실이 아니라 세계화에서 출발한 개혁 철학과 방법론

5.31 개혁안의 근본적 문제점은 대한민국의 교육 현실에서 출발하지 않은 것입니다. 5.31 개혁안이 나오기 1년 전, 서태지와 아이들은 〈교실 이데아〉에서 '매일 아침 7시 30분까지 조그만 교실에 몰아넣고, 좀 더 비싼 너로 만들기 위해 하나씩 머리를 밟고 올라가도록' 하는 한국 교육을 격렬히 비판했고, 청소년들은 열광했습니다.

5.31 개혁안에는 청소년들의 절규가 담겨 있지 않습니다. 왜 대한민국이 친구의 머리를 밟고 올라가야 하는 학벌 사회가 되었는지에 대한 진단이 없고, 학벌 체제에서 고통받는 학생들에 대한 공감도 없습니다.

의사가 환자를 제대로 진료하지 않고 치료가 가능할 수 없습니다. 5.31 개혁은 '신교육체제'를 수립하겠다는 원대한 목표를 말하면서 한국 교육을 제대로 진단하지 않았습니다.

5.31 개혁안은 세계정세의 변화에서 출발하여 개혁 목표를 설정했습니다. 세계무역기구(WTO) 출범으로 세계는 무한경쟁 체제에 돌입했고, 세계화 시대에 국가경쟁력을 높이는 것이 살길이므로, 교육은 국제경쟁력을 강화하는 수단이 되어야 한다는 게 개혁 철학이었습니다.

교육개혁의 출발점이 대한민국 학생이 처한 현실이 아니라 1995년에 출범한 세계무역기구(WTO) 체제라는 것도 문제이지만, 김영삼 정부의 국제 정세에 대한 인식은 타당할까요?

소련 동구 사회주의가 무너지자 미국은 1980년대 레이건 정부에서 시작된 신자유주의 정책을 전 세계로 확산하고자 했습니다. 신자유주의란 한마디로 말하면 자본의 이윤을 극대화하는 자본가들의 전략입니다. 이윤 추구에 방해가 되는 모든 규제를 폐지하고, 노동자를 쥐어짜고 약탈하는 것입니다. 미국이 주도한 세계화는 '신자유주의 세계화'입니다.

문제는 우리나라의 대응 방식인데, 한국의 지배 세력은 미국의 세계 지배 전략에 맹목적으로 순응했습니다. 자본의 이윤 추구를 불가침 영역으로 신성화하고, 자본의 이익에 복무하는 경쟁력 있는 인간 육성을 교육의 목적으로 삼았습니다. 홍익인간의 자리에 글로벌 인재 육성이 들어섰습니다.

5.31 교육체제는 세계화를 근거로 삼았지만, 세계화(Globalization)란 사실상 미국화(Americanization)입니다. '글로벌 스탠다드'를 강조했지만 사실은 '아메리칸 스탠다드'였습니다. 한국 사회를 미국식으로 개조했고, 교육도 미국 제도를 수입했습니다. 1997년 외환위기 국면에서 미국의 이익을 대변하는 IMF의 요구대로 한국 사회를 개조한 결과 한국은 미국과 함께 '빈부격차의 모범국'이 되었습니다.

5.31 개혁 이전에도 한국 교육은 전쟁이었고 학생들은 불행했습니다. 여기에 5.31 개혁을 얹으니 한국 교육은 세계에서 가장 불행한 교육이 되었습니다.

다른 나라들도 한국처럼 대응했을까요? 아닙니다. 신자유주의 세계화 바람이 전 세계를 강타한 것은 맞지만 한국처럼 대응하지 않았습니다. 미국이 마음대로 전쟁을 일으키고 패권을 휘두르는 것을 막지는 못하더라도, 자기 사회와 교육을 미국식으로 바꾸지는 않았습니다.

사회주의가 몰락했다고 해서 자본주의가 '선'이 되는 것은 아닙니다. 소련이 망했

교육개혁은 없다2

다고 해서 미국이 '이상 국가'가 되는 게 아닙니다. 이것을 깨닫는 데 그리 오랜 시간이 걸리지 않았습니다. 5.31 개혁 보고서가 제출된 후 13년이 지난 2008년 미국발 경제 위기가 전 세계를 강타하면서 미국식 자본주의는 스스로 약점과 모순을 드러냈습니다. 2008년 경제 위기는 신자유주의 세계화를 부정하고 보호무역을 주장하는 트럼프 당선으로 귀결되었습니다. '세계경제올림픽'으로 불리는 다보스 포럼은 2022년 세계화의 종말을 선언했습니다. 불과 한 세대 만에 세계화가 종말을 고한 것이죠.

세계관의 한계는 개혁 방법론의 한계로 이어졌습니다. 교육개혁의 출발점은 '세계화'이고, 교육개혁의 목적은 '국가경쟁력 강화'인데, 개혁의 방법론은 '시장 원리' 도입입니다.

교육을 '상품', 학교와 교사를 '공급자', 학생과 학부모를 '소비자'로 규정하고 공급자 사이의 경쟁을 통해 소비자에게 선택받으면 교육개혁이 이뤄진다는 것이죠. 이는 신자유주의의 원조국인 영국과 미국의 교육정책을 모방한 것입니다.

1970년대 말 영국에서는 교육행정의 관료화와 공교육의 비효율성에 대한 불만이 커졌습니다. 마가렛 대처가 이끄는 보수당은 선거 승리를 위한 정치적 목적으로 학교와 교사를 공격했습니다. 복지예산을 삭감하고 공기업을 민영화하듯이, 교육 예산을 축소하고 학교 운영에 시장 원리를 도입했습니다.

학부모들에게 학교 선택권을 주고, 학교 운영에 학부모의 권력을 증대시키며, 학교들 사이에 경쟁을 강화하고, 학생을 더 많이 모집하는 학교에 재정 지원을 확대하는 방식의 제도를 만들어 나갔습니다. 앞서 살펴보았듯이 미국의 실패한 교육개혁도 영국과 같은 원리였습니다. 이를 모방하여 수입한 것이 5.31 개혁안입니다.

1995년 5.31 개혁안이 발표될 당시에는 사회적 반발이 크지 않았습니다.

김영삼 정부는 노태우, 김종필과 3당 합당을 통해 권력을 잡았다는 점에서 군부독재의 연장선에 있었지만, 군부독재와 차별화를 시도했습니다. 군사 쿠데타 인맥인 '하나회'를 숙청하고, 군부독재 시절에 부귀영화를 누렸던 국회의원들의 재산을 공개하여 타격을 가했으며, 전두환 노태우를 내란죄 등의 혐의로 구속했습니다.

5.31 개혁안은 군부독재 시절의 교육을 비판했습니다. 문제는 군부독재 시절의 교육을 '획일화'와 '관료화'의 측면에서 비판하면서, 해결방안을 '민주주의'가 아니라 '시장화'에서 찾은 것입니다.

교육을 경제의 논리로 개혁하겠다는 '시장화'가 얼마나 위험하고 어리석은 것인지 당시로선 알기 어려웠습니다. 군부독재 시기의 낡은 교육을 개혁하겠다고 하니 교육 운동 시민단체들도 내심 기대했습니다. 외환위기가 터지고 5.31 개혁안이 구체적으로 집행되면서 비싼 대가를 치르고 나서야 교육을 시장주의 원리로 운영하는 게 얼마나 어리석은 일인지 깨닫게 되었습니다.

교사는 배제하고 경제학자가 주도하고 관료가 주체인 개혁

앞서 실패한 미국의 교육개혁과 성공한 핀란드의 교육개혁이 무엇이 달랐는가 살펴보았습니다. 5.31 개혁은 실패한 미국 교육의 길을 따라갔습니다.

안병영 교수는 『5.31 교육개혁 그리고 20년』에서 5.31 개혁안에 가장 큰 영향을 미친 인물로 이명현 서울대 철학과 교수와 박세일 서울대 법대 교수를 꼽습니다.

이명현 교수는 '신한국'이라는 정치적 독트린을 형상화한 인물로, 김영삼 정부에서 마지막 교육부 장관을 지냈습니다.

박세일 교수는 1987년 대선 때 김영삼 후보의 경제학 강의를 맡으면서 인연을 맺었다고 합니다. 문민정부 출범 후에는 김영삼 대통령에게 '세계화'라는 시대적 상징

교육개혁은 없다 2

어와 국정 개혁 전략을 주지시킨 핵심 참모로, 5.31 개혁안과 관련해서는 '교육개혁위원회' 위원과 청와대 정책기획수석으로 깊이 관여했습니다.

5.31 개혁안을 주도한 박세일 교수는 법경제학자입니다. 박세일 교수 이후 대한민국 교육계에는 희한한 현상들이 벌어집니다. 노무현 정부에서는 경제관료로만 30년을 일한 김진표가 교육부총리가 되었고, 이명박 정부에서는 경제학 박사 출신인 이주호가 교육과학기술부 장관을 역임했습니다.

경제학자들이 주도한 교육개혁, 어떤 철학으로 했을까요? 박세일 교수의 주장을 들어보죠.

"관료적 교육가 대신에 기업가적 교육가들을 대량 등장시켜 이들이 앞장서서 우리 교육을 '리스트럭처링', '리엔지니어링' 할 수 있도록 해야 한다. 교육 소비자에게 선택의 폭을 확대하고, 동시에 교육 생산자 사이의 자유 공정 경쟁을 확대하고 촉진해야 한다. 소비자의 선호와 선택이 교육의 내용과 방향을 정할 수 있어야 한다."

김영삼 정부에서 교육개혁위원회 전문위원으로 활동했고, 이명박 정부에서 최장기간 교육과학기술부 장관을 역임했으며, 윤석열 정부에서 다시 교육부 장관을 맡은 이주호는 교육을 경제발전을 위한 수단으로 생각하는 경제학자에 불과합니다. 그는 교육개혁의 방도를 자율형 사립고, 자율형 공립고, 자율형 특성화고에서 찾으면서 이렇게 말합니다.

"우리가 선진국이 되려면 교육 강국을 만들어야 한다. 교육이 강해지면 경쟁력 있는 인재양성을 통해 꺼져가는 성장동력을 재충전할 수 있다. 지식기반 경제에서 지식을 많이 창출하고 효율적으로 전파하는 나라가 경제적으로도 앞서간다."[57)]

경제학자들이 교육개혁을 주도하면서 누구와 손을 잡고 추진했을까요? 안병영 교수는 교육부 관료 집단과 손잡고 개혁을 추진했다고 고백합니다.[58)]

김영삼 정부는 1996년 6월 교육부 직제를 대대적으로 개편하면서 인사개혁을 단행했습니다. 교육부는 오랫동안 비(非)고시 출신 전통 관료들이 핵심부서를 차지하고 있었습니다. 행정고시 출신들은 상대적으로 소외되어 실의에 빠지거나 교육부에 희망이 없다고 생각해서 다른 부처로 옮겨가기도 했는데, 지방으로 밀려갔던 고시 출신 관료들이 중앙 핵심부서로 대거 발탁되자 희망을 갖게 되었다고 합니다.

안병영 교수는 고시 출신 관료들이 5.31 개혁 과제의 프로그램화 및 집행을 위해 빼어난 기획 능력과 상상력, 개혁 의지를 발휘했다고 평가합니다.

"교육부의 중견 정책 관료 중 상당수가 이미 해외 유학 프로그램을 통해 미국 등 선진국에서 수학하면서 이들 나라의 교육과 개혁 동향에 대해 어느 정도 이해하고 있었고, 강한 혁신 마인드를 갖고 있었다. 그들은 5.31 교육개혁안을 깊이 이해했고, 이를 실천적 정책대안으로 발전시킬 수 있는 기본 역량을 갖고 있었다. 이후 정권 변동에도 불구하고 개혁안을 지속적으로 추진하는 데에도 이들의 규범적 공감대와 성취 의지가 큰 역할을 했다."

이렇게 자신만만했는데 교수 출신과 교육 관료들이 주도하는 개혁은 왜 실패할

---

57) 이주호, 『평준화를 넘어 다양화로』, 학지사, 2006
58) 안병영, 『5.31 교육개혁 그리고 20년』, 다산출판사, 2015

교육개혁은 없다 2

수밖에 없었을까요? 경상대 일반사회학과 김영석 교수의 비판을 들어보겠습니다.

"문민정부 당시 5.31 개혁을 구상한 집단은 교수 출신의 청와대 정책참모진이었으며, 교육개혁위원회도 서울 소재 주요 대학의 교수들로 이루어진 전문가 집단이었다. 교수들이 주도하는 개혁이 주로 선진국의 사례를 바탕으로 한 이상주의적 개혁으로 흐르는 경향이 있듯이 5.31 개혁안도 영국과 미국의 사례를 중심으로 한 비현실적 개혁 구상이었다.

김대중, 노무현 정권에서 교육개혁을 주도한 것은 교육부 관료들이었다. 이명박 정부가 내놓은 정책들도 상당수가 영국과 미국에서 베낀 것들이다. 문제는 우리와 다른 상황에서 다른 문제를 처방하기 위해 등장했던 정책을 베끼는 것인데, 베끼기 행정보다 더 심각한 것은 '상상으로 베끼기' 행정이다. '선진국에서는 이렇게 할 것이다'라고 상상해놓고 그 상상을 현실처럼 베끼는 행정을 말하는데, 그 대표적 예가 대학입시 자율화이다.

'상상 행정'은 상상으로 베끼기에 그치지 않고 긍정적 효과를 상상하는 수준까지 이른다. 대학입시를 자율화하면 사교육비도 줄어들고 고교 교육도 정상화될 것이라는 상상이다. 그들만의 '행복한 상상'의 수준을 넘어 그렇게 되지 않으면 안 된다는 이념이자 종교의 수준까지 발전한다."[59]

대학교수와 교육 관료의 사고방식은 한국의 교육 현실에서 출발하지 않습니다. 미국에서 교육학 박사 학위를 받고 돌아와 미국식 사고방식으로 무장한 '검은 머리 미국인'들이 많습니다. 한 번도 교실에서 학생을 가르쳐보지 않은 사람들이 상상으로 만들어낸 탁상행정이 수십 년 동안 교육계를 지배했습니다.

교육 관료들은 교육개혁의 주체가 되어야 할 교사를 신뢰하지 않습니다. 교사를

---

59) 김영석, 『한국의 교육』, 경상대학교출판부, 2017

개혁의 대상으로 보고 군림하며 지배합니다. 그들은 자신들이 만들어낸 수많은 공문이 교육을 바꿀 수 있을 거라고 믿고 있거나, 아니면 자신의 입신양명을 위해 공문을 생산하고 있을 뿐입니다.

5.31 개혁안이 지배한 한 세대 동안 교사들은 한 번도 교육의 주체로 대접받지 못했고, 관료적 지배체제는 계속 강화되어왔습니다.

제가 고등학교에서 하루하루 생활하면서 느끼는 것은 교사가 학벌 경쟁교육 체제에서 학생 선발 과정에 필요한 자료를 생산하는 말단 직원이 되었다는 것입니다. 학교는 교육이 목적이 아니라 학생생활기록부에 기록할 것을 만들기 위해 시험을 보고 행사를 진행하는 행정기관이 되었습니다. 학부모들은 학원에 가서 학원장과 함께 학생의 진로를 기획하고 설계하고 있습니다.

교육을 거래하는 상품으로, 교사를 공급자로, 학부모를 소비자로 규정하고 한 세대 동안 밀어붙인 결과는 기형적 교육체제입니다.

2023년 7월 서울 서이초 교사 사망 사건 이후 교사들의 분노가 표출되었습니다. 대한민국 정부 수립 이후 30만 교사가 거리로 나온 것은 처음입니다. 교사들이 거리로 나온 이유는 아동복지법 등 여러 이유가 있지만, 5.31 개혁 이후 교사를 개혁의 대상으로 내몰아온 세월 동안 쌓인 분노가 터져 나온 것입니다.

---

59) 김영석, 『한국의 교육』, 경상대학교출판부, 2017

3부

교육개혁의 전제,
사회개혁에 이르는 길

교육개혁을 원천 봉쇄하고 있는 대한민국 현실

이제 이 책의 주제인 교육개혁의 새로운 길을 찾아보고자 합니다. 본론으로 들어가기 전에 2부의 주제였던 성공한 교육개혁과 실패한 교육개혁을 종합해서 정리해보겠습니다.

첫째, 교육은 그 사회 성격의 반영입니다.

교육은 특정 정책을 도입한다고 바뀌는 게 아닙니다. 그 사회가 합의한 국가 운영 원리가 교육 영역에서 실현되는 것입니다.

'모두에게 양질의 교육을 평등하게 제공'하는 핀란드의 교육은 케인스주의에 입각한 복지국가 운영이 교육에 반영된 것이며, 독일의 '아우슈비츠 이후의 교육'은 히틀러를 배출하지 않을 '사회국가' 운영이 교육에 반영된 것이며, 가난하지만 교육 모범국으로 꼽히는 쿠바의 교육은 평등을 추구하는 쿠바 사회의 반영입니다.

둘째, 교육개혁은 매우 장기적 과제입니다.

핀란드에서 불평등한 기존 학제를 해체하고 9년제 종합학교를 합의하고 정착시키기까지 20년이 걸렸습니다. 에르끼 아호가 20년 동안 국가교육청장을 맡아 교육에 얽힌 다양한 요구와 이해관계를 조정해냈기에 교육개혁이 굳건해졌습니다.

독일은 68운동 이후 1970년대에 나치 잔재 청산에 대한 사회적 합의가 시작되고, 1979년에 나치 범죄에 대한 공소시효를 폐지하며, 2011년이 되어서야 나치의 범죄를 방관한 것도 처벌하는 법을 제정합니다. '아우슈비츠 이후의 교육'은 한 세대에 걸친 사회적 합의의 결과물입니다.

셋째, 교육개혁은 정치와 사회가 매우 안정되어야 가능합니다.

정치가 안정된다는 것은 쿠바처럼 특정 정당이 장기간 집권하는 것만을 의미하는 게 아닙니다. 집권 정당이 바뀐다고 해도 교육에 대한 사회적 합의를 바꾸지 않는 사회적 역량이 구축되어 있어야 한다는 뜻입니다.

핀란드는 1966년 총선에서 좌파 연립 내각이 수립되면서 교육개혁이 시작되었고, 1982년 이후 사회민주당에서 30년 동안 대통령을 배출했지만, 사회민주당의 의석수는 늘 1/4 정도였습니다. 정치적 변화에서 교육개혁이 시작되었지만, 교육개혁은 사회적 합의에 따라 독자성을 지니고 지속되었습니다.

독일도 1969년 총선에서 사회민주당이 집권하면서 '아우슈비츠 이후의 교육'이 논의되었지만, 1982년 이후 기민당이 장기간 집권했어도 교육에 대한 합의가 바뀌지 않았습니다.

한 사회가 형성한 사회적 합의와 관련하여 노무현 대통령은 사후 발간된 유고집 『진보의 미래』에서 이렇게 말합니다.

> 한때 우리나라 보수언론들이 스웨덴에서 보수주의 정당이 집권했다는 것을 보도하면서 마치 스웨덴이 보수주의 국가가 되기라도 한 것처럼 흥분하는 것을 본 일이 있다.[60] 과연 그런 것일까?

---

60) 2006년 9월 스웨덴 총선에서 우파연합(보수당, 자유당, 기민당, 중앙당)이 사민당을 중심으로 한 좌파연합에 승리했다.

우리는 그동안 각국에는 진보와 보수의 정당이 있고, 나라는 달라도 진보는 진보끼리 정책이 비슷할 것으로 생각했다. 그러나 실제로는 이들 정권이 바뀌어도 실제 정책은 크게 바뀌지 않아서 별 차이가 없다. 정당 간 차이보다 나라 간 차이가 훨씬 더 크다. 그래서 보수의 나라, 진보의 나라 이렇게 구분하는 것이 사실을 이해하는 데 훨씬 더 유용할 수 있다.

위와 같은 관점에서 교육개혁 정책이나 경로를 모색하기에 앞서 한국 사회가 어떤 상태인지 성찰해보고자 합니다. 두 가지 측면에서 질문이 필요합니다.

첫째는 정신적 측면입니다. 한국 사회는 교육개혁에 대해 제대로 논의하고 합의할 수 있는 상태의 사회인가요?

둘째는 물질적 측면입니다. 한국 사회는 교육개혁을 실현할 수 있는 사회경제적 구조를 만들 전망이 있는 사회인가요?

교육개혁에 대해 상식적 토론이 가능한 사회인가?

저는 『교육개혁은 없다1』에서 한국이 학벌 전쟁 사회가 된 이유는 전쟁이 사회 운영 원리로 정착된 정전 상태의 국가이기 때문이라고 말씀드렸습니다.

전쟁을 운영 원리로 한 사회를 바꾸지 않는 한 교육개혁은 물론이고 어떤 사회개혁도 불가능합니다. 역대 정부에서 교육개혁과 관련하여 벌어진 사회적 갈등을 살펴보면서 생각해보겠습니다.

20세기에 벌어진 일들은 접어두고, 21세기 들어서 노무현 정부 때부터 살펴볼까요?

사립학교법 개정은 앞에서 한 번 다뤘는데, 다시 요약해서 살펴보죠. 2005년 12

월 국회에서 과반수 의석을 점유한 열린우리당과 민주노동당이 협력하여 사립학교의 부정부패를 예방하고 투명성을 강화하는 방향으로 사립학교법을 개정하였습니다.

그러자 당시 야당인 한나라당은 "재단의 사유재산을 인정하지 않으려는 좌익세력의 음모다", "인민위원회(학교운영위원회를 말함)의 사립학교 접수다"라며 두 달 넘게 국회를 거부하고 장외투쟁을 벌였습니다. 사립재단들은 신입생 배정을 거부하고 신규교사 채용도 중단하겠다고 협박했습니다. 결국 사립학교법은 시행도 해보지 못하고 누더기가 된 채 2007년에 재개정됐습니다.

이명박 정부 때는 어떤 일이 있었나요?

2010년 12월 민주당이 다수파였던 서울시의회가 2011년부터 초등학교 전 학년에 무상급식을 시행하는 조례를 통과시켰습니다. 그러자 오세훈 서울시장은 무상급식 조례안을 '좌파 포퓰리즘'이라 비난하며 2011년 8월 24일 서울시장직을 걸고 주민투표를 강행했습니다.

멀쩡한 강바닥을 파내는 사업에 31조를 퍼붓던 나라에서 아이들 밥 한 끼 먹이자는 것에 반대하여 서울의 보수 성향 160여 개 단체들이 '복지 포퓰리즘 추방 국민운동 본부'를 결성하고 총궐기했습니다. 무상급식에 필요한 1년 예산이 695억인데, 주민투표를 위해 182억을 썼습니다. 아이들 밥 한 끼 먹이자는 게 정치가 진영으로 나뉘어 갈등하고 대립할 문제인가요?

이명박 정부 들어 '뉴라이트'(New Right, 신흥 우파) 세력이 득세했습니다. 뉴라이트 세력은 일제의 식민지 통치는 조선의 근대화 과정으로, 군부독재는 산업화 과정으로 미화하는 민간 파시즘 세력입니다.

이들은 청소년들의 머리를 통제하겠다며 역사 교과서에 시비를 걸었습니다. 당시 전국의 고등학교에서 채택한 한국 근현대사 교과서의 50% 정도가 금성출판사에서 발행한 것이었는데, 이를 '좌파 교과서'라고 공격하며 금성출판사 교과서를 학교에서 선택하지 못하게 압력을 가해 전국의 학교가 몸살을 앓았습니다.

박근혜 정부 때는 어떤 일이 있었나요?

이명박 정부에서 역사 교과서 전쟁을 벌였는데도, 금성출판사 교과서를 계속 채택한 학교가 많았습니다. 그러자 박근혜 정부는 아예 한국사 교과서를 국정교과서로 만들고자 했습니다.

2015년 집권당인 새누리당은 여의도 당사 앞에 〈김일성 주체사상을 우리 아이들이 배우고 있습니다〉라는 현수막을 내걸었습니다. 도대체 어느 역사 교과서에서 '김일성 주체사상'을 가르쳤을까요?

아버지 박정희의 명예를 위해 정치를 시작했다는 박근혜 대통령은 친일·독재를 미화하는 국정교과서 체제를 만들고자 했고, 집권당인 새누리당은 대통령의  소망을 실현해주기 위해 다른 교과서들을 '김일성 주체사상 교과서'로 낙인찍어 버렸습니다.

문재인 정부 때는 어떤 일이 있었나요?

2018년 국회 국정감사에서 2013~2017년에 전국 17개 시도교육청이 실시한 사립유치원 감사에서 1,878곳 유치원에서 5,951건의 비리가 적발되었다는 사실이 알려졌습니다. 유치원 교육비로 지원된 혈세를 명품백 구입에 사용한 유치원장이 있다는 충격적 사실 등 다양한 비리가 알려지면서 전 국민이 분노했습니다.

그래서 유치원에 '에듀파인'이라는 회계프로그램을 이용하여 투명성을 보장하고, 국고 지원금을 유용하면 횡령죄를 적용하며, 유치원만 운영하는 이사장은 유치원장 겸직을 금지하는 등 소위 '유치원3법'이 국회에 상정되었습니다. 그러자 자유한국당(국민의힘 전신)은 '좌파 국가주의 확대'라고 비난하며 반대했습니다.

2019년 7월 서울시교육청이 5년 주기로 시행되는 자사고 운영성과 평가를 통해 8개 자사고에 대해 재지정을 취소하자 자유한국당은 "진보를 가장한 좌파 교육감들의 횡포로 자사고 지정이 좌지우지되고 있다"고 맹비난했습니다.

윤석열 정부에서는 어떤 일들이 진행되고 있을까요? 2022년 6월 1일 치러진 전국 지방선거에서 소위 보수 교육감 후보들이 공동으로 들었던 공약은 "反지성교육 OUT, 反자유교육 OUT, 전교조 OUT"입니다. '反지성교육', '反자유교육'이 무엇을 의미하는지 잘 모르겠는데, 전교조를 몰아내자는 것은 확실하네요.

그렇게 전교조를 적으로 몰아서 당선된 보수 교육감들은 무엇을 하고 있을까요? 혁신학교의 발을 묶고, 일제고사를 부활하고, 학생인권조례를 없애는 것입니다.

2023년 7월 18일 서울 서이초등학교에서 학부모들의 민원에 시달리던 젊은 교사가 학교에서 목숨을 끊는 충격적인 사건이 일어났습니다. 이후 무너진 학교 교육에 대한 교사들의 분노가 폭발했는데요, 윤석열 대통령은 문제의 원인을 엉뚱하게도 학생인권조례에서 찾으며 개정을 지시했습니다. 당시 대통령실 핵심 관계자는 한 언론과 인터뷰에서 "초등 교사의 극단적 선택은 '학생인권조례'가 빚은 교육 파탄의 단적인 사례이며, 과거 종북 주사파가 추진했던 대한민국 붕괴 시나리오의 일환"이라고 말했다고 합니다.[61] 제정신이 아닙니다.

교육개혁은 없다 2

역대 정권 별로 몇 가지 사건만 나열했는데도 길어졌네요.

21세기 대한민국에서는 사립재단의 부패와 이사장의 전횡을 개혁하자는 법, 사립유치원의 부패를 방지하자는 법, 아이들 급식을 무료로 하자는 시의회 조례, 전국 학교에서 자율적으로 선택한 근현대사 교과서, 기준 여건에 미달한 자사고 지정 취소, 학생인권조례를 모두 좌파·빨갱이로 몰아서 반대하는 정치·사회·언론 집단이 존재합니다. 이런 황당무계한 이야기를 하는 집단은 사회적으로 지탄받고 고립되어야 하는데, 이들이 한국 사회의 주류(主流)입니다.

이들은 해방 이후 80년 가까이 단 한 순간도 한국 사회의 주류가 아닌 적이 없었습니다. 김대중, 노무현, 문재인, 15년 동안 잠시 청와대를 내준 적 있지만, 한국 사회의 본질은 바뀐 적이 없습니다. 교육개혁을 말하면 빨갱이라고 공격하는 사회에서 과연 교육개혁에 대한 정상적 토론이 가능할까요?

교육개혁이 가능한 복지국가를 꿈이나 꿀 수 있는가?

저는 제2부 〈성공한 교육개혁과 실패한 교육개혁〉에서 핀란드가 미국처럼 불평등이 심각한 나라였다면 핀란드에서 진행되었던 교육개혁 정책들도 성공하지 못했을 것이라고 말씀드렸습니다.

핀란드 교육이 세계적으로 주목받은 이유는 PISA(국제학업성취도평가)에서 가장 높은 학업 성취도를 보였기 때문인데요, 그 이웃에 있는 스웨덴, 노르웨이, 덴마크 등 북유럽 국가들의 교육도 거의 비슷합니다. 독일, 프랑스, 네덜란드 등 서유럽

---

61)   오마이뉴스, 〈거짓말까지 하며 인권조례 공격...그렇게 정치하지 마시라〉, 2023. 7. 25.

국가들의 교육도 북유럽과 비슷합니다.

같은 자본주의 국가라도 미국의 교육은 완전히 다릅니다. 미국은 빈부격차가 극심하고 사회복지가 형편없기 때문입니다. 한국 사회는 미국을 통해 세계를 보기 때문에 미국을 일반적 사회로 생각하지만, 미국은 자본주의 국가 중에서 매우 예외적인 국가입니다.

한 나라의 교육이 어떤 모습을 띠느냐 하는 것은 학교 교육을 마치고 사회에 진출했을 때 어떻게 살아가느냐 하는 문제입니다. 학교 다닐 때 공부를 잘했건 못 했건, 누구나 성실히 일하면 걱정 근심 없이 살 수 있는 사회라야 학교가 '학생이 행복한 교육'을 실현할 수 있습니다. 한국 교육이 바뀔 수 있냐 없냐 하는 문제는 직업에 따른 빈부격차를 얼마나 줄일 수 있냐, 경제적 하위 계층을 사회복지 체제 안에서 인간다운 삶을 보장하는 사회 체제를 만들 수 있냐에 달려있습니다.

그러면 한국 사회를 이끌어가는 엘리트들이 한국도 북유럽이나 서유럽처럼 빈부격차를 줄이고 사회복지가 튼튼한 나라로 만들자고 생각할 가능성이 있을까요?

경영학자 최동석 박사는 저서 『똑똑한 사람들의 멍청한 짓』에서 한국 사회의 엘리트들은 미국에 편향된 세계관과 이론으로 무장된 어리석은 집단이라고 지적합니다.

독일, 스위스, 네덜란드, 스칸디나비아 국가들과 같은 유럽의 복지 선진국에 뿌리를 둔 기업들은 승자독식, 부익부 빈익빈의 정신에 입각한 경쟁 중심의 경영과는 거리가 있다. 그들은 협력 위주의 사회 구조와 경영시스템으로도 충분히 경쟁력을 갖출 수 있다는 사실을 알고 있다.

그러나 미국 경제이론이나 경영이론만 배운 사람은 아예 유럽식 '사회적 시장경제'나 '민주적 경영 개념'을 배우려고 하지 않는다. 우리나라 경제계와 산업계는 온통 미국식 경제사상과 월스트리트 경영이론으로 철갑이 되어있다. 이기심을 조장하는 경쟁과 약육강식의 정신이 사회와 조직을 지배하고 있다.

대부분의 지도자들과 경영자들은 그런 이론이 우리 현실에 부적합하다는 사실조차 알지 못하며, 설사 안다고 하더라도 그것을 어떻게 변화시켜 가야할 지에 대한 생각이나 더 나은 정책방향이나 대안을 갖고 있지도 않다.

우리는 미국이 자본주의 국가 중 세계 최고라서 미국을 따랐다고 생각하지만 착각입니다. [표18]은 IMD(국제경영개발원)과 WEF(세계경제포럼)이 발표한 2016년 주요 국가별 '세계 인재 지수' 순위입니다. '인재 지수'란 인재에 대한 개발 투자, 인재 유인 여건, 인재들의 준비성 등을 종합적으로 반영하여 지수화한 것입니다.[62]

인재 지수의 상위권은 북유럽의 복지국가들이 차지하고 있습니다. 그런데 우리는 늘 미국만 쫓아왔습니다. 미국과 좋은 관계를 유지하는 게 아니라 미국을 섬깁니

[표18] 세계 인재 지수 순위

	스위스	덴마크	스웨덴	네덜란드	핀란드	노르웨이	독일	미국	영국	일본	한국
IMD (61개국)	1	2	4	5	6	7	11	14	20	30	38
WEF (130개국)	3	7	5	8	1	2	11	24	19	4	32

62) 양돈선, 『기본에 충실한 나라, 독일에서 배운다』, 미래의 창, 2017.

다. 조선 시대 사대부들이 중국을 섬기듯, 일제 강점기 친일파들이 일본을 섬기듯, 대한민국 엘리트들은 미국을 섬깁니다.

지난 70년 동안 미국은 공산주의로부터 한국을 구해준 은혜로운 나라로 규정되었습니다. 미국을 '혈맹'이라고 표현하며 섬겨왔습니다. 전 세계에서 성조기를 들고 집회하는 사람들은 미국의 트럼프 지지자들과 한국의 '태극기 부대'밖에 없습니다.

미국을 섬기는 한국의 엘리트 집단은 무능하기 짝이 없습니다. 청, 러시아, 일본을 끌어들여 우왕좌왕하던 구한말 지배 세력보다 더 무능하고 더 매국적입니다. 독립국이라면 응당 지녀야 할 자기 나라 군대의 지휘권을 외국 대통령이 가져야 한다고 주장하는 지경입니다.

1950년 6월 한국전쟁이 터지자 7월에 이승만 대통령이 국군에 대한 작전통제권을 유엔군 사령관 맥아더 장군에게 넘겼습니다. 국회 비준은 물론이고 국무회의도 거치지 않고 이승만 대통령이 맥아더에게 편지 한 장 써서 넘겼습니다. 1973~1976년에 주한미8군 사령관을 역임한 리처드 스틸웰은 한국의 군 작전지휘권 이양이 "지구상에서 가장 경이로운 주권의 양도"라고 평가했죠.

전쟁이 끝났으면 당연히 원상회복해야 할 군 작전지휘권은 1994년까지 계속 미국에 있었습니다. 1994년에 평상시 군 작전지휘권은 환수했는데, 전시 작전지휘권은 여전히 한미연합사령관에게 있습니다. 군대가 전쟁 때 필요한 건데 평상시 작전지휘권이 무슨 의미가 있겠습니까.

전 세계에서 자기 나라 군대에 대한 작전지휘권이 없는 나라는 히말라야산맥 동쪽에 있는 인구 80만의 작은 나라 부탄과 대한민국, 딱 두 나라입니다. 부탄은 인도에 외교를 위임한 인도의 보호국이죠.

과거 영국의 식민지였던 나라들은 지금도 영연방을 구성하고 있습니다. 캐나다,

호주, 뉴질랜드 등 영연방 나라들의 공식적 국가 원수는 그 나라 총리가 아니라 영국의 국왕 찰스 3세입니다. 심지어 일제 강점기에 조선 총독부가 있었듯이 캐나다, 호주, 뉴질랜드에는 찰스 3세를 대리해 통치하는 '총독'이 있습니다. 현재 캐나다의 30대 총독은 메리 사이먼입니다. 그런 영연방 국가들도 모두 군 작전지휘권이 있습니다.

미국의 군사력 평가기관 '글로벌파이어파워'(GFP)의 발표에 따르면 남한의 군사력은 세계 6위로 28위인 북한보다 한참 높습니다. 남과 북의 2021년 국방예산을 비교하면 남한은 480억 달러(세계 8위)인데, 북한은 남한의 1/14인 35억 달러(세계 59위)에 불과합니다. 그런데도 한국전쟁 때 넘겨준 군 작전지휘권을 70년 동안 가져오지 않겠다고 우기는 게 대한민국 엘리트 집단입니다.

한국의 엘리트들이 보이는 미국 숭배 현상에 대해 중앙대학교 독문학과 김누리 교수는 '영혼의 미국화'라고 표현합니다.[63]

김누리 교수는 독일에서 박사학위를 취득했기 때문에 유럽인들이 보는 미국관을 잘 알고 있습니다. 유럽인들은 미국이 매우 자유롭지만, 사회적으로 보면 매우 무책임한 나라, '글로벌 스탠다드'와 거리가 먼 예외적 국가로 본다고 합니다. 김누리 교수는 미국도 상당히 왜곡된 자본주의 체제인데, 그것을 한 번 더 왜곡시킨 것이 지금의 한국이라고 설명합니다.

영혼의 미국화를 좀 더 살펴보죠. 비영리 민간연구소인 '대학교육연구소'가 교육부에 정보공개를 청구하여 받은 〈1945~2013년 외국 박사 학위 현황〉을 보면, 68년 동안 외국 박사 학위자는 총 37,879명인데, 57%인 21,432명이 미국에서 학위를 받

---

63)　김누리, 『우리의 불행은 당연하지 않습니다』, 해냄, 2020

았습니다. 그중 교육학, 경제학, 경영학 통계를 보겠습니다. 교육학 박사는 1,677명 중 미국 박사가 1,292명으로 비율이 77%입니다. 학문적 편향이 심해도 너무 심각합니다. [표19]

[표19] 1945~2013년 외국 박사 학위 현황

	미국	일본	독일	프랑스	영국	러시아	중국	기타	합계
교육학	1,292	75	91	26	50	11	9	123	1,677
경제학	999	107	89	65	56	28	83	40	1,467
경영학	858	109	52	20	88	4	1	25	1,157

2008년 자료이긴 하지만, 지금도 다르지 않을 것이기에 보겠습니다. 국무총리실 산하 경제·인문사회연구회가 한나라당 고승덕 의원에게 제출한 국정감사 자료에 따르면 23개 국책 연구기관에 박사학위를 가진 연구원 1,185명 중 37.8%인 493명이 미국 박사였습니다. [표20]

[표20] 미국 박사학위 취득 연구원 비율이 높은 국책 연구기관　　　단위: 명

연구기관	전체 연구원수	미국 박사 연구원수	비율(%)
한국개발연구원	54	51	94.4
한국조세연구원	28	26	92.8
정보통신정책연구원	47	34	72.3
에너지 경제연구원	44	31	70.4
산업연구원	73	38	52.0

국책 연구기관 중 한국과학기술연구원을 비롯하여 과학·기술 분야는 박사학위를 취득한 국가가 별문제 안 되지만 경제·산업 분야는 다릅니다. 한국 최고의 '씽크탱크'(Think Tank)라고 불리는 한국개발연구원은 94.4%가 미국 박사입니다. 한국조세연구원도 92.8%입니다. 조세 정책은 소득 재분배의 가장 중요한 수단인데, 한국의 경제 정책들이 모두 미국을 따라가는 것이죠.

교육개혁을 하려면 교육개혁이 실현될 수 있는 사회 체제를 만들어야 하는데, 현재까지 한국 사회를 이끌어온 엘리트들로는 불가능합니다.

그들은 헬조선을 만든 장본인입니다. 1997년 외환위기를 만든 것도 그들이고, 외환위기를 구실로 IMF의 요구를 적극 수용해 한국을 미국식 불평등 사회로 바꿔놓은 것도 그들입니다. 이제 OECD에서도 '불평등 국가' 하면 미국, 멕시코보다 한국을 먼저 이야기한다고 합니다.

불평등 연구의 세계적 권위자 토마 피케티 교수가 『21세기 자본』에서 제안한 '베타(β)지수'가 있습니다. 한 국가의 불평등 정도를 수치로 표현한 것인데요, 국가의 자본 총량을 국민소득으로 나눈 값입니다. 예를 들어 β지수가 5라면 그 나라 자본의 총량이 5년 동안 국민소득과 같다는 뜻입니다. 2022년 한국의 β지수는 9.6입니다. 자본주의 역사상 불평등이 가장 심했다고 알려진 프랑스 혁명 당시의 β지수가 7.2였습니다.

1990년대에 한국 엘리트들은 소련 동구의 몰락으로 변화된 국제 질서를 보면서 자본과 노동의 국경 없는 세계화는 거스를 수 없는 흐름이므로 자본시장을 개방하고, 국가 기간산업을 민영화하며, 정리해고를 비롯한 노동 유연화 정책을 수용하지 않으면 한국이 치열한 국제 경쟁에서 도태된다고 주장했습니다.

그들 때문에 '자유주의'도 겪어보지 못한 대한민국이 '신자유주의'를 경험하게 됐지요. 그렇게 기업 구조조정, 정리해고, 파견 근로, 변형 근로, 비정규직 등을 새로운 사회 원리로 만들어 놓았는데, 정작 신자유주의의 본산인 미국은 2008년 금융위기를 겪으면서 스스로 신자유주의 원리를 뒤집어 버렸습니다.

미국은 자유무역이 진리라더니 관세를 높이면서 중국과 무역전쟁을 벌이고, 미국 경제가 어려워진 게 멕시코에서 불법으로 이주해온 노동자들 때문이라며 멕시코 쪽 국경에 만리장성을 쌓았습니다. '검은 머리 미국인'들은 미국발 신자유주의가 만고불변의 진리인 듯이 국민을 속였고, 외환위기 이후의 고통은 모두 국민의 몫이 되었습니다.

미국이 세계 초강대국으로 군림할 때는 약육강식의 국제 질서에서 어쩔 수 없는 것이려니 했다고 칩시다. 그러나 2008년 금융위기 이후 미국 사회의 허약성이 전 세계에 알려졌고, 코로나19 사태를 겪으면서 민낯이 다 드러났습니다.

'세계의 경찰'을 자처해온 미국은 정작 자기 나라에서는 바이러스와 전쟁에서 참패하여 사망자가 117만 명에 이릅니다. 세계 최대 규모죠. 한국은 3만5천 명 정도입니다. 한국보다 인구는 6배 정도 많은데 코로나 사망자는 33배 많습니다. 미국의 사회 시스템이 얼마나 허약한지 전 세계가 알게 되었습니다. 그런데도 한국의 지배 엘리트들은 '영혼의 미국화'를 벗어날 생각이 없는 듯합니다.

교육개혁은 몇 개의 정책을 도입한다고 실현되는 게 아닙니다. 교육 분야의 개혁과 다른 분야의 개혁이 별개로 가는 것도 아닙니다. 먼저 '인간의 얼굴을 한 사회'를 만들고, 그 안에서 교육에 대한 사회적 합의가 이루어질 때 교육개혁이 가능합니다.

그래서 한국 사회를 성찰하고 '사회개혁에 대한 사회적 합의가 가능한가'부터 따져봐야 합니다. 아이들이 행복한 교육을 이미 실현하고 있는 북유럽 나라들의 복지 시스템을 외면하고 한국을 미국식 불평등 사회로 만들어온 자들이 지배하는 사회,

이것을 바꾸는 것이 교육개혁의 대전제입니다.

교육개혁을 논의하기 위한
새로운 관점

교육개혁의 대전제는 사회개혁

2023년 5월 23일 동아일보에 흥미로운 설문 조사 결과가 실렸습니다. 종로학원이 온라인에서 초등학생과 중학생 자녀를 둔 학부모 1,395명을 상대로 자녀가 문과로 진학하길 희망하는지 이과로 진학하길 희망하는지 조사했는데, 이과를 희망하는 학부모 비율이 88.2%를 기록했다는 것입니다.[64]

자녀가 이과에 진학하길 희망하는 학부모를 대상으로 자녀가 어떤 계열을 전공하길 바라는가 조사했더니 의학계열(49.7%), 공학계열(40.2%), 순수 자연계열(10.1%) 순이었고, 의학계열 중에는 의대(67.3%), 약대(13.5%), 치대(8.6%) 순이었다고 합니다. 종합하면 자녀가 의사(치과의사 포함), 약사가 되길 바라는 부모가 44%입니다.

물론 이것은 학부모의 희망 사항이고 자녀가 의대에 못 간다고 집에서 쫓아내지는 않겠죠. 자녀가 의사·약사가 되길 바라는 이유는 자녀가 돈 잘 벌어서 부모를 봉양해주길 바라는 것은 아닐 것입니다. SKY 이공 계열 나와서 대기업에 취직해도 평

---

64) 동아일보, 〈초중 부모 90% 이과 희망… 문과 위기 어떻게 극복할까〉, 2023.5.23.

균 48.9세면 퇴직인데, 인생 100세 시대에 정년 없이 일할 수 있는 의사, 약사가 되라는 것이겠죠.

[표21]은 최근 서울 강남 대치동에서 초등학교 3학년들을 대상으로 모집하는 '초등 의대반' 교육과정이랍니다.

[표21] 서울 강남구 대치동 A수학학원 '초등 의대반' 커리큘럼

초3	초4, 초5 기본 개념 심화
초4	초6, 중1 기본 개념 및 심화
초5	중2 기본 개념 및 심화 / 중3 기본 개념
초6	중3 심화 / 고1 기본 개념(고등수학 상·하)

10살 때 의대 갈 마음의 준비를 한 후 초등학교 6학년 때 중3 심화 과정과 고1 기본 개념 과정을 마쳐야 합니다. 선행학습도 어느 정도지, 초등학교 6학년 아동에게 고등학교 수학을 공부시키는 것은 아동 학대입니다. 의사 만들려다 아이가 정신질환 걸리겠습니다.

'초등 의대반'은 서울 대치동에만 있는 게 아닙니다. 전국적 현상입니다. 지방대학의 의대·약대에 지역인재 전형으로 들어갈 학생들을 모으는 '초등 의대반'이 군 단위에도 우후죽순으로 만들어지고 있습니다.

자녀를 '초등 의대반' 학원에 보내는 학부모들의 생각에 전혀 동의하지 않지만, 그 학부모들을 비난하고 싶지도 않습니다. 아무리 자녀에게 욕심 많은 부모라 한들 이제 겨우 10살 된 아이를 '초등 의대반'에 몰아넣고 싶겠습니까? 한국 사회가 오죽하면 그럴까 하는 안타까운 마음이 듭니다.

대학을 안 갈 수는 없고, 졸업해봐야 전공 살려 취직하는 비율은 절반밖에 안 되고, 첫 직장에 비정규직으로 취직하면 평생 비정규직으로 살아야 하고, 중소기업에 취직했다가 경력 쌓아서 대기업으로 가는 경우도 거의 없고, 좋은 대학 공과대학 나와서 대기업에 취직해도 한참 돈이 필요한 50대에 퇴직해서 자영업 했다가 망하는 사람들이 주변에 널린 한국 사회에서 자녀가 능력만 된다면 의사, 약사가 되도록 밀어주고 싶다는 거 아니겠습니까.

과연 이런 상황에서 교육개혁이 가능할까요? 성공회대 김동춘 교수는 2018년 1월 30일 한겨레신문에 실은 칼럼 〈교육, 욕망과 싸우면 진다〉에서 교육개혁 정책들이 실패한 원인에 대해 근본적 성찰이 필요하다고 지적합니다.

한국에서 교육열은 활활 타오르는 용광로와 같은 욕망의 덩어리이자, 벼랑에서 떨어지지 않으려는 필사의 몸부림이기 때문에, 그 어떤 것도 녹여낼 힘을 갖고 있다.

학부모의 욕망은 대입, 즉 학벌 문제로 집약된다. 교육정책에 관한 그 어떤 이상과 가치도 이 욕망 앞에서는 '현실'을 모르는 고상한 담론이 되었으며, 그 어떤 입시제도의 변경도 애초의 이상이나 목표를 달성한 적이 없다.

그 이유는 한국에서 교육은 '교육'이 아니라 사회적 지위 획득, 계층 이동, 그리고 일자리 문제이기 때문이다. 교육은 자식을 '노동자'가 아닌 '사자 직업 혹은 관리자가 되게 하거나, 세상에서 업신여김당하지 않고 살게 만들고 싶은 학부모들의 전쟁터다. 즉 교육은 곧 정치다.

모든 입사 시험에 영어성적을 필수로 만들어놓고 초등 영어교육 금지란 얼마나 가당치 않은 대안인가? '대학 간판' 외의 어떤 사회적 평가 기준도 없는 상태에서 사교육 선행학습을 금지하고 특목고, 자사고를 없애자는 것이 그 얼마나 무력한 대안인가? 심각한 학벌 차별 구조를 그대로 두고 대학 서열화를 완화하자는 것이 얼마나 가망 없는 이상인가? 저학력 노동자들

교육개혁은 없다 2

이 매일 산재 사고로 죽어 나가는 것을 목격하는 아이들에게 '대학이 전부가 아니다'라는 '진보' 인사들의 주장은 얼마나 먼 나라 이야기인가?

김동춘 교수는 같은 칼럼에서 교육개혁이 교육 문제에 국한되지 않으며, 사회개혁과 연계하여 확고한 비전과 로드맵이 있어야 한다고 주장합니다.

욕망은 원래부터 존재하는 것이 아니라 법과 제도, 정확히 말하면 권력 구조의 산물이다. 욕망과 정면으로 맞서지 말고 냉각시키고 물길을 터주어야 한다.

사회정책 관련 제도는 모든 것이 서로 얽혀있기 때문에 하나만 떼어내서 시행하면 문제가 해결되지 않는다. 모든 관련 제도의 묶음은 치밀한 준비를 거쳐 동시에 추진되어야 하고, 확고한 비전과 로드맵이 있어야 하며, "이 길을 따라가면 이런 결과가 나올 수 있다"는 것을 보여줄 수 있어야 한다. 비전과 제도 개혁의 묶음이 동시에 제시되지 않으면 관료들은 관행대로 할 것이고, 학부모들은 대혼란에 빠져 정부를 원망할 것이다.

모든 '금지' 정책은 임시처방이다. 대입 제도에는 결코 답이 없다. 대학 개혁의 전망을 먼저 제시해야 하고, 대학 개혁은 반드시 노동시장 개편, 즉 임금 격차 축소와 새 인력 양성 문제와 결합되어야 한다.

김동춘 교수의 지적에 전적으로 동감합니다. 사회개혁을 전제로 하지 않는 교육개혁을 말하는 것은 '무지'의 소산이거나 '기만'입니다.

그러면 어느 정도의 사회개혁을 해야 교육개혁을 논의할 수 있을까요? 저는 최소한 두 가지가 어느 정도 충족되어야 우리 사회가 교육개혁을 논의할 수 있다고 생각합니다. 첫째는 직업의 귀천 문제입니다. 둘째는 국가와 사회에 대한 믿음입니다.

먼저 직업의 귀천 문제를 생각해보겠습니다. '직업에 귀천이 없다'는 말이 있긴 하지만 그런 사회가 인류 역사상 있었겠습니까. 그래도 그 격차가 학생들을 입시 전쟁으로 몰고 가지 않을 정도가 되어야 한다는 것에는 모두 동의할 겁니다.

직업의 귀천 문제는 두 가지를 의미합니다. 직업에 따른 소득 격차와 직업에 대한 사회적 시선입니다.

독일을 기준으로 소득 격차를 살펴보겠습니다. 2020년 기준으로 한국 의사의 평균 연봉은 2억3천만 원으로 노동자 평균 연봉 3,924만 원의 6배입니다. 독일은 고용 의사 기준 1억2천만 원(월평균 1천만 원)으로 노동자 평균 연봉 6,600만 원의 두 배 정도입니다.

독일은 2022년 10월 최저임금을 시간당 12유로(=16,900원)로 14.8% 인상했습니다. 편의점 알바를 해도 하루 8시간씩 한 달에 22일 일하면 297만 원입니다. 그렇게 살 수 있으면 누가 자식을 전쟁하듯 학원에 뺑뺑이 돌리겠습니까.

생활 문제는 중요하니까 좀 더 알아보죠. 우리 생활에 필요한 임금이 어느 정도일까요? 민주노총과 한국노총은 임금 협상 이전에 노동자에게 필요한 생활비를 조사합니다. [표22]는 2020년 한국노총에서 작성한 노동자 표준생계비입니다.

[표22] 노동자 표준생계비

구분	1인 가구	2인 가구	3인 가구	4인 가구(1)	4인 가구(2)	4인 가구(3)
	성인 1인 25~29세	성인남녀 남29세 여26세	가구주 36세 배우자 36세 자녀 6세	가구주 42세 배우자 39세 자녀 11세(초) 자녀 8세(초)	가구주 47세 배우자 44세 자녀 16세(고) 자녀 13세(중)	가구주 52세 배우자 49세 자녀 21세(대) 자녀 19세(고)
월소득(원)	2,965,288	4,872,904	5,504,946	6,813,978	7,415,726	8,682,831

2023년 한국인 평균 연령이 44.2세입니다. 가구 구분으로 보자면 4인 가구 (1)과 (2)의 중간 정도에 해당하니 가구당 월평균 700만 원 정도 벌어야 합니다. 2023년 통계청 발표에 따르면 가구당 월평균 505만 원을 벌고 388만 원을 쓴다고 하니, 표준생계비에 한참 못 미칩니다.

다음으로 직업에 대한 사회적 시선을 살펴보겠습니다. 독일을 '마이스터의 나라'라고 부르는 이유는 마이스터가 돈을 많이 벌어서가 아니라 사회적으로 존경받기 때문입니다. 독일의 술집에서는 손님이 마이스터면 서비스로 한 잔 대접하는 문화 풍토가 있다고 합니다.

세계에서 가장 유명한 자동차 벤츠의 엔진은 10년, 20년 이상 숙련된 노동자들이 만드는데, 한 사람이 엔진 하나의 모든 공정을 담당하여 제작한다고 합니다. 그래서 차에 엔진을 제작한 마이스터의 이름을 새겨넣는다고 하죠.

미국의 저명한 흑인인권운동가 마틴 루터 킹 목사가 청소 노동자들의 파업 현장을 찾아가 한 연설을 보면서 직업의 귀천 문제를 생각해봅시다.

"언젠가 우리 사회는 청소 노동자들을 존경하게 될 것입니다. 이 사회가 살아남을 수 있다면 말이죠. 따져보면 우리가 버린 쓰레기를 줍는 사람은 의사만큼이나 소중한 존재입니다. 그가 그 일을 하지 않는다면 질병이 창궐할 테니까요. 모든 노동은 존엄합니다."[65]

직업에 대한 사회적 시선이 바뀌려면 노동자들이 노동기본권을 온전히 가져야 합니다. 환경미화원이 얼마나 중요한 직업인지는 한 달만 파업해보면 알 것입니다.

---

65) 마이클 샌델, 『공정하다는 착각』, 와이즈베리, 2019

직장 화장실을 한 달간 청소하지 않는다면, 지하철 화장실을 한 달간 청소하지 않는다면, 아파트 쓰레기를 한 달간 거둬가지 않는다면, 그때야 비로소 깨닫겠지요.

두 번째로 국가와 사회에 대한 믿음 문제를 생각해보겠습니다.

두 개의 도표가 있습니다. [도표12]는 OECD 주요 회원국의 가처분소득 대비 사회임금 비중이고, [도표13]은 국회예산정책처가 2021년 펴낸 'OECD 주요국의 GDP 대비 사회복지 지출 현황' 보고서입니다.

사회임금에 대해서는 『한국 교육은 왜 전쟁이 되었나?』에서 설명한 바 있는데, 직장에서 일해서 받는 임금을 '시장임금'이라 하고, 사회 구성원이면 모두 받는 임

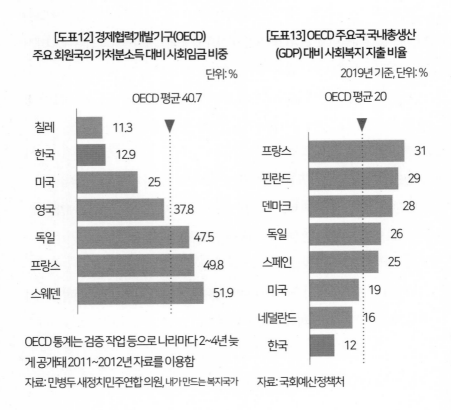

[도표12] 경제협력개발기구(OECD) 주요 회원국의 가처분소득 대비 사회임금 비중

단위: %

OECD 평균 40.7

칠레	11.3
한국	12.9
미국	25
영국	37.8
독일	47.5
프랑스	49.8
스웨덴	51.9

OECD 통계는 검증 작업 등으로 나라마다 2~4년 늦게 공개돼 2011~2012년 자료를 이용함

자료: 민병두 새정치민주연합 의원, 내가 만드는 복지국가

[도표13] OECD 주요국 국내총생산 (GDP) 대비 사회복지 지출 비율

2019년 기준, 단위: %

OECD 평균 20

국가	비율
프랑스	31
핀란드	29
덴마크	28
독일	26
스페인	25
미국	19
네덜란드	16
한국	12

자료: 국회예산정책처

교육개혁은 없다 2

금을 '사회임금'이라고 합니다. 사회임금은 국민연금, 기초노령연금, 기초생활급여, 실업급여 등 현금으로 지급되는 것과 공공임대주택, 건강보험, 보육요양서비스, 공공교통, 에너지 등 서비스 형태로 지급되는 것이 있습니다. 한국은 OECD 평균 40.7%에 비교할 수 없이 작은 12.9%에 불과합니다.

사회복지 예산은 OECD 38개 회원국 중 35등입니다. OECD 평균이 20%인데, 한국은 12%죠. 2022년 우리나라 GDP가 1,969조 원이니, OECD 평균 20%에 맞추면 매년 157조 원을 사회복지에 더 쓸 수 있습니다.

사회임금과 사회복지 예산을 보면 한국이 각자도생 사회임을 알 수 있습니다. 내 자녀가 학교에서 공부를 못하더라도 인간답게 먹고 살 수 있는 생활을 국가가 보장해줄 거라는 믿음이 없으니 자녀를 학력 경쟁에 밀어 넣게 되는 것입니다. 문제의 원인은 사회에 있는데, 교육제도를 백 번 바꿔봐야 무슨 효과가 있겠습니까.

'교육개혁=입시제도 개혁'은 외환위기 이전 패러다임

교육개혁에 새로운 패러다임이 요구된 지 꽤 오랜 시간이 지났습니다. 지금 한국의 교육개혁은 패러다임 전환이 필요합니다. 그동안 우리 사회에서 교육개혁이란 대학입시 제도 변경이었습니다.

이는 대학 진학률이 낮았던 시대의 산물입니다. 대학 진학률이 30% 수준이었던 1990년대 초반까지는 자녀가 대학에 입학하면 일단 '자식 농사'는 끝난 것으로 인정됐습니다. 대학을 졸업한 후 얼마나 좋은 직장을 가느냐가 문제였지 취업 걱정은 하지 않았으며, 정년까지 안정된 삶을 살 수 있었습니다. 그래서 대학입시 규칙을 정하는 게 매우 중요한 사회적 관심사였습니다.

상황은 외환위기 이후 변했습니다. 대학 교육이 보편화되었고, 대학에 가는 게 문제가 아니라 졸업해도 대책이 없는 현실이 문제입니다.

[도표14]는 1991년 이후 30년 동안 한국의 경제성장률입니다.

[도표14] 한국 경제성장률

단위: %

자료: 한국은행

외환위기 이전까지 한국경제는 고도 성장기였습니다. 경제성장률이 1970년대 평균 10.5%, 1980년대 평균 8.8%, 1990년대 평균 7.1%였습니다. 그러나 외환위기 이후 5% 밑으로 떨어지고 최근에는 2~3% 수준입니다. 저성장 시대입니다.

전 세계적으로 보면 선진국은 경제성장률이 낮고 신흥국은 경제성장률이 높습니다. 1990년대까지는 고성장 시대였기 때문에 일자리가 많았습니다. 좋은 직장을 골라 가는 게 문제였지 일자리 자체가 없어서 고통을 겪지는 않았습니다.

교육개혁은 없다 2

일자리의 질은 어떻습니까? 전체 노동자의 86%가 중소기업에 근무하기 때문에 대기업과 중소기업의 임금 격차부터 살펴보겠습니다. [도표15]는 1980년대 이후 대기업 대비 중소기업 평균 임금 비율입니다.

[도표15] 대기업 대비 중소기업 평균임금 비율

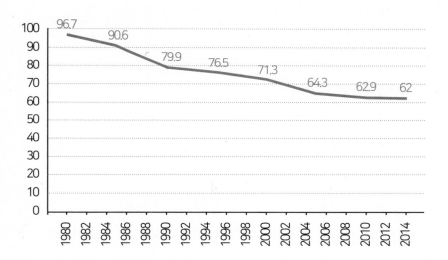

1980년대 중반에는 대기업과 중소기업의 격차가 10% 정도였습니다. 그 이후부터 격차가 벌어지기 시작합니다. 이유는 1987년 노동자 대투쟁 이후 대기업에서 노동조합이 급속히 늘어나고, 임금이 급격히 상승했기 때문입니다. 1990년대 이후 격차가 꾸준히 벌어져 현재는 두 배 가까이 됩니다.

외환위기 이후부터는 정규직과 비정규직의 격차가 중요해졌습니다. [도표16]은 2019년 6월 24일 고용노동부가 발표한 2018년 6월 기준 '고용 형태별 근로 실태 조사' 결과입니다.

[도표16] 사업체 규모별 시간당 임금 수준

단위: %

300인 이상 정규직	(3만3232원)	100%
300인 이상 비정규직	(2만990원)	63.2
300인 미만 정규직	(1만8873원)	56.8
300인 미만 비정규직	(1만3893원)	41.8

중소기업 정규직의 임금이 대기업 비정규직보다 작습니다. 중소기업 비정규직의 임금은 대기업 정규직의 41.8%에 불과합니다. 더구나 첫 직장을 중소기업 비정규직으로 시작했다면 그 굴레를 벗어나기 어렵게 되었습니다.

정규직이 청년의 꿈이 되어버린 세상, 자본주의 사회의 일반적 현실일까요, 아니면 한국 현실일까요?

[도표17]은 2017년 기준 500명 이상 대기업에 비해 중견·중소기업 노동자의 임금 비중입니다. 미국, 일본, 프랑스에 비해 한국이 턱없이 낮죠.

[도표18]은 2013년 기준 임시직으로 3년 근무한 뒤 정규직으로 전환되는 비율입니다. 우리나라는 일본과 함께 OECD 국가 중 정규직 전환 비율이 가장 낮은 나라입니다.

이런 나라에서 대학 진학률이 70%입니다. 큰 용기가 없으면 대학을 안 갈 수 없습니다. 대학을 나와도 전공을 살려 취업하는 사람은 50%에 불과합니다. 요즘은 자녀가 30세 이전에 취업해서 독립하면 성공한 부모라고 합니다.

과거에는 대한민국에서 가장 힘든 나이가 '고3'이었다면, 지금은 '대4'입니다. '고3병'보다 무서운 '대4병', 그 전 단계의 '대3병', '대2병' 등이 타임라인으로 있습니다.

교육개혁은 없다 2

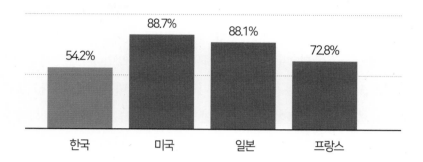

[도표17] 500명 이상 대기업 대비 중견·중소기업 임금 비중 (2017 기준)

54.2% 한국
88.7% 미국
88.1% 일본
72.8% 프랑스

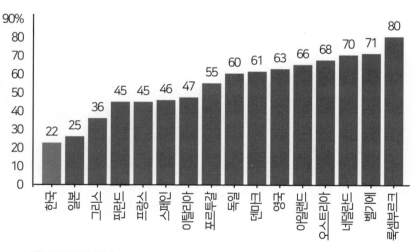

[도표18] 임시직 3년 뒤 정규직 전환율

자료: OECD(2013년)

'대4병'은 자기소개서를 100장씩 써도 불러주는 곳이 없어서 자신을 '잉여'로 생각하는 심리상태입니다. '대3병'은 취업을 위해 전공, 어학, 자격증, 봉사 등으로 정신

없이 보내면서 불안감을 느끼는 심리상태입니다. '대2병'은 본격적으로 전공 공부가 시작되면서 미래에 대한 불안감이 커지고 자존감이 낮아지며 부정적인 관점으로 삶을 대하게 되는 심리상태라고 합니다.

'중2병'은 어른이 되고자 자존감이 커져서 갈등을 빚는 병입니다. 당연히 겪어야 할 병이죠. '고3병'은 수능 시험 끝나면 사라집니다. 3학년 때 맨날 배 아프다고 보건실 가고 조퇴하던 아이들이 수능만 끝나면 멀쩡해집니다. '대4병'은 취업이 되지 않으면 해결이 안 되기 때문에 '대N병'으로 지속됩니다. 청년들이 처음에는 '3포'하다가 5포, 7포 하더니 결국 'N포'가 되는 것과 비슷하지요.

대학생들의 고통을 어떻게 해결할까요?

학자금 대출이요? 빚쟁이가 되어서 사회에 나가는 거죠.

블라인드 취업으로 공정한 기회를 주는 거요? 공기업과 대기업에 취직할 20%에게는 중요한 문제지만, 중소기업에 취직할 80%의 청년에게 무슨 의미가 있을까요?

자기소개서를 100장씩 쓰면서 자신을 '잉여'라고 자조하는 현실을 바꾸지 않고서 대학생들의 고통을 어떻게 해결할 수 있을까요? 대학생들의 고통이 해결되지 않는데, 어떻게 중고등학교에서 경쟁이 완화될 수 있을까요? 심지어 초등 의대 준비반 학원이 만들어지는 현실을 개선할 수 있을까요?

대학생들의 고통을 해결하는 것, 극심한 취업 문제를 해결하는 게 가장 중요한 교육개혁 과제라는 주장에 대해 '대학생들의 취업 문제는 교육개혁 영역이 아니지 않은가?' 하는 질문을 던질 수 있습니다. 이제 교육 문제에 대해 그런 생각을 바꿔야 합니다.

2020년 코로나19로 '긴급재난지원금'이 모든 국민에게 지급되면서 우리나라에서도 '기본소득'이라는 개념이 알려지게 되었습니다.

교육개혁은 없다 2

네덜란드 언론인 뤼트허르 브레흐만(Rutger Bregman)은 모든 국민에게 현금을 나눠주는 '기본소득'을 통해 부의 불평등을 해결하자고 주장합니다. 그의 저서 『리얼리스트를 위한 유토피아 플랜』은 국제적으로 기본소득 운동을 촉발했습니다. 가난을 해결하는 방법에 대한 그의 생각을 들어보겠습니다.

가난은 사람들이 멍청해서 벌어진 일이 아니다. 그런데 왜 교육으로 문제를 풀려고 하나? 가난은 사람들의 자신감이 부족해서 생긴 문제도 아니다. 그런데 왜 심리 치료를 하나? 빈곤은 빈곤 그 자체를 건드려야 해결된다. 컴퓨터 속도가 느려진 것은 메모리의 문제다. 그러면 메모리를 늘여야지 왜 소프트웨어만 만지고 있는가?[66]

그의 말을 이렇게 바꿔보면 어떨까요?

"취업난은 대학생들의 스펙이 부족해서 발생한 게 아니다. 기업이 신규 채용을 하지 않아서 발생한 것이다. 청년들이 공무원 시험에 몰리는 것은 직장생활에서 인내심이 부족하여 발생한 것이 아니다. 비정규직으로 '희망 고문'을 당하며 '열정페이'에 시달리기 때문이다. 그러면 정부가 일자리를 늘리고 정규직이 기본인 노동 체제를 만들어야지 왜 블라인드 면접으로 문제를 해결하려 하는가?"

마이클 샌델 교수는 『공정하다는 착각』에서 교육의 공정성 이데올로기가 사회 모순을 은폐한다고 지적했습니다. 교육개혁과 사회개혁을 분리하여 생각하는 것은 그러한 은폐에 동조하는 결과를 낳습니다.

대학생들의 고통을 교육 내적으로 해결할 방도가 없는데, 사회개혁을 배제하고

---

66) 이완배, 『경제의 속살2』, 민중의소리, 2018

해법을 찾는다면 해결하지 말자는 것이나 다름없습니다.

신규 채용을 줄이고, 비정규직을 고용의 기본형태로 만들어 놓고, 중소기업의 근로조건을 견딜 수 없게 만들어 놓은 외환위기의 적폐를 청산해야 대학생들의 고통을 해결할 수 있습니다. 대학생의 고통이 해결되어야 초중고 교육도 개혁할 수 있습니다. 사회개혁을 상상하지 않는 것, 금기시하는 것, 이 생각부터 바꿔야 교육개혁을 상상할 수 있습니다.

사회개혁 없이는 '홍익인간'도 공염불

독일의 '아우슈비츠 이후의 교육'을 통해 한국 교육의 성찰 과제를 논하면서 한국 교육의 이념으로 규정된 '홍익인간'이 역사적·민족적 과제를 외면한 교육이념이라고 비판한 바 있습니다. 그래도 '널리 인간을 이롭게 하자'는 것은 좋은 이야기죠. 그러면 홍익인간은 우리 교육에서 구현될 수 있을까요?

[도표19]는 2012년 '한국투명성기구'가 15~30세 1,031명, 31세 이상 981명을 대상으로 진행한 '청렴성 조사'입니다. 청년들의 40%는 정직하게 사는 것보다 부자가 되는 게 더 중요하다고 생각합니다. 정직하고 청렴한 사람보다 거짓말하거나 불법·부패를 저지르는 사람이 성공할 기회가 더 많다고 생각합니다.

[도표19]에서 눈여겨볼 점은 나이 어린 청년들이 어른들보다 더 그렇게 생각한다는 것입니다. 대체로 나이를 먹어가면서 순수성을 잃어버리는 게 일반적인데, 왜 우리 사회는 거꾸로 되었을까요? 학교에서 그렇게 가르쳤을까요? 아니겠죠. 우리 사회가 어떻게 돌아가는지 어릴 때부터 보고 들으면서 배운 것일 뿐이죠.

[도표20]은 2015년 흥사단 투명사회운동본부 윤리연구센터가 전국의 초중고생

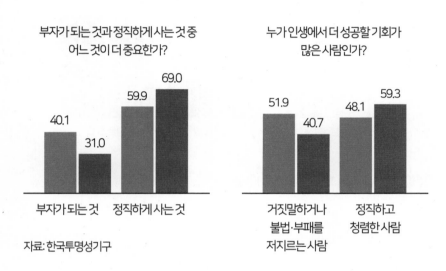

[도표19] 청렴성 조사

단위: %

2012년 7~10월 15~30세 1031명, 31세 이상 961명 조사

■ 15~30세 ■ 31세 이상

부자가 되는 것과 정직하게 사는 것 중
어느 것이 더 중요한가?

40.1 31.0 59.9 69.0

부자가 되는 것   정직하게 사는 것

누가 인생에서 더 성공할 기회가
많은 사람인가?

51.9 40.7 48.1 59.3

거짓말하거나
불법·부패를
저지르는 사람

정직하고
청렴한 사람

자료: 한국투명성기구

11,000명을 대상으로 조사해 발표한 '청소년 정직 지수'입니다.

고교생의 56%가 '10억이 생긴다면 죄를 짓고 1년 정도 감옥에 가도 괜찮다'에 동의했습니다. 이 수치는 학년이 올라갈수록 높아지고, 2012년에 비해 2015년에 훨씬 더 높아졌습니다.

2016년 2월 29일 Jtbc 뉴스룸의 '탐사플러스'팀이 서울 시내 초중고 학생 830명을 대상으로 장래 희망을 물어본 결과, 고등학생들이 선망하는 직업으로 1위에 공무원, 2위로 '건물주'를 꼽아서 화제가 된 적이 있었습니다.

부동산 불패 신화의 사회에서 누가 가르쳐주지 않아도 '조물주 위에 건물주'라는

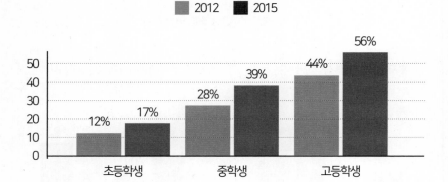

[도표20] 10억 생기면 죄짓고 감옥 살수 있나

전국 초·중·고등학생 1만 1천명 대상, 2015년 청소년 정직 지수 조사 결과

비밀을 고등학생들도 다 알고 있습니다.

'자식 겉 낳지 속은 못 낳는다'는 속담이 있습니다. 그러면 속은 누가 낳을까요? 사회입니다. 청소년들에게 10억이 생긴다면 죄짓고 감옥 가도 괜찮다고 가르친 사람은 없을 것입니다. 정직하게 사는 것보다 부자가 되는 게 더 좋다고 가르친 사람도 없을 것입니다. 자식에게 건물주가 되라고 말해준 부모도 없을 것입니다. 다 대한민국에 태어나 성장하면서 누가 말해주지 않아도 알게 된 것입니다. 지금과 같은 사회를 그대로 두고 청소년들이 바른 가치관을 가진 시민으로 성장하길 바란다면 나무에 올라 물고기를 구하는 것과 같습니다.

대한민국 헌법이 가리키는 사회개혁의 방향

교육은 그 사회 성격의 반영으로서, 그 사회가 합의한 국가 운영 원리가 교육 영역에서 실현되는 것입니다. 그러면 한국 사회가 합의한 사회 운영 원리가 무엇일까요? 아니, 사회 운영 원리가 있기는 한가요? 있습니다. 바로 헌법입니다.

헌법은 사회의 운영 원리를 집약한 최고 규범입니다. 모든 법률이 헌법에 기초하여 제정됩니다. 대통령이 취임식에서 하는 선서의 첫 마디가 "나는 헌법을 준수하고…"입니다. 문제는 헌법의 정신이 제대로 실현되지 않는 것입니다. 그래서 사회개혁과 교육개혁도 헌법에 대한 이해부터 시작하겠습니다.

대한민국이 갈 길을 명시한 임시정부 건국강령

대한민국 헌법은 전문(前文)과 본문 총 10장, 130개 조항으로 구성되어 있습니다. 헌법 전문은 헌법 제정의 역사적 과정, 목적, 이념과 원리 등을 제시하고 있습니다.

유구한 역사와 전통에 빛나는 우리 대한국민은 3·1운동으로 건립된 대한민국임시정부의 법통과 불의에 항거한 4·19민주 이념을 계승하고, …

헌법 전문의 첫 문장은 대한민국이 '3·1운동으로 건립된 대한민국 임시정부의 법통을 계승한 정부'로 시작합니다. 1919년 거족적 3.1 운동이 일어나고, 바로 다음 달인 4월 11일 중국 상하이에서 수립된 망명 정부가 대한민국 정부의 뿌리입니다. 일제의 식민 통치를 인정하지 않고 자주독립을 위해 싸워온 임시정부는 1941년 11월 28일 임시정부 국무회의에서 「대한민국 건국강령」(이하 건국강령)을 통과시킵니다. 건국강령은 해방 이후 헌법 제정에 대비해 장차 독립된 새 국가의 시스템을 어떻게 만들고, 국가 정책을 어떤 방향에서 펼칠 것인가를 정리한 문헌입니다.

건국강령은 제1장 '총강' 7개 항, 제2장 '복국'(復國) 10개 항, 제3장 '건국'(建國) 7개 항으로 구성되어 있습니다. 임시정부가 세우고자 했던 대한민국은 어떤 나라였는지 건국강령의 제3장 '건국'의 몇 개 항목들을 통해 살펴보겠습니다. 1941년에 발표된 것이라 표현이 지금과 많이 달라서 제가 현재에 맞게 고쳤습니다.[67]

- 일제가 강탈한 재산, 친일 민족 반역자의 재산은 몰수하여 국유화한다.
- 몰수한 재산은 노동자, 농민, 빈민을 위한 국가기관 또는 공기업에 충당한다.
- 친일 민족 반역자와 독립운동을 방해한 자는 선거권과 피선거권을 박탈한다.
- 토지를 국가 소유로 하며, 토지는 농민에게 나누어 주고 토지의 상속, 매매, 저당 등은 금지한다.
- 대기업과 광업, 어업, 수산업, 임업, 해운업, 국제무역, 항공업, 은행, 통신, 전기, 수도, 출판, 영화극장, 출판, 인쇄 등 주요 분야 산업은 국유로 하고, 중소기업은 민영으로 한다.
- 모든 국민은 노동권, 휴식권, 공적부조, 사회보험, 무상교육, 참정권, 선거권, 피선거권, 파면권, 입법권과 사회 각 조직에 가입하는 권리가 있다.
- 6세부터 12세까지의 초등 기본교육과 12세 이상의 고등 기본교육에 관한 일체 비용은 국

가가 부담하고 의무로 시행한다.

- 노인, 어린이, 여성의 야간노동과 모든 불합리한 노동을 금지한다.

- 노동자·농민에게 무상의료를 실시하여 질병을 소멸하고 건강을 보장한다.

임시정부의 법통을 계승하지 않은 대한민국 현실

2021년 10월 26일 노태우 전 대통령이 죽었을 때 그를 국립현충원에 안장할 것인

---

67) 1941년 당시 발표된 건국강령 원문은 아래와 같음.
- 적의 사유자본과 부적자의 일절 소유자본과 부동산을 몰수하여 국유로 함.
- 몰수한 재산은 빈공 빈농과 일절 무산자의 이익을 위한 국영, 혹 공영의 집단생산 기관에 충공함을 원칙으로 함.
- 적에 부화한 자와 독립운동을 방해한 자는 선거권과 피선거권이 없음.
- 토지제도를 국유로 확정할 것임.
- 토지는 농민에게 나누어 주고 토지의 상속, 매매, 저당 등은 금지함.
- 대산업기관의 공구와 시설을 국유로 하고, 토지, 광산, 어업, 수리, 임업 소택과 수상, 공중의 운수사업과 은행, 전신, 교통 등과 대규모의 농·공·상 기업과 성시, 공업구역의 공용적 주요산업은 국유로 하고, 소규모 혹 중소기업은 사영으로 함.
- 노동권, 휴식권, 피구제권, 피보험권, 면비수학권, 참정권, 선거권, 피선거권, 파면권, 입법권과 사회 각 조직에 가입하는 권리가 있음.
- 6세부터 12세까지의 초등 기본교육과 12세 이상의 고등 기본교육에 관한 일체 비용은 국가가 부담하고 의무로 시행함.
- 노공, 유공, 여인의 야간노동과 연령, 지대, 시간의 불합리한 노동을 금지함.
- 국제무역, 전기, 수도, 대규모의 인쇄소, 출판, 영화극장 등을 국유, 국영으로 함.
- 노공, 유공, 여인의 야간노동과 연령, 지대, 시간의 불합리한 노동을 금지함.
- 농공인의 면비 의료를 보급, 실시하여 질병 소멸과 건강을 보장함.

지 사회적 논란이 있었습니다. 전두환과 함께 12.12. 군사쿠데타와 내란의 주범으로 징역 17년을 선고받은 자이기에, 전직 대통령이고 사면·복권되었다지만 국립현충원에 안장되지 못했습니다. 전두환도 당연히 현충원에 묻히지 못했지요. 그러면 국립현충원에는 애국자들만 묻혀 있을까요?

대한민국 임시정부의 주석 김구 선생의 묘지는 어디 있을까요? 국립현충원에 있어야 당연하겠죠? 그러나 김구 선생 묘지는 효창공원에 있습니다. 이곳에 이동녕 선생(임시정부 주석 역임), 조성환 선생(임시정부 군무부장), 차리석 선생(임시정부 비서장) 등 임시정부 인사와 일본 침략자들을 향해 폭탄을 던진 윤봉길 의사, 이봉창 의사, 백정기 의사도 묻혀 있습니다.

김구 선생은 효창공원에 묻혀 있는데, 김구 선생을 암살한 자는 어디 묻혀 있을까요? 1949년 김구 선생을 암살한 안두희는 범행 43년이 지난 1992년에 "이승만 정부의 특무대장 김창룡의 지시로 암살했다"고 자백했는데, 김창룡은 국립현충원에 안치되어 있습니다. 김창룡은 일제 강점기에 무장 독립운동 세력을 토벌하던 관동군 헌병이었죠. 김창룡을 비롯하여 국립현충원에 매장된 친일 매국노들이 63명이나 됩니다.[68] 현충원은 애국자와 매국노가 동시에 묻혀 있는 희한한 곳입니다.

김구 선생처럼 근린공원에 묻혀 있는 애국 열사들이 많습니다. 그중 이름을 알만한 분들만 몇 분 살펴보겠습니다. 헤이그에 고종의 밀사로 파견되었던 이준 열사, 3.1운동을 주도한 민족대표 33인으로서 기미독립선언서를 낭독한 손병희 선생, 임시정부 외무부 차장을 역임한 신익희 선생, 임시정부 부의장을 역임하고 성균관대를 창립한 김창숙 선생, 조선건국준비위원회 위원장이었던 여운형 선생, '님의 침묵'

---

68) 한겨레신문, 〈국립묘지 묻힌 친일파 63명…독립운동가는 공원에 냉대〉, 2018.6.28.

교육개혁은 없다 2

의 한용운 선생 등 대표적인 독립운동가들의 묘역은 북한산 자락 어딘가에 흩어져 있습니다.[69] 이러니 대한민국에 민족정기, 사회정의가 존재할 리 없죠.

사회 현실은 어떻습니까? 목숨을 걸고 만주 광야에서 총을 들고, 고향을 떠나 가족과 생이별하고, 전 재산을 팔아 일제에 맞서 싸웠던 선열들이 독립된 조국에 세우고자 했던 나라가 어떤 나라였을까요?

임시정부 주석 김구 선생은 『백범일지』의 〈나의 소원〉에서 '내가 원하는 우리나라'를 아래와 같이 말합니다.

산에는 삼림이 무성하고, 들에는 오곡백과가 풍성하며, 촌락과 도시는 깨끗하고 풍성하고 화평할 것이다. 그리하여 우리 동포, 즉 대한 사람은 남자나 여자나 얼굴에는 항상 화기가 있고, 몸에서는 어진 향기를 발할 것이다. 이러한 나라는 불행하려 해도 불행할 수 없고, 망하려 해도 망할 수 없는 것이다.

최고의 문화로 인류의 모범이 되는 것을 사명으로 삼는 우리 민족의 개개인은 이기적 개인주의자가 되어서는 안 된다. 우리는 개인의 자유를 극도로 주장하되, 그것은 저 짐승들과 같이 저마다 제 배를 채우기에 쓰는 자유가 아니요, 제 가족을, 제 이웃을, 제 국민을 잘살게 하는데 쓰이는 자유이다. 공원의 꽃을 꺾는 자유가 아니라 공원에 꽃을 심는 자유다. 우리는 남의 것을 빼앗거나 남의 덕을 보려는 사람이 아니라 가족에게, 이웃에게, 동포에게 주는 것으로 즐거움으로 삼는 사람이다.

김구 선생이 문학적으로 부드럽게 표현하셨는데요, 한마디로 말하면 '모두 함께

---

69) 한겨레신문, 〈국립묘지 묻힌 친일파 63명…독립운동가는 공원에 냉대〉, 2018.6.28.

잘 사는 자유를 누릴 수 있는 사회'를 만들자는 것이죠. 지금 후손들이 자기 조국을 '헬조선'이라 비웃는 세태를 본다면 조국의 독립을 위해 일생을 바친 독립운동가들의 마음이 얼마나 아프겠습니까? 대한민국은 헌법 전문에 임시정부의 법통을 계승한다고 명시해놓고 실제로는 정반대의 길을 걸어왔습니다.

사회개혁의 방향은 그리 어렵지 않습니다. 헌법 전문에 명시된 대로 임시정부가 무엇을 하려고 했는지, 현실이 그것과 얼마나 다른지 깨닫고, 임시정부의 건국강령대로 대한민국을 개조하면 됩니다. 사회개혁과 관련하여 논의해야 할 분야는 많지만, 그중 핵심으로 꼽는 일자리, 주거, 교육 문제를 중심으로 살펴보겠습니다.

임시정부의 산업·경제 정책은 주요 산업과 대규모 생산기관에 대해서는 국유로 하고, 중소규모의 기업은 사유로 하는 것입니다. 사회주의를 추구하지 않았던 임시정부가 주요 산업과 생산기관을 국유화하려고 한 이유는 무엇이었을까요?

첫째는 일제가 조선 땅에서 철도, 전기, 광산, 공장 등 대규모 생산시설의 85%가량 독점하고 있었기 때문에 몰수하면 국유화되는 거죠. 두 번째는 국가가 책임지고 민생을 돌보고자 했기 때문입니다.

그러나 미군정은 임시정부를 인정조차 하지 않았고, 미군정의 비호 속에 친일파가 집권합니다. 친일파들의 재산을 몰수하기는커녕 일본이 패망하면서 남기고 간 동산, 부동산, 공장을 친일 지주·자본가들이 독차지했고, 그 자본이 오늘날 삼성, 현대, 한화, 두산, SK 등 재벌이 되었습니다.

그렇게 형성된 재벌기업의 알짜 회사들을 1997년 외환위기 때 월가의 자본이 인수해갔습니다. 한국을 대표하는 삼성전자, 현대자동차, SK하이닉스, LG화학 등의 최대 주주는 월가의 자본이고, 경제의 혈관인 5대 시중은행도 우리은행을 제외하면 모두 외국자본이 대주주입니다.

교육개혁은 없다 2

임시정부가 세우고자 한 나라는 정부가 주요 산업과 생산시설을 갖고 국민의 삶을 돌보는 국가입니다. 그러나 친일파가 집권한 대한민국은 국가의 존립 의의를 포기한 각자도생의 나라입니다. 몇 가지 예를 들어보겠습니다.

먼저 의료 분야를 보겠습니다. 임시정부 건국강령은 노동자·농민에게 무상의료를 실시하여 질병을 소멸하고 건강을 보장하는 것입니다.

최근 코로나 팬데믹을 겪으면서 'K-방역'이 세계적 모범으로 평가됐지만, 그것은 의료인들이 헌신하고, 정부의 통제 정책에 전 국민이 적극적으로 협조하고, 자영업자들이 고통을 감내해서 그런 것이지, 의료 시스템이 좋아서 그런 게 아닙니다.

코로나19 때 절감했지만 한국은 공공의료 기관이 절대적으로 부족합니다. 어느 정도 부족한지 [도표21]을 보시죠. 2018년 기준 OECD 주요 국가의 공공병상 비중은 71.4%인데, 한국은 10.2%입니다. 비교할 수 없이 압도적 꼴찌입니다. 자본주의 국가 중 의료 제도가 가장 후졌다는 미국도 공공의료 기관 비율이 한국의 두 배입니다. 가벼운 질병은 건강보험으로 해결할 수 있지만, 중병에 걸려서 장기 입원하는 가족이 있으면 집안 경제가 심각해집니다.

[도표21]을 보면 영국은 공공병상 비중이 100%입니다. 모든 병원을 국가가 운영합니다. 언제 그렇게 되었을까요? 제2차 세계대전이 끝난 직후인 1948년입니다. 우리가 일제 강점에서 해방될 때 영국은 '요람에서 무덤까지'라는 구호를 들고 정부가 국민의 건강을 완전히 책임지는 의료 시스템을 만들었습니다. 어떻게 만들었을까요? 국가가 병원을 다 사들인 겁니다. 병원을 국유화했죠.

영국 사람들은 여왕보다 'NHS'(National Health Service. 국민건강서비스)를 더 사랑한다고 합니다. 간혹 영국 병원에서 수술 한번 받으려면 몇 달을 기다린다느니, 의료 기기가 한국보다 못하다느니 하는 기사들을 볼 수 있는데, 1980년대 마거릿 대

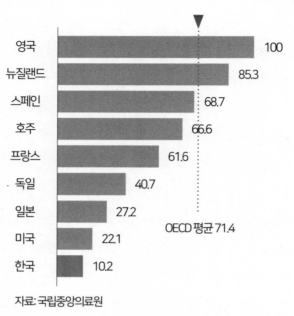

[도표21] OECD 주요국 공공병상 비중

2018년 기준, 단위: %

국가	비중
영국	100
뉴질랜드	85.3
스페인	68.7
호주	66.6
프랑스	61.6
독일	40.7
일본	27.2
미국	22.1
한국	10.2

OECD 평균 71.4

자료: 국립중앙의료원

처 총리 시절에 신자유주의 정책으로 복지예산을 대폭 삭감해서 발생한 것이지 무상 의료를 실현해온 NHS의 문제가 아닙니다.

영국의 의사는 모두 공무원입니다. 영국에서는 돈을 많이 벌 목적으로 의대에 진학하지 않습니다. 의사가 되기 위한 교육·훈련에 많은 돈이 들어가기 때문에 의사들은 국민에 봉사해야 한다는 생각을 갖고 일합니다. 마거릿 대처 때 공기업들을 대거 민영화하면서 의료 체계도 개인병원을 열 수 있는 길을 만들었다고 합니다. 그러나 막상 의사들은 왜 의사가 영리활동을 하냐며 대부분 거부했다고 합니다.

한국에서는 의사가 국민을 위해 복무하는 공무원이어야 한다는 생각이 낯설기만

교육개혁은 없다 2

합니다. 한국의 의사는 의대의 비싼 등록금, 전공의가 되기 위해 투입된 노력의 본전을 뽑아야 한다는 생각을 갖죠. 의사는 정년 없이 일할 수 있는 부유한 자영업자죠. 이게 다 국가가 국민의 건강을 책임지지 않아서 발생한 현상입니다.

교육은 어떻습니까? 임시정부는 6세부터 12세까지의 초등 기본교육은 물론이고 12세 이상의 고등 기본교육에 관한 일체 비용을 국가가 부담하고 의무로 시행하는 국가를 건국강령에서 표방했습니다. 그런데 전 세계에서 대학 진학률이 가장 높은 대한민국의 현실은 어떻습니까? [표23]은 2008년 OECD 교육지표입니다.[70] 15년 전 자료지만 현재도 다르지 않을 겁니다.

[표23]에서 '정부 의존형 사립대'란 정부가 대학 재정의 50% 이상을 지원하거나 교수의 급여를 지원하는 대학을 말합니다. 그렇지 않은 대학을 '독립형 사립대'이라 합니다. 우리나라는 일본과 더불어 OECD에서 압도적으로 독립형 사립대가 많습니

[표23] 2008년 OECD 교육지표

구분	국공립대	정부 의존형 사립대	독립형 사립대	구분	국공립대	정부 의존형 사립대	독립형 사립대
한국	22.2	-	77.8	호주	98.0	-	2.0
일본	24.1	-	75.9	스웨덴	93.8	6.2	-
미국	71.9	-	28.1	독일	95.9	4.1	-
프랑스	87.1	0.6	12.3	핀란드	89.5	10.5	-
이탈리아	92.8	-	7.2	영국	-	100	-

70) 윤지관·박거용·임재홍 외, 『사학 문제의 해법을 모색한다』, 실천문학사, 2012

다. 참 독특한 나라입니다.

　2003년 기준으로 사학재단이 학교 운영을 위해 투자하거나 지원하는 '재단전입금'이 사립 중고등학교는 평균 2%, 사립 대학은 5.6%에 불과합니다. 이는 처음부터 사립학교의 운영 목적이 이윤 창출에 있음을 보여줍니다.

　임시정부 건국강령에 비춰 대한민국의 현실 중 대표적으로 의료와 교육을 살펴봤습니다. 어디 의료와 교육만 그렇겠습니까? 사회 모든 영역이 각자도생입니다.

　하나만 더 살펴보겠습니다. [도표22]는 총취업자 대비 정부 고용 비율입니다. '정부 고용'이란 공무원과 공기업 직원을 의미합니다.

[도표22] 총 취업자 대비 일반 정부 고용 비율

단위: %

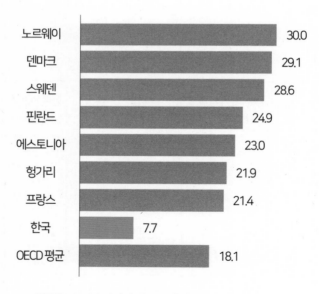

한국은 2017년, 나머지는 2015년 기준
자료: OECD·기획재정부

교육개혁은 없다 2

근심 걱정 없는 삶에 첫 번째 조건은 생활의 안정입니다. 안정된 생활의 출발은 안정된 일자리입니다. 안정된 일자리를 대표적인 게 정부 기관과 공기업입니다. 2020년 기준으로 공무원, 공기업 직원이 우리나라 전체 고용에서 차지하는 비중은 10.2%입니다. 문재인 정부 때 많이 늘어서 그렇지, 위 도표에서 보듯이 2017년에는 7.7%였습니다.

다른 OECD 국가들은 어떨까요? 한국은 OECD 평균 18.1%(2015년 기준)의 절반에 못 미치고, OECD 꼴찌 수준입니다. 북유럽 국가들은 30%에 육박합니다. 3명에 1명꼴로 공무원이나 공기업 직원입니다.

한국 언론은 툭하면 공무원과 공기업 직원들을 '철밥그릇'이라고 비난합니다. 대대손손 '다이아몬드 그릇'인 재벌 3세, 4세들에게는 아무 말도 못 하면서요. 자신들이 중소기업 비정규직 노동자들을 대변이나 하는 듯이 공무원, 공기업 노동자들을 공격합니다.

공무원, 공기업만이 아니라 모든 국민이 '철밥그릇'이어야 합니다. 자기 밥그릇도 지키지 못하는 사람이 사회를 위해 무엇을 생각하고 실천할 수 있겠습니까.

3명당 1명꼴로 '철밥그릇'인 북유럽 국가는 공무원, 공기업 직원이 전체 노동자들의 근로조건을 끌어올리는 역할을 합니다. 상향 평준화하는 것이죠. 우리는 10명당 1명꼴로 '철밥그릇'인데 그들에게 비아냥거리며 하향 평준화하자고 하는 거죠. 임시정부가 만들고자 했던 나라는 한반도가 아니라 북유럽에서 실현되고 있습니다.

임시정부 건국강령은 사회개혁의 기준

한국이 '헬조선'이 된 이유를 꼽자면 열 손가락도 부족하겠지만, 핵심은 일자리,

주거, 교육입니다. 그중 교육과 일자리는 앞서 살펴보았으니 이번에는 주거 문제를 함께 생각해보겠습니다.

2022년 기준 대한민국의 합계출산율은 0.78인데, 서울은 0.59입니다. 서울시민을 생물 종으로 치면 멸종 단계에 들어선 거죠.

왜 서울의 청년들은 애를 낳지 않을까요? 결혼을 못 하니까 그렇습니다. 왜 결혼을 못 할까요? 집값이 비싸서 못 합니다. 서울은 주거 형태의 60%가 아파트인데, 평당 가격이 2023년 기준으로 3,063만 원입니다. 2021년에 평당 4천만 원을 돌파했다가 떨어진 게 이 정도입니다. 서울 직장인들의 평균 연봉이 4,024만 원이고, 청년들은 이보다 더 적을 테니, 1년 동안 한 푼도 안 쓰고 모아도 아파트 한 평을 못 삽니다. 서울에서 30평대 집을 사려면 30년 넘게 한 푼도 안 쓰고 모아야 합니다. [도표23]

[도표23] 서울 30평 아파트 평균 매매가격

단위: 원, 2월 기준

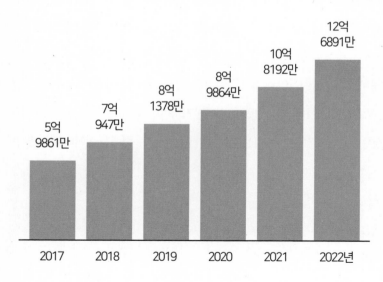

교육개혁은 없다 2

모든 상품은 시간이 흐르면 가치가 떨어집니다. 새 차보다 중고차가 더 비쌀 수는 없는 거죠. 그런데 가만히 서 있는 아파트값이 왜 올라갈까요? 콘크리트 덩어리가 새로운 가치를 생산했을 리 없으니, 아파트값이 오른다는 것은 결국 땅값이 오른다는 겁니다.

대한민국의 땅값은 얼마나 올랐을까요? 시민단체 경제정의실천시민연합(이하 경실련) 부동산본부의 자료에 따르면 1964~2013년 50년 동안 쌀값은 50배 올랐는데, 땅값은 무려 5,000배가 올랐다고 합니다.

[표24]은 2019년 12월 경실련이 발표한 역대 정권의 땅값 등락액입니다. 2019년 자료니까 문재인 정부는 임기 2년 동안 등락액입니다.

[표24] 정권별 땅값 등락액

단위: 원

	정권내	연평균
전두환 정부	341조	49조
노태우 정부	1198조	240조
김영삼 정부	383조	77조
김대중 정부	1153조	231조
노무현 정부	3123조	625조
이명박 정부	-195조	-39조
박근혜 정부	1107조	277조
문재인 정부	2054조	1027조

자료: 경제정의실천시민연합

한국 땅을 모두 팔면 캐나다를 두 번 살 수 있고, 호주와 독일도 충분히 살 수 있다고 합니다. 캐나다와 호주는 사람이 살지 않는 땅이 많으니까 그렇다 치고, 독일을 살 수 있다니요? 독일의 국토 면적이 한국보다 3배 큰데, 한국의 GDP는 독일의 40% 수준이지만 토지가격 총액은 독일의 130% 수준이기 때문이라고 합니다.[71]

지금 대한민국의 땅은 누가 갖고 있나요? [표25]는 한국의 토지제도를 연구하고 토지정책을 생산하는 〈토지+자유 연구소〉가 2020년 3월 발표한 보고서 「2019 토지 소유 현황 분석: 토지 소유는 얼마나 불평등한가?」에 수록된 자료입니다.

2018년 12월 기준으로 소유 구분에 따른 토지 현황은 [표25]와 같습니다.

[표25] 소유 구분에 따른 토지 현황　　　2018년 12월 기준

소유 구분	가격(조원)	비중
개인소유	2,749	56.8%
법인소유	1,050	21.7%
국가·지자체소유	929	19.3%
기타	109	2.2%
총합계	4,837	100.0%

국가·지자체 소유 토지가 20%가 안 됩니다. 80%는 개인과 법인(기업, 학교 등) 소유입니다. 토지를 국유로 하겠다는 임시정부의 건국강령과는 완전히 반대 상황이죠. 그러면 개인과 법인 소유 토지는 누가 갖고 있을까요? [표26]

---

71)　전강수 외 8인, 『헨리 조지와 지대개혁』, 경북대학교 출판부, 2018

[표26] 상위 10% 토지 소유 현황

개인 소유 토지			법인 소유 토지		
기준	가격기준	면적기준	기준	가격기준	면적기준
상위 0.1%	12.3%	19.1%	상위 1%	70.5%	75.4%
상위 1%	38.1%	53.6%	상위 5%	84.0%	88.0%
상위 10%	83.5%	96.5%	상위 10%	89.3%	92.3%

법인 소유 토지도 그렇지만, 개인 소유 토지는 상위 1%가 절반을, 10%가 거의 다 갖고 있습니다. 하위 90%의 국민은 토지 소유와 관련해서는 완전히 빈털털이입니다.

한국전쟁 이후 진행된 토지개혁이 마무리되었던 1955년에 한국의 토지분배 지니계수는 0.3으로 토지분배가 비교적 평등한 나라였습니다. 현재 대한민국의 토지분배 지니계수는 0.8입니다. 지니계수란 0은 완전 평등, 1은 완전 불평등을 의미합니다. 완전 불평등에 가깝죠. 건국대학교 경제학과 최배근 교수는 현재 한국의 토지 소유 상황은 농민들의 봉기가 끊이지 않았던 조선 말기 상황과 거의 비슷하다고 말합니다.

다시 주거 문제로 돌아오죠. 자본주의 국가 중 주거 문제를 모범적으로 풀어낸 나라로 싱가포르를 꼽습니다. 싱가포르는 인구 600만 명의 작은 도시국가입니다. 국토 면적은 서울보다 조금 크고, 인구밀도는 세계에서 세 번째로 높습니다. 그런 싱가포르는 자기 집 보유율이 90%가 넘습니다. 국민의 90%가 저렴한 공공주택에 거주합니다. 저렴한 공공주택이라고 하니까 우리나라의 영구임대주택을 생각할 수 있겠는데, 우리의 영구임대주택은 18평 이하지만, 싱가포르의 공공주택은 작게는 방 2개부터 많게는 5개의 중대형 아파트를 포함합니다. 싱가포르는 어떻게 주거 문제를 해결했을까요?

영국의 식민지였던 말레이시아는 1957년에 독립했고, 말레이시아의 한 주였던 싱가포르는 1965년에 말레이시아 연방에서 독립했습니다. 중국계 78%, 말레이계 14%, 인도계 7%로 민족이 다양하고, 공용어도 영어, 중국어, 말레이어, 타밀어로 다양하며, 종교도 불교, 이슬람교, 기독교, 도교, 힌두교 등 복잡한 구성으로 국가 운영에 어려움이 많은 나라입니다.

1960년대만 해도 싱가포르의 주택은 대부분 슬럼가였고, 자기 집을 소유한 국민은 9%에 불과했습니다. 싱가포르는 국민을 하나로 묶어줄 수 있는 자부심 있는 나라로 만들 핵심 정책을 주거에서 찾았습니다.

싱가포르의 초대 총리 리콴유는 사회적·정치적 안정을 위해서는 누구나 집 걱정 없이 살 수 있는 사회, '집 소유 사회'(Home Ownership Society)를 선언했습니다. 리콴유 총리는 주택개발청을 설립하고, 토지와 관련한 헌법 조항을 만들어 토지수용법을 제정하고, 토지 국유화 정책을 밀고 나갔습니다. 1960년대에 40%에 불과했던 국가 소유 토지는 계속 증가하여 현재 90%에 이릅니다.

싱가포르는 인구밀도가 높은 도시국가이기 때문에 주된 주거 형태가 아파트입니다. 주택개발청은 아파트를 지어서 99년간 임대합니다. 집을 임대한 후 99년 동안 살기는 쉽지 않으니 사실상 자기 집입니다.

토지가 국가 소유이니 아파트값은 오직 건물값입니다. 그러니 값싸게 주택을 공급할 수 있습니다. 가난한 사람들을 위한 주택이 아니라 90% 국민이 살아가는 주택입니다. 모두가 자기 집을 가질 수 있도록 국가가 장기간 낮은 이자로 대출해줍니다.

교육개혁은 없다 2

한국의 영구임대주택과 달리 싱가포르의 공공주택은 5년이 지나면 매매할 수 있습니다. 하지만 개인 간에 매매하는 게 아니라 주택개발청에 팔고 주택개발청에서 사야 합니다. 영구임대주택이 아니고 매매할 수 있지만, 한국처럼 집이 투자나 재산 증식의 수단이 될 수 없습니다.

싱가포르에서도 부자들은 공공주택이 아니라 교외에 있는 넓은 민영주택에 삽니다. 그런 사람들이 10% 정도 되지요. 그래도 90%의 평범한 사람들은 집 걱정 없이 살아갈 수 있으니 사회적으로 큰 갈등이 발생하지 않습니다.

이제 다시 한국의 주택 문제로 돌아오겠습니다. 개혁에 대한 높은 기대를 안고 출발한 문재인 정부는 부동산 정책에 실패해서 정권 교체당했습니다.

문재인 대통령은 2019년 '국민과의 대화'에 출연했을 때 부동산 문제는 반드시 잡겠다고 큰소리쳤습니다. 그러나 문재인 정부 5년 동안 전국의 집값이 두 배로 뛰었죠. 임기 도중 26번의 부동산 대책을 내놓았는데 말입니다. 역대 정권이 집값을 잡겠다고 했지만, 모두 실패한 원인을 구조적으로 살펴야 합니다.

집값이 오르는 이유는 집이 부족해서가 아닙니다. 주택 보급률은 2010년에 이미 100%를 넘었습니다. 그러나 무주택자가 43%입니다.

지난 30년 동안 주택 문제를 해결한다고 계속 신도시를 개발하고 아파트를 지었습니다. 2008~2018년 10년 동안 지은 주택만 해도 490만 호에 이릅니다. 그러나 절반 가까운 250만 호를 다주택자가 차지했으며, 다주택자가 보유한 주택 수는 평균 3.2채에서 6.7채로 증가했습니다. 그러니 아파트를 많이 지으면 뭐 하겠습니까? 건설업자와 다주택자들의 배만 불리고, 무주택자의 고통은 변함이 없습니다.

무주택자의 고통도 문제지만, 사회 전체적으로도 문제입니다. [도표24]는 〈토지+자유 연구소〉가 2020년 4월에 발표한 보고서 「부동산이 소득 불평등에 미치는 영향

에 관한 연구」 중 2007~2018년의 부동산 소득과 GDP 중 부동산 소득이 차지하는
비율입니다.

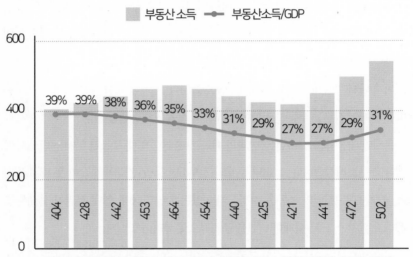

[도표24] 2007~2018년의 부동산 소득과 GDP 중 부동산 소득이 차지하는 비율

2007~2018년에 부동산 소득, 즉 불로소득이 GDP에서 차지하는 비율은 32.8%
입니다. 문재인 정부는 '소득 주도 성장'을 내걸었는데, 결과는 '불로소득 주도 성장'
이 되었습니다. '땀'이 아니라 '땅'이 대우받는 사회가 되었습니다. 누가 '갭 투자'를
해서 얼마 벌었다더라 하는 이야기를 들으면 열심히 땀 흘려 일할 맛이 날까요?

부동산 투기판에 뛰어들 형편이 못 되는 사람들은 주식 투자에 뛰어듭니다. 1
천만 명이 아침저녁으로 주식 그래프를 보며 울고 웃습니다. 그럴 형편이 안 되는
2030 세대 500만 명은 암호화폐에 뛰어듭니다. 그렇게 온 나라가 투기판이 되었습

교육개혁은 없다 2

니다.

부동산, 주식, 암호화폐, 이것은 자기 돈으로 하는 게 아닙니다. 은행에서, 안 되면 제2금융권에서 빌려다 합니다. 그래서 금융기관의 채무 노예로 인생을 삽니다.

이제 근본적 문제를 생각해봅시다. 땅은 누가 만들었습니까? 아무도 만들지 않았습니다. 토지 문제와 관련하여 가장 저명한 경제사상가로 헨리 조지(Henry George)를 꼽습니다. 그는 "사적 소유는 인간이 노력해서 만든 인공물에 국한되어야 하며, 모든 지대(地代)는 도둑질"이라고 주장했습니다.

헨리 조지는 19세기 미국의 경제학자인데요, 토지 문제에 대해 꼭 그의 생각을 빌려오지 않더라도 임시정부의 건국강령에 토지 문제에 대한 답이 있습니다. 임시정부 건국강령의 토지 관련 정책은 토지를 국가 소유로 하며, 토지는 농민에게 나누어 주고 토지의 상속, 매매, 저당 등을 금지하는 것입니다.

해방 당시에는 농민이 전체 인구의 80%를 차지했고, 지주 소작 제도를 청산하는 게 가장 큰 사회적 과제였으니 건국강령에서 토지 국유화를 내세웠지만, 지금 한국 사회에서 토지 국유화는 너무 과격한 정책이 아닌가 생각할 수도 있습니다. 그 문제도 생각해보겠습니다.

한 세대 전 이야기입니다. 노태우 정부 초기에 집값이 폭등했습니다. 1986~1988년에 3저 호황(저달러, 저금리, 저유가)으로 밀려든 달러가 시중에 풀리면서 증시와 부동산 시장을 뜨겁게 달궜습니다. 땅값이 1988년에 27.5%, 1988년에 32% 오르고, 집값도 1988년에 13.2%, 1989년에 14.6%가 올랐습니다.

노태우 정부로서는 주거 문제를 해결하지 않고선 정권 유지가 어려웠습니다. 그래서 분당·일산 등 신도시를 개발하여 아파트 200만 호를 짓고, 한편으로는 토지공개념 3법을 제정합니다. 토지공개념 3법이란 아래와 같습니다.

- 택지소유상한제: 200평 이상 소유할 경우 부담금 부과
- 토지초과이득세: 유휴 토지의 가격이 상승할 경우 가격 상승분의 50%를 과세
- 개발이익환수제: 1천 평 이상 개발사업에서 얻은 이익의 50%를 환수

토지공개념은 1976년 박정희 독재정권 때 도입한 개념입니다. 대표적인 게 '그린 벨트'입니다. 자기 땅이라 하더라도 공공의 이익을 위해 함부로 개발하지 못하게 한 것이죠. 토지공개념 3법도 노태우 군부독재가 만든 법입니다. 그런데 1987년 민주 항쟁의 성과로 설립된 헌법재판소가 정반대로 판결합니다.

헌법재판소는 1994년 토지초과이득세법에 헌법불합치 판결을, 1999년 택지소 유상한제에 위헌 판결을 합니다. 개발이익환수제는 헌법재판소가 판결하기 전에 25%로 줄이는 것으로 개정해버립니다. 헌법 정신을 수호하라고 만든 헌법재판소 가 건국강령의 정신과 반대로 판결하고 있으니 대한민국 판사들은 누구를 위한 존 재일까요?

대한민국 임시정부의 건국강령은 저 멀리 싱가포르에서 구현됐습니다. 국유지가 40%인 조건에서 국가가 책임지고 주거 문제를 해결하겠다고 선언했고, 그 방법을 토지 국유화와 국가가 책임지는 주택 보급으로 잡았습니다.

'집 소유 사회'를 선언하고 추진한 리콴유 총리는 31년이나 장기 집권한 권위주의 적 통치자였습니다. 그런 정치인이 중국계, 말레이계, 인도계가 섞여 있는 복잡한 싱가포르의 국가 정체성을 세우기 위해 토지 국유화 정책을 밀고 나갔습니다.

지금 한국 사회는 어떻습니까? 출생률이 전 세계에서 압도적 꼴찌에, 불로소득이 판치는 사회입니다. 이 사회를 바꾸기 위한 길이 헌법 전문에서 명시한 임시정부 건 국강령에 담겨있는데, 헌법재판소는 임시정부의 강령과 정반대로 판결합니다. 그

렇다면 토지공개념을 헌법에 명시하면 되는데, 그렇게 하겠다는 정치세력이 없습니다. 군부 독재자들도 추진했던 했던 토지공개념이 민주화 시대에 실종되었습니다.

임시정부 건국강령이 실현된다면 우리 사회가 어떻게 바뀔까요?

주택도시보증공사의 발표에 따르면 2022년 1월 기준 서울의 아파트 분양 가격은 평당 3,125만 원인데, 실제 건설 원가는 600만 원이라고 합니다.[72] 5배 차이네요.

우리도 싱가포르처럼 국가가 토지를 소유하고, 주택만 분양하면 평당 600만 원에 주택을 공급할 수 있다는 것이죠. 신혼부부라면 20평 아파트를 1억 2천만 원에 살 수 있습니다. 당장 돈이 없다면 국가가 저리로 대출해주면 됩니다. 애를 낳고 키우다 넓은 평수가 필요해지면 30평 아파트가 2억 정도입니다. 땀 흘려 일하면 얼마든지 부담할 수 있는 금액입니다.

왜 이런 나라를 만들 엄두도 내지 못할까요? 이게 무슨 천재의 머리에서 나올 놀라운 아이디어입니까? 1965년에 독립할 때만 해도 자기 집을 소유한 사람이 9%밖에 안 되던 싱가포르가 한 세대 만에 이룩한 것을, 독재자라고 비난받던 리콴유 총리가 해낸 것을 왜 대한민국이 할 수 없단 말입니까.

헬조선은 어쩔 수 없는 우리의 팔자가 아니라 대한민국 지배 세력들이 자신들의 이익을 위해 만들어낸 작품입니다. 이제 헬조선 시대를 마감하고 새로운 나라를 만들 준비를 해야 합니다. 헌법에 명시된 대한민국 임시정부의 건국강령을 이제라도 실현하는 길로 가야하지 않겠습니까.

---

72) KBS뉴스, 〈강남도 건설원가는 3.3㎡당 600만 원…'반값 아파트' 가능할까〉, 2022. 2. 4.

사회개혁의 주체는 누구인가?

제3부의 1~3장에서 지금까지 드린 말씀을 잠시 요약해보겠습니다.

현재 대한민국의 상태는 교육개혁에 대해 상식적 토론조차 가능하지 않으며, 현재 한국 사회를 이끌어 가고 있는 지배세력들은 교육개혁이 가능한 복지사회를 만들 생각이 없습니다.

교육개혁은 사회개혁을 전제로 합니다. 직업의 귀천이 너무 커서 교육이 전쟁이 된 사회에서 사회개혁을 전제로 하지 않고 교육개혁을 말하는 것은 무지의 소산이거나 기만입니다.

그러면 한국 사회의 개혁 방향은 무엇일까요? 답은 헌법에 있습니다. 3.1운동으로 건립된 대한민국 임시정부가 세우고자 했던 나라, 건국강령에서 출발하면 됩니다. 임시정부가 정식 정부가 되었다면 실현되었을 건국강령을 지금이라도 다시 시작해야 합니다. 그래야 헬조선 시대를 끝내고 정의롭고 행복한 사회를 만들 수 있고, 그 토대 위에서 교육을 개혁할 수 있습니다.

그러면 누가 임시정부의 건국강령을 실현할 수 있을까요? 실현할 세력이 잘 형성되어 있다면 걱정 없을 것이고, 세력이 작다면 키워야 할 것이고, 없다면 만들어야겠죠.

한국 교육을 바꿔보려는 운동은 오래전부터 시작되었습니다. 1989년 초중고 교사들의 전교조 결성을 시작으로 대학교수, 교직원, 학부모, 지역 주민, 시민단체, 노동조합들이 나서서 교육개혁을 목표로 하는 운동단체들을 많이 결성해왔고, 그 힘이 모아져 조금씩 조금씩 교육을 바꿔왔습니다.

교육운동 단체들의 노력은 결국 정치를 통해 해결되었습니다. 사립학교의 비리를 해결하려면 국회에서 사립학교법을 개정해야 했고, 무상급식을 위해서는 시도의회에서 조례를 제정해야 했습니다. 시도 교육감 선거에 직접 나서서 교육행정을 바꾸기도 했습니다. 법률을 고치건, 시행령을 고치건, 조례를 고치건, 교육행정을 바꾸건, 결국 해결의 장은 정치입니다.

교육개혁도 그러한데, 그 전제가 되는 사회개혁은 어느 영역에서 해결됩니까? 당연히 정치입니다. 정치를 다루면서 대한민국의 현실 정치에 대해 언급하지 않고 다른 나라의 좋은 이야기만 할 수 없습니다. 추상적인 이야기로 얼버무릴 수도 없습니다. 솔직한 돌직구로 이야기를 시작해보겠습니다.

국민의 고통과 동떨어진 대한민국 정치

한국의 민주주의는 세계 최고 수준입니다. 1987년 6월항쟁은 군부독재를 끝냈고, 2016년 촛불 항쟁은 단 한 명의 사상자도 없이 국정을 농단한 대통령을 끌어내렸습니다. 전 세계 언론이 "민주주의는 한국에서 배워야 한다"며 감탄했습니다.

그러나 이를 수렴하여 정책으로 펼쳐야 할 제도권에서 민주주의는 매우 후진적입니다. 김누리 교수는 『우리의 불행은 당연하지 않습니다』에서 한국의 의회민주주의를 근본적으로 성찰해야 한다고 지적합니다.

지금과 같은 끔찍한 사회 질서를 만든 곳은 바로 '여의도'입니다. 300명 국회의원 중에서 290명 정도는 자유시장 경제를 지지하는 사람들입니다. 세계 어느 나라에서도 이런 극단적인 의회 구성은 찾아볼 수 없습니다. 심지어 미국도 이렇게 극단적이지는 않습니다. 오로지 자본주의의 효율성과 경쟁력만을 외치지 사회적 정의와 인간적 존엄을 외치는 정치인은 찾아보기 어렵습니다.

우리나라는 해방 이후 한 번도 보수와 진보가 경쟁한 적이 없습니다. 지금 한국의 정치 지형은 보수와 진보가 경쟁하는 것이 아니라 수구와 보수가 손을 잡고 권력을 분점해온 구도입니다. '수구-보수 과두 지배'입니다. 그들의 정책은 거의 차이가 없습니다. 굳이 찾자면 통일 정책 정도, 북한의 김정은을 바라보는 관점 정도입니다.

그들의 대립은 연극에 불과합니다. 그들은 정말 중요한 싸움은 하지 않습니다. 재벌 개혁을 어떻게 할 것인가, 노동자들을 '기업 살인'으로부터 어떻게 보호할 것인가, 세계 최고의 불평등을 어떻게 해소할 것인가, 세계 최고의 자살률을 어떻게 잡을 것인가, 어떻게 정의로운 과세를 실현할 것인가, 어떻게 아이들을 이 살인적인 경쟁에서 해방할 것인가, 어떻게 이 학벌 계급 사회를 혁파할 것인가? 모든 국민을 고통스럽게 하는 이런 중요한 문제들을 두고 그들은 싸우지 않습니다.

김누리 교수는 현재 의회민주주의는 민의를 전혀 반영하지 못하는 '수구—보수 과두 지배 체제'라고 규정했습니다. 수구와 보수가 권력을 분점하고 있을 뿐, 국민의 고통은 아랑곳하지 않고 정쟁과 연극만 한다고 비판했습니다.

그렇다면 정치개혁은 어떻게 해야 가능할까요?

첫째는 기존의 정치세력이 환골탈태하고 혁신하는 것입니다.

둘째는 새로운 정치세력이 낡은 정치세력을 대체하는 것입니다.

교육개혁은 없다 2

이에 대해 김누리 교수는 2020년 2월 16일 한겨레신문에 기고한 칼럼 〈민주당의 정체는 무엇인가〉에서 새로운 정치세력이 필요하다고 역설합니다.

수구와 보수가 결탁한 이 강고한 '기득권 정치계급'을 타파하지 않는 한 '헬조선'은 결코 극복될 수 없다. 두 차례의 정권 교체가 우리에게 가르쳐준 교훈은 정권이 바뀌어도 정치 지형이 바뀌지 않는 한 한국 사회의 질적 변화는 불가능하다는 사실이다.

이제 정치 지형을 바꿔야 한다. 수구-보수 과두 지배 체제를 진정한 의미의 보수-진보 경쟁 체제로 전환해야 한다. 냉전에 기생해온 낡은 수구는 정치의 무대에서 사라지고, 새로운 생태적·사회적 상상력으로 무장한 젊은 진보가 무대에 올라야 한다. 민주당의 시대적 사명은 좋은 보수를 자임함으로써 가짜 보수를 퇴장시키고, 자신의 왼쪽에 진짜 진보의 공간을 열어주는 것이다.

김누리 교수의 주장은 정권 교체가 아니라 정치 지형 교체가 필요하다, 냉전에 기생한 낡은 수구 정치를 청산해야 한다, 수구─보수의 과두 지배체제를 보수─진보 경쟁체제로 전환해야 한다, 이렇게 세 가지로 요약할 수 있겠습니다.

국민의힘과 민주당은 무엇이 다른가?

앞서 김누리 교수는 국민의힘과 민주당의 차이가 통일 정책 정도이며, 그 외 영역에서는 별 차이가 없다고 지적했습니다. 민주당 지지자가 김누리 교수의 이야기를 들으면 섭섭하겠지만, 섭섭한 이야기를 좀 더 해볼까요?

두 당이 정책적으로 별 차이 없다는 것은 정치인 김종인 씨가 잘 보여주었습니다.

김종인 씨는 비례대표로만 국회의원을 다섯 번이나 한 독특한 이력의 소유자입니다. 통상 비례대표로 정치에 입문해도 다음부터는 지역에서 출마하거든요. 김종인 씨는 1980년 전두환의 국보위에서 정치에 입문하여 민정당 국회의원을 지냈습니다. 노태우 정부에서는 보건사회부 장관과 청와대 경제수석, 민자당 국회의원을 지냈습니다.

군부독재 정권에서 출세 가도를 달렸던 김종인 씨는 2004년에 말을 갈아타고 김대중 대통령이 만든 새천년민주당의 국회의원을 합니다. 2012년에는 세 번째로 말을 갈아타고 박근혜 대통령 후보의 선거대책위원장을 맡습니다. 2016년에는 네 번째로 말을 갈아타고 민주당 비상대책위원장을 맡습니다. 2020년에는 다섯 번째로 말을 갈아타고 미래통합당(현 국민의힘) 비상대책위원장을 맡았습니다.

정당이 위기에 처해 비상대책위원회 체제가 되면 자기 정체성을 명확히 하고 적극 지지층을 끌어모으는 것부터 정상화를 시도합니다. 민주당 비대위원장도 김종인, 미래통합당 비대위원장도 김종인, 두 당의 차이는 무엇일까요?

정당과 정치인의 정체성에 대해 고민거리를 던져준 사람은 많지만, 안철수 의원도 김종인 못지않습니다. '새정치'라는 화두를 던지며 혜성처럼 등장했던 안철수 의원은 2011년 서울시장 보궐선거에서 박원순과, 2012년 대선에서 문재인과 후보 단일화를 이루며 정치에 입문하자마자 곧바로 거물 정치인이 되었습니다.

그는 높은 인기를 바탕으로 2013년 제1야당인 새정치민주연합의 대표가 되었다가, 2016년 총선에서는 새정치민주연합을 탈당해 호남을 기반으로 '국민의당'을 창당하여 40석을 얻으며 제3당의 대표가 되었습니다.

그런데 2017년 대선에서 낙선한 후에는 2018년에 '원조 친박' 유승민과 합당하여 '바른미래당'을 만듭니다. 2020년 총선에서 '국민의당'을 만들어 대표가 된 후, 2021

교육개혁은 없다 2

년 서울시장 보궐선거에서는 '국민의힘' 오세훈과 후보 단일화를 했고, 2022년 대선에서는 윤석열 후보와 단일화를 한 후 국민의힘에 입당했습니다. '안철수 현상'이라는 신조어가 나올 정도로 국민의 관심을 받은 정치인도 드물었는데, 아직도 궁금한 것은 그의 '새정치'입니다.

안철수와 함께 새정치민주연합 공동 당 대표를 했고, 함께 국민의당을 만들었던 김한길도 지금은 윤석열 정부에서 국민통합위원장을 하고 있습니다.

김종인, 안철수, 김한길, 세 사람을 갖고 국민의힘과 민주당에 본질적 차이가 없다고 할 수 있겠냐는 문제 제기가 있을 수 있습니다. 그래서 조금 더 생각해보기로 하죠.

문재인 정부는 촛불 항쟁의 성과로 집권했습니다. 박근혜 대통령이 탄핵당했지만, 국회에서 자유한국당은 기죽지 않고 계속 개혁에 발목을 잡았습니다. 이에 2020년 4월 총선에서 국민은 민주당에 183석을 몰아주었습니다. 개헌 빼고 모든 것을 단독으로 처리할 수 있는 강력한 국회 구성이었습니다. 자유한국당이 상임위원장을 비토하는 바람에 18개 상임위원장을 민주당이 독차지했습니다.

2020년 가을 정기국회에 '전태일3법'이 입법 청원 되었습니다. '전태일3법'이 뭐냐면, 첫째 근로기준법이 적용되지 않는 5인 미만 사업장에서 일하는 350만 노동자들에게도 근로기준법을 적용하는 것입니다. 둘째 570만에 달하는 특수고용 및 간접고용 노동자들에게 '노조 할 권리'를 보장하는 것입니다.[73] 셋째 한해 2,400여 명의

---

73) 특수고용 노동자란 화물차 노동자, 학습지 교사, 보험설계사, 택배 등 노동자인데 노동자성을 인정받지 못하는 노동자를 말한다. 간접고용 노동자란 기업이 노동자를 직접 고용하지 않고 파견, 용역, 자회사 등을 통해 고용된 노동자를 말한다.

노동자가 산업재해로 숨지는 현실에서 '중대재해 기업 처벌법'을 제정하여 OECD 최고의 산업재해 국가라는 불명예를 씻자는 것입니다.

전태일 3법은 어떻게 되었을까요? 5인 미만 사업장에 근로기준법을 적용하는 것과 특수고용·간접고용 노동자에게 노동조합 할 권리를 보장하는 것은 아예 심의조차 안 했습니다. '중대재해 기업처벌법'은 '중대재해 처벌법'으로 바꿔서 통과시켰습니다. 중대재해를 일으킨 기업주를 처벌하랬더니 중대재해를 처벌하는 이름의 법을 만든 것이죠. 태풍으로 산업재해가 일어나면 태풍을 처벌하라는 뜻인가요?

윤석열 정부는 화물연대의 파업을 '북핵 위협'과 마찬가지라며 탄압하고, 건설노조를 '건폭'이라며 때려잡았는데요, 문재인 정부에서 '전태일3법'을 통과시켰더라면 노동자로 인정받지 못하는 화물연대 노동자들의 파업은 합법적 행위가 되었을 것이고, 건설노동자들도 하청노동자의 처지에서 벗어나 직접 고용의 길을 찾았겠죠. 윤석열 정부의 노동자 적대 정책은 규탄받아 마땅하지만, 문제를 해결하지 않은 문재인 정부와 민주당에 책임이 없을까요?

민주당이 '전태일3법'을 통과시키겠다고 나섰는데 국민의힘이 결사적으로 반대하여 못 했다면, 누가 민주당과 국민의힘에 차이가 없다고 하겠습니까? 민주당에 더 많은 힘을 실어줘야 한다고 하겠죠. 그러나 아무것도 안 했습니다. 국민이 183석을 몰아주었는데도 아무것도 안 했습니다. 그리고 정권이 교체된 후 윤석열 정부의 노동자 탄압을 비판합니다.

21대 국회가 끝나가는 2023년 11월 9일 소위 '노란봉투법'이 국회 본회의를 통과했습니다. 윤석열 대통령이 거부권을 행사할 것을 뻔히 알면서, 정권을 잡았을 때는 외면하다가 뒷북을 칩니다.

교육개혁은 없다 2

민주당은 김대중·노무현 대통령의 후예인가?

민주당 당사에는 김대중, 노무현 대통령의 사진이 걸려있습니다. 김대중, 노무현의 정신을 계승한다는 뜻이겠지요. 매년 김대중, 노무현 대통령 기일이 되면 길거리에 추모 현수막이 걸리고 추모 행사도 하지요.

앞서 2020년 '전태일3법'이 무산된 이야기를 했는데요, 2021년에는 이런 일이 있었습니다. 2021년 11월 9일 국회 법사위는 10만 명 넘는 사람들의 동의를 받아 국회 법사위에 회부된 '국가보안법 폐지·차별금지법 제정' 청원의 심사 기한을 여야 만장일치로 2024년 5월 29일로 미뤘습니다. 21대 국회 마지막 날이 그날이니까 21대 국회에서는 아예 심의하지 않겠다는 것이죠.

국가보안법은 어떤 법입니까? 2004년 노무현 대통령이 "국가보안법은 한국의 부끄러운 역사의 일부분이고 지금은 쓸 수도 없는 독재 시대의 낡은 유물이며, 이제 칼집에 넣어 박물관으로 보내는 게 좋을 것"이라며 폐지를 추진한 법입니다.

차별금지법은 어떤 법입니까? 김대중 대통령이 집권하기 전이었던 1997년 야당 총재였던 시절에 세 차례나 주장했고, 대통령 후보로 나섰을 때 공약이었습니다. 노무현 대통령도 후보 시절 차별금지법 제정을 공약으로 발표했죠. 또한 김대중 대통령이 만든 국가인권위원회에서 수도 없이 제정을 권유했던 김대중 대통령의 유지입니다. 이러고도 민주당이 김대중, 노무현의 정신을 계승하는 정당이라고 할 수 있을까요?

문재인 대통령은 한반도 운전자가 되겠다고 했습니다. 2018년 4월 27일 판문점에서 김정은 위원장과 정상회담을 하고, 9월에는 평양 능라도 경기장에서 15만 군중을 대상으로 감동적인 연설도 하며 온 겨레의 마음을 뜨겁게 달구었죠. 그랬던 문재인 정부가 금강산, 개성공단도 복원하지 못하고 임기를 마쳤습니다. 문재인 정부 임기 안에 금강산, 개성공단이 복원되지 못 할 수도 있다고 예상한 사람은 없을 겁니다.

왜 안 됐을까요? 정답은 트럼프 대통령이 말해주었습니다. 문재인 대통령이 평양을 방문하고 돌아온 후 강경화 외교부 장관은 국정감사에서 "천안함 사건 이후 금강산 관광 중단, 개성공단 중단 등 대북 제재를 명시한 5.24 조치를 해제할 수 있나?"는 질문을 받고 "관련 부처와 검토 중"이라고 답변했습니다.

이 소식이 미국으로 전해진 다음 날, 트럼프 대통령이 기자들과 만난 자리에서 한국 정부의 5.24조치 해제에 대해 질문을 받자 "그들은 우리의 '승인'(approval) 없이는 아무것도 하지 않을 것"이라고 답했습니다. 기자들이 '승인'이라는 표현에 귀를 의심하며 두 차례나 '승인'이 맞냐고 확인했는데 계속 '승인'이라고 답했습니다.

한반도의 정전 상황을 종식하고 평화와 번영을 심자는 4.27 판문점 합의, 9.19 평양 합의에 찬물을 끼얹은 트럼프의 망언에 대해 문재인 대통령을 비롯해 대한민국 정치인 중 문제 삼은 이는 아무도 없었습니다.

2009년 5월 노무현 대통령이 세상을 떠난 후 김대중 대통령은 이명박 정권의 만행에 분개하며 "담벼락에 대고 욕이라도 하라"고 말했습니다. 그 말이 김대중 대통령의 유언이 되어버렸는데요, 트럼프의 주권 침해 망언에 대해 담벼락에 대고 욕이라도 한 정치인이 민주당에 누가 있었습니까?

죽을 고비를 두 번이나 넘기며 헌정사상 최초의 정권 교체를 이뤄낸 김대중 대통령, '바보'라는 말을 들어가며 지역주의와 정면으로 대결했던 노무현 대통령은 한국 정치사에서 가장 탁월한 정치인이었습니다. 그러나 그들은 시대의 한계 속에서 집권했기에 사회개혁도 한계가 있었습니다.

교육개혁은 없다 2

김대중 대통령은 1997년 '수평적 정권 교체'를 내걸고 보수의 상징 김종필과 연합하여 정권 교체에 성공했습니다. 대선 직전 국가 부도 사태가 나고, 이인제 씨가 한나라당 내부 경선에 불복하며 출마하여 5백만 표를 가져간 상황인데도 겨우 38만 표 차이로 당선되었죠. 정권 교체는 거의 기적이었습니다.

집권과 동시에 국가 부도 사태를 수습해야 했기에 정리해고를 비롯한 신자유주의 노동정책을 받아들였지만, '과거사진실규명위원회', '국가인권위원회', '민주화운동보상심의위원회' 등을 만들어 잘못된 역사를 바로 세우려 했고, 2000년에는 분단을 뛰어넘은 남북정상회담과 6.15 공동선언으로 통일의 이정표를 세웠습니다.

노무현 대통령은 재벌 2세인 정몽준 의원과 선거 연합을 했는데도 겨우 50만 표 차이로 당선되었습니다. 집권 후에는 국가보안법 폐지를 시도하고, 사립학교법을 개정하고, 전시 군작전지휘권 환수 협약을 맺었습니다.

문재인 정부는 어떻습니까? 문재인 대통령은 박근혜 탄핵 직후 '반대로 기울어진' 운동장에서 보수세력과 연합하지 않고 독자적으로 정권을 잡았습니다. 분단 이후 최초로 싱가포르와 베트남에서 북미 정상회담이 개최되어 한반도 정세가 변화하는 역사적 시기가 도래했습니다. 게다가 2020년 총선에서 국민이 183석을 몰아주었습니다. 그런데 무엇을 했습니까?

2020년 총선 직후 단원고 2학년 3반 고 유예은 학생의 엄마 박은희 씨는 페이스북에 이렇게 썼습니다.

6년 전 국회 노숙 때 진상 규명을 위해 협상하지 말고 싸워달라고 했을 때, 민주당은 의원 수가 적어서라고 했다.

국민들이 총선에서 전폭적인 지지로 의석수를 늘려주었을 때, 왜 아직도 소극적이냐고 하니 집권당이 아니라서라고 했다.

국민 촛불로 박근혜가 탄핵되고 민주당이 집권당이 되어도 진상 규명이 지지부진한 이유를 묻자, 사사건건 통합당이 발목 잡아서라고 했다.

이제 그 마지막 이유도 사라졌다.

국민은, 유가족은, 우리 아이들은, 할 수 있는 모든 일을 했다.

이제 민주당과 정부가 할 일만 남았다.

정말 무거운 책임을 느껴야 한다.

예은이 엄마의 바람이 실현되지 못하고 문재인 정부가 끝났습니다. 내년이면 세월호 참사의 진실을 규명하지 못한 채로 10년을 맞이합니다.

2020년 4월 총선에서 183석을 얻은 이후 민주당이 보여준 모습을 보면 민주당을 더 이상 김대중, 노무현의 정신을 계승한 정당이라고 할 수 있겠는가 회의가 듭니다.

김대중 대통령은 평생을 군부독재와 싸웠고 최초의 정권 교체를 이룬 후에는 '제2의건국준비위원회'를 꾸려 낡은 시대를 청산하려 했습니다. 노무현 대통령은 지역주의와 싸웠을 뿐 아니라 친일·독재 미화 언론사인 조선일보·동아일보와는 명확히 선을 그었으며, 군 작전지휘권 환수를 반대하는 예비역 장성들에게 "부끄러운 줄 알아야지!"라고 호통친 대통령이었습니다. 현재 민주당이 실현하고 싶은 것은 무엇일까요? 그것을 실현하기 위해 누구와 손잡고 누구랑 싸우려 할까요?

문재인 정부 임기가 끝나가던 2022년 11월 국회에서 '문재인 정부 5년, 성과와 과제' 토론회가 열렸습니다. 이 자리에서 발제를 맡은 김성천 한국교원대 교수는 문재인 정부 5년을 "정무적 판단은 존재했지만, 교육적 판단 내지는 미래지향적 판단은 존재하지 않았다."고 평가했습니다. 한마디로 눈치만 보다가 끝났다는 겁니다.

교육개혁은 없다 2

2021년 4월 7일 시행된 서울·부산 시장 재보궐 선거에서 민주당이 참패했습니다. 불과 1년 전 총선에서 국민이 압도적으로 밀어주었는데 민주당은 큰 충격에 빠졌죠.

선거 직후인 4월 19일 민주당의 송영길 의원은 인터넷 언론사 〈민중의소리〉와 인터뷰에서 선거 패인에 대해 이렇게 말합니다.

"(정권 교체) 되자마자 전교조를 합법화시켰어야 했다. 대법원 판결이 남아있다는 이유로 계속 늦추다가 최근에야 되지 않았나?[74] 세월호 진상 규명 같은 문제도 '특별수사본부'를 만들어서 바로 했으면 안 됐을까? (왜 정권 분위기가) 가장 좋을 때, 가장 힘이 있을 때 그런 문제를 전광석화처럼 팍팍 풀지 못했을까 하는 아쉬움이 있다."

민주당의 가장 큰 문제는 국민의힘을 두려워하는 것입니다. 옳은 것을 위해 싸우다가 안 되면 국민에게 더 많은 힘을 모아달라고 손을 내밀면 됩니다. 그러나 현재의 민주당은 '옳고 그름'으로 판단하지 않습니다.

그들의 판단기준은 다음 선거입니다. 지지율이 높으면 다음 선거 때까지 지지율을 유지하기 위해서 개혁을 미룹니다. 그러다 지지율을 까먹으면 동력이 없다는 이유로 개혁을 포기합니다. 개혁을 위해 지지율과 의석수가 필요한 게 아니라, 의석수 자체가 목적으로 보입니다.

---

74) 고용노동부는 2013년 10월 해직 교사 9명을 노조에서 배제하라는 시정 요구를 이행하지 않았다며 전교조에 '노조 아님'을 통보했다. 이후 7년 간의 법정 소송 끝에 2020년 9월 대법원은 '노조 아님' 통보가 위법하다고 판결했다.

지금 민주당에 죽음의 고비를 2번이나 넘기며 군부독재와 맞선 김대중, '바보'라는 별명을 얻어가며 지역주의에 도전했던 노무현의 모습이 있습니까?

노무현 대통령은 국가보안법을 폐지하지 못했지만, 하려고 노력은 했습니다. 사립학교법이 한나라당의 반발로 재개정하여 누더기가 되었지만, 개정하려고 노력했습니다. 많은 국민이 노무현 대통령을 사랑했던 것은 그가 무엇을 이루었기 때문이 아니라, 옳은 것을 하려고 했기 때문입니다. 노무현을 통해 한국 사회의 희망을 보았기에 '노사모'가 결성되고 돼지저금통을 깼습니다.

현재의 민주당은 자기 성찰이 없습니다. 노무현 대통령은 퇴임 후 봉하마을에서 대통령 임기 중 일들을 깊이 돌아봅니다. 그리고 대중적 교양서로 읽힐 만한 '진보주의'에 대한 책을 내겠다고 결심합니다. 그 결심을 이루지 못하고 세상을 떠났고, 남겨진 유고들을 모아 『진보의 미래』가 출간되었는데요, 읽어보면 참여정부 시절의 신자유주의 정책들에 대한 진지한 성찰이 진정성 있게 다가옵니다.

그런데 2022년 민주당이 대통령 선거에 지고 나온 첫 마디는 '졌잘싸'였습니다. '졌지만 잘 싸웠다'의 줄임말이지요. 촛불 항쟁의 성과로 집권해서 국민의 기대에 부응하지 못한 것에 대해 정말 죄송하고 잘못했다는 반성이 아니라 0.7% 차이로 '졌잘싸'했다는 건데, 민주당이 대선에서 패배한 이후 문재인 정부 시절을 반성하고 성찰하는 것을 본 적이 없습니다.

민주당은 민주주의를 추구하는 정당인가?

247,077표, 0.73%의 차이로 당락이 갈렸는데 대한민국이 완전히 변했습니다. 윤석열 대통령은 과반수 득표에 못 미쳤는데도 100% 득표한 사람처럼 국가를 운영하

고 있습니다.

지난 대통령 선거에서 윤석열 후보는 48.56%, 이재명 후보는 47.83%, 심상정 후보는 2.37%를 얻었습니다. 만약 우리도 프랑스처럼 결선투표제를 했다면 윤석열 후보는 대통령이 될 수 있었을까요?

심상정 후보를 지지했던 2.37%의 유권자가 결선투표에서 윤석열을 지지했을까요, 이재명을 지지했을까요? 아마 결선투표에서 1, 2위가 바뀌었을 것입니다. 그랬다면 2023년 대한민국의 모습은 지금과 다르겠죠.

그런데 민주당 열성 지지자들은 결선투표가 없는 후진적 제도를 성찰하는 게 아니라 심상정 후보 때문에 졌다며 책임을 정의당에 돌리기도 하고, 윤석열 대통령이 잘못하면 '2찍'(2번 후보를 찍은 사람)들이 문제라고 비아냥거립니다.

문제를 제도적·구조적으로 보지 못하면 정치가 불행해집니다. 1987년 6월항쟁으로 전두환 독재가 무너지고 12월에 대선을 치렀습니다. 개표 결과 노태우 36%, 김영삼 28%, 김대중 27%, 김종필 8%로, 노태우 후보가 당선되어 군부독재가 5년 더 연장되었습니다.

대선 이후 민주 진영의 분노, 패배감, 무력감은 이루 말할 수 없었습니다. 이후 '양김 청산'을 내건 정치가 등장합니다. '양김 청산' 없이 민주주의는 없다며 박찬종, 이인제 등이 대선에 출마하며 한때 인기를 끌었지만, 둘 다 '철새 정치인'으로 정치 이력을 마쳤습니다.

만약 1987년 대선에서 결선투표가 있었다면 노태우와 김영삼이 결선에서 붙었을 것이고, 군부독재가 종식됐을 것이며, 역사는 다르게 펼쳐졌을 것입니다. 그런데 문제를 제도적·구조적으로 보지 못한 많은 사람이 '양김씨'를 증오하고 민주주의가 지체되는 이유를 그들에게서 찾았습니다.

2023년 한국 사회가 검찰 공화국으로 후퇴하여 민주주의가 무너진 게 누구 탓입니까? 윤석열과 단일화한 안철수 탓인가요? 아니면 이재명과 단일화를 거부한 심상정 탓인가요?

2022년 대통령 선거 이야기를 좀 더 해보죠. 대통령 선거를 한 달 앞둔 시점에서 선거 판세가 이재명 후보에게 불리하게 돌아가자 민주당은 막판 뒤집기를 위해 '정치교체'와 '국민통합'을 들고나왔습니다.

민주당은 2월 7일 의원총회를 열어 다당제 구조로 전환을 포함한 정치개혁 방안을 만장일치로 결의했습니다. 주요 결의 내용은 두 가지인데요, 국회의원 선거에서는 위성정당을 방지하는 연동형 비례대표제를 권역별 비례대표제로 바꾸고, 지방선거에는 3인 이상 중대선거구제 등 비례성을 대폭 강화해 세대, 성별, 계층, 지역 등 다양한 민심이 반영되는 선거 제도로 바꾸겠다는 것입니다.

민주당이 왜 이런 결의를 했을까요? 2020년 21대 총선에서 많은 비판을 받았기 때문입니다. 21대 총선을 앞두고 선거법을 개정하여 연동형 비례대표제를 시행하기로 했습니다. 그런데 미래통합당(국민의힘 전신)은 오로지 더 많은 의석수를 갖겠다고 '미래한국당'이라는 위성정당을 만들었습니다. 치졸한 반칙이었죠. 그러자 이에 맞대응한다고 더불어민주당도 '더불어시민당'이라는 위성정당을 함께 만들었습니다.

[표27]은 21대 총선 결과를 ① 미래한국당만 위성정당을 만들고 민주당은 만들지 않았을 경우와 ② 두 당 모두 위성정당을 만들지 않았을 경우 의석수가 어떻게 달라지는지 전북대 박동천 정치외교학과 교수가 분석한 것입니다. 여기서 더불어민주당 의석수는 '더불어민주당+더불어시민당+열린민주당' 의석수, 미래통합당 의석수는 '미래통합당+미래한국당' 의석수를 의미합니다.

[표27] 21대 총선 결과 분석

	더불어민주당	미래통합당	정의당	국민의당
실제 총선 의석수	183	103	6	3
①미래통합당만 만들었을 때	170	111	9	5
②둘 다 만들지 않았을 때	170	101	15	9

국민의힘은 위성정당을 만들어서 겨우 2석을 더 가져갔습니다. 만약 민주당이 원칙을 지켜 위성정당을 만들지 않았다면 민주당의 의석수는 183석이 아니라 170석이 되었겠지만, 9석의 정의당(심상정)과 5석의 국민의당(안철수)과 연대하여 국회를 운영했으면 됐을 것입니다. 어차피 183석을 갖고도 아무것도 안 하지 않았습니까?

그런데 민주당은 위성정당을 안 만들면 총선에서 미래통합당이 다수당이 되어 문재인 정부가 발목 잡힌다며 미래통합당과 똑같은 일을 했습니다.

20석 이상을 얻어 원내 교섭단체를 이루겠다는 목표를 세웠던 정의당은 6석에 그치자 민주당에 대한 반감이 커졌고, '민주당 2중대'라는 소리를 듣지 않기 위해 민주당과 계속 거리를 두었죠. 3석을 얻은 안철수는 더욱 존재감이 없어졌습니다.

안철수 후보가 막판에 윤석열 후보와 단일화를 한 것은 꺼져가는 정치 생명을 살리는 길로 봤기 때문이겠죠. 심상정 후보가 이재명 후보와 단일화를 거부한 이유는 민주당에 대한 불신과 반감의 결과겠죠. 21대 총선에서 민주당이 원칙 없이 욕심을 부린 게 대선에서 부메랑으로 돌아온 게 아닐까요?

민주당에 대해 너무 야박하게 평가하는 게 아니냐고 생각할 수도 있겠지만, 민주당이 의원총회에서 정치개혁을 결의하면서 "이번만은 믿어달라"고 한 것은 어떻게 되었을까요? 대선이 끝나자마자 도루묵이 되었습니다. 4개월 후에 치러진 지방선거에서 민주당이 다수당인 시·도의회에서도 2인 선거구로 만들었죠.

앞서 민주당이 김대중 노무현 정신을 계승하는 정체성이 있냐는 질문을 던졌는데, 더 나아가 민주주의를 추구하는 정당인가에 대해서도 회의적입니다.

민주주의 국가라면 선거에서 민의가 정확히 반영되어야 합니다. 그런데 지금 한국의 선거 제도가 어떻습니까? 국회의원 선거 제도가 좀 더 복잡해서 지방선거로 설명해보겠습니다. [표28]은 2018년, 2022년 서울시의회 선거 결과입니다.

[표28] 2018년, 2022년 서울시의회 선거 결과

	2018 지방선거(총 110석)		2022 지방선거(총 112석)	
	정당 득표율	시의회 의석	정당 득표율	시의회 의석
국민의힘	25.2%	6석(5.5%)	54.0%	76석(67.9%)
민주당	50.9%	102석(92.7%)	41.0%	36석(32.1%)
그외 정당	23.9%	2석(1.8%)	5.0%	0석(0%)

2018년에 민주당은 51%의 정당 득표율로 서울시 의회의 92.7%를 장악했습니다. 지지율은 절반인데 의석수는 일당독재 수준이었습니다. 2022년에는 뒤집어졌습니다. 2018년에 비해 정당 득표율은 10% 감소했는데, 의석수 비율은 60.6%가 감소했습니다. 위와 같은 현상은 전국적으로 똑같이 일어났습니다. 이거 민주주의 맞습니까?

전두환 독재정권 시절에는 한 선거구에서 두 명을 뽑는 중선거구제였습니다. 그

교육개혁은 없다 2

래서 집권당인 민정당은 어느 선거구에서나 당선자를 낼 수 있었습니다. 1987년 6월항쟁 이후 1개 선거구에서 1명씩 뽑는 소선거구제로 변경했습니다. 소선거구제가 지역 정치와 결합하면서 집권당인 민정당이 국회에서 과반을 점할 수 없게 되었습니다. 영남의 김영삼, 호남의 김대중, 충청의 김종필은 지역을 기반으로 국회에서 상당한 의석을 갖게 되었습니다.

소선거구제는 단 한 표만 많아도 당선되기 때문에 낙선한 후보에게 던진 표는 사표가 됩니다. 따라서 사표 방지 심리가 작동하여 정치가 거대 양당 정치로 됩니다. [표29]는 17대(2004~2008년)~21대(2020~2024년) 총선에서 발생한 사표 비율입니다. 50%에 육박하죠.

[표29] 역대 총선과 사표 비율　　　　자료: 참여연대

	투표수	사표	사표 비율
21대 총선	28,741,408	12,567,432	43.73%
20대 총선	24,360,756	12,258,430	50.32%
19대 총선	21,792,851	10,120,550	46.44%
18대 총선	17,212,690	8,105,059	47.09%
17대 총선	21,263,745	10,629,856	49.99%

아렌드 레이파르트(Arend Lijphart) 캘리포니아 샌디아고대 정치학과 명예교수는 36개 민주주의 국가의 1981~2010년 총선에서 '불비례성'을 조사하여 2012년에 발표했습니다. '불비례성'이란 실제 의석수로 반영되지 못한 유권자 표의 비중입니다. [도표25]는 그 결과입니다. 한국은 36개 국가 중 1등입니다. 부끄러운 일이죠.

[도표25] 1981~2010년 주요 국가 총선 결과에서 나타난 불비례성

단위: %

국가	불비례성		선거제도
네덜란드	1.08		정당명부식 비례대표제
덴마크	1.60		정당명부식 비례대표제
스웨덴	1.95		정당명부식 비례대표제
오스트리아	2.02		정당명부식 비례대표제
독일	2.55		혼합형 비례대표제
핀란드	3.34		정당명부식 비례대표제(중대선거구제)
일본	10.50		혼합형 다수대표제
미국	13.35		단순다수제
프랑스	19.56		결선투표제
한국	21.97		단순다수제+일부비례대표제

불비례성은 실제 의석수로 반영되지 못하는 유권자 표의 비중
자료: 아렌드 레이파르트 <민주주의의 양식>(2012년)

　[표30]은 2016년 기준으로 한국보다 1인당 GDP가 높은 22개 선진국의 정부 형태입니다.[75]

　미국의 영향 속에서 살아온 우리는 대통령제를 당연히 생각하지만, 22개 선진국 중 대통령제를 하는 나라는 미국밖에 없습니다. 프랑스, 핀란드, 오스트리아는 대통

---

75)　중앙일보, 〈소득 3만 달러 넘는 국가엔 '제왕적 대통령제' 없다〉, 2018.3.16.

[표30] 한국보다 1인당 국민소득이 높은 국가들의 정부 형태   단위: 달러

스위스	7만9511	오스트리아	4만4278
룩셈부르크	7만4490	핀란드	4만3379
노르웨이	7만4340	독일	4만3019
아이슬란드	6만1575	캐나다	4만1571
미국	5만8196	벨기에	4만728
덴마크	5만5045	일본	3만9967
스웨덴	5만2817	영국	3만9333
아일랜드	5만1364	프랑스	3만8936
싱가포르	5만1129	뉴질랜드	3만8478
호주	4만9057	이스라엘	3만8396
네덜란드	4만4864	이탈리아	3만1182

■ 의원내각제   ■ 대통령중심제   ■ 이원집중부제

한국의 1인당 국민소득
2만7561달러

자료: 참여연대, 국가통계포털(2016년 기준)

령과 총리가 권력을 분점하는 이원집정부제이고, 나머지 18개 나라는 모두 의원내
각제입니다.

우리는 미국·영국의 양당제를 표준으로 생각하지만, 대부분 민주주의 국가는 다
당제입니다. 다당제인 나라들은 지역 대표가 아니라 정당에 대한 국민적 지지를 기
준으로 의회를 구성하며, 여러 정당이 연립하여 내각을 꾸리는 것이 일반적입니다.

민주당이 민주주의를 추구하는 정당이 맞냐는 질문을 던지는 이유는 한국의 정

치 제도가 매우 후진적이며, 우리 국민이 정치개혁을 원하고 있고, 현재의 제도를 바꿔야 한다는 것을 민주당이 알면서도 현상 유지에 안주하고 있기 때문입니다.

여론조사 결과에 따르면 국민은 현재의 수구─보수 양당 체제가 아니라 다당제 체제를 원합니다. 2023년 1월 9일 '미디어 토마토'가 시행한 여론조사 결과 52.3%가 다당제 구도로 전환해야 한다고 답했고, 같은 달 21일 MBC가 발표한 여론조사에서도 다당제가 적합하다고 응답한 비율이 56.8%입니다.

지금은 너무나도 당연하게 생각하는 지방자치 제도는 6월항쟁의 성과 위에서 김대중 대통령이 투쟁으로 획득한 것입니다. 노태우 정부가 국회를 통과한 지방자치법 시행을 계속 미루면서 무산시키려 하자, 1990년 당시 야당인 평화민주당 의원들은 의원직 총사퇴라는 초강수를 두고 김대중 평화민주당 총재가 목숨을 건 단식투쟁을 해서 정치적으로 획득한 것이 지방자치제도입니다.

노무현 대통령은 당선 직후부터 지역 대결 구도를 깨기 위해 정치개혁을 하고자 했습니다. 노무현 대통령은 2007년 제헌절을 맞아 내각제 개헌, 대선 결선투표제 도입 등 정치개혁을 제안했습니다. 공개적으로 밝히지는 않았지만, 지역주의를 없앨 수 있는 방도로 독일식 연동형 비례대표제가 가장 좋은 제도라고 생각했다고 합니다.[76]

만약 21대 총선에서 처음 약속대로 비례 47석을 모두 정당 득표율과 연동한 경우와 노무현 대통령의 바람대로 독일처럼 300석 모두 정당 득표율에 연동했다면 국회 의석수는 어떻게 달라질까요? [표31]

한국 정치가 수구─보수의 양당 정치로 고착된 원인은 우리 국민의 생각 때문이

---

76) 사람사는세상 노무현재단, 『운명이다』, 돌베개, 2019

교육개혁은 없다 2

[표31] 정당 득표율 연동에 따른 국회 의석수

	더불어민주당	미래통합당	정의당	국민의당
47석 모두 연동률 100%일 때	163	100	19	13
300석 모두 비례대표일 때	131	114	32	23

아니라 국민의 생각을 반영하지 못하는 후진적 정치 제도에 있음을 알 수 있습니다.

김대중 노무현은 탁월한 정치인이었지만, 외환위기 이후 신자유주의를 적극 수용하고, 집값을 상승시켜 헬조선의 길을 연 역사적 과오와 한계도 있습니다. 그렇다면 김대중 노무현의 정신은 계승하되 한계와 과오를 넘어서 현실을 바꿔야 하는데, 현재의 민주당은 그럴 생각이 없어 보입니다.

문재인 정부에서 초고속 승진했던 검찰총장이 야당 대선 후보로 나서서 정권을 교체했습니다. 그 이유는 윤석열 대통령이 훌륭한 정치 철학을 갖고 있거나 정치적 경륜이 있어서가 아닙니다. 후보 시절부터 실언이 많았고 허점도 많이 드러났습니다. 그런데도 국민이 윤석열을 선택한 이유는 문재인 정부에 대한 기대가 컸던 만큼 실망도 컸기 때문입니다. 결정적 원인은 집값이 두 배로 뛰었던 거죠.

그렇다면 소 잃고 외양간 고치는 격이라 할지라도 문재인 정부 5년 동안 무엇이 부족했는가 진지하게 성찰하고, 국민 앞에 성찰 보고서를 제출하고, 다시 정권을 맡겨주신다면 이러이러하게 오류를 고치고 한계를 극복하겠다, 이래야 국민이 용서도 하고 다시 기회를 주지 않겠습니까? 그러나 지난 1년 반을 돌아보면 민주당은 윤석열 정부가 저렇게 정치를 하면 결국 다음에 다시 정권이 돌아오리라는 생각으로 버티고 있는 것으로 보입니다.

지금까지 민주당에 대해 길게 살펴본 이유는 민주당이 고쳐 쓸만한 정당인가를 생각해보기 위함입니다. 민주당을 고쳐 써서 헬조선을 개혁할 수 있을까요?

실패한 개혁 뒤에 오는 것은 퇴행과 반동

노무현 대통령 때 '이게 다 노무현 탓'이라는 유행어가 있었습니다. 길 가다 돌부리에 넘어져도 노무현 탓이었죠. 노무현 대통령 임기 직후부터 집값이 급상승했기 때문입니다.

노무현 대통령은 후보 시절 아파트 분양 원가를 공개해서 가격을 낮추겠다더니 당선 후에는 장사 원리에 맞지 않는다며 아파트 원가 공개를 철회했습니다. 이런 식의 개혁 후퇴와 집값 폭등이 지지도 하락으로 이어졌고, 이명박 서울시장은 "경제를 살리겠습니다"라는 선동 구호 하나로 대통령이 되었습니다.

그런데 경제를 살리라고 뽑아줬더니 경제는 못 살리고 영구집권을 꿈꾸며 온갖 못된 짓을 했습니다. 촛불 항쟁을 거치면서 이명박·박근혜 정부의 국정 농단이 드러나 둘 다 감옥에 갔는데, 국정 농단 행태가 실로 충격적이었습니다.

YTN·MBC·KBS 등 언론 장악, 문화·예술인 '블랙리스트'는 그나마 양반 축에 속했고, 국정원과 국군사이버사령부에 '댓글부대'를 만들어 부정선거를 획책하고, 사법부를 통제하고 재판을 거래했습니다.

김대중 노무현 정부에서 신자유주의가 확산되고 불평등이 심해졌기 때문에 정권이 바뀌는 게 이상한 일은 아니지만, 6월항쟁을 통해 군부독재를 청산한 한국 사회가 6월항쟁 이전으로 돌아갈 수도 있다고 생각한 사람은 많지 않았습니다.

권력 요직에 자기들 사람 심고, 재벌에게 특혜 주고, 노동자 탄압하고, 몰래 이권

챙기는 정도는 예상할 수 있었지만, 국정원과 군대를 부정선거에 동원하고 삼권분립을 완전히 뭉개버릴 정도로 대한민국 수구보수 세력이 대담한 집단인 줄은 몰랐습니다. 이명박·박근혜 정부는 보수세력이 아니라 '민주주의의 적'이었습니다.

그런데 김대중 노무현 정권의 실패가 문재인 정부에서 반복되었습니다. 문재인 정부 시기 남북 관계도 좋았고, 코로나 대응도 비교적 잘했지만, 집값이 두 배로 뛰었습니다. 2020년 총선 이후 개혁을 기대했는데 아무것도 하지 않았습니다. 이명박·박근혜 전 대통령을 비롯하여 국정 농단 범죄자들을 모두 사면·복권하고 임기를 마쳤습니다.

개혁의 실패는 반동을 부릅니다. 프랑스의 대문호 알베르 카뮈는 제2차 세계대전 종전 후 나치 부역자들을 청산하면서 "어제의 범죄를 벌하지 않으면 내일의 범죄에 용기를 준다. 정의로운 프랑스는 관용으로 건설되지 않는다."고 말했는데, 2023년 대한민국 집권 세력은 카뮈의 말이 옳다는 것을 보여줍니다. 대한민국을 6월항쟁 이전 정도가 아니라 이승만 시대로 돌려놓았습니다.

한국 사회의 주류는 전 세계에서 가장 극단적이고 위험한 극우 세력입니다. 조선·동아 등 한국의 주류 언론은 국민의힘을 '보수', 민주당을 '진보'라고 표현하는데, 이는 조선·동아의 정체성이 '극우'라서 정치적 의도를 갖고 왜곡한 것입니다.

노무현 대통령은 『진보의 미래』에서 "우리가 정권을 두 번이나 잡으니까 전부 우리가 다수파인 줄 알고 있는데, 그건 턱없는 소리입니다"라며 "반공이 모든 것을 지배하고, 아직도 색깔 공세가 통하는 한국은 보수의 나라"라고 규정합니다. 국민의힘은 극우, 민주당은 보수, 이렇게 구분하는 게 세계적 기준에 맞습니다.

극우 세력 입장에서는 중도는 물론이고 자기보다 왼쪽에 있는 보수도 '좌파'입니다. 심지어 국민이 선출한 대통령을 공산주의자, 반국가세력, 간첩이라고 공격하니다.

윤석열 정부에서 '경제사회노동위원회' 위원장을 맡은 김문수 씨는 2022년 10월 국정감사장에서 "문재인은 김일성주의자"라는 발언을 철회하지 않고 고집하다가 퇴장당했습니다.

윤석열 대통령은 '경찰제도발전위원회' 위원장에 검사 출신인 박인환 변호사를 임명했는데, 2023년 6월 28일 국회에서 개최된 〈최근 간첩 사건의 특징과 국가안보 토론회〉에서 박인환 위원장은 "국민의 70% 이상이 문재인이 간첩인 걸 모르고 있다"고 발언했습니다.

민주당은 즉각 박인환 위원장을 경질하라고 요구했습니다. 그러자 윤석열 대통령은 바로 다음 날 한국자유총연맹 창립기념식에 참석하여 보란 듯이 "왜곡된 역사 의식과 무책임한 국가관을 가진 반국가세력이 (북한에 대한) 유엔 안보리 제재를 풀어달라고 읍소하고, 유엔사를 해체하는 종전선언을 노래 부르고 다녔습니다"라며 문재인 정부를 '반국가세력'으로 규정했습니다.

윤석열 대통령은 2023년 광복절 경축사에서 더 놀라운 말들을 쏟아냈습니다. 아직도 식민 지배를 반성하지 않는 일본에 대해서는 "우리와 보편적 가치를 공유하고 공동의 이익을 추구하는 파트너"라고 규정하고, "공산 전체주의 세력은 늘 민주주의 운동가, 인권 운동가, 진보주의 행동가로 위장하고 허위 선동과 야비하고 패륜적인 공작을 일삼아 왔습니다. 우리는 결코 이러한 공산 전체주의 세력, 그 맹종 세력, 추종 세력들에게 속거나 굴복해서는 안 됩니다"라며 민주주의를 쟁취하기 위해 싸워 온 우리 역사를 전면 부정했습니다.

더 나아가 9월 1일 국립외교원 60주년 기념식에 참석해서는 "공산 전체주의 세력과 그 기회주의적 추종 세력 그리고 반국가세력은 반일 감정을 선동"한다고도 했습

교육개혁은 없다 2

니다. 국민의 85%가 일본의 후쿠시마 핵 오염수 방류에 반대하는 상황을 공산 전체 세력, 반국가세력의 선동 때문이라고 규정한 것이죠.

도대체 왜 이러는 걸까요? 이런 막말들이 먹히는 걸까요? 여론조사기관 〈꽃〉이 6월 30일~7월 1일에 조사한 결과를 보면, 박인환 위원장이나 윤석열 대통령의 막말은 믿는 구석이 있어서 한 이야기입니다. 문재인 대통령이 간첩이라고 생각하는 사람이 26.3%, 문재인 정부가 반국가세력이라고 생각하는 사람이 31.6%입니다. [표32]

[표32] 여론조사 결과

질문	그렇다	아니다	모름
문재인 대통령이 간첩이라고 생각하십니까?	26.3%	62.8%	10.9%
문재인 정부가 반국가세력이라고 생각하십니까?	31.6%	59.6%	8.8%

문재인 대통령을 미워하고 욕하는 것은 얼마든지 이해할 수 있습니다. 그러나 문재인 대통령이 간첩이고, 문재인 정부가 반국가세력이라는 선동에 동의한다는 건 완전히 차원이 다른 문제입니다. 대한민국은 마녀사냥이 횡행하는 암흑시대이며, 총성 없는 내전 상태입니다. 이런 상태에서 교육이 아니라 그 어떤 분야에서 합리적 토론이 가능하겠습니까?

문재인이 공산주의자이고, 간첩이고, 반국가세력이라고 생각하는 사람들의 내면 세계는 어떤 것일까요?

검사 출신인 박민식 보훈부장관은 2023년 7월 6일 CBS 라디오 〈김현정의 뉴스쇼〉에 나와 "고 백선엽 장군은 친일파가 아니다. 제 (장관)직을 걸고 이야기할 자신이 있다. 대전현충원 홈페이지에서 '친일반민족행위자' 문구를 삭제하는 방안도 검토 중이다."라고 말했습니다. 그리고 실행에 옮겨 실제로 삭제해버렸습니다.

백선엽은 50:1의 경쟁을 뚫고 간도특설대의 장교가 되어 독립군을 때려잡던 친일 반민족행위자입니다. 다른 사람의 지적에 앞서 자신이 쓴 회고록 『대게릴라전―아메리카는 왜 졌는가?』에서 스스로 반민족행위자였음을 인정했습니다. 백선엽이 창씨개명한 이름은 '시라카와 요시노리'(白川義側)인데, '시라카와 요시노리'는 윤봉길 의사가 상해 홍커우 공원에서 던진 폭탄에 죽은 일본 육군 대신입니다. 그런 사람을 친일반민족행위자 명단에서 지웠습니다.

백선엽을 친일반민족행위자 명단에서 지우자마자 이번에는 육사 교정에 세워진 독립운동가 5인의 흉상을 치워버리겠다고 해서 난리가 났습니다.

홍범도 장군은 봉오동·청산리 전투를 비롯하여 일본군을 상대로 60전 60승을 거둔 대한독립군 사령관입니다. 김좌진 장군은 청산리 전투를 함께 지휘한 영웅이죠. 지청천은 대한민국 임시정부 산하 한국광복군 총사령관, 이범석은 한국광복군 참모장입니다. 이회영은 현재 가치로 600억 원에 해당하는 재산을 모두 처분하여 독립군을 양성하는 신흥무관학교를 설립한 분입니다.

그런데 문재인 정부가 5인의 흉상을 세운 게 못마땅했던 윤석열 정부는 홍범도 장군이 1920년대에 소련공산당에 가입한 전력이 있다는 이유로 홍범도 장군 흉상을 육사에서 철거하고, 4명의 독립운동 영웅은 교내 어딘가로 옮겨버렸습니다.

독립군 때려잡던 백선엽은 민족 반역자가 아니라고 우기고, 민족의 영웅 홍범도 장군은 소련공산당 가입 전력을 문제 삼아 육사에서 철거하는 기막힌 일이 2023년 대한민국에서 벌어지고 있습니다.

개혁의 실패가 반동으로 귀결되는 경우는 역사에 많습니다. 대표적 사례가 독일이 왕정을 끝내고 수립한 바이마르 공화국 이후 등장한 히틀러 나치 체제입니다.

2023년 한국 사회는 히틀러 시대의 독일을 보고 있습니다.

전직 대통령을 향해 "문재인은 김일성주의자, 간첩, 반국가세력"이라고 외치는 이들, 간도특설대 장교 백선엽을 반민족행위자가 아니라는 신념을 가진 자들, 홍범도는 공산당 가입 전력이 있으니 육사에서 흉상을 철거해야 한다는 자들을 보면 히틀러의 나팔수로서 국민계몽선전부 장관과 국가 수상을 역임했던 요제프 괴벨스가 떠오릅니다. 나치의 탁월한 선전선동가였던 그는 유명한 말을 많이 남겼습니다.

- 나에게 한 문장만 달라. 누구든 범죄자로 만들 수 있다.
- 거짓말은 처음에는 부정되고, 그 다음에는 의심받지만, 되풀이하면 결국 모든 사람이 믿게 된다.
- 정의로운 자가 승리하는 게 아니다. 승리한 자가 정의로운 것이다.
- 분노와 증오는 대중을 열광시키는 가장 강력한 힘이다.

지금 윤석열 대통령과 장관급 인사들이 하는 언동이 딱 괴벨스 같습니다.

대한민국은 친일 반민족행위도, 군부독재 부역도, 국정농단도 모두 청산하지 못했습니다. 문재인 대통령은 국민 대화합 차원에서 국정농단 관련자를 모두 사면 복권해주었는데, 그래서 국민 화합이 되었나요? 검사들이 정권 잡은 후 문재인은 간첩이다, 반국가세력이다, 이렇게 나오고 있지 않습니까?

흔히 한국 사회의 여론 지형을 '기울어진 운동장'이라고 표현합니다. 운동장은 기울어져도 경사가 완만하죠. 한국의 여론 지형은 기울어진 운동장일까요? 제가 보기엔 '기울어진 스키장'입니다.

거족적 촛불 항쟁이 일어나 대통령을 탄핵한 직후 치러진 19대 대통령 선거 결과를 기억하시나요? 그 상황에서도 문재인 대통령은 겨우 41%의 지지로 당선되었습니다. 심상정 후보 표를 합쳐도 과반이 안 됩니다. 전임 대통령이 국정을 농단하다 탄핵당하는 대사변이 일어났는데도 그렇습니다. [표33]

[표33] 19대 대통령 선거 결과

문재인	심상정	홍준표	안철수	유승민
41.1%	6.2%	24.0%	21.4%	6.8%
47.3%			52.2%	

2020년 21대 총선에서 민주당이 183석의 압도적 의석을 얻었지만, 이는 일등 독식의 소선구제 덕분이었고, 정당 지지도를 보면 민주당이 국민의힘에 밀립니다. 안철수가 이끄는 국민의당이 미래한국당(국민의힘의 전신인 미래통합당의 위성정당)과 통합했기 때문에 현재를 기준으로 정당 지지율을 보면 아래와 같습니다.[77]

[표34] 정당 지지율

더불어시민당	열린민주당	미래한국당	국민의당	정의당
36.2%	6.4%	40.4%	6.4%	10.6%
42.6%			47%	

---

77) 더불어시민당, 열린민주당은 민주당의 위성정당이고, 미래한국당은 자유한국당(현 국민의힘)의 위성정당이고, 국민의당은 안철수당이다.

교육개혁은 없다 2

한국 사회의 나아갈 길은 헌법 전문에 명시된 임시정부의 법통이다, 개혁의 기치는 임시정부의 건국강령이다, 이렇게 과거를 소환하여 말씀드리는 이유는 대한민국 시계가 1945년에서 멈췄기 때문입니다.

가난에서 벗어나 세계 10위 안에 드는 경제 선진국이 되었지만, 행복은 소수의 전유물입니다. 극심한 빈부격차, 낮은 복지 수준과 삶의 질, 그 속에서 교육은 전쟁이 되었습니다. 이를 극복하려는 건강한 세력을 빨갱이로, 반국가세력으로 몰아가는 게 2023년 한국의 지배 세력입니다.

1945년에서 멈춰버린 대한민국의 시계를 다시 돌리기 위해서 어떤 세력이 필요할까요? 누가 임시정부의 법통을 계승하여 정의로운 사회를 만들 수 있을까요? 정말 처절한 고민과 성찰이 필요한 시대입니다.

사회개혁의 합법칙적 원리

사회개혁의 주체는 어떻게 형성되는가?

앞서 4장 〈누가 사회개혁을 실현할 것인가?〉에서 민주당은 사회개혁을 실현할 세력이 못 된다고 말씀드렸습니다. 즉 새로운 정치세력이 필요하다는 것입니다. 그러면 새로운 정치세력은 어떻게 형성될까요?

재벌, 보수언론, 관료, 대형교회 등 한국 사회를 물질적·이념적으로 지배하는 세력을 대변하는 국민의힘, 세 번에 걸쳐 집권하면서 그에 못지않게 힘을 축적해온 민주당, 이 두 세력에 필적할 사회적 힘이 어디에 있을까요?

이럴 때 앞서 사회개혁에 성공한 나라들을 살펴보는 게 유용할 것입니다. 그 나라들은 무슨 힘으로 사회개혁을 이루었는지, 어떻게 그 성과를 유지할 수 있었는지, 유지할 수 있는 사회적 합의는 무엇이었는지 살펴본 후 다시 우리 이야기로 돌아오겠습니다.

사단법인 '정치발전소'의 학교장 박상훈 박사는 저서 『정치의 발견』에서 좋은 사회를 만들 수 있는 여러 요소 중 핵심은 '진보정당의 경쟁력'과 '노동조합의 힘'이라고 규정합니다.

현재 지구상에 민주주의 국가로 분류되는 나라는 110개 정도다. 이들 가운데 빈곤 인구의 비율이 낮고, 계층 간 불평등 정도도 낮으며, 비정규직의 규모도 작은 나라는 어디일까? 기대수명이 높고, 불법 약물 복용, 10대 임신, 10대 자살, 저체중아 출산율, 정신질환 발병률이 낮은 나라는 어디일까? 후천적으로 계층 상승이 가능한 사회적 유동성이 높은 나라, 즉 기회의 평등 수준이 높은 나라는 어디일까?

이에 대해 조사하고 연구한 성과들에 따르면 가장 설득력 있는 결론은 두 가지다. 하나는 진보정당의 경쟁력(집권 기간, 득표 경쟁력)이 큰 나라일수록, 다른 하나는 (노조 조직률, 노사협약 적용률, 노조의 중앙집중화 정도로 평가하는) 노동조합의 힘이 강할수록 좋은 지표를 갖고 있다.

대개 나라들은 보수정당과 기업의 영향력이 크게 마련인데, 노동을 배제하는 정도가 덜하고 진보정당들도 상당한 득표를 하고 집권의 전망도 있는 나라들이 더 자유롭고 평등하고 건강하고 평화롭게 살 가능성이 높다.

'진보정당의 경쟁력'은 이해되는데, '노동조합의 힘'이 핵심 요소라는 규정은 확 다가오지 않을 것 같습니다. 그래서 '노동조합의 힘'과 사회의 성격을 연계하여 볼 수 있는 자료를 하나 살펴보겠습니다.[78] [도표26]은 자본주의 국가들의 노동조합 조직률과 영향력입니다. 가로축은 노동조합 조직률, 세로축은 단체협약 적용률입니다.

---

78) 경향신문, 〈창간 65주년 특집 사회계약 다시 쓰자〉, 2011. 10. 6.

[도표26] 노조 조직률과 노사 단체협약 적용률 국제비교(2009년)

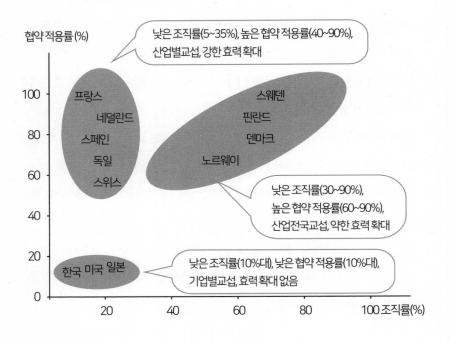

[도표26]이 2009년 기준으로 작성되었기 때문에 2017년 기준으로 작성된 [도표 27]도 참고로 보겠습니다.[79]

〈노조 조직률과 노사 단체협약 적용률 국제 비교〉 자료는 노동조합 조직률과 단체협약 적용률을 기준으로 자본주의 국가를 세 그룹으로 나누고 있습니다.

①노동조합 조직률과 단체협약 적용률이 모두 높은 나라: 북유럽의 복지국가

---

79) 파이낸셜 뉴스, 〈한국, 노조조직·단협적용률 OECD 최하위〉, 2019. 3. 19.

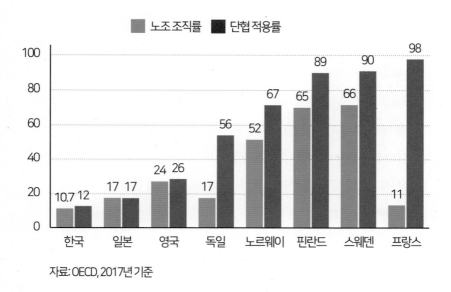

[도표27] OECD 주요 국가 노조 조직률과 단협 적용률

단위: %

노조 조직률 ■ 단협 적용률

	한국	일본	영국	독일	노르웨이	핀란드	스웨덴	프랑스
노조 조직률	10.7	17	24	17	52	65	66	11
단협 적용률	12	17	26	56	67	89	90	98

자료: OECD, 2017년 기준

② 노동조합 조직률은 높지 않지만, 산업별 교섭으로 맺은 단체협약 적용률이 높은 나라:
  서유럽의 자본주의 국가

③ 노동조합 조직률과 단체협약 적용률이 모두 낮은 나라: 미국과 그 영향 아래 있는 나라

  진보정당의 경쟁력과 노동조합의 힘이 그 사회의 성격을 결정한다는 것은 매우 중요한 사회개혁의 원리입니다. 그러면 어떻게 진보정당이 경쟁력을 갖추고, 노동조합이 사회적 힘을 갖게 될까요? 왜 그 사회 구성원들이 진보정당과 노동조합에 힘을 실을까요? 이것부터 생각해보겠습니다.

사회개혁에 대한 사회적 합의는 어떻게 이루어지나?

나라마다 그 사회를 통합해내는 사회적 합의가 있습니다. 프랑스를 상징하는 사회적 합의는 공화주의인데요, 공화주의는 왕의 목을 단두대에서 베어버린 프랑스 대혁명에서 기인합니다. 영국을 상징하는 의회민주주의는 1688년 명예혁명에 기인합니다. 미국인들은 총기 소지를 금지하냐 마냐를 비롯하여 사회적 논란이 있는 사안에 대해 1776년 독립전쟁 시기에 만들어진 헌법을 기준으로 따집니다. "수정헌법 몇 조에 따르면…"이 250년 지난 지금도 미국 사람들의 사고와 행동을 결정하죠. 그러면 북유럽의 국가들은 어떤 사회적 합의 과정을 통해 복지국가를 건설하고 유지해왔을까요?

북유럽은 어떻게 복지국가를 합의했나?

북유럽의 복지국가들은 어떻게 노동조합의 힘이 강해지고 진보정당이 경쟁력을 갖게 되었을까요? 원래부터 그런 나라였을까요? 당연히 아닙니다. 사회적 갈등이 심각하게 표출되면서 대립하는 세력 간에 타협과 합의를 이룬 결과입니다. 유엔이 매년 발표하는 행복지수가 가장 높은 북유럽의 세 나라 핀란드, 스웨덴, 덴마크의 사회적 합의 과정을 살펴보겠습니다.

핀란드는 1917년 러시아에서 독립하자마자 1918년에 러시아식 혁명을 추구하는 적군과 이를 막으려는 백군 사이에 내전이 벌어져 38,000여 명이 사망했습니다. 당시 핀란드 인구가 150만 명이었으니 인구가 5천만 명인 한국으로 치면 120만 명이 죽은 것입니다. 열 집 건너 한 명씩 희생자가 있었다고 추측됩니다. 100년 전 사건이지만 지금도 핀란드 내전은 사람들이 잘 이야기하지 않는, 가슴 속에 묻어두고 있는

교육개혁은 없다 2

사건이라고 합니다.

2018년 핀란드의 공영방송 'YLE'가 내전 100주년을 맞아 여론조사를 했는데, 내전의 원인에 대해 46%가 가난하고 끔찍한 생활 수준 때문이라고 답했고, 37%는 적군의 적화야욕이라고 답했습니다. 아직도 사회적 평가가 정리되지 않았습니다.

핀란드 사람들이 복지국가를 건설한 것은 100년 전 사회 구성원들의 격렬한 대립과 갈등 속에서 찾은 길입니다. 적백 내전의 아픔을 영세중립국이라는 정치적 정체성으로 통합해내고, 1956년 이후 중도좌파 정권(초기에는 농민당, 후기에는 중앙당) 25년, 1981년 이후 사회민주당 정권 30년 동안 사회주의도 아니고 야수적 자본주의도 아닌, 케인스주의에 입각한 사회민주주의 국가를 합의하고 정착시켰습니다.

핀란드와 함께 복지국가의 대명사인 스웨덴의 역사도 비슷합니다. 어떤 이들은 대한민국을 '삼성 공화국'이라고 부르는데, 그렇게 치면 스웨덴은 '발렌베리 공화국'입니다. 5대에 걸쳐 경영을 세습하고 있는 발렌베리(Wallenberg) 가문이 소유한 100개 가까운 기업의 매출액은 스웨덴 GDP의 30%에 달합니다.

1930년대 스웨덴은 세계 대공황의 여파로 실업률이 25%에 이르고, 노동자들은 하루 16시간씩 일하면서도 가난의 굴레에서 벗어나지 못했습니다. 1933년 건설노조가 장기 파업에 들어가고, 군대가 농민들의 봉기를 막는 과정에서 5명이 사망하는 등 사회적 갈등이 심각했습니다.

대격돌 시기를 겪은 후 1938년 스웨덴노총과 고용주협회가 살트셰바덴에서 협약을 체결합니다. 스톡홀름 인근의 살트셰바덴은 발렌베리 가문이 조성한 휴양지입니다. 여기서 노동자들은 자본가들의 경영권을 보장하고, 자본가들은 일자리 제공과 기술 투자에 힘쓰며, 기업 이익금의 85%를 사회보장 재원으로 내놓기로 합의합니다.

유럽에서 가장 파업이 많은 나라 중 하나였던 스웨덴은 임금, 고용, 복지, 국가경쟁력, 경제성장을 함께 추구하는 나라로 변모했습니다.

'살트셰바덴 협약'이 가능했던 이유는 사회민주당이 집권했기 때문입니다. 스웨덴 사회민주당은 1889년에 창당하여 1915년에 제1당이 되었고, 1932년 단독집권에 성공한 이후 70년 이상 집권했습니다.

발렌베리 가문이 5대째 경영을 세습하고 있지만, 그 가문의 철학은 삼성과 다릅니다. 삼성은 "내 눈에 흙이 들어가기 전까지 노조는 안 된다"는 이병철 회장의 철학을 이어온 재벌이지만, 발렌베리 가문은 노동자를 경영의 동반자로 보고, 노조 대표를 이사회에 중용합니다. 노동자와 재벌의 상생, 우리로선 상상이 안 가는 모습이죠.

스웨덴 바다 건너에 있는 덴마크도 비슷합니다. UN이 「세계행복보고서」를 발행한 게 2012년부터인데, 덴마크는 2012년, 2013년에 연속 1위를 했습니다. 그 이후로도 지금까지 늘 최상위권이죠.

오연호 오마이뉴스 사장은 그 이유를 알고 싶어서 덴마크를 방문하여 1년 6개월 동안 300명을 만나 심층 취재하여 2014년 『우리도 행복할 수 있을까』를 출간했습니다. 『우리도 행복할 수 있을까』에 등장하는 사람들의 생각을 들어보겠습니다.

덴마크가 행복한 사회가 된 원인에 대해 덴마크 고용부 장관의 정책 자문위원인 얀 헤넬리오위츠는 노동자와 자본가 계급의 대타협으로 설명합니다.

"19세기 후반 덴마크는 급격한 산업화를 경험하면서 노동자들이 대거 등장했는데 근로조건은 매우 열악했다. 덴마크의 대표적 기업인 맥주회사 칼스버그의 노동자들은 당시 하루 14시간을 일했다. 대량 실업도 자주 일어났다. 1885년 겨울에는 코펜하겐 노동자의 1/30이 실업 상태였다.

노동자들은 근로조건 개선을 내세우고 노조를 결성해 1899년 5월 파업을 시작했다. 경영자들은 직장 폐쇄로 맞섰다. 덴마크 노동자의 절반이 파업에 동참했으며 4개월간 지속된 충돌에서 많은 노동자가 직장을 잃었다.

1899년 9월에 대타협을 만들어냈다. 이를 '9월 합의'라고 부르는데 덴마크 노동시장의 헌법이 되었으며, 그 내용은 1960년까지 한 글자도 수정되지 않았고 오늘까지 골간이 그대로 유지되고 있다."

'9월 합의'란 노동조합은 사용자가 자유롭게 노동자를 해고할 권리를 인정하고, 사용자는 노동자의 노동3권과 경영 참여를 보장하는 것입니다. 그렇다고 사용자들이 마음대로 노동자를 해고하는 일은 벌어지지 않습니다. 고용이 불안해지면 생산성이 떨어지기 때문입니다. 노동자가 해고된다고 해도 생활에 큰 걱정은 없습니다. 실직하면 3년 동안 실업급여가 지급되는데 금액은 실직 전 3개월 임금의 75~90%입니다. 새로운 지식과 기술을 배워 새로운 업종에 취직할 수 있는 충분한 생활비와 시간이 보장되는 것이죠.

덴마크는 1899년 '9월 합의'에 기초하여 1921년 사회민주당이 최초로 집권한 이래 71년 동안 사회민주주의에 기초한 사회개혁을 이루었습니다.

핀란드가 농민당 25년·사민당 30년 집권, 스웨덴이 사민당 70년 집권, 덴마크가 사민당 71년 집권을 이룰 수 있었던 근저에는 노동조합의 사회적 힘이 있습니다.

핀란드의 노동조합 조직률은 69%, 스웨덴은 67%, 덴마크도 67%입니다. 그 인근에 있는 나라들도 다 그렇습니다. 노르웨이 52%, 벨기에 55%, 아이슬란드 86%, 이렇게 노동자들이 조직되어 사회민주당 정부를 밑받침했기에 장기간에 걸친 집권이 가능했고, 장기간 집권할 수 있었기에 사회개혁이 가능했습니다.

북유럽 사람들이 착해서, 또는 타협적이어서 복지국가를 이룬 게 아니라 치열한 계급투쟁이 벌어지고, 갈등이 정점에 이르렀을 때 서로 양보한 내용이 반드시 지켜야 할 사회적 합의가 된 것이죠.

대한민국의 사회적 합의는 어디까지인가?

북유럽 국가의 사회적 합의를 보고 나니, '우리나라에도 사회적 합의가 있나?' 하는 생각이 들지요? 있습니다. 앞서 말씀드렸듯이 헌법 전문에 있습니다.

"우리 대한 국민은 3.1운동으로 건립된 대한민국 임시정부의 법통과 불의에 항거한 4.19 민주 이념을 계승하고…"가 사회적 합의의 마지노선입니다.

친일파가 집권해서 임시정부의 법통은 한 번도 계승되지 못했지만, 친일파와 그 후손들이 감히 "나 친일파요"하고 나서지 못하고 자신의 행적을 감추고, 행적이 드러나면 궁색하게 변명합니다. 친일파 청산은 못 했지만, 용서하지는 않는 것이 사회적 합의이기 때문입니다.

이승만 대통령을 '국부'로 추대하는 뉴라이트 세력들이 지금도 우리 사회 곳곳에서 극우적 발언을 쏟아내고 있지만, 이승만을 추앙하는 것은 4.19 민주이념을 계승하는 헌법 정신 위반이라고 하면 딱히 할 말이 없습니다.

박정희 대통령도 마찬가지죠. 대한민국을 보릿고개에서 해방한 '산업화의 아버지' 운운해도 박정희는 일본 천왕에게 충성 혈서를 쓰고 독립군을 때려잡던 만주군 장교였다는 '팩트 체크'로 박정희 우상화는 심대한 타격을 입죠.

그러면 대한민국의 사회적 합의는 3.1운동과 4.19 혁명이 전부일까요? 아닙니다. 문재인 대통령은 2018년 3월 26일 국회에 개헌안을 제출했습니다. 개헌안에는 헌

교육개혁은 없다 2

법 전문에 3.1운동과 4.19혁명에 이어서 '부마 민주항쟁, 5.18민주화운동, 6.10항쟁의 민주 이념을 계승하고…'가 추가되었습니다. 당시 개헌안이 국회에서 심의도 못 해보고 폐기되었지만, 언젠가 다시 논의되겠죠. 그리고 언젠가 헌법 전문에 삽입되겠죠.

사회적 합의란 어떻게 이루어지나요? 프랑스는 대혁명, 영국은 명예혁명, 미국은 독립전쟁이라면, 대한민국은 무엇이 사회적 합의로 형성되어 있나요? 억압받던 민중이 떨쳐 일어난 거족적 항쟁이 사회적 합의의 기준입니다.

3.1독립운동은 1919년 3월 1일 하루 '조선 독립 만세'를 외친 사건이 아니라 1920년까지 전국적으로 확산하며 연인원 200만이 참여한 독립운동이었습니다. 3.1운동은 '조선은 결코 식민지를 용납하지 않는다', '조선은 반드시 독립한다'는 뜻을 온 겨레의 심장에 새겼고, 그 정신을 받들어 상해에서 임시정부가 출범했습니다.

3.15 부정선거를 계기로 일어난 4.19 혁명은 '부정선거를 인정하지 않는다', '민주주의를 실현하자'는 것을 사회적으로 합의한 항쟁입니다.

부마 민주항쟁, 5.18민주화운동, 6월항쟁은 '더 이상 군부독재를 용납하지 않는다', '국민의 대표는 국민이 직접 뽑는다'는 사회적 합의를 이루었습니다.

그러면 2016년 박근혜 퇴진 촛불 항쟁은 어떨까요? 연인원 1,700만 명이 참여한 촛불 집회는 단 한 건의 사건 사고도 없이 평화적으로 진행되었으며, 헌법과 법률이 보장한 방식으로 대통령을 권좌에서 끌어냈습니다. 정말 대단한 항쟁이며 세계사적 사건입니다.

촛불 항쟁이 얼마나 대단한 사건인가는 참여 인원을 봐도 알 수 있습니다. 3.1운동 당시 조선 인구가 2천만 명이었는데, 만세 시위에 연인원 200만 명이 참여했습니다. 1987년 6월 항쟁은 당시 인구가 4천만 명이었는데, 연인원 500만 명이 참여했습니다. 촛불 항쟁은 5천만 인구 중 연인원 1,700만 명이 참여했습니다. 참여 규모로 보면 한국 근현대사에서 최대 규모입니다.

그런데 촛불 항쟁을 통해 사회적으로 합의한 게 무엇인가요? 국정 농단은 안 된다? 이게 합의인가요? 2016년 10월부터 2017년 3월까지, 그 추운 겨울 찬바람 맞으며 5개월이나 항쟁이 지속된 이유는 무엇일까요?

표면적 이유는 박근혜 최순실 일당의 국정농단이지만, 그 밑에는 한국 사회에 대한 분노가 있습니다. '우리는 헬조선에서 개고생하며 살고 있는데, 저들은 청와대에서 저런 짓을 하고 있었다니…' 하는 분노가 무려 5개월이나 촛불 항쟁을 유지한 동력입니다. 따라서 항쟁은 박근혜 대통령을 탄핵한 후에는 헬조선을 개혁하는 방향으로 전진했어야 합니다.

그러나 "적폐 청산! 박근혜 하야!" 이외에 우리 국민이 겪고 있는 고통을 해결하기 위한 구호는 표출되지 못했습니다. 비정규직 철폐하라, 모든 노동자에게 노동기본권을 보장하라, 재벌을 개혁하라, 신자유주의 폐기하라, 이런 구호를 들고 IMF 외환위기 이후 20여 년간 쌓인 적폐를 청산하고 헬조선을 개혁하자는 합의에 이르지 못했습니다. 그래서 전 세계가 감탄한 민주항쟁을 했는데도 항쟁 이후에 한국 사회가 변하지 않은 것이죠.

왜 문재인 정부는 5년 동안 개혁다운 개혁 한 번 해보지 못하고 집값만 올린 채 정권 교체당했을까요? 촛불 항쟁 당시 광화문 집회 연단에 민주당 국회의원들은 연사로 올라가지 못했습니다. 박근혜 정권에서 무기력으로 일관하던 민주당에 대한 국민적 실망이 컸기 때문입니다.

민주당은 촛불이 활활 타오르기 시작할 때 탄핵은 안 된다고 공식적으로 선을 그었습니다. 그러다 촛불 항쟁이 전국적으로 확산되고 12월 4일 230만 명을 넘어서자

교육개혁은 없다2

탄핵에 동의하지 않을 수 없었습니다. 냉정히 말하면 문재인 정부는 촛불 정부의 주역이 아닙니다. 촛불 항쟁의 주역들이 항쟁이 끝나자 해산하고 휘발되었기 때문에 그 성과를 민주당이 가져간 것이죠. 왜 그렇게 되었는가는 뒤에서 다시 말씀드리겠습니다.

사회개혁의 주체를 형성하기 위한 과제

헬조선을 누가 바꿀 것인가?

1960년 4.19 혁명의 주역은 중고등학생이었습니다. 혁명의 도화선이 된 것은 2.28 대구 고등학생들의 시위였으며 항쟁에서 가장 많은 인원이 참여하고 희생당한 것도 중고등학생이었습니다. 대학생들은 항쟁이 절정에 이르렀을 때 거리로 나왔죠. 이승만 대통령이 하야하고 장면 정권이 들어서자 학생들은 학교로 돌아가 학업에 충실했습니다.

1987년 6월 항쟁의 주역은 대학생이었습니다. 6월 항쟁을 이끌던 지도부 '민주헌법쟁취국민운동본부'는 김대중·김영삼이 이끌던 민주화추진협의회와 문익환 목사가 이끌던 재야운동 단체들이 결합한 조직이었습니다. 지도부는 야당 정치인과 재야 지도자들이 맡았지만, 거리에서 행동은 대학생들이 했습니다. 짱돌을 들고 최루탄과 전경의 곤봉에 맞서 싸운 건 대학생들이었죠. 대학생들의 대표로 불리던 자들은 항쟁이 끝나고 몇 년 후부터 김영삼, 김대중이 주도하는 기성 정당에 '젊은 피'로 흡수되어 정치를 시작했습니다.

김영삼 대통령은 '상도동계', 김대중 대통령은 '동교동계'라고 불리는 노회한 정객들과 함께 정치를 했습니다. 그 집단에서는 미래를 담보할 유망한 정치인이 성장하기 어려웠습니다. 그때 눈을 돌린 세력이 바로 1980년대 학생운동 출신들입니다.

1980년대 학생운동을 대표하던 전대협 1기 의장 이인영, 2기 의장 오영식, 3기 의장 임종석, 4기 의장 송갑석은 모두 민주당의 대표적 정치인이 되었죠. 전대협 출신들은 '386', '486', '586'으로 10년마다 숫자를 바꿔가면서 정치를 주도했습니다.

국민의힘은 재벌, 관료, 보수언론, 대형교회를 기반으로 하는 정당이라서 그곳에서 정치인을 충원합니다. 민주당은 전문직 엘리트와 학생운동, 시민운동 출신에서 정치인을 충원합니다.

그렇게 한 세대가 흘렀습니다. 군부독재에 맞서고 세상을 바꾸자는 웅지를 품었던 '386 정치인'들은 기존 지배 질서에 편입되어 제대로 된 개혁 정치 한 번 못 해보고 퇴장할 시간이 되었습니다.

이제 누가 대한민국을 맡아 이끌어가야 할까요? 관료, 법조인, 교수, 학생운동·시민운동 출신들이 이끌어온 정치의 귀결이 헬조선인데, 이 헬조선을 누가 구할까요? 헬조선을 만든 사람들이 헬조선을 개혁할 리 없죠. 헬조선에서 고통받는 사람들이 나서 정치를 해야 헬조선이 바뀝니다.

1980년대엔 대학생들이 사회 모순에 가장 민감하게 반응하고 군부독재 타도의 선봉에 섰지만, 지금 대학생들은 자기 인생 준비하는 것도 바쁜 존재입니다. 1990년대만 해도 농민들의 사회적 영향력이 작지 않았지만, 지금 농가 인구는 220만 명으로 대폭 감소했고 평균 연령이 68세입니다. 도시의 자영업자들은 550만 명인데, 이해관계가 제각각이라 하나의 힘으로 뭉치기 어렵죠.

지금 한국 사회의 모순을 해결할 수 있는 유일한 주체는 노동자입니다. 현재 15~64세 경제활동인구는 대략 2,800만 명이고, 그중 노동자가 2,200만 명입니다. 그런 의미에서 우리가 만들어야 할 새로운 대한민국은 사회 구성원의 70%인 노동자가 존중받는 사회, '노동 존중 사회'라고 불러도 좋을 것입니다. 노동 존중 사회를 노동자가 나서서 만들지 않으면 누가 만들어주겠습니까?

"민주주의 최후의 보루는 깨어있는 시민의 조직된 힘입니다."

봉하마을 노무현 대통령 묘소에 쓰여있는 문구입니다. 헬조선을 개혁할 '깨어있는 시민'은 누구이고, '조직된 힘'이란 무엇일까요? 이에 대한 답을 대한민국 헌법에서 찾아봅시다.

헌법이 보장하는 '깨어있는 시민의 조직된 힘'

우리나라에는 수많은 조직이 있지만, 헌법에서 보장하는 조직은 딱 두 개입니다. 동창회, 향우회, 종친회, 학생회, 농민회, 시민단체, 의사협회, 변호사협회, 전국경제인연합회, 모두 아닙니다. 헌법은 정당과 노동조합만 보호합니다.

헌법은 전문, 총강(1~9조), 국민의 권리와 의무(10~39조), 국가 기구(40~127조), 이렇게 구성되어 있습니다. 정당은 국가 운영의 기본 방향인 헌법 제1장 '총강'에 속해있습니다. 노동조합은 국민의 '권리와 의무'에 속해있습니다.

헌법 제8조 ① 정당의 설립은 자유이며, 복수정당제는 보장된다.

③ 정당은 법률이 정하는 바에 의하여 국가의 보호를 받으며, 국가는 법률이 정하는 바에 의하여 정당운영에 필요한 자금을 보조할 수 있다.

헌법 제33조 ① 근로자는 근로조건의 향상을 위하여 자주적인 단결권·단체교섭권 및 단체행동권을 가진다.

왜 헌법은 노동조합과 정당만을 보장하고 있을까요?

노동조합이 없으면 자본주의 사회는 자본가의 무한 탐욕을 제어할 수 없어서 정글의 세계가 되거나 아니면 혁명으로 붕괴됩니다. 그래서 노동자에게 노동조합을 결성하고, 사용자와 집단으로 교섭하며, 사용자가 요구를 들어주지 않으면 단체행동을 통해 요구를 실현하도록 보장합니다.

헌법에 자본가의 이익을 보호하는 조항은 없습니다. 오히려 헌법 제199조에서 "적정한 소득의 분배를 유지하고, 시장의 지배와 경제력의 남용을 방지"하고 있습니다. 노동조합을 불온시하고 배제하는 것은 대한민국의 기본 원리도 모르는 생각입니다.

현대 정치는 정당 정치입니다. 정치는 왕정, 귀족정을 거쳐 정당 정치로 발전해왔습니다. 정당은 현대 민주주의의 최고의 발명품입니다. 혈통과 가문, 종교에 기반한 권력의 시대가 끝난 이후 '사회를 누가 통치해야 하는가?'라는 질문에 대해 선거에서 다수 국민의 지지를 받은 정당이 통치해야 한다는 생각이 확립되었습니다.[80]

노동조합은 조합원들이 낸 조합비로 운영되지만, 정당은 당원들이 내는 당비로만 운영되는 게 아닙니다. 국민의 세금으로 정당 운영을 지원합니다. 국회의원 세비, 보좌관 월급, 당직자 월급, 모두 세금에서 나갑니다. 선거에 출마하여 15% 이상 득표자는 전액, 10% 이상 득표자는 50%의 선거비용을 세금으로 내줍니다. 국회의원들이 밥 먹고 긋는 카드도 국민의 세금입니다.

헌법이 보장하는 유일한 조직인 노동조합과 정당에 왜 우리 국민은 부정적으로 생각하고 참여하지 않을까요?

---

80) 박상훈, 『정당의 발견』, 후마니타스, 2015

교육개혁은 없다 2

첫째는 탄압 때문입니다. 노동조합을 적대시하고 무참히 짓밟아온 수십 년의 역사, 멀게는 조봉암 선생의 진보당부터 최근에는 통합진보당까지 빨갱이·종북으로 몰려 탄압받은 진보정당의 역사에서 형성된 두려움 때문입니다.

둘째는 보수언론과 어용 지식인들을 동원해 노조와 정치에 대한 혐오를 조직적으로 유포해왔기 때문입니다. 군부독재 시절에는 힘으로 막았다면 1987년 6월항쟁 이후 민주노조가 시민권을 갖게 되자 마치 노동조합 때문에 나라가 망할 것처럼 이념적 공세를 퍼부었습니다. 윤석열 정부 들어서는 노조에 대한 혐오 정치가 극도에 달하고 있습니다. 화물연대 노동자들의 파업을 '북핵'에 비유하질 않나, 건설노조를 '건폭'으로 지칭하질 않나, 노동조합을 적으로 규정하고 있습니다.

극복해야 할 첫 번째 과제, 반정치주의

정치란 무엇일까요? 정치학자 데이비드 이스턴(David Easton)은 정치를 '한정된 자원의 권위적 배분'이라고 정의했습니다. 정치에 대한 정의로 가장 많이 인용되는 문구인데요, 좀 더 쉽게 말하면 정치란 '누구의 것을 **빼앗아** 누구에게 나누어 주는가' 하는 것입니다.

우리는 매달 월급에서 소득세·지방세를 내고, 자동차 주유할 때, 소주 한 병 먹을 때도 세금을 냅니다. 이때 세금을 누구에게 더 많이 걷을 것인가 하는 게 정치입니다. 부자나 빈자나 똑같이 내는 간접세를 많이 걷을 것인가 직접세를 많이 걷을 것인가, 부자에게 누진세를 몇 퍼센트 부가할 것인가, 부동산 부자에게 종부세를 얼마나 걷을 것인가, 기업에 법인세를 더 걷을 것인가 깎아줄 것인가를 결정하는 게 정치입니다.

또한 정치란 그렇게 걷은 세금을, 즉 '한정된 자원'을 어디에 어떻게 배분할지 결정하는 것입니다. 교육 예산을 더 확보할 것인지, 공공의료 시설을 확충할 것인지, 미국산 무기를 살 것인지, 건설업자를 위한 토건 사업에 쓸 것인지 결정하는 것이 정치입니다.

노동조합은 할 수도 있고 안 할 수도 있지만, 정치는 선택의 여지가 없습니다. 회사에 노동조합이 있더라도 노동조합이 싫으면 조합비를 안 내면 됩니다. 그러나 정치가 싫다고 세금 안 낼 수 있나요? 노동조합 조합비는 통상 기본급의 1% 정도이지만, 세금은 어떻습니까? 소득세, 지방세, 국민연금, 건강보험 등 월급에서 바로 떼어 가는 것에 더해서 온갖 상품에 붙어있는 간접세가 얼마나 많습니까?

그런데 왜 정치를 외면할까요? 대한민국의 지배 집단은 언론을 통해 끊임없이 노동조합과 정치를 외면하도록 국민을 '의식화'해왔습니다.

경제활동 인구의 80%가 노동자인데 사람들은 서로를 '사장님'이라 부릅니다. 택시를 타면 "사장님, 어디로 모실까요?", 이발소에 가면 "사장님, 어떻게 잘라 드릴까요?", 음식점에 가도 "사장님, 뭐 시키시겠습니까?"라고 합니다. 사장님은 노동자들이 서로를 부르는 존칭어가 되었습니다.

홍세화 선생은 '존재를 배반하는 의식'이라는 표현을 즐겨 쓰는데, 노동자끼리 서로 사장님이라 부르는 우리 사회에서 정말 적절한 표현입니다.

'존재를 배반하는 의식'은 정치에서 반(反)정치주의로 나타납니다. 반정치주의란 민주주의를 싫어하는 사람들도 민주주의를 직접 공격하지 못하기 때문에 정치, 정당, 정치가를 욕하고 비난함으로써 민주주의를 무력화시키고자 하는 행태입니다.[81]

---

81) 박상훈, 『정치의 발견』, 후마니타스, 2011

반정치주의는 정치에 대한 건설적 비판이 아닙니다. 정치가 밥 먹여주냐, 정치인들은 다 썩었다, 나는 정치하는 것들 꼴 보기 싫어서 투표 안 한다, 누가 정치한들 사회가 바뀌냐, 우리가 술자리에서 흔히 듣는 이야기들인데요, 이게 결국 누구에게 이득이 되는 생각일까요?

박상훈 박사는 저서 『정치의 발견』에서 반정치주의를 극복하고 민주주의를 실현하기 위해서는 개인으로서가 아니라 집단으로 투표할 수 있어야 한다고 말합니다.

> 시민은 개인으로서가 아니라 집단으로 투표할 수 있어야 한다. 노동자도 호남도 비정규직도 여성도 농민도 자영업자도, 권력의 향방에 영향을 미칠 수 있는 집단적 힘을 갖고 있지 못하다면 그들은 시민권이 없는 것이나 다름없다. 어떤 정당이 어떤 사회집단을 대표하는지가 분명해야 하고, 어느 정당이 집권하느냐에 따라 누가 이득을 보고 누가 손해를 보는지도 어느 정도 예측이 가능해야 한다.
>
> 자신들이 지지하는 정당이 집권할 수 있을 때, 사회적 약자 집단도 무시당하지 않고 다른 사람의 온정에 기대하지 않는 주체적 시민 권력을 행사할 수 있으며, 공동체에 대한 책임감도 커진다.
>
> 입만 열면 정치, 정당, 정치인을 욕하면서 실제로는 정치를 가장 잘 이용하는 사람들은 누구인가? 투표를 통해 종부세도 없애고 세금도 감면받을 수 있다는 사실을 잘 알고 행동해온 집단은 누구였는가?

마지막 질문에 가장 정확하게 답하고 있는 사람들은 누구일까요? 서울 강남 3구에 사는 사람들입니다. 이들은 정치의 효용성을 아주 잘 알고 있습니다. 누가 대통령이 되어야, 어느 당이 다수당이 되어야 아파트값이 유지되고, 종부세가 내려가고,

자기 회사 법인세가 줄어드는지 잘 알고 있습니다. 그래서 그들은 철저히 계급투표를 합니다. 강남 3구는 서울에서도 투표율이 가장 높고 국민의힘 지지율이 가장 높습니다.

'정치를 외면한 가장 큰 대가는 가장 저질스러운 자에게 지배당하는 것이다'는 말이 있는데요, 반정치주의는 노동자들이 자기를 옥죄는 이데올로기입니다. 중립성을 가장하고 지배계급의 이익을 실현하는 이데올로기입니다.

극복해야 할 두 번째 과제, 반노조주의

반정치주의와 함께 극복해야 할 두 번째 과제는 반노조주의입니다. 1987년 민주노조가 시민권을 획득한 이후 한 세대에 걸쳐 보수언론이 집요하게 유포해온 이념이 반노조주의입니다.

노동조합은 국가 경제는 생각도 하지 않고 오로지 자신들의 이익만 챙긴다, 대기업 정규직 노동조합은 사실상 귀족노조다, 노동조합운동이 과거의 초심을 잃고 비정규직 노동자의 희생 위에서 대기업 정규직의 이익만 챙긴다, 이런 식의 논리를 한 세대 동안 유포해왔습니다. 노동조합에 가입한 노동자가 10명 중 1명밖에 안 되는 대한민국 현실에서 노동조합이 마치 집권이나 한 것처럼 적대시해왔습니다.

그런 생각들은 누구의 이익을 대변할까요? [도표28]은 고용노동부가 2017년에 사업체 33,000개, 노동자 97만 명을 대상으로 조사한 결과를 분석한 자료입니다.[82] 대기업도 노조의 유무에 따라 임금 격차가 나지만, 중소기업은 정규직이건 비정규직이건 노조의 유무에 따라 임금이 30~40% 정도 차이가 납니다. 그래서 보수언론

---

82) 정준호, 남종석, 「근로자의 결합노동시장 지위가 임금 분포에 미친 효과」, 2019

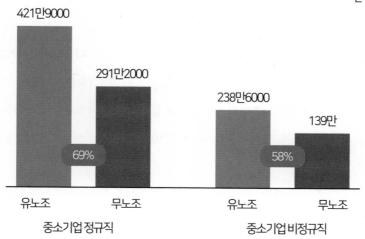

[도표28] 노조 유무에 따른 임금 격차

단위: 원

421만9000

291만2000

238만6000

139만

69%

58%

유노조　　　　무노조　　　　　　유노조　　　　무노조

중소기업 정규직　　　　　　　　중소기업 비정규직

은 계속 노동조합 혐오 의식을 퍼뜨립니다.

　30년 동안 노동자들을 위해 상담과 교육을 해온 성공회대 노동아카데미 하종강 교수는 노동자들의 노동조합이 '집단이기주의'라는 언론의 비난에 이렇게 답합니다.[83]

　"노동조합 활동은 본래가 이기적입니다. 헌법의 노동3권 조항이나 노동관계법 어느 규정에도 노동자가 노동3권을 공익을 위한 목적으로 사용해야 한다는 내용은 없습니다. 노동자들은 우선 자신의 유익을 위해 투쟁합니다. 그러나 그 투쟁이 결국 사회를 발전시키고 역사를 바꾸는 겁니다.

83)　하종강, 『그래도 희망은 노동운동』, 후마니타스, 2006

노예가 주인에 맞서 투쟁하는 것은 '노예해방'이라는 거룩한 역사적 과업을 달성하기 위해서라기보다는 좀 더 행복한 인간으로 살고 싶다는 욕망 때문에 하는 것입니다. 그러나 그 투쟁의 결과가 노예제도 철폐라는 역사의 진보로 나타나는 것입니다.

이번 아시아나 항공사 조종사들의 파업이 시민들에게 불편을 초래한다고 비난하는 사람들에게 저는 묻고 싶은 것이 있습니다. 그럼, 당신들이 환경미화원들의 파업은 이해할 수 있느냐는 것입니다. 환경미화원들이 파업을 해서 자기 집 앞에 쓰레기가 잔뜩 쌓여있는데 환경미화원 노동자들의 권리도 존중해야 한다는 생각으로 이해해줄 수 있겠냐는 것입니다."

노동조합에 대한 왜곡 선전과 비난을 극복했다 하더라도 노동조합을 어색하게 여기는 사람들이 많이 있습니다. 『너에겐 노조가 필요해』라는 책의 서문에 나오는 한 대목을 읽어보면서 함께 생각해보겠습니다.

대다수 노동자는 '내 노동조합'을 가져본 적이 없다. 노동조합은 건너 들은 소문에만 존재한다. 그도 그럴 것이 한국은 노동조합에 가입된 노동자의 비율이 세계에서 손꼽히게 낮은 나라다. 그나마도 노동자보다 회사의 입장을 우선으로 하는 어용노조가 상당수다.

뉴스와 같은 대중매체가 노동조합을 다루는 방식은 이런 현실을 유지하고 강화한다. 노동조합을 사회 불순세력, 만족을 모르는 극단적 이기주의자라는 딱지를 붙여 가까이해서는 안 되는 무시무시한 이들이라는 느낌이 들게 한다. 반대로 노동자 편에서 이야기를 풀어가려는 시도에도 전형적인 패턴이 존재한다. 안타까운 개인의 사연이 부각되고 얼마나 길고 처절한 싸움을 하고 있는지에 초점이 맞춰진다.

그 속에서 노동조합은 '나도 하고 싶은 것'이기보다 특별히 더 불쌍하거나 더 정의로운 사람만이 할 수 있는 것처럼 보인다.

노동운동의 역사가 오래되고 생활 속에 자리 잡은 나라들에서는 노동조합을 어떻게 인식할까요?『우리도 행복할 수 있을까』에 등장하는 덴마크 사람들의 이야기를 들어보겠습니다.

덴마크의 수도 코펜하겐에서 직원이 30명쯤 되는 대형 레스토랑의 웨이터로 일하는 웨이터 페테르센(56세)는 자신의 삶과 노동조합의 관계를 아래와 같이 설명합니다.

"덴마크에는 전국의 식당 직원들이 가입할 수 있는 노동조합 '3F'가 있어요. 전체 노조원이 32만 명에 이르죠. 우리 식당 동료들도 모두 여기에 가입해있고, 나도 고등학교 졸업하고 처음 이 직업을 선택했을 때부터 노조원이에요. 40년 동안 노조비로 매월 1,400크로네(약 26만 원)씩 내왔죠. 만약 차별이나 부당한 대우가 발생하면 노조에 알리고 중앙의 노조가 사장과 대화를 나누면서 문제를 해결합니다."

그는 40년을 일하면서 단 한 번도 부당 대우를 당한 적이 없으며 거리에서 머리띠를 두르고 투쟁해본 적도 없다고 했다. 그런데도 매달 1,400크로네씩 꼬박꼬박 노조비를 내는 이유는 무엇일까?

"함께 하고 있음을 느껴서 좋고 안정감이 들어서 좋습니다. 행여 실직하게 되면 노조와 정부가 연대해 1년 6개월 동안 매달 19,000크로네(약 350만 원)을 주거든요. 물론 노조원이 아니어도 정부의 실업 보조금을 2년간 받을 수 있습니다. 하지만 그것만으로는 충분하지 않기 때문에 일종의 보험으로 노조비를 내는 거죠. 그래서 실직에 대한 걱정이 없습니다."

덴마크에서 가장 영향력 있는 신문사인 '폴리티켄'에서 오랫동안 동아시아 전문 기자로 일해 온 플레밍 위첸(61세)은 노동조합과 행복지수의 관계를 아래와 같이 설명합니다.

"덴마크에서는 일하는 사람들 대부분 노조원입니다. 우리 신문사도 거의 모든 직원이 노조원입니다. 만약 신입 기자가 노조에 가입하기 싫다고 한다면 문제가 생길 겁니다. 사람들이 그를 놀릴 거예요. 덴마크는 아마 가장 조직화된 나라일 것입니다. 이것이 행복지수가 높은 이유이기도 합니다. 우리는 노조를 통해서 강한 연대의식, 함께하고 있음을 느끼죠. 그런 연대의식에서 신뢰 사회가 형성됩니다."

덴마크의 미래학자 롤프 옌센은 덴마크 사람들이 행복한 이유를 노동운동을 통한 평등사회에서 찾습니다.

"평등사회는 19세기 중후반의 노동운동에 뿌리를 두고 있습니다. 노동자들이 중심이 되어 사회민주당을 만들었고 그들이 현대사에서 대부분 집권을 해왔는데 그들의 핵심 가치가 자유, 이웃 사랑, 평등이었죠."

"민주주의 최후 보루는 깨어있는 시민의 조직된 힘"이라는 노무현 대통령의 생각을 덴마크 사람들은 생활에서 체현하고 있습니다. '깨어있는' 시민의 의식이란 자신의 권익과 존엄성을 자기와 처지가 같은 사람들의 집단적 힘으로 지켜내며 이를 사회적 연대 의식으로 승화시키는 의식입니다. '조직된' 힘의 실체는 노동조합과 정당입니다.

교육개혁은 없다 2

사회개혁의 합법칙적 경로

이제 이야기는 거의 결론 지점에 도달했습니다. 기존의 수구-보수의 양당 체제로는 한국 사회개혁에 희망이 없으며, 복지국가를 건설할 새로운 정치적 주체가 필요합니다. 그 주체는 헌법이 보장한 정당과 노동조합입니다. 반정치주의, 반노조주의의 벽을 넘어서 노동자가 자신의 힘으로 노동 존중 사회를 건설하겠다고 나서야 합니다.

새로운 길이 무(無)에서 시작하는 것은 아닙니다. 민주노총이라는 토대가 있습니다. 민주노총은 우리 사회에서 규모와 영향력이 가장 큰 조직입니다. 2016년 촛불항쟁도 출발점은 민주노총이 중심이 되고 많은 민중 단체가 함께 준비한 '민중총궐기'가 최순실 일당의 국정 농단 폭로와 결합되면서 폭발한 것입니다. 100만이 넘는 인적 규모, 조합비가 받쳐주는 안정적 재정, 풍부한 전임활동가, 전국적 조직망 등 민주노총의 사회적 영향력은 희망의 토대입니다.

그러나 가야 할 길은 순탄하지 않습니다. 어떻게 해야 민주노총을 토대로 진보정당이 집권하여 사회개혁을 이룰 수 있는지 생각해보겠습니다.

사회개혁을 실현할 정당 건설

진보정당 건설과 좌절의 역사

한국 진보정당의 역사는 1959년 간첩 누명을 쓰고 사형당한 조봉암 선생의 진보당으로 거슬러 올라갑니다. 조봉암 선생은 일제 강점기에 임시정부에서도 활동하고 사회주의 계열의 독립운동에도 참여했으며, 해방 이후 이승만 정부에서 초대 농림부 장관을 맡아 토지개혁을 주도했습니다.

1956년 대통령 선거에 자유당의 이승만, 민주당의 신익희, 진보당의 조봉암 후보가 출마합니다. 선거운동 기간에 신익희 후보가 뇌출혈로 사망하면서 선거는 이승만 대 조봉암 양자 구도로 치러졌습니다. 조봉암 후보는 이승만 후보의 '북진통일'에 맞서 '평화통일'을 주장했습니다. 이승만 후보가 505만 표로 당선되었으나 조봉암 후보가 216만 표를 얻으며 선전했습니다.

한국전쟁이 끝난 지 겨우 3년이 지난 시점에서 평화통일을 주장한 조봉암 선생이 216만 표가 나온 게 이승만 정권에게는 충격이었고, 당시 (조봉암 선생이) "투표에서 이기고 개표에서 졌다"는 말이 나올 정도로 이승만 정권에게 위협적이었습니다. 그래서 이승만 정권은 조봉암 선생을 간첩으로 몰아 사형시키고 진보당을 해산해 버렸습니다.

조봉암 선생이 세상을 떠난 후 반세기가 흐른 2007년, '진실·화해 과거사위원회'는 조봉암 선생에 대한 탄압을 '비인도적, 반인권적 인권유린이자 정치 탄압 사건'으로 규정하고, 2011년 대법원은 재심을 열어 조봉암 선생에게 무죄를 선고했습니다.

조봉암 선생이 형장의 이슬로 사라지고 9개월이 지나 4.19 혁명이 일어났습니다. 만약 조봉암 선생이 살아있었다면, 4.19 혁명 이후 장면이 아니라 조봉암 선생이 정

교육개혁은 없다 2

권을 맡았다면, 4.19 혁명 이후 역사가 어떻게 되었을까요?

4.19 혁명 이후 통일사회당, 사회대중당 등 '혁신정당'들이 등장합니다. 혁신정당들은 통일을 위한 남북협상을 주장하는 등 진보당의 뜻을 이어 활동하다 5.16 군사쿠데타로 모두 해산당했습니다. 이후 1987년 6월 항쟁이 일어날 때까지 군부독재 치하에서 진보정당 운동은 불가능했습니다.

1987년 6월 항쟁 이후 대통령 선거가 '양김씨'의 단일화를 이루지 못하고 치러집니다. 이에 실망한 재야 일각에서 백기완 선생을 민중후보로 추대하여 대선을 치릅니다. 백기완 선생이 얻은 표는 30만에 그쳤지만, 기성 정당과 다른 제3의 정치세력을 세우려는 흐름은 이어집니다.

1988년 '자주·민주·통일'의 기치를 들고 조순형, 유인태, 제정구, 원혜영, 김부겸 등이 한겨레민주당을 창당합니다. 1990년에는 '민중주체 민주주의'를 내걸고 장기표, 이재오, 김문수 등이 민중당을 창당합니다.

한겨레민주당은 선거에서 만족할 만한 성과를 거두지 못하자 1991년 해산하고, 주요 인물은 김대중 총재가 이끌던 민주당으로 들어갑니다. 민중당 역시 선거에서 좋은 결과를 얻지 못하고 1992년 해산합니다. 그런데 민중당을 대표했던 이재오, 김문수는 보수로 전향하여 집권당인 민주자유당에 입당합니다.

민주노총 창립 이후 본격화된 진보정당 건설

창당 후 2~3년 만에 해산한 한겨레민주당·민중당과 다른, 생명력 있는 진보정당은 1995년 민주노총이 건설되면서 시작됩니다. 민주노총은 전략적 과제를 '산별노조 건설'과 '노동자 정치세력화'로 결정했습니다.

1996년 12월 26일 김영삼 정권은 노동계의 경고를 무시하고 노동법을 국회에서

날치기로 통과시켰습니다. 노동법 개정의 주요 내용은 변형근로제, 정리해고제, 파견근로제, 파업 기간 중 무노동·무임금 적용, 노조의 정치 활동 금지, 동일 사업장 내 대체근로 및 신규 하도급 허용입니다. 지금까지 한국 사회를 지배하고 있는 법률들이죠.

이에 맞서 민주노총은 전 세계 노동운동을 놀라게 한 총파업 투쟁을 벌입니다. 20일 넘게 벌어진 총파업 투쟁에 하루 평균 19만 명, 누적 인원 360만 명이 참여했습니다. 결국 김영삼 정부는 통과된 노동법을 발효시키지 못하고 폐기합니다. 그러다 1997년 외환위기가 터지자 1998년 2월 노동법이 국회를 통과합니다.

대한민국 헌정사상 국회 본회의를 통과한 법률이 시행도 못 해보고 폐기된 사건은 1996년 노동법 개악 사건이 유일합니다. 민주노총은 총파업으로 국회를 통과한 법률도 막아냈지만, 노동자들이 정치적 힘을 갖지 못하면 노동문제를 해결할 수 없다는 것을 깨닫습니다. 그래서 민주노총은 '일하는 사람들을 위한 정당'을 건설하기로 결의하고, 2000년에 민주노동당을 창당합니다.

그리고 민주노동당을 배타적으로 지지하기로 결의합니다. 남녀 간의 사랑이 배타적인 것처럼, 민주노총 조합원은 민주노동당을 지지하자는 전 조직적 결의를 한 거죠. 물론 결의했다고 조합원들이 다 따르는 것은 아니지만, 어쨌건 한겨레민주당이나 민중당 시대에는 존재하지 않았던 대중적 지지를 민주노총이 결의합니다.

2001년에 민주노동당이 국회의원 비례대표 의석 배분 방식에 대해 헌법재판소에 위헌 제청합니다. 2002년 헌법재판소가 '위헌'으로 판결하면서 1인 2표의 정당 투표제가 도입됩니다. 이는 새로운 정치세력을 열망하는 국민에게 활로를 열어주게 되고, 민주노동당이 의회로 진입하는 중요한 계기가 됩니다.

"부자에게 세금을, 서민에게 복지를, 청년에게 일자리를!"

민주노동당이 내건 구호입니다. 민주노동당은 무상의료·무상교육을 대표적 정책으로 내걸고, 이에 필요한 재원으로 '부유세'를 제안했습니다.

2002년 대통령 선거에서 권영길 후보의 인사말 "국민 여러분, 살림살이 좀 나아지셨습니까?"는 유행어가 되었습니다. 변화에 대한 국민의 열망에 힘입어 2002년 지방선거에서 민주노동당은 정당 투표 8.1%를 얻었고, 2004년 총선에서는 13%를 얻으면서 10석을 확보하여 김종필의 자민련을 제치고 원내 제3당으로 국회에 진출합니다. 10석밖에 안 됐지만, '거대한 소수'를 자처하면서 진보적 의제를 던지는 '소금 정당' 역할을 했습니다. 2007년에 내부 갈등으로 분당했다가, 2011년에 다시 통합진보당으로 합당하여 2012년 총선에서 13석을 얻으면서 원내 3당의 지위를 회복합니다.

이명박 정권에서 민주주의가 심각하게 후퇴하자 민주당과 통합진보당은 2011년에 선거연합을 맺습니다. 2012년 4월 총선과 12월 대선에서 공동으로 후보를 세워 '진보적 정권 교체'를 실현하기로 합니다. 김대중·노무현 정권보다 한 걸음 더 진보적인 방향으로 정권을 교체하자는 것이죠.

시민사회의 원로 백낙청 서울대 명예교수는 진보적 정권 교체로 '2013년 체제'를 만들자고 했습니다. 절차적 민주주의를 확립한 '1987년 체제'를 넘어 복지사회, 공정·공평 사회, 생태사회, 평등사회를 만들며, '1953년 정전 체제'를 넘어서 평화 체제를 구축하자는 것입니다.[84]

진보적 정권 교체라는 시대적 담론에 맞서 이명박 정권은 국정원, 국군사이버사

---

84) 백낙청, 『2013년 체제 만들기』, 창비, 2012

령부 등 국가기관을 총동원하여 부정선거를 획책하고, 공안 세력과 보수언론은 우리 사회의 모든 진보적 흐름을 '종북'으로 몰아갔습니다. 그 결과 민주주의를 후퇴시키고 민생을 파탄시킨 이명박 정권이 심판되지 않고 박근혜 정권으로 연장되었습니다.

박근혜 대통령은 유신헌법 초안을 작성하고 중앙정보부 대공수사국장으로 '간첩 공장 공장장'이란 별명을 얻었던 김기춘을 비서실장에 임명했습니다. 대한민국은 유신 시대로 돌아갔습니다. 2013년에 통합진보당 내란음모 조작 사건이 터지고, 황교안 법무부 장관이 헌법재판소에 '통합진보당 위헌 정당 해산 신청'을 하자, 헌법재판소는 2014년 12월 19일 대법원의 내란음모 조작 사건 판결을 앞두고 서둘러 통합진보당 해산 결정을 내렸습니다. 2015년 1월 22일 대법원이 내란음모에 대해 무죄로 판결했지만, 통합진보당은 이미 해산된 후였습니다.

1961년 5.16 쿠데타 직후, 1972년 유신헌법 선포 직전, 1980년 전두환·노태우의 군사 반란 직후에나 벌어졌던 정당 해산이 21세기에도 일어났습니다. 21세기에 국민의 선택을 받은 정당이 강제 해산당한 경우는 전 세계에서 통합진보당이 유일합니다.

통합진보당을 종북세력으로 몰아 해산시킨 것은 진보정당에 대한 두려움을 남겼습니다. 지난 10년 동안 한국에서 진보정당의 존립이 과연 가능한가 하는 생각이 우리 사회 저변에 스며들었고 아직도 회복되지 않았습니다.

그러나 세상에 우여곡절 없이 단번에 성공하는 일이 얼마나 있을까요? 민주노동당, 통합진보당 경험은 진보정당 '시즌1'으로 생각하고, 다시 '시즌2'를 준비하는 수밖에 없습니다.

진보정당 '시즌2'는 어떻게 가능하나?

통합진보당이 해산당한 이유는 '종북'입니다. 헌법재판소는 통합진보당의 강령인 '진보적 민주주의'가 북한식 사회주의를 추종하는 대남 혁명 전략이라고 인정했습니다. 이를 입증할 증거가 없자 '숨은 목적'이 있다고 했습니다. 궁예의 관심법으로 판단하고 마녀사냥식으로 판결했습니다.

탄압하더라도 둘러댈 그럴듯한 명분이 있어야 하는데, '종북'은 '반공'과는 성격이 완전히 다릅니다. 공산주의를 반대한다는 '반공'은 어느 나라에나 있는 사조입니다. 맑스가 『공산당 선언』을 썼을 때부터 존재했죠. 1980년대에는 군부독재에 맞서는 민주화운동을 '좌경·용공'이라 했습니다. 반공과 비슷한 거죠.

그러나 '종북'은 다릅니다. '종북'이란 북한의 꼭두각시라는 건데, 이런 사조는 전 세계에 없습니다. 종북이란 북한을 적으로 규정하고, 너의 주장은 북한과 같으니 너도 적이다, 이런 논리 구조로 사용되는 용어입니다. 일본의 제국주의자들은 자신들의 침략 전쟁에 적극적으로 동조하지 않는 사람들을 '비국민'(非國民)이라고 불렀습니다. 나치가 유대인을 대하는 것과 똑같은 입장입니다. 일제 강점기의 '비국민'이 21세기 대한민국에서는 '종북'이라는 용어로 사용됩니다.

처음에는 통합진보당에 종북이라는 모자를 씌우고, 민주당에 종북의 '숙주'라는 옷을 입히더니, 그 범위가 점점 확대되어 하느님을 따르는 정의구현사제단 신부님들에게 종북 신부, 공정방송을 내건 MBC와 KBS를 종북 방송이라고 합니다. 2023년 현재 한국 사회 극우 보수의 이념적 공격은 박정희, 전두환 독재 시대보다 히틀러 시대의 독일이나 대동아전쟁 시기 일본 군국주의와 비슷합니다.

한국에서 진보정당의 성장과 발전이 어려운 이유는 분단 때문입니다. 이명박 박근혜 정권은 통합진보당을 국민이 선택한 제3의 정당이 아니라 '적'으로 규정했습니다. 총성만 울리지 않았지, 정신적으로는 내전 상태입니다.

통합진보당에 대한 수구보수 언론의 융단 폭격에 진보적 언론과 지식인들까지 숨죽였습니다. 민주노총도 크게 위축되어 2014년에 통합진보당에 대한 배타적 지지를 철회했습니다. 1995년 민주노총이 창립하면서 전략적 과제로 세웠던 2개 중 1개인 '노동자 정치세력화'가 크게 후퇴한 것이죠.

민주노동당이 등장할 수 있었던 것은 민주노총의 결의도 있었지만 1997년 외환위기 이후 한국 사회가 이전과 다른 사회로 변화했기 때문입니다. 중산층이 몰락하고, 정리해고가 도입되고, 비정규직이 확대되고, 청년 취업이 바늘구멍이 되면서 국회에서 노동자를 대변하는 정당이 필요하다는 사회적 인식이 확산된 것이죠. 그러나 분단의 장벽을 넘지는 못했습니다.

지금도 민주노총이 지원하는 진보정당들이 열심히 활동하고 있지만, 20년 전 민주노동당 시절에 비해 사회적 영향력이 훨씬 약합니다. 진보정당 시즌2는 분단의 장벽이 무너질 때 본격적으로 열릴 것입니다. 2018년 싱가포르 북미정상회담에서 합의한 한반도 평화 체제가 구체적 이행 계획을 잡지 못한 채 5년이 흘렀지만, 70년 정전 체제가 얼마나 더 버틸 수 있겠습니까. 1971년 중국과 미국이 수교를 위한 '핑퐁외교'를 시작하고 8년이 지나서 정식 수교에 이르렀듯이 좀 더 시간이 필요하겠지요. 진보정당 시즌2는 그날을 준비하면서 과거의 약점을 극복해야 할 것입니다.

임시정부 건국강령을 계승하는 진보정당 건설

보수는 부패로 망하고 진보는 분열로 망한다는 말이 있습니다. 이 말을 지지하지는 않지만, 2000년 이후 전개된 진보정당 운동을 돌아볼 때 틀린 말도 아닐 것입니다. 2000년 민주노동당 창당 이후 두 번의 분당 사태가 있었습니다.

교육개혁은 없다 2

진보가 단결하려면 여러 가지 노력이 필요하겠지만, 가장 중요한 건 추구하는 이상이 같아야겠죠. 우리 헌법 전문에서 천명하고 있는 임시정부의 건국강령을 기준으로 한다면 단결하지 못할 이유가 있을까요? 건국강령이 1941년에 발표되었으니 2023년에 맞춰 해석해보겠습니다. 임의로 10개 정도를 선정해봤습니다.

- 친일·독재 역사 청산을 통한 민족정기와 사회정의 확립.
- 은행 등 핵심 기간산업은 국유화하고 공공성이 강한 분야는 공기업화.
- 족벌 경영 체제의 재벌을 해체하고, 대기업과 중소기업의 상생 구조 실현.
- 토지 국유화를 포함한 토지공개념 실현으로 부동산 투기 근절과 주거 안정화.
- 보육과 교육, 의료, 일자리, 노후에 대한 국가 책임성 실현.
- 정리해고, 파견근로, 간접고용 등 외환위기 이후 정착된 신자유주의 적폐 청산.
- 모든 노동자에게 노동기본권을 보장하고 노동 존중 사회 실현.
- 농산물 가격보장, 식량자급률 100% 도달로 식량 주권 실현.
- 지방자치를 강화하고 지방에 대한 특별 지원으로 국토의 균형 있는 발전.
- 정전체제를 종식하고 항구적인 한반도 평화체제 확립.

위와 같은 정책을 기본으로 하고, 건국강령이 발표될 당시는 남북분단 이전이니 통일 정책만 추가하면 될 것입니다. 통일 정책은 임시정부 주석이었던 김구 선생이 1948년 4월 남한만의 단독정부 건설을 반대하며 38선을 넘어 남북연석회의에 참여했던 정신을 계승하여 2000년 김대중 대통령과 김정일 국방위원장이 합의한 '6.15 공동선언'이면 될 것입니다. '6.15 공동선언'도 잠시 살펴볼까요?

- 남과 북은 나라의 통일문제를 그 주인인 우리 민족끼리 힘을 합쳐 자주적으로
  해결해 나가기로 하였다.
- 남과 북은 나라의 통일을 위한 남측의 연합제안과 북측의 낮은 연방제안이 서로
  공통성이 있다고 인정하고 이 방향에서 통일을 지향시켜 나가기로 하였다.

  진보정당은 옳은 강령도 있어야 하지만, 강한 집권 의지와 유능한 정치인도 필요
합니다. 지난 진보정당 시즌1은 민주노총이 주도해서 민주노동당·통합진보당을 만
들었지만, 당의 주인이 되어야 할 노동자들이 그 역할을 충분히 하지 못했습니다.

  정치는 누가 해야 할까요? 우리보다 민주주의가 먼저 발달한 나라들은 정치인으
로 사회생활을 시작하는 직업적 정치인들이 매우 많습니다. 그들은 작은 지역에서
정치를 시작하여 점차 큰 단위의 정치인으로 성장합니다. 우리로 치면 기초의원, 광
역의원을 거쳐 국회의원으로, 기초단체장, 광역단체장을 거쳐 대통령에 이르는 것
이죠.

  2023년 여의도 국회를 채우고 있는 정치인들은 어떤 사람들일까요? [도표29]는
21대 국회의원의 정치 입문 전 직업입니다.[85]

  행정고시 출신 관료(27명)가 가장 많지만, 변호사(20명), 검사(15명), 판사(8명)를
합치면 사법고시 출신이 43명으로 더 많습니다. 행정고시와 사법고시 출신을 합치
면 70명이니 대한민국 정치인은 시험 쳐서 되는 직업 같습니다.

  노동 존중 사회는 누가 만들어주는 게 아니라 노동자가 정치를 해야 만들어집니
다. 잠시 영국 이야기를 해보겠습니다. 2004년 영국의 역사학자들을 대상으로 영국

---

85)   유스웨이, [21대 국회의원 대해부] 관료 출신 가장 많아…, 2020.5.4.

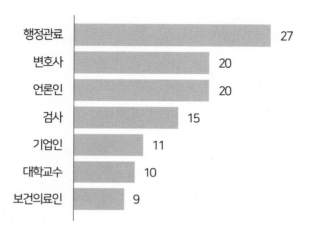

[도표29] 21대 국회의원의 정치 입문 전 직업

직업	인원
행정관료	27
변호사	20
언론인	20
검사	15
기업인	11
대학교수	10
보건의료인	9

의 역대 총리 중 누가 가장 훌륭했는지 조사했는데, 그 유명한 윈스턴 처칠을 누르고 최고의 총리로 꼽힌 사람은 클레멘트 애틀리(Clement Attlee)였습니다.

애틀리는 세계 대공황 이후 파시즘이 유럽을 휩쓸던 1935년부터 노동당을 이끌었고, 제2차 세계대전이 끝나던 1945년부터 6년간 영국의 총리를 역임했습니다. 그는 두 차례의 세계대전으로 피폐해진 영국을 '요람에서 무덤까지' 국가가 책임지는 복지국가로 전환했습니다.

애틀리 총리 이전에 각료들은 대부분 옥스퍼드, 케임브리지 출신들이었습니다. 지금도 그렇지요. 그러나 애틀리 총리 임기 동안은 37명의 각료 중 대학 졸업자는 10명에 불과했고, 19명이 노동자나 노동운동가 출신이었습니다. 옥스퍼드, 케임브리지 출신이 영국을 복지국가로 만든 게 아니라 노동운동들이 만든 것입니다.

우리는 진보정당(Progressive Party)이라는 표현을 주로 쓰지만, 다른 나라들은 노동자당(Labour Party 또는 Worker's Party)이라는 표현을 많이 씁니다. 노동조합에서 성장한 운동가들이 진보정당의 간부가 되는 게 자연스럽습니다.

예를 들어 2015~2020년에 영국 노동당 당수를 지낸 제러미 코빈은 대학을 중퇴한 후 봉제·재단사노동조합, 공무원노동조합, 전기설비통합노동조합 등 노동조합 간부로 활동하다 정치에 입문한 사람입니다. 영국의 노동당은 노동자 출신이 많습니다.

독일도 그렇습니다. 16대 연방하원(2005~2009)에서 노동조합 간부 출신 의원 수는 전체의 36%입니다. 사민당은 73%로 가장 많고, 좌파당 65%, 녹색당도 27%입니다. 1970~80년대에 사민당은 의원의 90%가 노조 출신이었습니다.[86]

진보정당의 집권과 사회개혁 경로

그동안 진보정당이 탄압당하는 것만 본 우리 사회에서 진보정당이 집권한다는 게 쉽게 상상이 되지 않을 겁니다. 그러나 일제 강점기에 해방은 상상했겠습니까? 영화〈암살〉에서 밀정 염석진(이정재 분)이 마지막에 그러지 않습니까, 해방될 줄 몰랐다고.

진보정당의 집권은 필연입니다. 언제 하느냐가 문제겠죠. 왜 필연일까요? 진보정당이 집권하지 못하면 한국 사회가 헬조선을 벗어날 수 없기 때문입니다.

누가 진보정당을 집권당으로 만들 수 있을까요? 국민입니다. 헌법 제1조가 '대한민국의 주권은 국민에게 있고, 모든 권력은 국민으로부터 나온다' 아닙니까? 2004년에 탄핵당한 대통령을 복원시킨 것도 국민이고, 2017년에 절대로 물러나지 않겠

---

86) 조성복, 『독일 사회, 우리의 대안』, 어문학사, 2019

교육개혁은 없다 2

다는 대통령을 탄핵한 것도 국민입니다.

2004년 3월 12일 한나라당과 새천년민주당이 국회에서 노무현 대통령을 탄핵하자 즉각 촛불 집회가 전국적으로 열리기 시작했습니다. 보름 동안 연인원 150만 명이 참여한 촛불 집회에 놀란 헌법재판소는 국회의 탄핵소추를 기각했습니다.

2016년 촛불 항쟁이 일어났을 때 국회의 의석 분포를 보면 탄핵이 불가능했습니다. 국회가 탄핵소추를 하려면 국회의원 300명 중 200명이 동의해야 하는데 당시 집권당인 새누리당 의원이 122명이었습니다. 그러나 12월 4일 230만 명이 광장에 나오자 12월 9일 국회의원 234명이 탄핵에 동의해서 헌법재판소로 넘어갔습니다. 헌법재판소는 연인원 1,700만 명이 참여한 촛불 항쟁 앞에서 다른 선택지가 없었지요.

그러면 진보정당은 어떻게 집권하고 사회개혁을 하게 될까요? 앞서 진보정당이 성장하고 발전하려면 전쟁을 종식하고 평화 체제가 구축되어야 한다고 말씀드렸는데요, 집권을 위한 사회적 조건은 무엇일까요? 국민이 사회개혁에 합의하는 것입니다.

우리 현대사에서 사회적 합의는 거족적 항쟁을 통해 형성되어 왔습니다. 4.19 혁명은 5.16 쿠데타로 짓밟혀 사회개혁으로 나가지 못했지만, 6월항쟁은 군부독재 종식과 대통령 직선제를 합의함으로써 문민정부 시대를 열고 전두환 노태우를 감옥으로 보냈으며, 김대중 대통령 집권 이후 과거사 청산을 할 수 있었습니다. 물론 수구보수 세력이 건재했기에 불철저한 사회개혁이지만, 더 이상 군부독재로 회귀는 불가능한 사회가 되었습니다.

거족적 항쟁은 헌법 개정을 통해 사회적 합의로 확정됩니다. 대한민국 정부 수립 이후 개헌은 9차례 있었습니다. 대부분은 독재정권의 연장을 위한 것이거나 권력기구 변경 등 부분적 개헌이었고, 의미 있는 개헌은 1960년 4.19 혁명 직후 제3차 개헌, 1987년 6월 항쟁 이후 제9차 개헌입니다. 살펴보겠습니다.

4.19 혁명 직후 제3차 개헌의 주요 내용은 아래와 같습니다.

- 국민의 자유권을 유보하는 조항 삭제
- 언론·출판·집회·결사의 사전 허가 또는 검열제 금지
- 대통령제에서 의원내각제로 전환
- 헌법재판소를 설치하고 중앙선거위원회를 헌법기관으로 전환
- 지방자치 단체장을 선거로 선출

6월 항쟁 이후 제9차 개헌의 주요 내용은 아래와 같습니다.

- 대통령 직선제와 5년 단임제
- 대통령의 국회해산권 폐지
- 국회의 국정감사권 부활. 국회 운영에서 회기 제한 폐지
- 헌법위원회를 폐지하고 헌법재판소 설치
- 최저임금 제도 도입

올해 최저임금이 얼마인가는 노동자들에게 매우 중요한 관심사입니다. 최저임금이 헌법에 명시된 것은 1987년 제9차 개헌 때입니다. 왜 그때 도입되었을까요?

1987년 6월 항쟁이 끝나자마자 7월부터 9월까지 노동자 대투쟁이 일어납니다. 10인 이상 사업체에 근무하는 333만 명의 노동자 중 37%인 122만 명이 노동쟁의에 참여합니다. 하루 평균 40건, 1970년대 이후 발생한 노동쟁의 총건수보다 더 많은 3,311건의 노동쟁의가 발생하고, 수많은 노동조합이 건설됩니다. 노동자들의 거센

요구가 제9차 개헌에 반영하여 최저임금제가 헌법에 명시된 것입니다.

노동자에게 최저임금이 필요하다면, 농민에게는 적정 농산물 가격보장이 필요합니다. 미국은 1930년대 대공황을 타개하기 위한 뉴딜 정책으로 최저임금법과 함께 농업조정법에서 '적정가격(Parity Price) 보장제'를 도입했습니다.

그런데 왜 1987년 개헌에서 농민들을 위한 적정가격 보장제가 도입되지 못했을까요? 농민들의 투쟁이 1989년에 시작되었기 때문입니다. 그래서 개헌 때 반영되지 못했습니다.

그 결과는 어떨까요? [도표30]은 1998년 이후 20년 동안 80kg 한 가마니 쌀값입니다. 거의 변화가 없죠. 그동안 자장면값이 얼마나 올랐는지 생각해보면 참 어이없는 일입니다. [도표31]는 1995년을 기준으로 도·농간 소득 격차입니다. 1995년만 해도 도시와 농촌 가구의 소득 격차는 거의 없었습니다. 그런데 지금 거의 2배 차이를 보입니다.

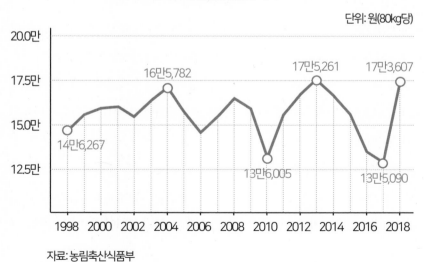

[도표30] 연평균 쌀값 추이

단위: 원(80kg당)

자료: 농림축산식품부

[도표31] 도·농간 소득격차 추이 및 전망

단위: 원

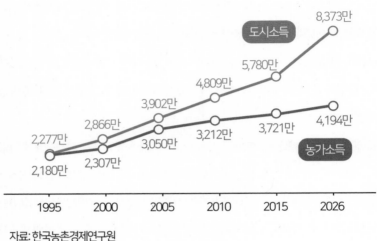

자료: 한국농촌경제연구원

　최저임금이 헌법에 명시되던 1988년 최저임금이 시간당 462원이었습니다. 2023년은 9,620원이죠. 최저임금이 성에 안 차지만 도시노동자들은 꾸준히 오른 데 비해 농민들은 농산물 가격보장이 안 되는 상태로 한 세대가 흐르니 소득 격차가 두 배가 되었습니다. 그러니 누가 자식에게 농촌에 남으라고 하겠습니까? 도시에 가서 뭘 해 먹고 살더라도 농촌보다 나으니 모두 도시로 몰려오고, 수도권에 전체 인구의 절반이 몰려 살고, 농촌은 폐허가 되고 수도권은 집값이 천정부지로 올라 지옥이 된 것 아니겠습니까?

　최저임금에 대해 길게 이야기한 이유는 헌법이 하늘에서 떨어지는 게 아니라 국민이 요구하면, 국민의 힘만큼 변화한다는 것입니다. 그것이 사회적 합의라는 것이죠. 2016년 전 세계가 극찬한 촛불 항쟁을 했고, 그 결과 문재인 정부가 출범했는데

　　　　　　　　　　　　　　　　　　　　　　　　　　　교육개혁은 없다 2

왜 우리 삶이 바뀌지 않았을까요?

앞서 말씀드렸듯이 촛불 항쟁에서 표출된 국민의 요구가 불평등을 해소하고 사회를 개혁하는 내용이 아니라 국정농단을 심판하고 박근혜 대통령을 탄핵하는 수준에 머물렀기 때문입니다. 그래서 문재인 대통령은 자신들이 '촛불 정부'라고 했지만, 그건 말뿐이었고 제대로 된 개혁 하나 못하다가 5년 후 수구보수 세력이 부활해 정권이 교체된 것입니다.

이제 결론을 내릴 때가 되었습니다. 한국 사회는 어떤 경로를 거쳐 진보정당이 집권하고 사회개혁이 가능해질까요? 그 사회개혁으로 교육개혁이 가능해질까요?

1987년 6월 항쟁과 같이 헬조선을 마감할 국민적 요구가 거대한 항쟁으로 일어나야 합니다. 그 요구가 개헌을 통해 국민적 합의로 명시되어야 합니다. 그럴 때 헌법을 제대로 실현할 진보정당이 집권하는 날이 오겠지요. 한 번에 되겠습니까? 진보정당 시즌1에서 최대가 13석이었으니, 시즌2에서는 원내 교섭단체로 만들고, 다음에는 제1야당으로 성장하고, 그다음에 집권하는 그런 길을 가게 되겠죠.

영국의 노동당은 1900년에 창당했습니다. 그전까지 영국은 자유당과 보수당의 양당 체제였죠. 노동당은 이 틈을 뚫고 들어가 제1차 세계대전 이후 보수당과 노동당의 양당 체제를 형성했으며, 제2차 세계대전이 끝나면서 창당 45년 만에 집권했습니다.

독일의 사회민주당은 1863년 창당해서 바이마르 공화국(1919~1933년) 때 연립정부에도 참여할 정도로 성장했으나 히틀러 치하에서 해산당했고, 1945년 나치가 패망한 이후에도 한참 지난 1969년에서야 집권에 성공했습니다.

진보정당의 성장을 위해 가장 필요한 것은 민주노총이 성장하는 것입니다. 1987년 노동자 대투쟁으로 민주노조는 시민권을 획득했고, 1995년 50만 조합원으로 민주노총을 건설하고, 2016년 촛불혁명 이후 조합원이 100만 명을 돌파했습니다. 여기까지 30년, 한 세대가 걸렸습니다.

그러나 아직 멀었습니다. 2023년 기준으로 우리 사회에 노동자가 2,200만 명인데, 민주노총·한국노총 합쳐봐야 280만 명, 노동조합 가입률은 14.2%에 불과합니다. 850만 비정규직 노동자의 노조 가입률은 2.9%에 불과합니다.

민주노총 조합원이 200만, 300만 명으로 확대되고, 이에 기반한 진보정당 지지율이 10%를 넘어 20%, 30%를 확보하여 정치적 경쟁력을 갖고 집권을 바라볼 수 있어야 한국 사회의 변화가 가능합니다.

한국 사회는 새로운 시대로 접어들었습니다. 아버지의 후광으로 대통령 자리에까지 오른 박근혜 대통령을 탄핵함으로써 50년 동안 한국 정치를 대표하던 박정희와 3김 시대는 끝났습니다. 2016년 촛불 항쟁 당시 국군기무사령부가 계엄령 선포를 통한 친위 쿠데타를 모의했던 것이 드러났지만, 감히 시행하지 못했습니다. 군사 쿠데타는 우리 국민이 용납하지 않을 것이기 때문에 두려웠겠지요.

종친회, 향우회, 동문회를 기반으로 하는 지역주의 정치, '노사모', '박사모', '안사모'와 같은 팬덤 정치도 헬조선을 해결할 정치세력이 될 수 없습니다.

교육개혁의 대전제가 사회개혁이고, 사회개혁은 정치개혁을 통해 이루어진다는 것에 동의한다면, 교육개혁의 경로를 깊이 성찰해볼 때가 되었습니다. 기존에 한국 사회를 이끌어온 국민의힘과 민주당은 교육개혁에 대한 철학과 의지가 없습니다.

지금 우리가 해야 할 일은 새로운 전망을 찾는 것입니다. 지난 30년 동안 해오던 방식의 개혁을 반복하는 것은 의미가 없습니다.

앞서 김동춘 교수, 김누리 교수의 한겨레 칼럼 글들을 소개했는데, 이분들은 '사회개혁, 정치개혁 없이 교육개혁이 가능한가?' 하는 문제의식을 강하게 제기하고

교육개혁은 없다 2

있습니다. 이런 문제의식이 사회 곳곳에서 더 많이 나와야 합니다.

그리고 그 문제 제기가 조직적 운동으로 수렴해야 합니다. 노동조합의 힘이 성장하고, 노동조합에 기반한 진보정당의 경쟁력이 강화되고, 진보정당을 통해 실현하고자 하는 새로운 사회에 대한 열망이 모아지고, 진보정당의 영향력으로 사회개혁이 시작될 때, 그때 교육개혁도 함께 시작될 것입니다.

프랑스 작가 장 지오노(Jean Giono)의 소설을 원작으로 만든 〈나무를 심은 사람〉이라는 애니메이션이 있습니다. 애니메이션 사상 가장 위대한 작품으로 평가받는데요, 유튜브에서 검색하여 30분이면 누구나 볼 수 있습니다. 탐욕에 사로잡힌 사람들이 나무를 마구 베어 황량해진 황무지에서 혼자 사는 양치기 노인이 40년 동안 나무를 심어 생명의 땅을 만든다는 감동적인 내용인데, 지금 우리에게 필요한 마음이 아닐까 생각합니다.

사회와 교육을 망쳐놓은 국민의힘, 그에 맞서 바로잡을 의지와 결기가 없는 민주당, 이들에게 매달려 입시제도를 이렇게 저렇게 바꿔 달라고 청원하는 식의 개혁이 아니라 근본적인 문제를 성찰하고 오랜 시간이 걸리더라도 제대로 된 개혁의 길을 준비해야 합니다.

늦었다고 생각할 때가 가장 이르다는 말처럼, 2023년에 태어난 아기가 스무 살 성인이 될 때는 사회와 교육을 바꾼다고 생각하고, 그런 정도의 긴 안목을 갖고 미래를 준비해야 하지 않을까요?

2023년에 태어난 아이가 성인이 되는 2043년은 우리나라가 해방된 지 98년이 됩니다. 세계 혁명 역사의 교과서라 일컫는 프랑스 혁명은 1789년 바스티유 감옥 습격에서 시작하여 1871년 파리코뮌으로 끝납니다. 거의 100년에 걸친 혁명이었죠. 그 100년 동안 루이 16세를 단두대로 보냈던 혁명 세력이 다시 민중에 의해 단두대에서 처형되고, 제1공화국이 무너지고 왕정이 복귀하고, 엎치락뒤치락 100년을 한끝에 1870년 제3공화국이 수립되면서 현재의 프랑스가 만들어지죠.

우리도 해방 이후 친일파가 집권하고, 전쟁으로 폐허가 되고, 그 위에 군부독재가 장기 집권하고, 1987년 시민 항쟁으로 군부독재를 타도했으나 그 잔재가 청산되지 않고, 군부독재와 싸웠던 민주파들이 집권했으나 신자유주의로 헬조선이 되기까지 거의 80년의 세월이 흘렀습니다.

2023년 대한민국에 태어난 소중한 아기들이 어른이 될 때, 해방 100주년이 될 때는 새로운 나라를 만들어야 하지 않겠습니까?

4부

사회개혁과 함께 추진할
교육개혁 과제

제3부의 제목은 〈교육개혁의 전제, 사회개혁에 이르는 길〉입니다. 사회개혁이 교육개혁의 전제라고 표현한 것은 사회개혁이 완성되어야 교육개혁이 시작된다는 뜻은 아닙니다. 대부분의 교육 문제가 사회 현실 때문에 생긴 것인데, 기존의 교육개혁 정책들은 사회개혁을 전제하지 않고 교육 영역에서 뭔가를 해결해보겠다고 했기 때문에 효과가 없었습니다. 예를 들어 직업 간 임금 격차나 경제적 불평등이 전혀 개선되지 않는데 교육 경쟁이 완화될 수 있겠습니까? 이 문제를 명확히 하고자 사회개혁이 교육개혁의 전제라고 표현한 것입니다.

그래서 제4부의 제목을 〈사회개혁과 함께 추진할 교육개혁 과제〉라고 표현했습니다. 사회가 개혁되면 교육 문제도 많은 부분이 자연스럽게 해결되겠지만, 교육 분야에서 별도로 국민적 합의가 필요한 과제들이 있습니다.

또한 교육개혁이 사회개혁의 중요한 영역인 만큼, 사회개혁이 제대로 되기 위해서도 교육개혁 과제를 함께 논의해나가야 할 것입니다. 이런 과제들을 제4부에서 다루고자 합니다.

그동안 우리 사회에서 논의해온 교육개혁 정책들을 성찰해보면, 정당이 제출한 교육개혁 정책은 개혁이라 부르기도 민망한 수준입니다. 한국 교육이 얼마나 참담한지 현실 인식도 없고, 원인 분석도 제대로 되어있지 않으며, 해법도 입시제도 변경 수준입니다. 대선이나 총선 전에 학자들 불러다 몇 가지 아이디어를 공급받아 적절한 포장지에 싸서 선거 정책 자료집에 나열한 수준의 정책입니다.

교원단체나 교육 시민단체들이 내놓는 정책은 그보다 낫지만, 사회 구조 개혁과 맞물려 있지 못하고 다루는 정책 영역이 협소합니다. 외고·자사고 폐지, 입시제도 개선, 국립대통합네트워크 정도입니다. 외고·자사고에 대해서는 폐지를 주장하지만, 과학고·영재고에 대한 입장은 불분명합니다. 입시제도에 대해서는 학종 유지 또는 확대를 주장합니다. 앞서 학종의 심각성을 지적한 저의 입장에서는 개혁이라고 할 수 없습니다. 벚꽃 피는 순서대로 문 닫아야 하는 대학에 대한 정책은 보이지 않습니다.

그래서 구체적인 정책을 논의하기에 앞서 그동안 우리 사회에서 논의해온 교육 개혁 담론을 성찰하는 것이 선결 과제입니다.

사회개혁을 전제하지 않은 교육개혁 정책의 한계를 넘어서고, 교육 선진국의 제도를 연구하되 한국 현실에 맞게 주체적으로 검토하며, 기존 법과 제도의 한계를 넘어 상상력을 더 크게 키워야 합니다.

교육개혁 총론

교육개혁의 출발점은 현실의 고통

　한국의 교육개혁 역사에서 중요한 사건으로는 1968년 중학교 입시 폐지, 1974년 고등학교 평준화, 1980년 대학 본고사 폐지와 과외 금지 등이 있었지만, 이는 과열된 입시교육열을 가라앉히려는 부분적 조치였고, 장기적 목표를 갖고 한국 교육을 재편한 개혁은 1995년 제출된 5.31 개혁밖에 없습니다. 5.31 개혁의 구체적 내용과 실패한 이유에 대해서는 제2부의 4장에서 자세히 살펴봤습니다.

　1995년 5.31 교육개혁 이전에도 학교 교육은 불행했습니다. 해방 직후 친일파가 집권하면서 사회 모든 영역의 가치관은 전도되어 '공부해서 남 주냐'가 교육이념이 되었습니다. 한국전쟁을 거치면서 국가에 대한 믿음이 사라졌고, 각자도생에 내몰린 국민은 가족 단위의 생존 전략으로 학력 경쟁에 뛰어들었습니다.

　온 국민이 학력 경쟁에 뛰어드는 상황에서 군부독재 체제를 뒷받침하는 부패한 정경유착, 권언유착과 사회 전반으로 확산한 군사문화는 '학벌주의'라는 기이한 현상을 만들었습니다.

　군부독재 시대까지 학교 교육은 일제 식민지 교육의 연장이었습니다. 억압과 규제, 구타와 폭력이 난무하는 학교 문화 속에서 황국신민화 교육과 다르지 않은 친일·독재 미화 교육이 진행되었으며, 학교는 대학 입시를 지상 과제로 삼은 학원과 다르지 않았습니다.

군부독재가 끝난 1990년대에 학교는 일제 잔재와 군사문화를 청산하고 입시 지상주의 교육을 개혁해야 했으나, '구악'은 덮어두고 '신악'이 도입되었습니다. '신악'이란 미국의 불평등 교육체제를 수입한 5.31 개혁입니다.

5.31 개혁은 1997년 외환위기 이후 한국 사회의 불평등 심화, 취업 절벽과 맞물려 교육 경쟁을 강화하고 확대했습니다. 특목고가 확대되고 자사고가 도입되면서 입시 경쟁이 초등학생까지 내려갔고, 대학생들은 취업 준비 때문에 고등학생보다 정신적 고통을 더 많이 받고 있습니다. 무한경쟁 교육체제에 적응하지 못한 다수의 청소년과 청년들은 무기력, N포, 고립과 은둔의 세계에서 고통받고 있습니다. 2000년 헌법재판소의 과외 금지 위헌 판결은 학원 사교육이 공교육을 주도하는 물구나무선 체제에 날개를 달아주었습니다. 그래서 2023년 대한민국은 어떤 사회가 되었습니까?

한국이 합계출산율 1.3명 이하의 초저출산에 접어든 지도 벌써 20년이 지났으며, 전 세계에서 유일하게 합계출산율 1.0 미만인 사회입니다.

왜 한국은 전 세계에서 아기가 태어나기 가장 어려운 나라가 되었을까요? 2022년 결혼 전문업체 '듀오'가 25~39세 미혼남녀 1,000명(남 500명, 여 500명)을 대상으로 한 설문 조사 결과에 따르면 결혼 후 아이를 낳지 않겠다는 비율이 여성은 44.6%, 남성은 31.0%라고 합니다.

[도표32]은 아이를 낳지 않겠다는 이유인데, 1위가 '육아로 인한 경제적 부담', 2위가 '사회와 미래에 대한 막막함'입니다. 둘을 합치면 52.2%로 국가의 출산 정책이나 일·가정 양립 문제를 합친 31.1%보다 훨씬 많습니다.

교육개혁은 없다 2

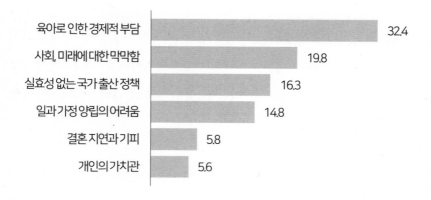

[도표32] 아이를 낳지 않는 이유

항목	값
육아로 인한 경제적 부담	32.4
사회, 미래에 대한 막막함	19.8
실효성 없는 국가 출산 정책	16.3
일과 가정 양립의 어려움	14.8
결혼 지연과 기피	5.8
개인의 가치관	5.6

2023년 12월 3일 한국은행 경제연구원은 「초저출산 및 초고령사회: 극단적 인구 구조의 원인, 영향, 대책」이라는 연구보고서를 제출했습니다. 보고서는 청년층이 출산하지 않는 이유를 고용, 주거, 양육 등 세 가지 요인으로 분석하고, 고용은 대기업·정규직과 중소기업·비정규직 사이의 격차 문제를 해결해야 하며, 주택 문제에 대해서는 현재의 1/2인 2015년 수준으로 집값을 낮춰야 한다고 했습니다.

앞서 제1부 3장에서 한국은 자녀를 18세까지 키우는 데 드는 비용이 1인당 GDP의 7.79배로 세계 1위라는 중국 위와인구연구소의 조사 결과를 소개한 바 있습니다. 이는 독일(3.64배), 프랑스(2.24배), 호주(2.08배)의 2~3배에 이르는 비용입니다.

육아 비용이 경제적으로 부담스러운 이유는 다른 나라 자녀들보다 더 좋은 옷을 입히고 더 맛있는 것을 먹이기 때문이 아닙니다. 사교육비 문제입니다. 사교육비 문제란 무한경쟁 교육에서 내 자식에게 좀 더 좋은 사교육을 시켜주는 게 부모의 도리인데 그게 부담스럽다는 것이겠죠. 또한 아이가 태어나 '엄마·아빠'를 말하고 걷고 성장하는 것을 지켜보는 행복보다 아이가 무한경쟁 교육에서 겪을 고통을 지켜보는 것이 더 크기에 출산을 포기하는 사회가 되었다고 저는 해석합니다.

　교육개혁의 출발은 우리의 고통스러운 현실, 대한민국을 '헬조선'으로 만든 교육 체제입니다. 저는 『교육개혁은 없다1』의 제2부 〈한국 교육 성찰〉에서 한국 교육의 특징을 잔인성, 기형성, 비효율성, 세습성, 이렇게 네 가지로 정리했습니다. 우리의 교육개혁은 잔인성, 기형성, 비효율성, 세습성을 해결하는 것에서 출발해야 하며, 아래와 같이 방향을 설정해야 합니다.

- 행복한 아동기와 청소년기를 거쳐 정신적으로 건강한 청년을 만드는 것에 최우선적 가치를 두어야 하며, 이에 저해되는 교육체제를 과감히 청산해야 합니다.
- 더 많은 사교육을 받는 학생이 더 좋은 대학에 입학하고, 이를 위해 정신 발달 단계를 뛰어넘는 선행학습을 하는 사교육 체제를 청산해야 합니다.
- 부모의 사회적 지위가 대물림 되는 학벌 세습사회의 폐단을 해소하기 위해 초중고 단계에서는 평등한 교육체제를 만들어야 합니다.
- 학력만 인플레이션 하는 대학 진학률은 대졸 학력이 요구되는 직업의 비중에 맞게 조정되어야 하며, 이미 과포화 상태인 대학은 국가가 책임지고 구조개혁을 진행해야 합니다.
- 대학 진학률에 맞게 고등학교에서 직업교육 학교를 확대하고, 졸업 후 취업이 가능하게 내실 있는 학교로 만들어야 합니다.

우리 교육이 키워야 할 인재와 교육이념

　2023년 9월 23일 오마이뉴스에 실린 기사 하나가 화제가 되었습니다. 시민기자로 활동하는 서부원 교사가 쓴 〈고등학생이 손꼽은 윤석열 대통령의 '업적' 네 가지〉

입니다.

서부원 교사가 가르치는 고등학생이 "지난 1년 반 동안 윤석열 대통령을 통해 깨달은 교훈이 있잖아요. 반면교사일지언정 이게 과거 역대 대통령이 주지 못한 그만의 업적이라고 생각해요."라며 네 가지를 꼽았다고 합니다. 서부원 교사가 기사에서 전해준 고등학생들의 이야기를 들어보시죠.

첫째, 자타공인 우리나라 최고의 학부인 서울대 법대의 수준이 '저 모양'이란 걸 몸소 보여준 거라며, 서열화한 학벌 의식을 약화시키는 데 보탬이 될 거라고 말했다. 서울대 법대 출신이라면 최고의 엘리트 집단인데, 그들이 큰 일꾼으로서 우리 사회에 기여하리라는 편견도 머지않아 자연스럽게 사라지게 될 거라고 덧붙였다.

둘째, '공익의 대표자'라는 검사들의 민낯을 보게 된 것도 수확이라고 했다. 국민의 기본권을 보장하고 공공의 복리를 도모하기는커녕 얄팍한 법 지식을 활용해 사회적 약자와 정적을 괴롭히는 자들이라고 눈을 흘겼다. 아이들도 '법꾸라지'라는 말의 의미를 알고 있다.

셋째, 공산주의를 제대로 공부하는 계기가 됐다고도 했다. 아이들에게 공산주의는 교과서에서나 주마간산 격으로 만날 수 있는 낯선 이념이다. 애꿎게 홍범도 장군이 엮이며 학습 의욕을 불러일으켰다. 일제 강점기 독립운동사도 다시 살펴보게 됐고, 공산당의 역사와 공과를 토론 주제로 삼아보자는 이야기까지 나왔다.

넷째, 무엇보다 민주주의가 일순간 무너질 수도 있는 허약한 제도라는 사실을 일깨워준 게 윤석열 대통령의 최대 치적이라고 입을 모았다.

"자타공인 우리나라 최고의 학부인 서울법대 수준이 '저 모양'이며, 공익의 대표자라는 검사들은 얄팍한 법 지식을 활용해 사회적 약자와 정적을 괴롭히는 법꾸라지"라는 고등학생의 평가는 한국 교육의 본질에 대한 정확한 성찰이자 냉엄한 질타입니다.

공부 잘하는 인간이 사회발전의 걸림돌이 된 지는 오래되었습니다. 조선시대는 너무 머니까 100여 년 전 일제 강점기 때부터 생각해보죠. 친일 반민족행위자 명단에 이름을 올린 인간들도 다 공부 잘하는 사람들이었습니다. 대부분 지주 집안 출신으로 일본 유학, 미국 유학을 다녀오거나 경성제대를 나와서 높은 지위에 올랐던 사람들이었습니다.

일제 침략자 입장에서 생각해보면 노동자·농민을 친일파로 만들 필요가 없습니다. 노동자·농민은 착취와 수탈의 대상이지 포섭과 회유의 대상이 아니죠. 똑똑하고 말 잘하는 자들을 앞잡이로 만들어야 식민지 통치 체제를 강고히 하는 데 도움이 되겠죠.

1919년 거족적 3.1운동이 일어난 후 상해에서 임시정부가 출범하고 만주에서 독립군이 총을 들고 싸우던 1920년대에는 친일파가 많지 않았습니다. 1931년 만주사변, 1937년 중일전쟁이 터지면서 중국이 일본에 패배하는 것을 목격하게 된 1930년대에 친일파가 대거 등장합니다. 오랜 세월 중국을 섬겨왔던 조선의 지식인들은 중국도 일본에 패하는데 조선의 독립이 가능하겠느냐고 판단하면서 친일파로 전향합니다.

영화 〈암살〉의 마지막 장면에서 "왜 동지를 배신했나?"라고 묻자 "해방될 줄 몰랐으니까. 알면 그랬겠나?"라고 대답하는 것은 당시 친일파들의 공통된 세계관이었습니다. 그래서 일본 제국주의의 침략 전쟁을 찬양하고, 자기 동포를 정신대, 징용, 징병에 몰아넣으면서 부귀영화를 누렸죠. 일본이 지배하는 세상이 영원할 줄 알았겠지만, 중일전쟁이 일어난 지 8년 만에 조선은 해방되었습니다.

다시 대한민국으로 돌아와서 지난 30년 동안 우리 사회에서 공부란 무엇이고, 인재는 무엇이었는지 생각해보죠.

5.31 개혁은 교육개혁의 필요성을 변화된 시대에서 찾았습니다. 변화된 시대란 세계화, 민주화, 정보화, 지식사회화입니다. 이중 가장 중요한 것은 세계화입니다. 세계화란 미국화이며, 미국 일극 질서입니다. 그래서 '글로벌 인재', '신지식인'을 인재의 표상으로 내세우고, 영어 몰입교육을 하며, 미국을 숭상하고 미국식 사고에 물든 엘리트를 양산했습니다.

영원할 줄 알았던 세계화는 끝났고, 미국 일극 시대도 함께 끝나갑니다. 중국의 GDP는 2010년 일본을 제치고 2위로 올라섰으며, 2030년경에는 미국을 추월할 것으로 예상됩니다. 영국의 식민지였던 인도는 2022년 영국의 GDP를 추월했습니다. 미국을 중심으로 한 G7[87] 시대가 저물고, 세계는 다극화 체제로 전환되었습니다.

다극화 시대를 상징적으로 보여주는 게 브릭스(BRICS)[88]입니다. 미국이 주도하는 세계 질서에 대안을 모색하며 2009년 결성한 브릭스 5개국의 GDP는 2022년에 이미 G7 국가의 GDP를 넘어섰습니다. 2023년 8월 남아프리카공화국에서 개최된 브릭스 회의에는 22개국이 가입을 신청했고, 그중 6개 나라의 가입이 확정되어[89] 브릭스는 11개국으로 늘어났습니다. 브릭스는 기축통화인 달러에 대항하여 새로운 국제 화폐를 만들 예정이라고 합니다.

---

87) G7은 'Group of Seven'의 약자로 미국, 일본, 독일, 영국, 프랑스, 이탈리아, 캐나다를 의미한다.

88) 브릭스란 브라질(Brazil), 러시아(Russia), 인도(India), 중국(China), 남아프리카공화국(South Africa)의 머릿글자를 따서 부르는 명칭이다.

89) 아르헨티나, 이집트, 에티오피아, 이란, 사우디아라비아, 아랍에미리트연합

미국 일극 시대가 저물자 모든 나라가 자국의 이익을 중심으로 새로운 국제 질서를 만들어가고 있습니다. 새로운 국제 질서를 보여주는 상징적 사건은 2022년 2월에 시작된 우크라이나 전쟁입니다. 미국의 기세가 등등하던 2003년에 미국은 유엔을 무시하고 이라크를 침공해서 후세인 정권을 제거했습니다.

그러나 우크라이나 전쟁은 양상이 다릅니다. 미국이 주도하는 러시아 제재에 동참한 나라는 52개국입니다. 나토 소속이 31개국이니까 '나토+α'죠. 러시아 편에 선 나라는 12개입니다. 어느 쪽에도 가담하지 않고 중립을 지키는 나라는 127개입니다. 중국, 인도를 비롯한 브릭스 국가들, 전통적 친미 국가인 사우디아라비아조차 미국 주도의 세계 질서에 동의하지 않고 중립을 지키고 있습니다.

새로운 시대는 새로운 인재를 요구합니다. 세계는 다극화 시대로 전환되었는데, 대한민국 엘리트들은 미국 일극 시대의 추억에 사로잡혀 국익과 정반대의 행동을 하고 있습니다.

윤석열 대통령은 돈키호테처럼 냉전 시대로 회귀하여 '공산 전체주의'라는 유령과 전투를 벌이고 있으며, 미국의 대중국 압박 전략의 최선봉에 서서 한국의 최대 무역 흑자국인 중국에 적대적 언사를 쏟아냅니다. 그 결과 1992년 수교 이래 대한민국 무역 흑자의 90%를 차지하던 중국이 최대 적자국으로 돌아서서, IMF 자료에 따르면 2023년 상반기 한국은 무역수지가 세계 208개국 중 200위로 추락했습니다.

대통령만 그런 게 아닙니다. 다른 부처도 아니고 국가 유공자에 대한 보훈 업무를 총괄하는 보훈부장관 박민식은 친일 반민족행위자 백선엽을 친일파가 아니라고 우기며 그의 업적을 기리겠다고 합니다. 다른 부처도 아니고 군대를 통솔해야 할 국방부장관 신원식은 5.16 군사 쿠데타를 '혁명'이라고, 12.12 군사 반란을 '전두환이 나라를 구하려는 것'이라고 발언하고, 홍범도 장군 흉상을 육사 교정에서 철거하겠다

　　　　　　　　　　　　　　　　　　　　교육개혁은 없다 2

고 앞장섭니다.

정치인들만 그러는 게 아닙니다. 대한민국 경제인들은 어떻습니까?

지난 30년 동안 삼성전자는 자본에 국경이 없다며 인건비가 싼 중국, 베트남, 인도로 공장을 이전했습니다. 2020년 삼성전자 직원 27만 명 중 한국인은 10만 명에 불과하며 중국·베트남·인도 현지 공장의 노동자들이 17만 명을 차지합니다. 그랬던 삼성전자는 미국 정부가 '아메리카 퍼스트'를 외치며 미국의 제조업 부흥을 목적으로 '리쇼어링'(reshoring)[90]을 추진하자 향후 20년 동안 인건비가 비싼 미국에 250조를 투자하여 반도체 공장 11개를 세운다고 합니다. 리쇼어링 하려면 한국으로 들어와야지 왜 미국으로 갑니까? 삼성전자의 조국이 아메리카입니까? 왜 한국 경제를 위해, 한국 청년들의 일자리를 위해 써야 할 돈을 미국 경제 부흥과 미국 노동자들의 고용을 위해 씁니까?

현대자동차는 우리와 아무 상관도 없는 우크라이나 편을 들며 러시아를 제재한다고 유럽 최대의 자동차 생산 기지인 현대자동차 러시아 공장을 폐쇄했습니다. 이런 어처구니없는 현상에 대해 대한민국 엘리트들은 꿀 먹은 벙어리입니다.

앞서 제2부에서 '아우슈비츠 이후의 교육'으로 명명한 독일의 교육개혁을 살펴보았습니다. 두 차례의 세계대전을 일으켜 인류 앞에 지은 죄를 후대들이 잊지 않게 하자는 교육, 더 이상 아이히만과 같은 인간을 키워내지 말자는 교육, 이것이 독일이 합의한 '아우슈비츠 이후의 교육'입니다.

한나 아렌트는 '악의 평범성에 대한 보고서'라는 부제를 단 『예루살렘의 아이히

---

90) 해외에 진출한 제조 업체를 다시 국내로 돌아오도록 하는 정책이다. 저렴한 인건비를 이유로 해외로 공장을 옮기는 '오프쇼어링'과 반대되는 정책이다.

만』에서 "생각하지 않는 것, 이것이 바로 악"이라고 결론을 내렸는데요, 지금 대한민국에는 아이히만 같은 인간이 차고 넘칩니다. 세계는 치열하게 자기 나라의 이익을 중심으로 움직이는데, 영혼이 미국화된 대한민국 엘리트들은 자기 머리로 자기 나라의 이익을 위해 생각하지 않고, 고통스럽게 살아가는 자기 나라 국민을 외면합니다.

교육이 사회를 바꿀 수는 없습니다. 그러나 변화된 사회를 유지하는 데서 교육은 매우 중요한 역할을 합니다. 프랑스 대통령 드골은 나치 부역자들을 청산하면서 "앞으로 우리 프랑스가 외세의 지배를 또다시 받게 될지언정 민족을 배반하는 인간은 나오지 않을 것이다."라는 말을 남겼습니다. 교육으로 외세의 침략을 막을 수는 없지만, 다시는 민족을 배반하는 인간이 나오지 않도록 하는 것, 그것이 교육의 사회적 역할입니다.

그래서 교육개혁에서 첫 자리에 놓이는 것이 교육이념입니다. 무엇을 목표로 어떤 인간을 육성할 것인가 하는 문제가 정해져야 교육제도와 교육과정을 제대로 만들 수 있습니다.

우리의 교육이념은 무엇이 되어야 할까요? 앞서 미군정 시기 '조선교육심의회'에서 홍익인간이 교육이념으로 결정되는 과정을 살펴보았습니다. 홍익인간은 시대의 요구, 민족의 요구와 동떨어진 추상적 구호이며, 한 번도 우리 교육에서 진지하게 고려되어본 적 없는 죽은 이념입니다. 5.31 개혁 이후 등장한 글로벌 인재, 신지식인이 우리 교육이 추구해야 할 인재상으로 적절치 못하다는 것도 살펴보았습니다.

그러면 우리의 교육이념으로 무엇이 적절할까요? 한 나라의 교육이념은 홍익인간처럼 누군가의 머릿속에서 아이디어 차원으로 나올 수 없습니다. 시대적 요구에 따라 제출되어 사회적 운동으로 구현된 것 중에서 정립해야 합니다. 그런 점에서 저

교육개혁은 없다2

는 '민족 민주 인간화' 교육이 좋겠다고 생각합니다.

'민족 민주 인간화' 교육은 1989년 전교조가 창립하면서 내세운 교육이념입니다. 당시 전교조는 '참교육'이라는 구호를 들고나왔는데, 참교육의 실체가 뭐냐는 질문에 대해 '민족 민주 인간화' 교육이라고 정식화했습니다. 친일파의 글을 가르치고, 군부독재를 미화하며, 오로지 입시를 위해 달려가던 1980년대 교육 현실에서 내놓은 답변이었습니다.

노태우 군부독재 정권은 '민족 민주 인간화' 교육을 하겠다는 전교조 교사 1,527명을 해직하고 전교조에 '빨갱이' 모자를 씌웠으며, 수구보수 세력은 30년 넘게 전교조를 사회적으로 고립시키기 위해 무던히도 애를 썼습니다. 그러나 전교조는 탄압에 굴복하지 않았고, 수많은 교육 시민운동 단체들과 함께 한국 교육을 바꾸기 위해 노력했으며, 그 결과 국민에게 인정받았습니다. 2010년 전국 시도 교육감 선거에서 전교조 출신들이 교육감에 당선되기 시작하여 2018년 선거에서는 17개 시도 교육감 중 전교조 출신이 무려 10명이나 당선되었습니다.[91]

1990년대 사회주의가 무너지고 자본과 노동이 국경 없이 이동하는 세계화 시대가 오자 '민족'은 낡은 이념으로 치부되었습니다. 한국 사회가 황금만능주의에 물들어가면서 '인간화'도 퇴색되었지요. 그러나 다시 세계는 자국의 이익을 중심으로 치열하게 움직이는 다극화 시대로 전환되었고, 자본의 이윤 창출을 신성불가침으로 여긴 한국 사회는 헬조선이 되어 세계 최고의 저출생 사회로 도태되고 말았습니다.

---

91) 2018년 지방선거에서 시도 교육감으로 당선된 전교조 교사 출신은 도성훈(인천), 장휘국(광주), 최교진(세종), 민병희(강원), 김지철(충남), 김병우(충북), 노옥희(울산), 장석웅(전남), 박종훈(경남), 이석문(제주) 총 10명이다.

우리에게 필요한 인재는 자기 민족을 사랑하고 자기 민족의 이익을 위해 헌신하는 사람입니다. 우리에게 필요한 인재는 4.19 혁명, 광주민주화운동, 6월 항쟁을 통해 쟁취해온 민주주의를 사랑하고 '민(民)이 주인 되는' 사회를 만들려는 사람입니다. 우리에게 필요한 인재는 돈보다 인간을 사랑하고 인간의 가치를 높이는 사회를 만들려는 사람입니다. 그런 사람을 키우는 교육, 그것을 '민족 민주 인간화' 교육이라 부르고 한국 교육의 이념으로 삼았으면 합니다.

사회적으로 합의해야 할 교육개혁의 주요 과제

이 책은 정당에서 발행하는 정책자료집이나 학술단체에서 출간하는 논문이 아닙니다. 한국 교육에 대해 함께 성찰하고 미래를 모색하는 교양서입니다. 그래서 함께 생각해볼 교육개혁 영역을 6개로 잡았습니다.

초중고 단계에서 분리 차별 교육 체제 폐지

5.31 개혁 이후 가장 개악된 것을 꼽으라면 저는 입시 경쟁이 초등학교까지 내려간 것을 꼽겠습니다. 과학고, 외고가 확대되고 자사고, 국제고, 국제중이 신설되면서 중학생이 고교입시 경쟁에 편입되었고, 초등학교 고학년까지 영향을 받았습니다. 그전에는 중학교 3학년이 되어 인문계로 갈까, 실업계로 갈까를 고민했다면 5.31 개혁 이후에는 초등학교 고학년부터 진로를 설정하고 학원가를 맴돌게 되었습니다.

문재인 대통령이 외고와 자사고에 대해 폐지를 공약했다가 지키지 못했지만, 과학고, 영재고, 국제고, 국제중에 대해서는 우리 사회에서 제대로 토론도 되지 못했습니다. 이공계 인재를 육성한다는 과학고, 영재고는 필요한 학교일까요?

또 하나 매우 의아한 것은 자사고 폐지는 사회적으로 논의가 많이 되었는데, 사립 초등학교 문제는 아예 논의에서 빠져버렸다는 것입니다. 자사고를 반대하는 분들은 자사고를 '특권학교'라고 비판하는데, 자사고에 비하면 사립초는 그야말로 '귀족학교'인데도 말입니다. 저는 〈초중고는 평등한 교육체제로〉에서 이 문제를 다뤄보고자 합니다.

입시 사교육과 예체능 사교육에 대한 정책

다른 나라들은 사교육 없이도 잘 교육하고 있는데 왜 대한민국만 사교육이 공교육을 주도하는 후진 체제를 바꿀 엄두도 못 내고 있을까요? 사교육의 폐해를 개탄하고 사교육 없이 공교육만으로 훌륭한 교육을 실현하고 있는 나라들을 부러워하면서도, 왜 사교육 자체를 없애자는 주장을 하지 못할까요?

2008년 출범한 시민단체 '사교육없는세상'은 교육운동에서 영향력이 큰 단체입니다. 그러나 단체의 설립 목적을 담은 명칭과 다르게 사교육 자체를 없애자고 주장하지 않습니다. 사교육을 증가시키는 정책을 비판하고, 학원이 선행학습을 홍보하지 못하도록 하자는 수준의 주장을 해왔습니다. 말하자면 우리 사회는 학원이 없는 교육을 상상하지도 못하고 있다는 것이죠.

그 바탕에는 2000년 헌법재판소의 과외 금지 위헌 판결이 있습니다. 20년도 전에 헌법재판소가 내린 판결이 우리 아이들의 행복보다 더 중요한가요? 저는 〈사교육에 대한 사회적 합의와 해결 방도〉에서 이런 사고방식의 벽을 뛰어넘자고 제안할 것입니다. 또한 입시 사교육과 예체능 사교육에 대한 입장을 구분하여 사교육에 의지하고 있는 예체능 교육을 국가가 책임지고 더 질 높은 교육을 보장하는 식으로 바꿔

나가자고 제안할 것입니다.

학문과 공부의 주체성 확립

저는 앞서 교육개혁의 이념을 '민족 민주 인간화' 교육으로 삼자고 제안했습니다. 지금 초중고에서는 1980년대와 같은 친일·독재 미화 교육은 거의 사라졌다고 볼 수 있습니다. 그러나 대학은 다릅니다. 친일 독재 미화는 아니지만, 한국의 현실을 설명하고 국민 대중의 고통을 해결하기 위한 학문이 아니라 미국학의 한국판 버전이 지배하고 있습니다.

대학교수가 되기 위해서 미국 유학이 필수라는 교수 임용 차원의 문제가 아닙니다. 영혼이 미국화된 학자들에 의해 자기 민족과 자기 국민을 위한 학문이 실종됐습니다. 우리 민족을 위하고 우리 국민을 위한 학문을 하지 못한다면 대학이 무엇을 위해 존립해야 합니까? 저는 대학 서열화보다 이 문제가 본질적으로 더 중요하다고 생각합니다.

학문의 주체성과 함께 우리를 평생 고생시키는 영어 교육 문제도 살펴보겠습니다. 이명박 정권 시절 영어 몰입교육으로 온 나라가 몸살을 앓았습니다. 지금은 좀 약화된 듯 보이지만, 아이를 낳으면 제일 먼저 부닥치는 고민이 영어 유치원을 보낼 것인가 말 것인가 하는 것입니다. 필요 이상으로 영어 공부를 강요당하는 한국 현실을 일본의 외국어 정책을 살펴보면서 〈학문과 공부의 주체성 확립〉에서 고민해보겠습니다.

인문계고와 직업계고에 대한 사회적 합의

대한민국에 인문계고는 없습니다. 일반고라고 합니다. 과학고, 영재고, 외고, 국제고, 자사고, 마이스터고, 특성화고가 아닌 학교, 그래서 '일반고'라고 쓰고 '잉여고'라고 읽는 학교가 있을 뿐입니다.

일반고가 대학 교육을 준비하는 '아카데믹 과정'으로서 기능을 상실한 지는 오래되었습니다. 그 원인을 과학고, 외고, 자사고 등으로 공부 잘하는 학생들이 빠져나가는 데 있다고 생각하는 교사들이 많습니다. 그래서 특목고, 자사고가 폐지되면 일반고가 정상화될 수 있다고 생각하는 분들도 많은데요, 저는 그렇게 간단한 문제가 아니라고 생각합니다. 대학 진학을 목표로 하는 '아카데믹 과정'을 이수하기 어려운 학생들이 입학하기 때문입니다. 자기 학력과 지향에 맞지 않는 학교에 들어와서 3년을 버티는 것은 학생들에게 매우 불행한 일입니다.

일반고도 문제지만 특성화고도 문제입니다. 직업교육 기능을 제대로 할 능력이 없습니다. 고등학교 교육이 정상화되려면 인문계고와 직업계고의 비중부터 다시 정립하는 사회적 합의가 필요합니다. 이 문제는 대학 진학률 문제와도 얽혀있습니다. 이 문제를 〈인문계고와 직업계고에 대한 사회적 합의〉에서 종합적으로 함께 성찰해보겠습니다.

인구절벽이 가져올 대학 구조개혁과 국가의 역할

아무도 말하지 않습니다. 정부도 대책이 없습니다. 언론만 3월이 되면 '벚꽃 피는 순서로 대학 문 닫는다'는 뉴스를 반복할 뿐입니다. 5.31 개혁으로 대학이 난립한 결과 저출생 시대의 직격탄을 맞고 있습니다.

교육 문제를 시장의 원리로 해결할 수 없습니다. 너희들이 세운 학교이니 너희들이 알아서 구조 조정하라고 하는 것은 국가가 설립을 허가해놓고 그 책임을 방기하는 것입니다. 이에 대해 함께 대책을 〈인구절벽이 가져올 대학 구조개혁과 국가의 역할〉에서 생각해보고자 합니다.

소멸 위기의 지방 농산어촌 학교 살리기

초저출생 초고령화라는 사회적 재앙이 임박했습니다. 농산어촌은 더 심각한 상태입니다. 이미 전국 228개 시군구 중 118개 지역이 인구소멸 위험 지역입니다. 도시와 농산어촌의 격차, 농산어촌의 소외 문제를 지역인재 특별 전형, 지방 국립대에 대한 지원 강화, 농산어촌 초등학교 통폐합 속도 조절로 해결할 수 없습니다.

농촌 평균 연령은 68세입니다. 아기 울음소리 그친 지는 오래되었고, 10년 후면 농촌 평균 연령은 78세입니다. 농사지을 사람이 없습니다. 특단의 대책이 필요합니다. 특히 농사지을 대가 끊기는 것의 심각성을 인식해야 합니다.

지금 대한민국은 4차 산업혁명을 운운할 때가 아닙니다. 1차 산업이 철저히 파괴되어 식량 안보를 우려해야 할 상황입니다. 그러나 대한민국 정부는 이런 문제에 손을 놓고 있습니다. 농산물 수입을 확대해서 해결하면 되는 걸까요? 외국인들을 이주시켜 농사를 짓도록 하면 된다고 생각하는 것일까요? 이런 문제를 〈소멸 위기의 지방 농산어촌 학교 살리기〉에서 함께 생각해보겠습니다.

진보적 교육개혁 담론 성찰

끝으로 교육정책은 아니고, 교육개혁에 대한 종합적인 성찰을 위해 다뤄보고자 하는 주제가 있습니다. 진보적 교육개혁 담론을 돌아보는 것입니다.

입시 폐지, 대학 서열 폐지, 대학 등록금 폐지, 특권 학교 폐지로 상징되는 진보적 교육개혁 담론들은 왜 대중의 열렬한 지지를 받지 못할까요? 왜 거의 20년 동안 교육운동 진영의 '이슈 파이팅' 수준에 머물러 있을까요? 저도 핀란드, 독일, 프랑스

교육개혁은 없다 2

등 유럽의 교육 선진국 이야기를 많이 했습니다만, 외국의 선진적인 제도를 소개하고 우리 교육을 성찰하는 중요한 기준으로 삼는 것은 좋지만 지금 상태에서 제도를 그대로 이식할 수는 없습니다. 현재 한국 사회의 발전 단계에 맞지 않습니다.

저는 영혼의 미국화를 우려하듯 영혼의 유럽화도 경계해야 한다고 생각합니다. 진보적 교육 담론은 어떤 한계에 부닥쳐 있는지 〈진보적 교육개혁 담론 성찰〉에서 함께 생각해보겠습니다.

초중고는 평등한 교육 체제로
과학고·영재고, 외고·국제고, 자사고, 국제중, 사립초 폐지

5.31 교육개혁이 나온 이후 수월성, 다양성이라는 명분으로 과학고, 영재고, 국제고, 외고, 자사고, 국제중 등 다양한 형태의 학교를 만들어왔습니다. '수월성'이란 뛰어난 학생의 능력을 발휘하게 만들자는 것이고, '다양성'이란 평준화 체제를 보완하자는 것입니다.

5.31 교육개혁에 동의하는 사람들은 기존 교육을 '평준화'로 규정하고, 평준화는 하향 평준화로 귀결된다고 공격하며, 과학고·외고를 비롯하여 다양한 학교들을 신설하고 증가시켜왔는데, 과연 취지에 맞게 목적을 달성했을까요?

대학 서열화 체제만으로도 고통스러운 나라에서 중고등학교까지 서열화시킴으로써 초등학생까지 학원에서 선행학습에 시달리게 되었습니다. 과도한 선행학습은 학생들의 건강한 성장을 가로막고, 학습 포기자를 양산했습니다. 수월성 교육의 결과로 대한민국의 인재 수준이 높아진 것도 아닙니다. 금수저와 흙수저의 교육 경로만 갈라놓았습니다.

문재인 정부는 외고·자사고에 대해서만 2025년 폐지를 예약했습니다. 즉 영재고, 과학고, 국제고, 국제중은 존속시킨다는 것이었죠. 윤석열 정부가 외고·자사고를 존속시키기로 함에 따라 문재인 정부의 약속은 의미가 없어져 버렸지만, 다음 대선 때 다시 논란이 되겠죠.

문재인 정부는 자사고·외고는 폐지로 가닥을 잡았으면서 영재고, 과학고, 국제고는 왜 건드리지도 못했을까요? 필요성 자체를 인정했을 수도 있고, '과학영재', '글로벌 인재' 육성을 포기한다고 비난받을 것이 두려워 정치적 득실을 계산했을 수도 있습니다.

그래서 자사고 폐지를 내세우면서도 중앙정부가 하지 않고 시도교육청에 책임을 떠넘겼습니다. 그 결과 자사고 폐지 공약은 실패했습니다.

2019년 서울시교육청이 자사고 8개를 재지정에서 탈락시키자 학생, 학부모, 졸업생들이 항의 집회를 하고 보수언론도 가세하여 서울시교육청을 공격했습니다. 자사고 재단들이 서울시교육청의 행정 조치에 반발하여 행정소송을 제기하자 사법부는 자사고의 손을 들어주었습니다.

그래서 사회적 합의가 필요합니다. 과학고, 영재고, 외고, 국제고, 자사고, 국제중이 100여 개에 불과하지만, 이 학교들 때문에 초등학생까지 선행학습 학원에 다니는 현상을 감내해야 할까요? 이 학교들이 학원에서 밤 10시까지 뺑뺑이 도는 초등학생들의 고통을 감내하면서까지 대한민국의 발전을 위해 필요한 학교일까요?

과학고·영재고는 국가발전을 위해 필요한가!?

먼저 과학고, 영재고 문제를 생각해보겠습니다. 현재 영재고가 8개, 과학고가 20개인데 설립 취지에 큰 차이가 없어서 그냥 과학고로 통일해서 부르겠습니다. 1980년대에 과학고가 생겨나고 확대될 때는 "고등학교를 조기 졸업하고 카이스트에 입학해서 20대 박사가 되어…"와 같은 명분이 있었습니다. 지금 과학고는 조기 졸업자가 별로 없고 서울대 입학을 향한 전초기지가 되었습니다.

과학고의 존속에 대한 판단기준은 고등학교 단계에서 선별하여 가르치는 게 한국 과학 발전과 재능 있는 개인의 능력 발현에 어느 정도 의미가 있는가, 그것이 과학고 입학을 위해 초등학생까지 내려간 선행학습 사교육의 폐해를 감수할 정도의 이득이 있는가 하는 점일 것입니다.

　　과학고는 과학영재들이 입학하는 학교가 아닙니다. 과학고에 들어가서 상위 30% 안에 들면 서울대에 들어갈 가능성이 높기 때문에 학부모들은 초등학교 때부터 자녀를 과학고 대비 학원에 보냅니다. 2019년 5월 8일 MBC 엠빅뉴스가 보도한 〈초2가 중3 수학을? 초등학생 잡는 영재고 입시〉에 따르면 초등학교 때부터 과학고 입학까지 평균 1억 6천만 원의 사교육비를 쓴다고 합니다.

　　과학고에 입학하면 명문대 입학은 어느 정도 보장되었으니 사교육에서 해방될까요? 아닙니다. 과학고는 모두 기숙형 학교입니다. 주말이면 집에 돌아가 금요일부터 일요일까지 운영하는 학원에 다닙니다. 주로 과학고 학생끼리 묶어주는 학원에 다니죠. 그래서 과학고를 졸업하고 막상 대학에 진학하면 '번아웃'된 학생들이 많이 나타납니다.

　　그렇게 어렵사리 과학고에 입학하고 졸업해서 대학에 가면 무엇을 할까요? 과학고의 교육과정이란 게 대학교 1학년 수준의 수학, 물리, 화학 정도까지 선행하는 것인데, 막상 대학에 들어오면 과학고 출신을 위한 별도의 교육과정이 없습니다. 일반고 출신과 똑같은 조건에서 함께 대학 공부를 시작해야 합니다. 그래서 대학 1학년을 허송세월하는 경우가 많습니다.

　　서울대 물리학과 김대식 교수는 우리나라 과학이 발전하려면 과학고에서 10대 청소년을 쥐어짤 게 아니라 30대 학자를 쥐어짜야 한다고 지적합니다. 김대식 교수의 지적을 들어보겠습니다.[92]

일본은 1949년 유카와 히데키가 처음으로 노벨 물리학상을 받은 이후 자연과학 분야에서만 22명이 노벨상을 받았다. 지난 20년 동안 노벨상 수상자가 17명으로 거의 매년 노벨상 수상자가 나왔다. 그런데 유카와 히데키를 비롯해 80% 이상이 외국에 유학하지 않고 일본 국내에서 박사 학위를 받은 사람들이다.

일본은 자체의 힘으로 학문을 발전시키는데, 우리나라는 외국에서 박사 학위를 받고 돌아오면 독자적으로 연구하면서 후학을 키우는 게 아니라 자기에게 박사 학위를 준 외국 스승의 그림자 밑에서 살아간다.

게다가 기초학문을 연구하는 석박사들을 값싼 노동력으로 부려 먹고, 대학교수는 꿈도 꾸기 어려우며, 연구기관에 들어가도 비정규직인 현실에서 과학기술 입국이 가능하겠는가?

김대식 교수는 학계의 사대주의 풍토가 우리나라의 과학 발전을 가로막는 걸림돌이며, '과학영재' 교육을 말하기 전에 이런 현실을 타개하는 것이 선결 과제라고 지적합니다.

대한민국에는 '영재병'이 있습니다. 어렸을 때 조금만 학습 속도가 빠르면 '영재'라고 생각합니다. 남들보다 공부를 잘한다고 영재가 아닙니다. 영재는 타고난 재능이 있는 사람입니다. 에디슨이 천재는 1%의 영감과 99%의 노력으로 이루어진다고 했는데, 99%의 노력이란 하루 15시간 이상 미친 듯이 자기가 원하는 공부와 일에 몰입하며 그것을 행복으로 느끼는 것입니다. 그런 사람이 영재입니다. 과학고 영재고 입학 정원이 2천 명 정도인데요, 대한민국에는 영재가 왜 이렇게 많은 걸까요?

송용진 인하대 수학과 교수는 위상수학의 세계적 권위자이며, 수학 영재교육의

---

92) 김두식, 김대식, 『공부논쟁』, 창작과비평사, 2014

최고 전문가입니다. 매년 전국 대학생 수학 경시대회를 주관하고, 20년 넘게 국제수학올림피아드 한국 대표팀 단장으로 활동해왔습니다.

그런데 송용진 교수는 고교평준화 정책을 지지하며, 과학고를 일반고로 전환할 것을 주장합니다. 송용진 교수는 '고교평준화는 하향 평준화를 가져온다'는 생각에 동의하지 않습니다. 자신은 평준화 시대에 학교를 다녔지만, 그 당시에 학력 증진이 미흡하지 않았고 평가합니다. 송용진 교수의 생각을 들어보겠습니다.93)

"외국의 영재교육 전문가들은 한국에 과학고와 과학영재학교가 28개나 있다는 말을 들으면 놀라워한다. 실제로 다른 어느 나라도 우리만큼 방대하고 다양한 과학영재 교육 시스템을 갖고 있지 않다. 중학생 또는 초등학생들을 대상으로 하는 다양한 형태의 영재교육원이 340개 있고, 영재학급도 1,118개가 있다. 영재교육 대상자는 2022년 기준 72,518명, 담당 교원은 18,340명이나 된다. 교육 대상자가 전체 학생의 약 1.4%로 양적 규모 면에서 가히 세계 최고라고 할 수 있다. 어린 학생들의 과다한 학습 부담 문제와 사교육 문제를 완화하기 위해 영재교육의 양적인 확대는 이제 그만해야 할 때가 되었다."

2022년 수학계의 노벨상이라 불리는 '필즈상'을 수상한 허준이 프린스턴대 교수 같은 분이 영재입니다. 그는 중학교 때까지 두각을 나타내지 못해 과학고 입학은 시도해보지도 못했고, 집에서 가까운 고등학교에 입학했다가 건강 문제, 답답한 학생 생활, 시인이 되고 싶은 욕망 등으로 자퇴했다고 합니다. 이후 시인이 될 자질이 없음을 깨닫고 검정고시를 거쳐 서울대 물리천문학부에 입학한 이후부터 수학 영재

---

93) 경향신문, 〈세계 최대 규모 영재교육 제도의 허와 실〉, 2023.6.20.

로서 특징을 나타냈습니다. 그리고 전 세계 모든 수학자가 동경하는 필즈상을 수상 하게 되죠.

거의 매년 노벨상 수상자를 배출하는 일본에는 과학고가 없습니다. 우리는 1983 년 경기과학고를 시작으로 과학고·영재고를 28개나 만들었는데, 과학계에 무슨 발 전이 있었던가요? 과학고, 영재고라는 별도의 학교를 만들 게 아니라 정말 비범함 이 드러난 학생은 국가 차원에서 담보해 줄 수 있는 별도의 시스템을 만드는 것이 바 람직할 것입니다.

외고·국제고를 나오면 글로벌 인재가 되는가?

다음으로 외국어고등학교 문제를 살펴보겠습니다. 2023년 현재 외고는 31개입 니다. 외고에는 영어과도 있지만, 일본어과, 중국어과, 프랑스어과, 독일어과, 스페 인어과가 전공인 학과들이 훨씬 많습니다. 일반고를 기준으로 하면 제2외국어인데, 외고에서는 전공어가 됩니다. 외고는 일주일에 10시간 가까이 전공어를 공부하도 록 교육과정이 짜여있습니다. 하루 2시간인 셈이죠.

앞서 과학고·영재고는 과학영재가 입학하는 학교도, 과학영재를 키우는 학교도 아니라고 말씀드렸는데, 외고는 어떨까요? 외국어 영재라는 게 있나요? 외국어를 잘할 수 있는 가장 좋은 방도는 그 나라에 오래 살면 되는데, 그러면 외국에서 태어 나거나 어릴 때부터 장기간 거주하면 영재가 되는 건가요? 개념이 잘 안 잡히죠?

학생들은 전공어를 공부하기 위해 외고에 입학할까요? 그렇다면 한국외대가 대 박이 났어도 진작 났어야겠죠. 현재 외고 졸업생이 어학 계열로 진학하는 비율은 40% 정도입니다. 그것도 최근 몇 년 동안 많이 늘어난 것입니다. 과학고 졸업생의

97%가 이공계로, 예술고 졸업생의 95% 정도가 예술계로 진학하는 것에 비하면 외고는 설립 취지가 무색합니다.

어학 계열로 진학하는 학생 비율이 낮다는 것을 이유로 외고를 비판하면 외국어 실력을 갖추고 일반학과로 가는 게 인재 개념에 더 합당한 게 아니냐고 반문하기도 합니다. 예를 들어 고등학교 때 외국어 실력을 갖추고 대학은 경영학과나 심리학과에 진학하면 더 좋은 인재가 되는 것 아니냐는 것이죠. 그렇게 따지면 외고를 나와서 의대가 공대에 가는 것은 어떻습니까?

실제로 2016년 이전까지는 외고 안에 '이과반'을 만들어 운영하기도 했습니다. 2016년 더불어민주당 전재수 의원이 교육부에서 제출받은 자료에 따르면, 이전 3년간 이공계 진학률이 10%를 넘는 외고가 13개교입니다. 고양외고가 33.5%로 가장 많았고, 부산외고 20.5%, 경남외고 20.39%, 김포외고 17.02%, 부일외고 15.47% 순이었습니다. 이게 외고의 설립 목적에 맞는 게 아니라면, 외고를 나와서 경영학과에 가는 것도 설립 목적에 맞지 않습니다.

학부모나 학생들이 외고를 선호하는 이유는 무엇일까요? 입시 전형에서 제2외국어 전공이 유리할까요? 앞서 살펴보았듯이 제2외국어를 중요하게 반영하는 대학은 많지 않습니다. 수능에서 사회탐구 성적이 좋지 않을 때 제2외국어를 '조커'로 활용할 수 있는 정도입니다. 그래서 3학년이 되면 수능 준비를 위해 전공어 수업을 소홀히 할 수밖에 없고, 전공어 시간에 자습하는 등 '전공'의 의미가 퇴색합니다.

그런데도 외고를 선호하는 이유는 일반고보다 내신이 불리하지만, 대학이 이를 고려해서 잘 뽑아주기 때문입니다. 대학은 외고 출신을 뽑기 위해 '글로벌 인재 전형', '미래인재 전형', '특기자 전형', '탐구형 인재 전형' 등 아주 다양한 이름의 전형을 만듭니다.

교육개혁은 없다 2

만약 대학에서 외고 학생들을 위한 다양한 전형을 없애고 단순화한다면 외고는 어떻게 될까요? '폭망'입니다. 30년 전에 그런 일이 있었습니다.

1990년대 과학고·외고 학생들은 일반 학교와 달리 '비교내신제'를 적용했습니다. 학교 안에서 석차가 아니라 수능성적을 기준으로 학교 내신 점수를 주는 겁니다. 검정고시 출신의 고교 내신 산출 방식을 특목고 학생들에게도 적용한 거죠.

소위 '외국어 영재'라는 외고 출신들이 동일계열인 어학 계열로 진학하지 않고 법대, 경영대에 진학하는데 특혜를 주는 게 맞냐는 비판이 있었겠죠? 그래서 교육부는 1999년부터 외고 출신이 어문학 계열로 진학하는 경우에만 비교내신제를 적용하고 그 외에는 비교내신제를 적용하지 않기로 한 겁니다. 그러자 외고 학생들이 무더기로 자퇴하는 사태가 벌어졌습니다. 자퇴 사태는 1999년부터 내신을 상대평가가 아니라 절대평가로 전환하기로 하면서 진정되었죠. 학생들이 왜 외고를 가는지, 대학은 왜 온갖 이름을 붙인 입시 전형을 만드는지를 보여준 사례라 할 것입니다.

국제고는 외고의 아류입니다. '외국어 영재'라는 개념이 좀 설득력이 없으니 국제화 정보화 시대를 선도할 국제 전문 인재 양성을 내걸고 세운 게 국제고입니다. 2023년 현재 국제고는 전국적으로 8개가 있습니다. 국제고는 영어, 제2외국어 수업의 비중이 높지만 동시에 국제법, 국제정치, 국제경제 등 국제적 전문 지식을 공부합니다.

외교관, 국제기구 직원, 국제 지역문제 전문가 등의 꿈을 갖고 국제고로 입학하는 학생들도 있겠지만, 과연 대학이 아니라 고등학교 단계에서 국제법, 국제정치 등을 가르치는 학교가 필요할까요? 그래서 그런지 윤석열 정부는 문재인 정부가 2025년 폐지를 약속한 자사고는 존속시키기로 하고, 외고와 국제고는 통합을 검토하고 있다고 합니다. 국제고가 외고의 아류였다는 걸 정부도 인정하는 거라고 봅니다.

국제중은 전국적으로 4개입니다. 국제고도 존립 의미가 공감되지 않는 판에 국제중이 무슨 존립 가치가 있겠습니까?

자율형 사립고는 어떤 자율을 목적으로 하는가?

자사고는 '자율형 사립고'의 줄임말입니다. 무엇을 자율로 하는 학교일까요? 교육과정과 학사 운영의 자율성이라고 합니다. 교육과정이란 학교에서 어떤 과목을 가르치는가 하는 것인데, 자사고에서는 일반고에 비해 어떤 과목을 자율적으로 가르칠까요? 학사 운영의 자율성은 어느 정도 자율적일까요?

자사고는 1995년 5.31 교육개혁에서 제안된 학교입니다. '다양한 유형의 학교 도입·확대 및 학생의 학교 선택권 보장'이라는 취지였죠. 이에 따라 2001년 김대중 정부에서 ① 입학전형 시 필기고사 실시 불가, ② 학생 등록금과 법인전입금의 비율은 8:2 이상, ③ 학생 납입금 규모는 해당 지역 일반계고 3배 이내, ④ 15% 이상 학생에게 장학금 지급, ⑤ 과거 학교 운영 및 재단 관리상 사회적 물의를 일으키지 않은 학교, 이렇게 5개의 조건을 내걸고 2002~2003년부터 6개의 학교를 시범 운영하게 됩니다. 6개 학교는 민족사관고, 상산고, 해운대고, 현대 청운고, 광양제철고, 포항제철고입니다.

그러다 이명박 정부가 '고교 다양화 300 프로젝트'를 내걸고 전국적으로 자사고 100개, 마이스터고 50개, 기숙형 공립고 150개를 세우겠다고 하면서 2009년 25개의 자사고가 운영되기 시작하여 45개까지 늘어납니다. 이명박 정부는 100개를 채우고 싶었는데 그럴만한 학교가 지방에는 거의 없어서 서울에서 25개가 세워지고 나머지 시·도는 3개 이하가 세워집니다.

자사고 중 유명한 학교는 민족사관고, 하나고, 외대부고, 상산고 정도입니다. 뭐가 유명할까요? 서울대 합격자 수입니다. 다시 처음 질문으로 돌아와서 자사고는 무엇이 자율적일까요?

첫째, '국영수' 시간을 많이 편성할 자율입니다. 2015년 정의당 정진후 의원이 1차 재지정평가를 받은 전국 21개 자사고의 4년간 교육과정을 분석한 자료에 따르면, 국영수 편성 비율이 평균 54.7%였습니다. 전북의 상산고는 무려 66.9%였습니다. 국영수가 50%를 넘지 못하게 규정된 일반고와 달리 학교를 '자율적'으로 변칙 운영한 것이죠.

둘째, 등록금 편성의 자율입니다. 2022년 10월 국회 교육위원회 소속 민주당 서동용 의원이 교육부 자료를 분석한 결과에 따르면, 자사고 학부모의 부담금은 평균 829만 원입니다. 비싼 순으로 나열하면 민족사관고 2,163만 원, 외대부고 1,209만 원, 상산고 1,095만 원입니다.

국영수를 많이 편성하고 등록금을 비싸게 받는 학교, 이게 자사고입니다. 즉 비싼 '입시 학원'인 거죠. 이런 '입시 학원'들이 고등학교 진학 과정에서 우선 선발권을 보장받아 왔습니다.

자사고는 절반 이상이 서울에 있습니다. 서울에 있는 자사고가 교사진이 훌륭할까요? 학교 시설이 훌륭할까요? 아닙니다. 이명박 정부가 자리를 펴주니까 너도나도 달려든 것입니다. 자사고로 지정되기 전이나 된 후나 교사도 시설도 달라진 게 없는데, 정부가 주는 교육 예산 대신 등록금을 3배 받아서 운영하는 것만 달라진 것입니다.

그러면 어떤 학생들이 몰려갈까요? 지금 일반고는 다 무상교육인데, 굳이 1년에 800만 원씩 들여가면서 가는 이유가 무엇일까요? 공부 좀 하고 돈 있는 집 아이들

모여라, 이겁니다. 옛날로 치면 우열반 편성입니다.

학원에서 주최하는 고등학교 입시 설명회에서는 일반고 가면 면학 분위기가 안 되니 자사고 가라고 말합니다. 맞습니다. 일반고는 면학 분위기가 안 됩니다. 왜냐? 영재고, 과학고, 국제고, 외고로 빠져나가는 학생만 해도 엄청났었는데, 자사고까지 빠져나가니 중학교에서 평균 70% 학생들이 들어와서 대학 진학을 목표로 하는 공부를 해야 합니다. 수업이 살겠습니까, 죽겠습니까?

지금은 못 하지만 옛날에는 학교 안에 우열반이 있었습니다. '열반'에 들어가면 수업 분위기가 나겠습니까? '우반'에서 입시 성적이 좋은 게 '우반' 선생님들이 잘 가르치기 때문입니까? 어차피 대한민국에서 누군가는 서울대 갈 거 아닙니까? 옛날처럼 고교 평준화해서 가나, 지금처럼 중간에 자사고 만들어서 가나, 그게 무슨 의미가 있습니까? 학부모들이 1년에 800만 원씩 내가며 자사고 보내는 이유가 명문대 보내겠다는 건데, 결국 돈 있는 집 자식들 좋은 데 가라는 뜻이겠죠.

그게 자사고의 본질입니다. 다른 자본주의 국가에는 자사고 같은 학교는 없습니다. 귀족 가문의 자녀가 다니는 영국의 사립학교, 부잣집 자녀가 다니는 미국의 사립고, 이런 계급 분화 교육을 한국의 교육계 엘리트들이 수입해온 게 자사고입니다. 존재 이유가 1%도 없습니다.

초등학교에 왜 사립이 필요한가?

자사고를 '귀족학교'라고 비판하면서 폐지를 주장하는 사람들은 많은데, 사립초등학교에 대해서는 폐지를 주장하는 사람들이 별로 없습니다. 사립초가 워낙 오래되었기 때문에 당연히 여겨서 그런지 모르겠습니다만, 자사고를 폐지하라고 강력히 주장하면서 사립초 문제를 제기하지 않는 것은 이상한 일입니다.

경기초, 경복초, 리라초 등 국내 유명 사립초등학교는 1960년대에 설립되었습니다. 1952년 초등학교가 의무교육이 되고, 1959년 초등학교 무상교육이 시행되면서, 1960년대 초등학교는 '콩나물 교실'이었습니다. 1965년 서울 도심 한복판에 있는 교동초등학교는 한 학급에 학생 수가 85명이었습니다. 오전반 오후반으로 나눠서 수업하는 2부제는 기본이었고, 3부제 수업도 흔했습니다. 이런 상황에서 정부가 민간인에게 교육 사업을 적극적으로 권장한 게 사립초등학교가 설립된 이유입니다.

명문 공립초등학교에서 우수한 교사를 사립학교로 초빙하고, 스쿨버스를 운영하고, 점심 급식을 제공하며, 특별활동이 활성화된, 당시로서는 서양 영화에서나 볼 수 있는 사립초등학교들이 설립되었습니다.

사립초등학교는 누가 다녔을까요? 경기초를 나온 사람들 명단을 보겠습니다. 이재용(삼성전자 사장), 노소영(노태우 딸), 조현상(효성그룹 전무), 전재만(전두환 차남), 정유경(신세계 부사장), 이서현(제일모직 부사장), 김지용(쌍용그룹 회장의 장남), 이시형(이명박 아들), 조현아(대한항공 부사장)…. 이재용을 비롯한 삼성가의 3세들은 대부분 경기초 출신이고, 경기초 출신의 재벌 3세끼리 결혼하여 '그들만의 리그'를 형성했습니다.

지금은 사립초등학교를 누가 다닐까요? [표35]는 2018년 더불어민주당 김해영 의원이 교육부로부터 제출받은 '2017년 사립학교 순학부모 부담금 1천만 원 이상 현황' 자료 중 1년 등록금이 1천만 원 이상인 13개 사립초등학교 현황입니다. 전부다 서울에 있습니다. 대학생 1년 등록금이 평균 680만 원인데, 경복초등학교는 두 배 가깝습니다.

왜 이렇게 학비가 비쌀까요? 사립초등학교들은 영어 교육, 악기 교육, 스포츠 교

[표35] 등록금 1천만 원 이상인 13개 사립초등학교

지역	학교	금액(원)
서울	경복초등학교	12,950,781
서울	한양초등학교	12,493,909
서울	우촌초등학교	12,493,536
서울	영훈초등학교	11,721,924
서울	세종초등학교	11,026,586
서울	예일초등학교	10,699,555
서울	유석초등학교	10,533,361
서울	매원초등학교	10,437,820
서울	경기초등학교	10,432,131
서울	홍익대학교 사범대학 부속초등학교	10,398,080
서울	계성초등학교	10,223,798
서울	한산초등학교	10,188,792
서울	경희초등학교	10,060,359

육(수영, 골프, 승마 등), 방과 후 교육, 글쓰기 교육, 창의 미술 교육, 과학 교육, 영재 교육, 독서 교육, 오케스트라, 합창단 등 다양한 수업을 자랑합니다. 그중 핵심은 영어 교육입니다. 이재용 씨 아들이 다녀서 유명해진 영훈초는 '영어 몰입교육'의 선도적 학교입니다. 서울 강북구 미아동에 있는 영훈초에 강남 부유층 자녀들이 몰린 이유는 영어 때문입니다. 영어 원어민 교사를 채용하고, 각종 학내 활동을 영어로 진행하며, 영어로 경연대회를 진행합니다. 영어 몰입 교육과 함께 서민의 자녀들은 경

교육개혁은 없다 2

험하기 어려운 예체능 교육을 진행합니다.

전국에 사립초등학교는 74개, 그중 절반이 넘는 39개가 서울에 있고, 부산 6개, 인천 5개, 대구 4개를 제외하면 나머지 시도는 3개 미만입니다. 전국적으로는 사립초등학교 학생 수가 1.4%지만 서울은 5%가 넘습니다. 자율형사립고 문제도 사실상 서울 문제인데, 서울에 있는 자사고 정원 5,500명에 육박합니다.

사립초등학교는 집에서 멀기 때문에 스쿨버스를 이용하거나 자가용으로 등하교해야 합니다. 그런데도 굳이 사립초등학교를 보내는 것은 가난한 집 애들과 섞이지 않기를 바라기 때문입니다. 이런 학교를 존속시켜야 할까요?

2부제 수업, 콩나물 교실로 몸살을 앓던 1960년대에 탄생해 재벌가 자식들이 혼맥을 형성하던 학교, 지금은 영어 몰입교육을 위해 존재하는 학교를 더 이상 존속시킬 교육적 이유가 있을까요?

국왕이 존재하는 스웨덴, 덴마크, 노르웨이의 왕자와 공주들도 공립학교에 다닙니다. '민중은 개·돼지'라고 생각하는 대한민국 엘리트들, 그들의 자녀들이 초등학교부터 '개·돼지'들과 어울리지 않게 격리하는 사립초등학교는 폐지해야 합니다.

사교육에 대한 사회적 합의와 해결 방도

보습학원은 금지, 예체능 사교육은 국가 책임제로

사교육은 두 가지로 나눠볼 수 있습니다. 학생·학부모를 고통으로 몰아넣고 공교육에 걸림돌이 되는 사교육과 공교육의 보완재로서 사교육입니다.

이에 따라 사교육 대책도 두 가지로 나뉩니다. 공교육에 걸림돌이 되는 사교육은 없애고, 보완재로서 사교육은 국가가 흡수하여 질 좋은 교육 서비스를 제공해야 합니다.

공교육에 걸림돌이 되는 사교육은 소위 보습학원(補習學院)이라고 불리는 학원에서 하는 사교육입니다. 보습학원은 '보충학습학원'의 준말입니다. 명칭은 '보충학습' 학원인데 하는 일은 '선행학습'입니다. 명칭부터 거꾸로 되었습니다.

사실 보충학습을 목적으로 하는 학원은 거의 없습니다. 학교 공부를 따라가기 어려운 학생을 보충해주겠다는 목적을 내걸고 학원을 운영하면 생존하기 어렵습니다. 학부모들이 자녀를 학원에 보내는 이유는 학교 공부를 따라가지 못해서가 아닙니다. 남들보다 앞서가기 위해서입니다.

선행학습을 달리기 경주에 비유하면 신호가 울리기 전에 미리 출발하는 부정 출발입니다. 부정 출발인데 모두 하니까 당연한 것처럼 되어버렸습니다. 극장에서 앞자리에 앉은 사람이 일어서서 영화를 보면 뒷자리에 앉은 사람이 일어나지 않을 수 없는 것과 비슷합니다. 모두 앉아서 보면 되는데. 이 당연한 것을 못 하는 것이 대한

교육개혁은 없다 2

민국의 교육 현실입니다.

2023년 5월 민주당 강득구 의원실과 사교육걱정없는세상이 전국 초등학교 1학년 학부모 11,000명을 대상으로 진행한 설문 조사 결과에 따르면 초등학교 입학 전에 사교육을 시작한 비율이 65.6%입니다. 과목은 국어 74.3%, 수학 70.6%, 영어 61.3%, 예체능 56.2%입니다. 5세 자녀가 이수한 사교육 과목 수는 3개 이상이 49.2%, 그중 5개 이상이 11.1%입니다.

다른 나라는 다 초등학교 교사가 글자와 덧셈·뺄셈을 가르치는데 대한민국만 학원에서 가르쳐 학교로 보냅니다. 대한민국 초등학교 교사가 한글과 덧셈·뺄셈을 못 가르칠까 걱정되어 그렇습니까?

선행학습을 해서 월반하려는 것도 아닌데 왜 모두 선행학습을 할까요? 막상 대학에 가서는 다른 나라 대학생들보다 앞서가기는커녕 뒤따라가기도 힘들어하는데 선행학습을 어떻게 해야 할까요?

금지해야 합니다. 미국은 총기 사고로 매년 3천 명 이상 청소년들이 사망합니다. 총기 소지를 금지하면 되는데, 230년 전 독립전쟁할 당시의 총기 소지 관행과 총기 회사의 이윤 때문에 학생들의 죽음을 방치하는 미국을 다른 나라 사람들은 이해할 수 없습니다. 다른 나라에서 한국 교육을 보면 어떨까요? 학교에 우수한 교사들이 있는데 선행학습을 위해 학원에 다니고, 그로 인해 학생들이 고통받는 것을 이해할 수 있을까요?

1980년 7.30. 과외금지 조치는 사교육 억제 정책 중 유일하게 성공한 정책입니다. 문제는 총칼로 권력을 쥔 전두환이 사회적 합의 없이 밀어붙였다는 점입니다. 그래서 상류층들은 대학생들에게 비밀과외를 시켰습니다. 1980년대 대학생들은 그런 과외를 '몰래바이트'라 했습니다. 위험하니까 과외비가 엄청 비쌌습니다.

전두환 방식의 한계를 넘어서 학원의 선행학습을 없앨 방도는 무엇일까요? 뾰족한 수가 없습니다. 전 사회적으로 합의하여 금지하는 것입니다. 전 사회적으로 합의한다는 것은 사회 구성원 100%가 동의해야 한다는 뜻이 아닙니다. 사교육이 존재해야 이득을 보는 사람도 있습니다. 돈 많은 사람들이지요. 그런 사람들의 욕망은 사회적으로 통제되어야 합니다. 마약을 하려는 개인의 욕망이 자유라는 이름으로 허용될 수 없는 것처럼, 아이들의 건강과 행복을 위하여 선행학습 학원을 금지해야 합니다.

왜 우리는 학원 없는 교육을 생각하지 않게 되었나?

저는 1981년 고등학교에 입학하여 전두환의 과외 금지 조치의 혜택을 본 세대입니다. 제가 고등학교에 다닐 때도 대학 입시 경쟁은 치열했지만, 학원과 과외가 없었기에 지금 학생들처럼 밤낮으로 고생하지는 않았습니다.

기득권층 자녀들은 몰래 과외를 받았다지만 대다수 민중의 자녀들은 그런 일이 있는지도 몰랐습니다. 사교육의 영향이 거의 없었기에 개천에서 용도 많이 나오고 한국 교육에서 평등성이 가장 높았던 시절이었습니다.

어릴 때부터 학원을 학교처럼 다닌 세대들은 제가 경험한 학원 없는 교육을 상상하지 못할 것입니다. 그렇게 된 결정적 계기는 2000년 헌법재판소 판결입니다. 2000년 헌법재판소는 초중고생의 학원 공부를 금지한 '학원의 설립·운영에 관한 법률'에 대해 헌법재판관 6:3 의견으로 위헌 판결을 내렸습니다. 2000년이면 이미 초중고 학생들에 대한 과외가 폭넓게 허용되는 상황이었는데, 헌법재판소는 무엇이 헌법에 위배된다고 판결했을까요?

교육개혁은 없다 2

헌법재판소는 '학원의 설립·운영에 관한 법률'은 '원칙적 금지와 예외적 허용'이라는 방식을 채택하여, 고액 과외 방지라는 당초 입법목적과는 아무런 연관이 없는 교습행위까지도 광범위하게 금지하는 결과를 가져왔으며, 이는 과도한 기본권 제한으로서 국민의 자녀교육권, 인격의 자유로운 발현권, 직업선택의 자유를 침해했다고 규정했습니다.

그래서 헌법재판소는 위헌 판결을 내리면서 고액 과외, 입시준비생을 대상으로 하는 대학교수와 학교 교사의 과외 교습 등 사회적 폐단이 있는 경우는 이를 규제할 수 있으므로 대체입법을 마련하라고 했습니다.

법률 용어들이 많아 말이 좀 어렵죠? 쉽게 설명하면, 고액 과외를 금지하는 것은 옳지만, 그 목적을 이루자고 다른 학원의 교습까지 금지하는 것은 과도한 기본권의 제한이며, 사회적 폐단이 있는 과외는 대체입법을 마련하라는 것입니다.

쟁점이 달라지면 다른 관점의 판결이 나오는 것은 얼마든지 가능합니다.

2016년 헌법재판소는 고등학생을 자녀로 둔 학부모 박모 씨와 학원 운영자 등 11명이 심야 학원 교습을 제한하고 있는 서울, 경기, 인천, 대구 등 4개 지자체의 조례가 "학생의 인격권과 학부모의 자녀교육권, 학원 운영자의 직업 수행의 자유 등을 침해한다"며 낸 헌법소원 사건에 대해 6:3으로 기각했습니다.

헌법재판소는 "학원 심야 교습을 제한하면 학생들이 휴식과 수면을 취하거나 자습능력을 키울 수 있고, 사교육 과열로 인한 학부모의 경제적 부담 증가 등과 같은 여러 폐해를 완화시킬 수 있을 뿐만 아니라 학교 교육의 충실화도 가져올 수 있다"며 "조례로 제한되는 사익이 공익보다 중대한 것이라고 보기 어렵다"고 판결했습니다. 이 판결문에서 학원 심야 교습을 '선행학습'으로 바꾸면 어떨까요?

시대의 변화에 따라 헌법재판소의 판결이 바뀐 경우는 매우 많습니다. 호주제는

1950년대부터 오랫동안 위헌소송과 헌법소원이 제기되었으나 계속 기각되었다가 2005년에야 위헌 판결을 받았습니다. 양심적 병역거부에 대한 처벌도 여러 번 기각되다가 2018년에야 비로소 헌법불합치 판결을 받았습니다. 2000년 헌법재판소의 과외 금지 위헌 판결도 시대가 변하고 국민의 생각이 변하면 얼마든지 바뀔 수 있습니다. 아니 바뀌어야 하며, 23년 전 헌법재판소 판결에 우리 아이들의 삶을 맡길 수 없습니다.

헌법재판소의 입장보다 더 중요한 것은 우리 사회의 합의입니다. 헌법재판소가 진리의 기준이 아니지 않습니까? 우리 아이들이 아무 의미도 없고 고통만 가중하는 학원 뺑뺑이 생활을 하고 있는데, 헌법재판관 9명의 생각이 중요할까요? 대통령도 국민이 뽑고, 시장·도지사도 국민이 뽑는 세상에서 선출되지 않은 헌법재판관들이 국민의 삶을 결정하게 놔둘 수 없지 않겠습니까? 좀 과격하게 말하자면 국민투표에 붙여서라도 학원을 금지해야 합니다.

만약 현직 교사들이 밤에는 학원을 차리거나 과외를 한다면 어떨 것 같습니까? 젊은 분들은 이해 못하겠지만, 제가 중학교 다닐 때까지는 교사들이 사교육을 직접 했습니다. 수업 좀 한다는 선생은 낮에 학교에서 쉬엄쉬엄 가르치고 밤에는 과외와 그룹 지도를 하면서 돈을 많이 벌었습니다. 그런 교사들은 퇴직할 때 빌딩 하나씩 갖고 있었습니다. 그걸 못 하게 한 게 1980년 7.30 조치입니다. 지금은 교육공무원법 64조에 '겸직 금지' 조항을 만들어 불가능하게 법제화했습니다.

이는 교사의 직업 선택권 제한이나 경제활동의 자유를 침해하는 것이 아니라 공교육 강화를 위한 법적 규제로 해석하는 것이 옳겠죠. 마찬가지로 학원을 금지하는 것 역시 사회 공익적 관점에서 합의하면 됩니다.

초등학생에게 중학교 공부시키고, 중학생에게 고등학교 공부시키고, 학교 수업

교육개혁은 없다 2

시간에는 이미 배워서 재미없다고 하는 이 어처구니없는 현실을 계속 유지하자면 되겠습니까? 세계에서 가장 우수한 교사들로 학교를 채워놓고 학원 강사들이 교육을 주도하는 이 한심한 체제를 언제까지 유지해야 할까요? 서울 강남 대치동이나 지방 중소도시나 교사들의 자질과 능력은 차이가 별로 없습니다. 학생들의 학력 차이는 사교육에서 결정되는 것입니다. 학원이 주, 공교육이 종이 된 물구나무선 교육 체제를 바로 잡아야 합니다.

학원을 금지할 사회적 합의는 어떻게 가능한가?

2021년 8월, 중국 정부는 '쌍감(雙減) 조치'라고 부르는 교육개혁 조치를 시행했습니다. '쌍감'이란 두 가지를 줄인다는 뜻인데, 학교가 주는 학업 부담과 사교육 부담을 말합니다.

중국은 1978년 개혁·개방 정책 도입 이후 경제가 성장하여 G2 시대를 열었지만, 불평등이 심각한 사회문제가 되었습니다. 게다가 중국 정부가 오랫동안 권장해온 '한 자녀' 정책으로 교육열이 과잉되고, 사교육이 번창했습니다.

사교육에서 불평등은 사회 불평등의 원인이 되었습니다. 사교육비가 증가하면서 합계출산율이 낮아졌으며, 소비와 내수 시장이 위축되는 현상까지 나타났습니다.

앞서 제1부의 3장 〈사교육 억제 정책은 왜 한 번도 성공하지 못했나?〉에서 1인당 GDP 대비 자녀 양육비가 한국이 세계에서 가장 높고, 중국이 두 번째로 높다는 중국의 위와인구연구소 조사 결과를 소개했습니다. 2022년 중국의 합계출산율은 1.09입니다. [도표33]은 1995년 이후 중국의 합계출산율 추이인데, 한국처럼 조만간 1.0 밑으로 떨어질 상황이죠. 이에 중국 정부는 쌍감 조치를 내놓게 됩니다.

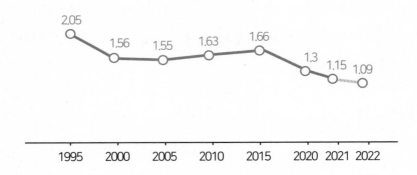

[도표33] 중국 합계출산율 추이

단위: 명

2.05 1.56 1.55 1.63 1.66 1.3 1.15 1.09

1995 2000 2005 2010 2015 2020 2021 2022

쌍감 조치가 무엇인지 자세히 알아보겠습니다. 중국 정부는 학교 공부의 부담을 줄이기 위해 학교에 있는 동안 모든 공부를 마치고 집에서는 쉴 수 있도록 숙제를 주지 않도록 했습니다. 대신 부모가 퇴근하기 전까지 학교 운영을 연장했습니다.

사교육을 줄이기 위해 예체능을 제외하고 초·중학생을 대상으로 하는 교습을 금지했습니다. 기존 사교육 업체는 비영리 기구로 재등록하여 온라인 무료 수업만 허용하며, 사교육 기관을 신규 개업하는 것은 불가능하며, 사교육업체에 대한 해외 자본의 투자도 금지했습니다. 중국 정부가 쌍감 조치를 발표했을 당시 중국 사교육업체의 주식은 대폭락했습니다.

쌍감 조치에 대해 중국 학부모들은 대찬성했습니다. 국내 언론들은 쌍감 조치 이후 비밀과외가 창궐한다는 기사를 쏟아내고 있지만, 중국에 대해서는 워낙 의도적 왜곡 기사가 많으니 좀 더 시간을 두고 지켜봐야 할 것입니다.

교육개혁은 없다 2

중국 정부가 쌍감 조치를 과감히 취할 수 있었던 자신감은 어디에서 나온 것일까요? 세계 최대의 홍보 회사인 미국의 에델만(Edelman)이 발표한 〈2022 에델만 신뢰지수 보고서〉에 따르면 2021년 중국 정부에 대한 중국 인민의 신뢰도는 91%에 달합니다. 세계 1위입니다. 서방 언론은 '중국은 공산당 일당독재 국가다', '시진핑은 진시황과 다름없다'라고 비난하지만, 막상 중국 인민은 자국 정부를 신뢰하고 있지요.

중국의 쌍감 조치를 길게 이야기했는데요, 독일이 선행학습을 법률이 아니라 사회적 합의로 금지했듯이, 중국이 강력한 사교육 대책을 내놓을 수 있었던 이유도 법률이 아니라 시진핑 정부에 대한 지지가 굳건하기 때문입니다.

그렇다면 선행학습을 금지할 사교육 대책도 어느 정도 답이 나왔다고 볼 수 있습니다.

첫째, 특목고·자사고 등을 없애면 최소한 초등학생, 중학생이 선행학습을 위해 학원에서 밤 10시까지 매달리는 일은 없앨 수 있습니다. 아래 표는 교육부가 발표한 2022년 사교육 현황입니다. 초등학생의 사교육 참여율이 높은 것은 예체능이 많이 포함되어 있어서 그렇다 치고, 고등학생보다 중학생의 사교육 참여율이 더 높은 것은 어떻게 설명해야 할까요? 특목고의 영향이 그만큼 크다는 것을 보여줍니다.

[표36] 2022년 사교육 현황

	초등학교	중학교	고등학교
사교육 참여율	85%	76%	65%
1인당 사교육비	37만2천 원	43만8천 원	46만 원

둘째, 독일은 법률이 아니라 교사의 권위와 사회적 합의로 선행학습을 금지하지만, 우리는 학원이 너무 오랫동안 뿌리내렸기 때문에 법률적 강제가 필요할 수 있습니다. 2000년에 헌법재판소가 학원 금지에 대해 위헌 판결을 했으니 개헌 시기가 왔을 때 헌법에 명시하든지, 그게 '좀스럽다면' 헌법에서는 취지만 명시하고 학원을 금지하는 법률을 사회적으로 합의하면 됩니다.

셋째, 학교 수업을 따라가지 못해 보충수업이 필요한 학생은 보습학원이 아니라 학교가 책임지게 해야 합니다. 이것이 국가 교육의 책무성입니다. 방과 후에 남겨서 가르치든지, 정규 수업 시간에 배움이 느린 학생들을 위한 보조교사를 운영하든지, 대안학교에 대한 국가의 지원을 강화하여 일반 학교와 다른 방식의 교육을 받도록 해야 합니다.

초등학교, 중학교에서는 국가가 책임지고 일정 수준의 학력에 도달하도록 해야 한다면, 고등학교 단계에서는 인문교육과 직업교육을 제대로 분리하고 공부에 흥미가 적은 학생은 기술 교육에 집중하도록 해야 합니다. 다른 나라에서 다 그렇게 하는데, 대한민국만 하지 못할 이유가 있습니까? 이에 대해서는 뒤에서 다시 다루도록 하겠습니다.

예체능 사교육에 대한 국가 책임 제도 구축

유치원과 초등학생들의 사교육 중 피아노학원, 미술학원, 무용학원, 태권도장 등 예체능 관련 사교육이 큰 비중을 차지합니다. 여자아이는 피아노학원을, 남자아이는 태권도장을 보내는 것이 당연한 것처럼 되어있습니다.

예체능 사교육이 번성한 이유는 부모로서 남들 못지않게 최선을 다해야 한다는 생각도 있고, 퇴근 시간까지 아이를 돌봐줄 곳이 마땅치 않기 때문이기도 합니다.

유치원생이나 초등학생들의 예체능 교육은 교양이나 취미활동 수준이지만, 중고등학생 단계에서 예술가를 꿈꾼다면 문제가 좀 심각해집니다. 특수목적고인 예고로 진학해서 예술 관련 대학으로 가는 학생들은 집안에서 뒷받침이 되어야 합니다. 자녀가 예술을 하겠다고 하면 집안의 기둥뿌리가 뽑힌다고 하죠.

제가 일반고에서 근무하며 느끼는 것은 예고에 진학하지 못하고 일반고에 다니다가 예체능 계열 대학으로 진학하려는 학생들에게 학교는 해줄 수 있는 게 거의 없다는 것입니다. 학교에 음악, 미술, 체육 선생님이 있지만 그 학생을 위해 따로 레슨을 해줄 수 없습니다. 결국 고액의 음악 레슨을 받거나 입시 미술학원, 입시 체육학원에 다녀야 합니다. 저는 이런 영역에 대해서 국가가 책임지는 시스템을 만들어야 한다고 생각합니다.

독일의 음악 교육은 그런 시스템을 모색하는데 참조할 만합니다. 우리나라는 음악 교육을 사교육에 의존하고 있지만, 독일은 '뮤직슐레'(Musikschule)라는 기관에서 담당합니다. 'schule'는 독일어로 '학교'라는 뜻이니 우리말로 하면 '음악학교'겠지요.

뮤직슐레는 1923년에 최초로 설립되었고, 2017년 기준으로 독일 전역에 930여 개가 있습니다. 교사는 39,000명쯤 되고 학생은 어린이부터 성인까지 140만 명에 이릅니다.

뮤직슐레는 대부분 시에서 운영합니다. 예산도 시에서 절반 이상을 지원합니다. 수강생이 배우고 싶은 악기가 있다면 강의료의 절반만 부담하고 프로그램에 참여할 수 있습니다. 악기는 월 임대료를 내고 사용하며, 교육 프로그램이 끝난 뒤 반납해도 되고 구입해도 됩니다.

교육과정은 개인별 수업부터 소규모 앙상블, 합창, 오케스트라, 뮤지컬 수업까지 다양한 형태로 진행됩니다. 초급, 중급, 고급 등 단계별 프로그램이 있으며, 고급 단계에서 음악대학에 진학하는 학생들이 양성됩니다.

뮤직슐레는 초중고 학생들을 위한 교육기관이면서 동시에 평생교육 기관으로서 역할도 합니다. 교사 수가 4만 명에 이르기 때문에 음악 분야의 고용 창출과 고용 안정에 기여도 합니다.

우리나라는 음대에 가겠다고 하면 일단 집안의 반대에 부닥치는 경우가 많습니다. 음대에 가기 위한 레슨비, 고액의 악기 구입비, 졸업 이후 진로에 대한 우려 때문입니다. 우리는 안정적인 오케스트라에 들어가지 못하면 '동네 학원'에서 레슨하는 자영업자가 되어야 하지만, 독일은 뮤직슐레라는 안정적 일자리가 있기 때문에 음악을 전공하는 게 가정에서 갈등 요소가 되지는 않겠지요.

독일은 전 세계에서 음악을 공부하는 학생들이 유학을 희망하고 연주 활동을 하고 싶어 하는 클래식의 본고장입니다. 그게 '베를린 필하모니' 하나 때문이겠습니까? 뮤직슐레를 통해 음악을 사랑하고 연주하는 사람들이 사회 저변을 형성하기 때문입니다.

독일의 뮤직슐레를 소개한 이유는 이런 방식으로 국가가 음악, 미술, 체육, 무용 등을 사교육 시장이 아니라 국가가 책임지는 시스템을 만들자는 것입니다. 이런 시스템이 갖춰지면 학부모들의 경제적 부담도 줄고, 학생들도 부모의 경제적 능력과 상관없이 자유롭게 예체능 교육을 받을 수 있게 될 것입니다.

교육개혁은 없다 2

학문과 공부의 주체성 확립 정책

학문의 주체성과 민중성 확립

영국의 공영방송 BBC는 세계적으로 가장 신뢰받는 방송사 중 하나입니다. BBC가 새천년을 맞이하는 1999년에 전 세계 인터넷 시청자들을 상대로 지난 1000년간 가장 위대한 사상가를 묻는 조사를 했는데, 누가 뽑혔을까요? 1위는 맑스, 2위는 아인슈타인, 3위는 뉴턴이었답니다. 또한 지난 1000년 동안 가장 영향을 끼친 책도 조사했는데, 1위는 맑스가 쓴 『자본론』이었습니다.

대한민국 최고의 대학이라는 서울대에 맑스 경제학을 가르치는 교수가 있을까요? 2007년까지는 있었습니다. 우리나라에서 최초로 자본론을 완역한 고 김수행 교수입니다. 김수행 교수가 근무할 당시 서울대 경제학과 교수 33명 중 맑스 경제학을 전공한 사람은 오직 한 명이었습니다. 2008년 정년퇴임을 앞두고 김수행 교수 밑에서 공부하던 대학원생들이 대학 측에 김수행 교수 후임으로 맑스 경제학 전공자를 요구했으나 경제학과 교수들은 거부했습니다. 대학원생들은 갑자기 지도교수가 사라지는 황당함을 겪어야 했죠. 미국에서 박사 학위를 받은 '주류 경제학' 전공자들이 단 한 명의 맑스 경제학자도 수용하지 못하겠다고 한 것입니다.

경제에 문외한인 제가 그나마 읽고 도움받은 책 중에는 장하준 교수가 쓴 것들이 많습니다. 『사다리 걷어차기』, 『나쁜 사마리아인들』, 『그들이 말하지 않는 23가지』 등은 40개 언어로 번역되었고, 전 세계적으로 250만 부 가까이 팔렸다고 합니다. 그는 수많은 국제기구와 정부 기구에서 자문을 맡은 세계적 경제학자입니다.

그런 장하준 교수가 서울대에 세 번이나 교수 신청을 했다가 거절당했다고 합니다. 서울대 경제학과를 나와 세계 최고의 대학인 케임브리지대에서 박사 학위를 받고 케임브리지대에서 교수로 있는 사람이 서울대 교수를 하겠다고 지원했는데 퇴짜맞았다니 이해가 안 되죠?

2007년 3월 20일 경향신문에 정태인 성공회대 겸임교수가 쓴 〈미국인보다 더 미국스러운…〉에 그 사연이 담겼습니다.

청와대 시절 이정우 교수(당시 정책실장)가 "어떻게 우리나라 사람들이 미국인보다 더 미국스럽다"며 한탄한 적이 있다. …(중략)… 연전에 뮈르달상(학자에 따라서는 노벨상보다도 권위를 더 쳐 준다)을 받은 장하준 케임브리지대 교수가 서울대에 교수 신청을 했다. 그는 당시에 케임브리지 경제학 논집(Cambridge Journal of Economics)의 편집자(editor)였다. 유럽에서 유명 잡지의 편집자란 상상을 불허하는 권위이다. 한 서울대 교수가 한마디 하셨다. "3류 잡지 에디터가 무슨…." 미국 것이 아니면 3류라는 이런 사고는 미국에서도 나는 들어본 적이 없다. 이런 사고 탓에 장하준 교수는 쓸쓸히 영국으로 돌아가야 했다.

장하준 교수의 저서들은 국내에서도 출간 즉시 베스트 셀러가 되었고, 장하준 교수가 국내에 들어와 강연하면 청중들이 넘쳐납니다. 왜 그럴까요?

1997년 외환위기 이후 한국 사회는 IMF가 요구한 구조조정, 민영화, 규제 완화, 비정규직 확산 등 신자유주의 정책을 실행해왔습니다. 중산층은 몰락하고, 노동자는 가난해지며, 불평등과 양극화는 가장 큰 사회 문제가 되었습니다. 정치인들은 물론이고 경제학자들도 이것이 당연하다고 했습니다. 아무도 왜 우리 사회가 이런 고통을 감내해야 하는지 설명해주지 않았습니다. 장하준 교수는 이에 대한 대중의 갈증을 해소해주었습니다.

장하준 교수는 주류 경제학에서 사용하는 수학과 통계학, 복잡하고도 난해한 이론이 아니라 대중이 이해할 수 있는 언어와 사례로 사회의 약자들을 위한 경제학을 합니다. 장하준 교수 임용을 거부한 서울대학교 경제학과 교수들은 왜 장하준 교수와 같은 책을 쓰지 못하는 것일까요? 김수행 교수에게 경제학을 사사하고 국립목포대 경제학과에서 근무하는 장시복 교수의 이야기를 들어보겠습니다.[94]

미국 주류 경제학의 방법론은 이기적인 인간을 경제학의 기본적인 인간형으로 상정하고 이들 경제 주체들의 행위를 극대화하거나 극소화하는 것을 가장 중요한 원칙으로 여긴다.

미국의 주류 경제학을 흡수한 대부분의 한국 경제학자들은 공기업 민영화, 규제완화, 노동시장 유연화, 외국자본에 대한 수동적 태도, 시장 만능주의에 대해 일치한 목소리를 내고 있다.

대학에서 사용하는 경제학 교과서는 대부분 미국 대학에서 가르치는 내용과 대동소이하다. 학부에서는 한국 학자가 쓴 저작들이 다수 사용되지만, 대학원에서는 대부분 미국 대학 교재를 그대로 사용한다.

경제학은 '사회과학의 여왕'이라고 한다. 그러나 사회과학의 여왕은 대중의 곁을 벗어나 항상 고독한 궁전에서 일생을 보내야 하는 비애에 빠져버렸다. 자신만의 성

---

94) 학술단체협의회 엮음, 『우리 학문 속의 미국』, 한울아카데미, 2003

을 너무 높게 쌓은 나머지 대중이 빵을 달라고 요구할 때, 여왕은 딱딱한 책상에 앉아 복잡한 공식과 씨름하였다.

장하준 교수의 생각은 우리 사회에서 논쟁을 불러일으키기도 했습니다. 장하준 교수는 1997년 외환위기 직후 외국의 투기 자본이 한국 재벌기업들을 점령하자 재벌의 폐해보다 외국 투기 자본이 더 위험하다며 '사회-재벌 대타협론'을 주장했습니다. 자본에도 국적이 있다는 것이죠. 이에 대해 정태인 박사는 '장하준에게 보내는 공개 편지'에서 삼성의 목줄을 틀어쥐지 않으면 복지국가도 없다고 비판했습니다. 학계 일각에서는 장하준은 민족주의자 아니냐, 즉 우파 경제학자 아니냐는 비판도 제기했습니다. 이에 대한 장하준 교수의 답변은 이렇습니다.[95]

나는 민족이 영원히 불변하는 실체라고 믿지 않는다. 오히려 변화하며 또 변해야 한다고 본다. 그러나 민족이란 집단이 일단 형성되어 있다면 중요한 것이고, 세상이 돌아가는 핵심적 축일 수밖에 없다고 생각하기도 한다. 그래서 한국인들의 안녕을 걱정하는데, 이런 걱정이 민족주의라면, 나더러 민족주의자라고 해도 할 수 없지 않겠는가.

학문에는 국경이 없는지 몰라도 학자에게는 국적이 있습니다. 경제학이건 교육학이건 학자는 자기 나라를 위해, 자기 사회의 문제를 해결하기 위한 학문을 해야 합니다. 장하준 교수의 주장에 대한 동의 여부를 떠나서 "한국인들의 안녕을 걱정하는데, 이런 걱정이 민족주의라면, 나더러 민족주의자라고 해도 할 수 없지 않겠는가"라는 장하준 교수의 생각에 전적으로 공감합니다.

---

95) 시사IN, 〈내가 재벌을 옹호한다고?〉 2011. 2. 22.

교육개혁은 없다 2

제가 잘 알지도 못하는 경제학 이야기를 길게 했는데, 대부분 학문 분야가 경제학과 비슷한 형편이며 교육학도 마찬가지입니다. 서울대를 비롯해 주요 대학의 교육학과도 미국 유학파들이 장악하고 있습니다. 미국 유학파들이 들여온 교육이론은 교수 방법 위주의 '수단학'을 중시하는 경향과 행동주의 교육이론입니다. 무엇보다 이론과 실천의 괴리가 심각합니다. 교육 현장과 동떨어진 '강단 교육학'으로 존재합니다.

미국에서 공부하고 학위를 받았더라도 국내 대학에서 학문을 하고 학생을 가르친다면 우리 현실을 설명하고 해결책을 제시하고 학생들이 우리 현실을 잘 이해할 수 있도록 안내해야 합니다. 그러나 현재 한국의 대학은 그렇지 않죠.

경희대학교 사회학과 김종영 교수는 미국 유학파 엘리트들이 한국 사회의 헤게모니를 어떻게 장악하는지 15년 동안 추적하여 2015년 『지배받는 지배자』를 출간했습니다.

'지배받는 지배자'는 프랑스 사회학자 피에르 부르디외(Pierre Bourdieu)가 계층 이론에서 지식인을 일컬어 사용한 개념입니다. 부르디외는 현대 사회의 지배층은 자본가 계층과 지식인 계층으로 나뉘어 있는데, 경제적 영역을 지배하는 자본가 계층이 문화적 영역을 지배하는 지식인 계층보다 우위에 있다고 봅니다. 자본주의 사회니까 지식보다 돈이 우위에 서기 때문이죠.

김종영 교수는 부르디외의 개념을 빌려와 미국 유학파 엘리트 지식인을 '지배받는 지배자'라고 규정합니다. 미국 유학파는 미국에서는 영어를 완벽하게 구사하지 못하는 '열등한 유학생'이었고, 학문적으로 주류에 진입하지 못하는 이방인이었으면서도, 한국에서는 미국 대학에서 배운 지식으로 생존을 도모하고 영향력을 행사한다는 것이죠. 미국 학계에 종속되어 있으면서 한국 사회를 지배하는 식민지성을 비판합니다.

성공회대 사회학과 조희연 교수(현 서울시 교육감)는 해방 이후 현대사를 지적·학문적 차원에서 보면, 미국적 세계관과 패러다임의 이식·지배와 그에 동반되는 지적 '식민화' 과정이라고 평가합니다.[96)

전 세계에서 미국의 영향 아래 있는 많은 국가 중 가장 미국화된, 혹은 미국적 표준에 대한 동기화가 가장 빠른 나라가 한국이라고 해도 과언이 아니라고 합니다.

교육개혁 중 대학 개혁을 제기하는 분들이 주로 대학 서열화 문제를 중심으로 제기하고 있는데, 저는 대학에서 가르치는 학문이 우리 사회에서 어떤 역할을 하고 있는가에 대해 강력한 문제 제기가 없는 게 늘 아쉬웠습니다. 대학이 기업에서 연구비를 지원받고 기업이 원하는 문제를 해결해주는 하위 기관의 역할에서 벗어나 국가의 근본 문제를 걱정하고 국민 대중에게 해설해줄 수 있는 진정한 학문 기관이 되어야 합니다.

제가 대학 개혁에 대해 전문적 식견이 없어서 신정완 경북대학교 경제통상학부 교수가 『우리 학문 속의 미국』의 제14장 〈주체적 학자 양성의 필요성과 방안〉에서 제기한 개혁 방향을 소개하고자 합니다. 신정완 교수는 많은 방도를 이야기했는데, 그중 세 가지 정도만 간추려 소개하겠습니다.

첫째, 대학 교수 임용에서 여성 교수 할당제를 도입하듯이 국내 박사 할당제를 도입하자는 것입니다. 국내 박사 할당제가 단기적으로 부작용이 있을 수 있겠지만, 장기적으로는 우수한 학생의 국내 대학원 진학을 촉진하고 국내 대학원의 교육 연구 수준 개선에 크게 이바지할 수 있다고 보는 것이죠.

---

96) 학술단체협의회 엮음, 『우리 학문 속의 미국』, 한울아카데미, 2003

둘째, 국내 대학원생의 학습 연구 여건을 개선해야 합니다. 특히 학습과 연구에 전념할 수 있도록 경제적 지원을 강화해야 합니다. 이와 같은 이유로 시간강사의 지위와 처우도 획기적으로 개선해야 합니다.

셋째, 교수 임용의 기준으로 연구 실적 못지않게 교육 경험과 교육 능력이 비중있게 고려되어야 합니다. 연구능력 평가에서 외국 학술지 게재 논문 실적이 중요하게 고려되기 때문에 국내 학위자에 비해 외국 학위자가 유리한 지위를 차지하는데, 이를 개선하자는 것이죠.

지금까지 학문의 주체성에 대해 주로 주류 경제학을 비롯하여 사회과학 분야를 이야기했는데, 자연과학 분야는 어떨까요? 제2차 세계대전이 끝난 후 미국은 전 세계 학문과 학자를 빨아들이는 블랙홀이었습니다. 정부 차원에서 엄청나게 연구 재정을 지원했죠. 자연과학, 공학 분야에서도 미국을 따라갈 나라는 없었습니다. 그러나 최근 자연과학, 공학 분야도 중국이 미국을 추월하기 시작했습니다.

2023년 3월 2일 영국의 일간지 〈가디언〉과 〈로이터 통신〉은 주요 유망 기술 부문 44개 중 37개에서 중국이 압도적으로 연구·개발(R&D) 우위를 보인다는 호주전략정책연구소(ASPI)의 발표를 보도했습니다. [표37]은 이를 연합뉴스가 정리한 것입니다.

호주전략정책연구소는 일류 과학저널을 통해 발표된 주요 유망 기술 부문 논문 수와 피인용 횟수 등을 분석한 결과를 담은 보고서를 작성했는데요. 중국이 선두인 37개 부문 중 나노 물질 제조, 수소 전력, 합성 생물학 등 8개 부문은 중국이 거의 독점적인 위상을 차지한 것으로 평가했습니다. 보고서는 중국 연구 개발의 중추로 국립 기관인 중국과학원을 지목하면서 44개 부문 대부분에서 1위나 2위 기관에 들었다고 설명했습니다.

[표37] 전 세계 자연과학분야 최상위 1% 논문 수(2018~2020년 평균)

순위	국가	논문수	비중
1	중국	4744건	27.2%
2	미국	4330건	24.9%
3	영국	963건	5.5%
4	독일	686건	3.9%
5	호주	550건	3.2%
6	이탈리아	496건	2.8%
7	캐나다	451건	2.6%
8	프랑스	406건	2.3%
9	인도	353건	2.0%
10	일본	324건	1.9%
⋮	⋮	⋮	⋮
12	한국	299건	1.7%

자료: 일본 문무과학성 과학기술·학술정책연구소(NISTEP)

2022년 8월 9일 일본 문부과학성 산하 과학기술·학술정책연구소(NISTEP)가 〈과학기술지표 2022〉를 발표했는데, 2018~2020년 3년간 연평균 자연과학 분야 논문 수에서 중국이 미국을 제치고 1위를 차지했습니다. 전체 논문 수뿐 아니라 논문의 질적 측면에서도 피인용 논문 수가 상위 10%, 최상위 1% 모두 중국이 미국을 앞섰습니다.

제가 중국이 미국을 추월했다는 것을 소개하는 이유는 이제부터 미국이 아니라 중국으로 유학 가서 배우자는 이야기를 하려는 게 아닙니다. 그동안 미국이 세계 최고라고 생각하고, 미국적인 것을 세계적인 것이라고 착각해온 세계관에서 벗어나야 한다는 것입니다. 자연과학이든 사회과학이든 우리 학문 역량을 키워서 우리 민족과 우리 민중을 위해 복무해야 합니다.

영어 과잉 교육의 폐단 해소

앞서 학문의 역할, 대학의 역할에서 주체성을 이야기했는데요, 대한민국 사람이라면 모두가 고통을 겪어온 영어교육 문제도 짚어보겠습니다.

한덕수 국무총리는 대한민국에서 최고의 엘리트 코스를 밟은 사람입니다. 서울대 경제학과를 수석 졸업하고 행정고시를 패스한 후 경제부처에서 승승장구하여 특허청장, 재정경제부 장관을 거쳐 노무현 정부에서 국무총리를 역임하고, 윤석열 정부에서 다시 국무총리를 하고 있습니다. 하버드대에서 경제학 박사 학위도 받았죠.

한덕수 국무총리는 대화에서 영어를 많이 사용하는 것으로 유명한데요, 2022년 11월 15일 세종시 정부 청사 출입기자단과 간담회에서 한 이야기를 들어보시죠.[97]

"디지털(Digital) 트랜스포메이션(Transformation) 커넥티드(Connected)와 연계해서 인클루시브(Inclusive)하게 방향을 터닝(Turning)하고 있어서 시리어스(Serious)한 논의도 별로 못했어요. 지금까지 어프로치(Approach)가 저는 좀 마일드(Mild)한 것 같아요."

---

97) YTN 돌발영상, 〈총리의 말은 왜 알아듣기 힘들까?〉, 2022.11.17.

한덕수 총리의 말이 이해됩니까? 저는 이해를 못 했습니다. 한덕수 총리가 좀 유난하긴 하지만, 우리 사회에서 가방끈이 좀 길다고 하는 사람들은 굳이 영어를 사용할 필요가 없는데도 영어를 사용합니다. 윤석열 대통령도 그렇습니다.

윤 대통령은 2022년 6월 10일 여당 지도부를 만난 자리에서 용산의 미군 부지를 모두 돌려받으면 (뉴욕의) 센트럴파크보다 더 큰 공원이 된다며, "영어로 내셔널 메모리얼 파크(National Memorial Park)라고 하면 멋있는데 국립추모공원이라고 하면 멋이 없어서 우리나라 이름으로는 무엇으로 해야 할지 모르겠다"고 말했습니다. 영어로 이름 지으면 멋있고, 한글 이름은 멋이 없다니 제가 다 부끄러워집니다.

영어는 좋은 학교에 진학하고, 좋은 직장에 취직하고, 상류층으로 진입하게 해주는 출세의 언어입니다. 1945년 9월 9일 중앙청에 일장기가 내려가고 성조기가 올라간 순간부터 78년 동안 그래왔습니다.

김영삼 정부에서 시작된 '세계화', '글로벌 인재' 타령으로 영어는 출세의 언어를 넘어 '제2의 모국어'로 뿌리내렸습니다. 이명박 정부 인수위원장 당시 '어륀지' 파동으로 유명했던 이경숙 전 숙명여대 총장은 "세계화 시대에 경쟁력을 높이기 위해서 고등학교만 나와도 영어로 의사소통하는데 불편하지 않은 나라를 만들겠다"고 했습니다.

지난 20년 동안 이런 분위기가 지속되면서 우리 말도 제대로 못 하는 어린이들이 유치원에서 영어를 배우는 나라가 되었습니다. 사교육비의 1/3이 영어에 사용됩니다. 학생들만 고생하는 게 아닙니다. 주로 20~30대가 응시하는 토익(TOEIC) 응시자는 전 세계에서 최고입니다. 토익 출제와 개발을 주관하는 미국 ETS의 발표 자료에 따르면 2011년 전 세계 토익 응시 인원은 600만 명을 넘어섰는데, 그 해 한국 토익 응시 인원은 약 210만 명으로 전 세계 응시자의 1/3을 차지했습니다. '한국토익

교육개혁은 없다 2

위원회'가 2013년 이후 응시자 수를 공개하지 않고 있는데, 지금도 매년 200만 명 가까이 응시하는 것으로 알려져 있습니다.

제2부에서 '아우슈비츠 이후의 교육'을 살펴볼 때 한나 아렌트가 쓴 『예루살렘의 아이히만』을 소개했습니다. 『예루살렘의 아이히만』은 1963년에 영문으로 출간되었습니다. 이후 40여 년 동안 한국의 많은 학자들이 『예루살렘의 아이히만』을 인용했지만, 번역되어 책으로 나온 것은 2006년입니다. 일본은 1969년에 번역되어 출판되었습니다. 번역만 되었다면 누구나 쉽게 읽고 공부할 수 있는 책인데, 우리나라 학자들은 40년 동안 각자가 영어로 읽느라 엄청난 낭비를 한 셈이죠.[98]

영어 교육과 관련하여 일본의 정책을 연구할 필요가 있습니다. 일본은 메이지 유신 직후 정부에 '번역국'을 설치하고 여러 나라의 학문과 기술을 일본어로 번역하는 정책을 펼쳐왔습니다.

우리가 학문과 일상생활에서 사용하는 많은 용어가 일본의 '번역어'입니다. 예를 들어 '민주주의'(民主主義)는 한자어가 아닙니다. 'democracy'를 일본 사람들이 번역한 용어입니다. 그런 용어들이 얼마나 될까요?

철학(哲學), 관념(觀念), 시간(時間), 원리(原理), 의무(義務), 이상(理想), 추상(抽象), 현상(現想), 귀납법(歸納法), 연역법(演繹法), 명제(命題), 긍정(肯定), 부정(否定), 외연(外延), 능력(能力), 본능(本能), 의식(意識), 정서(情緖), 과학(科學), 관찰(觀察), 기술(技術), 예술(藝術), 인상(印象), 지질학(地質學), …

---

98) 김두식, 김대식, 『공부논쟁』, 창작과비평사, 2014

위 용어들은 일본의 서양 철학자 '니시 아마네'(西周)가 19세기 후반 네덜란드에 유학한 후 관료, 번역가, 교육자로 활약하면서 만든 번역어들입니다. 일본은 번역 정책을 통해 자국의 학문을 발전시켜왔습니다.

일본이 자기 나라 대학에서 석박사 학위를 받고도 노벨상 수상자들을 배출할 수 있는 이유는 정부의 기초과학 분야에 대한 투자도 있지만, 번역을 통해 사회적으로 축적된 지식의 힘이 큽니다.

2011년 초 카이스트에서 4명의 학생이 자살하여 사회적 문제가 된 적이 있었습니다. 학생들을 죽음으로 몰아간 건 학점이 나쁘면 등록금을 내야 하는 '징벌적 등록금제'와 모든 수업을 영어로 하는 '영어 몰입교육'이었습니다.

당시 화제가 되었던 인물이 2008년 일본의 노벨 물리학상 수상자인 마스카와 도시히데입니다. 그는 대학원 입학 때 영어성적이 너무 안 좋아서 교수회가 합격 여부를 결정해야 했을 정도라고 합니다. 노벨상을 받으러 스톡홀름으로 갈 때 처음으로 여권을 만들었다는 독특한 인물입니다. 그는 "영어로 된 물리 용어는 알지만, 영어로 말할 수는 없다. 그러나 물리는 할 수 있다."고 말해서 유명했지요.

박상익 우석대 명예교수는 한국의 번역 문화에 대해 꾸준히 문제를 제기해온 학자입니다. 박상익 교수는 2018년 출간한 『번역청을 설립하라』에서 이렇게 말합니다.

번역 왕국 일본에는 전 세계의 지식이 거의 부족함이 없을 정도로 번역되어 있어서, 모국어만으로도 노벨상을 탈 수 있는 수준에 도달했습니다. 번역은 일류 국가로 가기 위해 반드시 거쳐야 할 선행 조건입니다. 번역은 국력입니다.

전 세계 언어학자들이 인정하듯 한글은 가장 과학적입니다. 그러나 '콘텐츠'가 부족한 게 큰

교육개혁은 없다 2

약점이지요. 온 시민이 한국어만으로 전 세계의 지식·정보를 습득할 수 있게 하는 일은 세종대왕의 후손들에게 주어진 역사적 소명이자 책무입니다. 번역은 지식 민주주의의 기반입니다. 지식 민주주의가 빠진 민주주의는 온전한 민주주의가 될 수 없습니다.

박상익 교수는 영어로 하는 대학 강의에 대해 쓴소리를 아끼지 않습니다.

"한국어 콘텐츠가 없으니까 그러는 것이라고 봅니다. 일본 수준으로 자국어 콘텐츠가 있다면 굳이 영어로 강의하지 않아도 되겠죠. 연구나 학문 활동은 모국어로 하는 것이 가장 효율적입니다. 2008년 '세계 언어학자 대회' 결의 내용은 이렇습니다. '인간은 모국어로 사고할 때 가장 창의적이다.'"

[표38]은 2013년 OECD가 24개국의 성인(16~65세) 166,000명을 대상으로 조사하여 발표한 '국제성인역량조사'(PIAAC)입니다. 일본은 언어 능력, 수리 능력, 컴퓨터 기반 문제해결력에서 모두 1위를 했습니다. 우리나라는 어땠을까요? 언어 능력은 11위, 수리력은 15위, 컴퓨터 기반 문제해결력도 15위입니다. 세종대왕께서 창제하신 세상에서 가장 우수한 문자를 지닌 민족의 언어 능력이 11위라니, 이게 말이 됩니까? 우리나라 성인의 토익 점수가 일본보다 높다는 걸 자랑할 게 아니라 우리의 모국어 능력이 일본보다 한참 떨어지는 것을 성찰해야 합니다.

1982년 토익이 처음 도입될 당시, 토익은 영어 사용 빈도가 높은 극소수 직장인과 공무원이 치르던 시험이었습니다. 그러나 지금은 영어 사용 빈도와 상관없이 기본 자격증처럼 요구하고 있습니다. 5급, 7급 공무원 시험에서 영어는 토익으로 대체되었고, 민간 기업에서는 토익 스피킹 점수를 요구하기도 합니다. 한국외대, 중앙대

[표38] OECD 국제성인역량 조사

순위	언어능력(점)	수리력(점)	컴퓨터 기반 문제해결력(%)
1	일본(296)	일본(288)	스웨덴(44)
2	핀란드(288)	핀란드(282)	핀란드(42)
3	네덜란드(284)	네덜란(280)	네덜란드(42)
4	호주(280)	벨기에(280)	노르웨이(41)
5	스웨덴(279)	스웨덴(279)	덴마크(39)
OECD평균	273	269	34
한국	273(11위)	263(15위)	30(15위)

500점 만점, 컴퓨터 해결력은 상위권 비율

등은 졸업 요건으로 토익 점수를 요구합니다.

왜 우리는 모두 영어 공부에 청춘을 바치며 살고 있습니까? 영어 교육과 활용 문제에 대해 깊은 사회적 성찰과 근본적 방향 전환을 이루어야 할 것입니다.

인문계고와 직업계고에 대한 사회적 합의

2019년 OECD는 '한국 청년고용 리뷰 보고서'(Investing in Youth: Korea)를 통해 정책 방향을 제안했습니다. 보고서의 핵심 내용은 아래와 같습니다.

- 학업에 종사하는 청년의 비중은 높으나 일과 학업을 병행하는 비율은 낮다.
- 대졸 이상 청년 중 NEET[99] 비율이 OECD 평균은 18%인데, 한국은 45%이다.
- 현재의 일자리보다 자신의 숙련 수준이 높은 과잉 스펙의 비율이 증가하고 있다.
- 취업자 중 전공 불일치는 46.8%로 OECD 평균 36.8%에 비해 높다.
- 전문대 졸업자의 29%, 대졸자의 18%가 고졸자 평균 임금보다 소득이 낮다.

한국은 세계에서 대학 진학률이 가장 높습니다. 2008년 83.8%로 정점을 찍은 후 지난 10년 동안 70% 정도를 유지하고 있는데요, 유럽은 2000년대 초반까지 20%를 겨우 넘다가 꾸준히 높아져 지금은 평균 40% 정도입니다. 그래도 한참 차이가 나죠.

---

99) NEET(Not in Education, Employment or Training)란 교육·훈련에 참여하지 않고 취업도 하지 않는 청년층을 말한다.

대학을 나와도 전공을 살려 취업하는 경우가 50%밖에 되지 않으니 사실상 절반 정도는 대학에 가지 않아도 상관없으나, 대졸과 고졸의 임금 격차와 승진 기회에 큰 차이가 있어서 마지못해 가고 있습니다. 이 문제를 어떻게 해결해야 할까요?

직업교육 방식과 학제에 대한 사회적 합의

학제에는 복선형과 단선형이 있습니다. 복선형은 상류층 자녀가 다니는 학교와 일반 대중이 다니는 학교를 분리하는 체제이고, 단선형은 분리하지 않는 체제입니다.

복선형 체제에서 분리는 중등교육 단계에서 이루어집니다. 빠른 나라는 중학교 입학할 때, 늦은 나라는 고등학교 입학 때 나뉩니다. 대학 진학을 목표로 하는 인문학교와 취업을 목적으로 하는 직업학교로 나뉘죠.

신분 제도가 존재했던 유럽은 대부분 복선형, 신생 독립국 미국은 단선형을 기본으로 했습니다. 우리는 미국의 영향으로 해방 직후부터 단선형 체제로 시작했지만, 현재는 복선형인데 직업교육의 비중이 작아서 사실상 복선형의 의미가 없습니다.

형식만 보면 단선형 체제가 더 평등해 보이지만, 실제 운영은 좀 다릅니다. 미국은 단선형이지만, 부자들을 위한 사립학교와 가난한 이들을 위한 일반 공립학교로 분리된 '투 트랙' 체제입니다. 지금 우리나라가 그렇습니다. 반면 유럽은 대체로 복선형 체제지만, 학교 졸업 후 사회인이 되었을 때 평등성이 강합니다. 그래서 오히려 사회통합은 유럽이 훨씬 강하죠.

우리는 해방 직후 미국의 영향으로 단선형 학제를 취했는데, 박정희 정권은 1970년대에 경제성장을 추구하면서 실업계고와 인문계고를 50:50의 비율로 만들고자

교육개혁은 없다 2

했습니다. 1970년대에 실업계 고등학교가 매년 10% 이상 증가하여, 1980년에 실업계와 인문계의 비율은 45:55가 되었습니다.

그러나 실업계 출신에 대한 차별이 심각하고, 대학 설립이 증가하면서 실업계에 대한 선호도가 낮아져 지금은 특성화고와 마이스터고를 합쳐도 전체 고등학교의 20%가 채 되지 않습니다.

유럽은 우리처럼 초등학교, 중학교, 고등학교로 딱 나뉘어 있는 게 아니라 초등학교와 중학교를 통합하여 운영하거나 중고등학교를 하나로 통합하여 운영하기 때문에 설명하기 복잡하지만, 우리나라 학령을 기준으로 직업교육이 분화되는 시기를 보면 [표39]와 같습니다.[100]

[표39] 직업교육이 분화되는 시기

분화시기	나라
고등학교까지 단일과정	스웨덴, 노르웨이, 덴마크, 아이슬란드
중학교 졸업할 때 분화	핀란드, 프랑스, 스페인, 이탈리아, 폴란드, 그리스
초등학교 졸업할 때 분화	독일, 네덜란드, 스위스, 오스트리아

일반고에서 학생을 가르치는 저는 늘 고민합니다. 특성화고 정원이 중학교 졸업생의 15%밖에 안 되다 보니 특성화고에 가고 싶었는데 떨어져서 일반고로 오는 아이들이 많습니다. 중학교 성적 70% 이하의 학생들은 사실 일반고 공부를 감당하기 어렵습니다. 일반고의 교육과정은 대학 진학을 전제로 구성되어 있기 때문입니다.

---

100) 강석(텍사스 산아노니오대 교수), 〈행복한 교육〉(교육부 발행 월간지), 2023.7월호

이런 현실을 믿지 못할 분도 많겠지만, 분수와 소수를 더하거나 빼는 초등학교 수준의 문제를 풀 줄 모르는 학생들이 일반고에 들어옵니다. 그런데 그런 학생들이 대학도 갑니다. 중학교 실력도 안 되는 아이들을 대학에서는 받아서 무엇을 하는 걸까요? 학생이 필요해서 가는 게 아니라, 등록금만 내면 다니게 해주고 졸업장도 주니까 갑니다. 고등학교에서 직업교육을 제대로 한다면 학교생활도 행복하고 졸업 후 전망도 있는데, 졸업 후 아무 전망도 없는 대학에 갑니다. 우리 교육 시스템은 아이들에게 정말 몹쓸 짓을 하고 있습니다.

저는 지금과 같은 상태에서 '대학까지 무상교육' 정책에 동의가 안 됩니다. 제가 볼 때 전문대학의 많은 학과가 고등학교에서 할 수 있는 것들입니다. 일반고 학생들의 경우 3년 내내 공부를 따라가지 못해 의미 없는 시간을 보내다가 전문대나 직업훈련 학원에서 교육받고 취업하는 학생들이 매우 많습니다. 이런 문제가 정리되었을 때, 대학까지 무상교육을 해야 합니다.

저는 사회개혁을 통해 직업 간 소득 격차가 사회적으로 용인될 수 있을 정도로 줄어들고 직업에 대한 편견과 시선이 개선될 때, 우리 사회가 복선형 학제에 대해 고민하고 사회적 합의를 봐야 한다고 생각합니다.

앞서 살펴본 나라 중 핀란드는 15세까지는 종합학교에서 모두 같은 교육을 받고 고등학교에 진학할 때 인문계고와 직업고의 비율을 6:4 정도로 나눠서 진학합니다.

독일은 초등학교 4년을 마칠 때 바로 분화합니다. 우리로서는 좀 충격적인 시스템인데요, 세계 최강의 제조업 국가인 독일은 어떤 사회적 합의를 통해 그런 시스템을 유지하는지 살펴볼 필요가 있습니다. 또한 독일과 비슷한 시스템이지만 대학까지 연계성이 좀 더 강한 네덜란드도 살펴보겠습니다.

독일의복선형학제

우리나라에 독일 교육이 많이 소개되었는데, 정확하게 알고 있는 분들은 많지 않습니다. 독일은 고등학교 졸업시험(아비투어)만 통과하면 대학 입학이 자유롭다, 대학 입학 경쟁이 없다, 대학 등록금이 없다, 대신 졸업은 어렵다더라, 이 정도인데요. 그 밑바탕에 있는 전체 교육 시스템을 좀 이해해야 합니다. [표40]은 독일의 진로 과정을 요약한 표인데요, 진학 비율은 2015년 연방정부 통계를 인용했습니다.

[표40] 독일의 진로 과정

순위	김나지움 (인문계중고등학교)	레알슐레 (실과학교)	하우프트슐레 (직업학교)
성적	상위권	중위권	하위권
비율	33%	27%	24%
교육과정	대학 준비 인문교육	인문+실습 혼합 교육	실습 중심 교육
기간	8~9년	6년	4년
졸업후	대학 진학	3년 정도 직업교육	4년 정도 직업교육
직업	학자, 전문가	간호사, 은행원 등	제빵사, 배관공 등

위 도표의 김나지움, 레알슐레, 하우프트슐레 이외에도 세 종류의 학교를 종합한 형태인 게잠트슐레, 대안학교인 발도르프슐레 등의 학교도 있습니다. 학교를 한번 선택했다고 해서 고정된 것은 아니며, 학생의 능력이나 희망에 따라 중간에 이동도 자유롭습니다.

독일은 초등학교를 마칠 때 인문교육과 직업교육으로 나뉘어 진학합니다. 독일은 초등학교가 4년제인데, 1학년부터 4학년까지 한 명의 교사가 담임을 계속 맡습니다. 3년 이상 학생을 관찰한 담임교사가 4학년 1학기 말에 학생이 어느 형태의 학교에 진학하면 좋을지 부모에게 권유하면 학부모들은 대부분 교사의 권유를 따른다고 합니다. 우리나라 같으면 어림도 없는 이야기죠. 만약 초등학교 6학년 담임이 학부모에게 "이 학생은 공부보다 기술 교육을 받도록 하는 게 좋겠다"고 말한다면 학부모가 동의하겠습니까? 독일에서도 한국 학부모들이 담임의 의견에 가장 많이 반발한다고 합니다.

흥미로운 점은 독일 철학자협회가 현재의 시스템을 옹호한다는 것입니다. 초등학교 4년 과정이면 학생의 학습 능력을 충분히 파악할 수 있고, 학습 능력이 좋은 학생과 부족한 학생 사이에 교육과정을 달리하는 것이 양측 모두에 더 유리하다는 것이죠. 누구나 자신의 개인적인 성향과 학습 능력에 적합한 교육을 받을 수 있어야 하는데, 이를 무시한 채 오랜 기간 같은 수업을 진행하는 것은 오히려 학생 모두에게 도움이 되지 않는다고 보는 것입니다.[101]

제가 독일 철학자협회의 입장을 자세히 조사하지는 못했지만, 우리 사회에서도 논의가 필요합니다. 초등학교를 마치고 직업교육과 인문교육을 분리하는 것은 이르다고 생각하지만, 적어도 고등학교 단계에서는 확실히 분리하는 게 학생 모두에게 유익하다고 생각합니다. 지금처럼 고등학교 단계에서 직업교육 학교가 15% 수준이 아니라 절반 가까운 학생은 직업교육을 내실 있게 받도록 하는 게 모두에게 유익할 것입니다.

---

101) 조성복, 『독일 사회, 우리의 대안』, 어문학사, 2019

교육개혁은 없다 2

독일에서 학부모가 담임교사의 권고를 순순히 받아들이는 것은 철학적 입장 때문만은 아니겠죠. 교사들의 권위를 인정하는 사회적 문화도 있겠지만, 더 중요한 것은 대학을 나오지 않아도 충분히 사회적 대우를 받으며 살기 때문입니다.

그러면 대학은 누가 갈까요? 정말 공부에 흥미 있는 학생이 갑니다. 국가는 대학생들에게 학비를 받지 않고 생활비도 지급하지만, 대학 졸업은 쉽지 않습니다. 시험 점수가 부족하면 재시험을 봐야 하고, 재시험을 봐도 기준에 미달하면 학교를 그만두어야 합니다. 산더미 같은 세미나 자료, 실습, 실험 등 공부에 대한 중압감 때문에 입학 인원의 50% 정도만 졸업에 성공합니다.

레알슐레나 하우푸트슐레를 졸업한 학생은 3년 과정의 아우스빌둥(Ausbildung)에 들어갑니다. 일주일에 3~4일은 도제 계약을 한 기업에서 일을 배우고, 1~2일은 베루프스슐레(Berufsschule)라는 직업학교에서 수학, 경영학 등 이론 교육을 받는 직업교육 체제입니다.

아우스빌둥 과정은 제빵, 미용, 자동차 정비, 치기공, 언어치료, 간호조무사, 물리치료사, 목수, 악기 수리 등 350종에 이릅니다. 2010년 기준으로 30만 개 기업에 아우스빌둥 과정이 있으며, 150만 명 정도의 청년이 소속되어 있습니다. 직업교육을 받는 연수생 과정인데도 기업에서 보수를 받습니다. 물론 정부에서 아우스빌둥을 재정적으로 지원합니다.

이우스빌둥 과정에서 중간시험과 최종시험에 합격하면 게젤레(Geselle. 기능사) 자격을 갖습니다. 게젤레 자격을 취득한 사람은 3년 이상 현장에서 일하면서 바이터빌둥(Weiterbildung)이라는 교육프로그램을 이수한 후 자신의 전공 기술과 함께 경제, 법률, 교육 등의 과목 시험을 통과하면 마이스터(Meister)가 됩니다.

마이스터는 기술 분야에서 최고의 타이틀입니다. 아무나 되는 것도 아니며, 모두

가 마이스터를 목표로 하지 않습니다. 아우스빌둥을 거쳐 목수 게젤레 자격을 취득했다면 게젤레로 살아가도 되고, 더 노력하여 목수 마이스터을 취득하면 자신의 가게를 갖거나 학생들을 가르칠 수 있습니다. 마이스터의 소득과 사회적 평가는 대학 졸업자에 비해 결코 낮지 않습니다.

　마이스터는 기계, 전기, 제빵, 제화, 배관, 건축, 도축, 전자, 미용 등 직종이 350여 개에 이릅니다. 각 분야의 마이스터들이 매년 2만 명 이상 배출되면서 독일의 모든 산업에서 기술력의 핵심을 이룹니다.

　"독일에서는 고등학교 졸업시험만 통과하면 누구나 집 근처의 대학에 등록금도 없이 다닐 수 있다더라"하는 이야기가 맞긴 맞는데, 더 중요한 건 초등학교 4년을 마치면 사실상 대학 입학이 결정된다는 겁니다. 김나지움 진학자가 30%이고, 대학 진학률이 30%로 일치하는 이유입니다.

네덜란드의 복선형 학제

　[표41]은 네덜란드의 학제입니다.

[표41] 네덜란드 학제

			석사 과정
대학교	취업 또는 2년제 직업학교	HBO(4년) 실무중심 대학	WO(3년) 연구중심 대학
중고등학교	VMBO(4년) 실용 교육과정	HAVO(5년) 일반 고등과정	VWO(6년) 아카데믹 과정
유치원 2년 + 초등학교 6년			

426

교육개혁은 없다 2

네덜란드도 초등학교를 마치는 12세에 진로가 분화됩니다. 네덜란드의 의무교육은 4~16세까지입니다. 만 4세에 유치원에 입학하여 2년을 마치고, 초등학교 6년을 다닙니다. 초등학교를 졸업할 때 시토(CITO)라고 부르는 중고등학교 입학시험을 치르고 진학할 학교를 결정합니다.

중고등학교는 하나의 과정으로 묶여 있는데, VWO(아카데믹 과정, 6년제), HAVO(일반고등 과정, 5년제), VMBO(실용교육 과정, 4년제), 이렇게 세 종류가 있습니다. 졸업 이후 진로가 다르고 재학 기간이 다릅니다.

대체로 시토 성적 상위 15%는 VWO, 다음 25%는 HAVO, 그 아래 60%는 VMBO에 진학합니다. 이게 대학까지 연결되는 체제입니다.

네덜란드의 대학은 두 종류가 있습니다. 연구중심 대학(3년)과 실무중심 대학(4년)입니다. 연구중심 대학은 순수 자연과학과 전통적인 학문 등 이론을 중심으로 공부합니다. 졸업 후 대체로 석사까지 하는 경우가 많습니다. 실무중심 대학은 취업을 목표로 하는 대학입니다. 공부만 하는 게 아니라 6개월~1년 정도의 인턴십을 결합하여 졸업 후 곧바로 취업합니다.

예를 들어 초등학교 교사가 되려면 연구 중심 대학에 갈까요, 실무중심 대학에 갈까요? 실무중심 대학입니다. 교수가 되려면? 당연히 연구 중심 대학이죠.

VMBO를 졸업하면 바로 취업하거나 2년제 직업학교로 진학합니다.

네덜란드의 인구는 한국의 1/3 정도인 1,760만 명입니다. 대학도 숫자가 적겠죠. 네덜란드에 연구 중심 대학은 12개가 있는데 모두 세계 200위권 안에 듭니다. 2022년 한국 대학 중 200위권 안에 드는 대학은 서울대, 연세대, 카이스트, 포스텍, 성균관대, 울산과학기술원, 6개입니다.

국가 발전을 위한 고급 학문을 할 학생들은 연구중심 대학으로, 대학 수준의 지식

교육이 필요한 학생들은 실무중심 대학으로, 굳이 대학 수준의 지식 수준이 필요 없는 직업으로 갈 학생들은 고등학교만 나오거나 2년제 직업학교 정도를 거쳐 취업하는 시스템이 모두에게 이익인 시스템이 아닐까요?

지금까지 독일과 네덜란드의 직업교육에 대한 관점과 학제를 알아봤는데요, 초등학교를 마치고 대학까지 바라보는 진로를 결정한다는 것이 우리로서는 '쇼킹'하죠.

네덜란드의 연구중심 대학이 모두 세계 200위권 안에 든다고 했는데, 독일은 더 많겠죠. 노벨상 수상자만 113명인 나라니까요. 그렇게 좋은 대학들이 많고, 학비도 무료인데, 왜 대학 입학 경쟁이 심하지 않을까요?

대한민국은 왜 대학의 경쟁력도 신통치 않은 대학에 가겠다고 전쟁을 치르고, 취업을 목표로 하는 특성화고를 다녔는데 졸업 후 취업이 안 되고, 고등학교에서 해야 할 직업교육을 전문대학에서 하고 있을까요?

제가 독일과 네덜란드의 직업교육과 학제를 말씀드린 이유는 우리도 꼭 그렇게 하자는 게 아닙니다. 독일과 네덜란드의 학제는 그 나라의 사회적 합의의 산물입니다. 어제오늘 만들어진 제도가 아닙니다. 따라서 그대로 베껴올 수 없습니다. 그러나 세계 최고 수준의 대학에서 고급 인력도 배출하면서, 동시에 기술자도 존중받는 사회를 만든 것은 우리가 연구하여 받아들여야 하는 체제라고 생각합니다.

한 가지 더 고민해야 할 점은 사회의 변화입니다. 1980년 우리나라의 평균 수명은 65세였습니다. 지금은 80세입니다. 평균 수명이 65세일 때는 20대 초반부터 직장 생활을 시작해서 55~60세에 퇴직하고 환갑잔치 뜻깊게 하고 노후를 보내다가 생을 마감했습니다. 평균 수명이 80세인 시대에 몇 살까지 보편적 공통교육을 하고 몇 살에 직업교육으로 분화되어야 하는가에 대해 사회적 합의가 필요합니다.

교육개혁은 없다 2

영국의 등반가 맬러리는 "왜 에베레스트에 오르려 하는가?"라는 기자의 질문에 "그게 거기 있어서"라는 유명한 답변을 남겼죠. 대학 진학률 70%인 한국의 학생들에게 "왜 대학에 가는가?"라고 물으면 "그게 거기 있어서" 말고 뭐라고 답할까요?

매년 3월이면 '벚꽃 피는 순서대로 대학 문 닫는다'는 뉴스만 반복하지 말고, 고등학교에서 직업교육과 인문교육에 대해 진지하게 논의하고, 그 토대 위에서 대학 진학률 문제를 진지하게 고민해야 할 것입니다.

인구절벽이 가져올
대학 구조개혁과 국가의 역할

　매년 3월이면 '벚꽃 피는 순서대로 대학 문 닫는다'는 뉴스가 반복됩니다. 지금은 벚꽃 피는 순서겠지만, 몇 년 후에는 전국 동시다발로 문 닫게 될 텐데, 정부가 내놓은 대책은 없습니다. 대학들이 자구책으로 내놓는 대책이란 게 외국인 학생을 받아서 채운다는 건데요, 사실상 해결책이 없다는 고백이겠지요.

　[도표34]는 대학 입학 정원과 현재 대입 지원생 숫자입니다. 2022년 전국의 4년제 대학 정원은 356,787명, 전문대 정원은 222,527명이었습니다. 2020년부터 대학 정

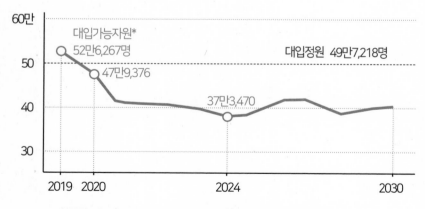

[도표34] 대학 입학 정원과 현재 대입 지원생 수

*고교 졸업생·재수생·기타 경로의 고등교육기관 입학자 규모(교육부 추산)

교육개혁은 없다 2

원보다 대입 지원생이 적어졌습니다. 2024년에는 12만 명이 부족한데, 2030년까지는 그 정도 인원이 유지됩니다. 문제는 2030년 이후입니다.

[도표35]는 2015년 이후 출생아 수입니다. 2016년에 40만 명이, 2020년에는 30만 명이, 2022년에 25만 명 선이 무너졌습니다.

249,000명이 태어난 2022년생이 대학에 가게 될 2040년을 예측해보면 현재 대학의 절반은 문을 닫아야 합니다. 어쩌면 수익 구조상 절반 이상이 될 수도 있겠죠. 2040년까지 시간표는 이미 정해져 있습니다.

[도표35] 출생아 수 및 합계출산율 추이

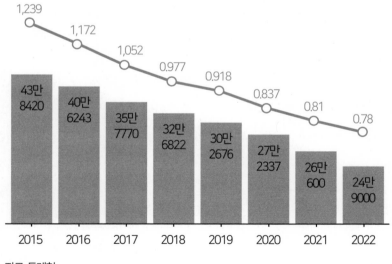

자료: 통계청

[도표36]은 2030년까지 현재의 대입 지원생 유지기를 지나 급격한 감소기로 들어설 시기의 대입 지원생 도표입니다.

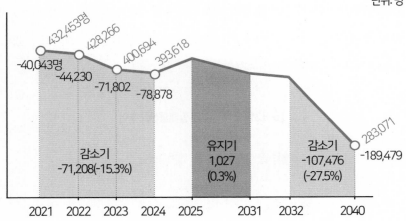

[도표36] 2040년까지 대입 지원생

단위: 명

그러면 최근 태어난 아이들은 입시 경쟁에서 벗어나 대학을 골라 가는 세상이 올까요? 그것은 대학 정원과 지원자 수의 관계가 아니라 좋은 일자리가 얼마나 되느냐 하는 문제입니다. 지금도 등록금 낼 의사만 있으면 누구나 대학에 갈 수는 있습니다.

2021년도 대학 입시 결과를 보면 미충원 숫자가 4만 명인데, 수도권 4년제 대학은 충원율이 99.2%로 문제가 거의 없고, 지방 4년제 대학은 92.3%, 지방 전문대는 82.7%였습니다. 출생아 감소 효과가 급격해질 2032년 이후에는 지방은 거점 국립대만 살아남고 나머지는 다 문을 닫을 수도 있다는 위기 경보가 발령되었습니다. 구조개혁은 전문대, 지방대, 수도권대 순으로 진행될 것입니다.

교육개혁은 없다 2

대학 구조개혁은 피할 수 없습니다. 문 닫는 대학도 많이 나올 수밖에 없습니다. 특히 학생들의 등록금에 의존해서 운영해온 사립대학은 피할 수 없겠죠. 이에 대해 사립대학들이 그동안 학생들 등록금으로 번성했으니 이제 알아서 책임져야 한다고 생각할 수도 있겠지만, 그렇다면 무책임하게 대학 설립을 허용해준 국가의 책임은 없는 걸까요? 피할 수 없는 구조개혁이라면 장기적 관점을 세우고 현명하게 극복해야 합니다.

2019년 12월 한국은행이 발표한 〈하향취업의 현황과 특징〉 보고서에 따르면 대졸 취업자 가운데 30.5%가 굳이 대학 졸업장이 필요하지 않은 일자리에 취업했다고 합니다. 대졸자의 하향 취업률은 2000년에는 20% 정도였는데, 지난 20년 동안 꾸준히 늘었다고 합니다.

현재 대학 진학률이 70%이고, 그중 30%는 대학 졸업장이 필요 없는 직장에 다니고 있으니 적절한 진학률은 50% 정도라고 볼 수 있습니다. 그렇다면 대학 진학률을 50% 수준으로 낮추고, 고등학교에서 15.1%를 차지하는 특성화고의 비중을 50%로 늘리는 것이 우리 사회 현실에 맞습니다.

이명박 정권 때 특성화고의 인기가 높았습니다. 그 이유는 직업교육을 목적으로 하는 특성화고에 대학 입학 정원을 할당했기 때문입니다. 취업과 진학, 두 마리 토끼를 다 잡을 수 있다고 홍보하니 특성화고 인기가 높았죠. 현재 특성화고의 인기가 떨어진 이유는 대학 진학을 억제하고 취업률에 따라 학교에 대한 재정 지원을 달리하기 때문입니다.

그러나 가장 근본적인 문제는 특성화고가 직업교육을 제대로 할 능력이 없기 때문입니다. [표42]는 교육부와 한국교육개발원이 발표한 '2023년 직업계고 졸업자 취업 통계 조사'입니다.[102]

[표42] 직업계 고교 유형별 취업·진학률 추이

*취업률=취업자/졸업자-(진학자+입대자+제외인정자)x100
순취업률=취업자/졸업자x100

단위: %, 괄호안은 순취업률

구분	2020		2021		2022		2023	
	취업률	진학률	취업률	진학률	취업률	진학률	취업률	진학률
마이스터고	71.2(61.9)	5.2	75.0(63.3)	6.6	77.5(66.6)	6.0	73.7(61.7)	7.2
특성화고	49.2(26.1)	44.3	53.4(26.5)	47.4	55.5(27.1)	47.7	53.3(24.7)	50.0
일반고	31.6(13.3)	56.4	35.9(14.2)	58.5	40.8(15.2)	60.8	36.8(13.2)	61.8

2022년 기준 마이스터고 졸업생의 취업률은 73.7%, 특성화고는 53.3%인데, 일반고의 취업률이 36.8%입니다. 특성화고를 3년 다니는 게 일반고를 졸업하고 취업하는 것보다 특별히 나을 게 없습니다.

특성화고는 과거 '공고', '상고'라는 이름을 바꿔 달았을 뿐 현실이 요구하는 직업교육 능력이 부족합니다. 그래서 특성화고가 학생에게 요구하는 것은 부지런히 자격증을 따는 것입니다. 15개 정도는 따야 취업할 때 유리하다고 합니다. 자격증을 따기 위해 학교가 아니라 인터넷 강의를 듣기도 하고, 학원에 다니기도 합니다.

---

102) [표42]를 보면 통계 수치가 좀 이상한데, 특성화고의 경우 취업률과 진학률을 더하면 100%가 넘습니다. 이는 취업률에서 대학 진학자, 입대자, 제외 인정자를 합쳐 계산했기 때문입니다. 또 하나 주의해서 봐야 할 점은 괄호 안에 '순취업률'입니다. 특성화고의 순취업률은 24.7%로 4명당 1명 꼴입니다.

교육개혁은 없다 2

그런데 그 자격증이 써먹지 못할 것들이 많습니다. 대학과 마찬가지입니다. 취업 시장에서 스펙 목록에 쓰기 위해 필요할 뿐 취업 후에는 필요 없는 자격증 따느라 3년 내내 고생입니다. 이건 제대로 된 직업교육이 아닙니다. 정부가 특성화고 학생들을 위해 하는 일이란 고작 자격증 따는데 돈 대주는 것입니다. 서울시교육청은 최대 70만 원까지 지원하죠.

구조개혁이 필연적인 대학은 진학률을 50% 정도로 낮추고, 전문대는 특성화고 내실화와 맞물려서 재편하는 게 해결책입니다. 4년제 대학에 있어야 할 학과들이 전문대에 있는 경우도 많습니다. 그런 학과는 4년제 대학과 맞물려 통합해야 할 것입니다.

대학 구조개혁과 관련하여 국가가 해야 할 일은 평생교육 체계로 흡수하여 내실을 다지는 것입니다. 평생교육 체계란 고등학교를 졸업하고 곧바로 대학에 가지 않고 직장생활을 하면서 공부할 수 있는 시스템을 말합니다. 예를 들어 현재 간호조무사를 육성하는 특성화고가 59개, 학생 수도 8천 명이 넘습니다. 그런 학생들이 졸업 후 간호조무사로 일하면서 간호사가 되고자 하면 직장 생활하면서 공부하여 간호사가 될 수 있는 시스템을 구축하는 것이죠.

대학의 과포화, 고등학교 직업교육의 부실화, 이 두 가지 과제를 국가가 주도적으로 해결하려면 엄청난 재정이 필요할 것입니다.

현재 전국적으로 국공립대학이 40개밖에 안 됩니다. 국공립대학은 지원을 더욱 강화해서 지방을 굳건히 지키도록 해야 합니다. 사립대학은 알아서 구조조정 당하라고 방치할 게 아니라 국가가 바른 방향으로 개편해야 합니다.

구조 개편될 사립대학을 제대로 개혁하려면 과감히 국공립화해야 합니다. 앞서 살펴보았듯이 OECD 국가 중 한국은 일본과 더불어 사립대 비중이 80% 가까운 특이한 나라입니다. 미국도 사립대 비중이 30%를 넘지 않습니다. 유럽은 대부분 국공립대학이죠.

사립대학 국립화, 이게 가능할까요? '요람에서 무덤까지' 복지를 구축한 영국은 무상의료 체계(NHS)를 어떻게 만들었을까요? 개인병원을 국유화한 것입니다. 자본주의 발생국인 영국에서 의료 국유화라니 쉽지 않았겠죠. 그 과정을 살펴보겠습니다.[103]

1942년 영국을 복지 국가로 재편할 청사진인 〈베버리지 보고서〉가 작성됩니다. 당시 베버리지 보고서에 대한 영국인들의 관심은 지대했다고 합니다. 그런데 무상의료 시스템을 만드는 것에 대해 당사자인 의사들의 반발이 심했다고 합니다. 자유 직업인이었던 의사들이 월급쟁이 공무원으로 변화한다는 게 낯설었겠죠.

노동당 정부는 토론으로 의사들을 설득했습니다. 국가가 상당 수준의 보수를 약속하고, 많은 양보를 하면서 결국 병원 국유화를 관철했습니다. 1948년 7월 5일 전국의 2,700여 개 병원이 국유화되고 2만 명 가까운 의사들이 국가공무원으로 전환됐습니다. 그 결과 자선단체에서 근근이 운영하는 가난한 병원에서 치료받던 저소득층 환자들이 안전한 현대 의료의 우산 안으로 들어오게 되었습니다.

코앞에 닥친 인구절벽 재앙을 국가 시스템 전환의 기회로 만들어야 합니다. 사립에 의존해왔던 기형적 교육을 과감히 국공립화해서 평균적인 나라로 만들어야 합니다. 그러면 사립대학을 국유화할 재정이 있을까요?

정부 재정은 국가 운영 철학의 반영입니다. 법인세·종부세 인하 같은 부자 감세 정책을 중단하고, 건설업체 배 불리는 토건 예산이나 미국 무기 수입을 위한 과도한

---

103) 한겨레21, 〈아파도 돈 걱정은 마시라〉, 1998.7.23.

교육개혁은 없다 2

국방예산 같은 것을 줄이고 건강한 사회 체제를 위해 예산을 사용한다면 못 할 이유가 없습니다.

영국이 1948년에 시행한 병원 국유화, 싱가포르가 1960년대부터 추진한 토지 국유화를 생각해본다면, 왜 우리라고 사립대학 국공립화를 못 하겠습니까? 문재인 정부 때 추진하려고 했던 공공의대 1개 설립하는데 2천억 원 정도 든다고 합니다. 한국전력이 추진하는 한전공대는 5천억 원 정도 든답니다.

폐교 위기의 사립대학들을 국가가 수용하여 특성화고의 직업교육을 충실히 하고, 평생교육을 강화하는 방식으로 다가오는 대학의 위기를 얼마든지 해결할 수 있습니다. 문제는 우리나라에 이런 철학을 지닌 정치세력이 집권할 수 있냐 하는 것이죠.

사립대학 국공립화를 이야기한 김에 영역은 다르지만 사립유치원 이야기를 잠시하고 마무리하겠습니다. 대한민국이 개발도상국일 때는 유치원까지 국가가 보살피지 못했습니다. 그러나 선진국이 되었다는 지금은 달리 생각해야 합니다.

2022년 3월 이은주 정의당 의원이 교육부에서 제출받은 자료에 따르면 2021년 국공립유치원 취원율(전체 원아 중 국공립유치원에 다니는 비율)은 31.0%라고 합니다. 69%는 사립유치원에 다니거나 유치원 교육을 못 받고 있다는 것이죠. 사립유치원은 매우 열악합니다. 교사들의 근무 시간은 길고 임금은 박해서 유치원 교사들의 경력이 평균 5년이 안 됩니다.

사립유치원을 유지하면서 국가가 재정을 지원하는 방향이 아니라, 초등학교처럼 국공립화하여 국가가 책임지고 운영하는 게 바람직할 것입니다.

소멸 위기의 지방 농산어촌 학교 살리기

대학의 위기, 특히 지방대학 위기의 근본적 문제는 국토의 균형 발전이 무너졌기 때문입니다. 다음 장에서 다루겠지만 서울대와 지방 거점 국립대를 묶는 국립대통합네트워크로 대학 서열을 해체하자는 주장이 확산되지 못하는 이유도 지방 자체가 무너졌기 때문입니다.

제2부에서 인구소멸위험 지역이 전국 228개 시군구 중 118개에 이른다고 말씀드렸습니다. 근본적 원인은 정부의 농업 천시 정책 때문입니다. 정부가 농업과 농민을 천시하니 젊은이들은 도시로 떠나고, 젊은이들이 없으니 아기가 안 태어나고, 아이가 없으니 학교가 없고, 학교가 없으니 농촌에 살기가 더 어려워지는 악순환으로 지방의 초중고 학교들은 오래전부터 폐교되어 왔습니다.

2023년 한국개발원이 발표한 교육통계 연보에 따르면, 2022년 기준 전국의 초등학교 6,136개 중 전교생이 60명 미만(한 학년에 10명)인 학교가 1,362개교(22.1%), 30명 미만인 학교(한 학년에 5명)가 512개(8.3%)에 이릅니다. 20년 전인 2002년에 전교생이 60명 이하인 학교는 548개였으니 20년 만에 2.5배 증가한 것이죠.

소멸해가는 지방을 어떻게 살릴 것인가에 대해 교육계가 가진 답변은 지역인재 특별 전형, 지방 국립대 지원 강화, 농산어촌 초등학교 통폐합 중단 정도입니다. 이런 정책으로 지방이 부활하리라 믿는 사람은 별로 없을 것입니다. 농업과 농촌 자체가 무너지는 것을 해결하지 않고 농촌의 고통 중 일부를 완화하는 정책이기 때문입니다.

다른 나라는 어떨까요? 선진국들은 모두 농업과 농촌을 보호합니다. 곡물자급률을 보면 잘 알 수 있습니다. [도표37]은 2008년 한국농촌경제연구원이 발표한 OECD 주요 회원국의 곡물자급률이며, [도표38]은 한국의 연도별 곡물자급률입니다.

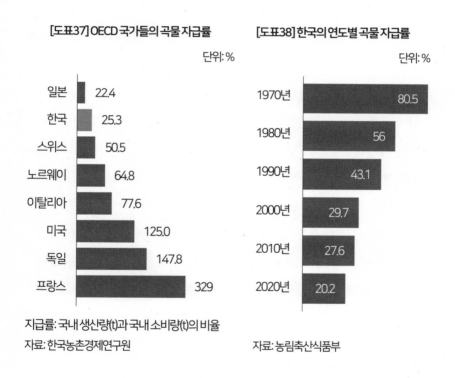

[도표37] OECD 국가들의 곡물 자급률

단위: %

국가	자급률
일본	22.4
한국	25.3
스위스	50.5
노르웨이	64.8
이탈리아	77.6
미국	125.0
독일	147.8
프랑스	329

자급률: 국내 생산량(t)과 국내 소비량(t)의 비율
자료: 한국농촌경제연구원

[도표38] 한국의 연도별 곡물 자급률

단위: %

연도	자급률
1970년	80.5
1980년	56
1990년	43.1
2000년	29.7
2010년	27.6
2020년	20.2

자료: 농림축산식품부

2021년 대한민국의 곡물자급률은 18.5%입니다.[104] 미국, 프랑스, 독일 등 대부분의 선진국은 곡물자급률이 100%를 넘습니다.

농산어촌 학교 문제의 해결책을 찾기 위해 독일의 농촌 이야기를 좀 더 해보겠습니다. 인구가 8,300만 명인 독일의 농업인구는 170만 명입니다. 전체 인구의 2% 정도죠. 농업 총생산량은 GDP의 1% 정도입니다. 국토에서 농경지가 차지하는 면적은 48%입니다.

독일에서 가장 큰 도시는 수도 베를린인데 인구는 370만 명입니다. 인구 100만 명이 넘는 도시는 함부르크, 뮌헨 정도입니다. 인구 10만 명 이상의 도시에 사는 인구는 1/3 정도이고, 인구 5천 명 이하의 소도읍에 사는 인구가 절반에 가깝습니다. 수도권에 인구의 절반이 몰려있고, 지방이 소멸해가는 한국과 완전히 다르죠.

왜 다를까요? 독일이 '연방국가'라서 지방분권이 발달한 특징도 있지만, 더 중요한 것은 국가의 농업정책입니다. 어떤 정책을 폈을까요? 문제열 국립한경대 연구교수의 이야기를 보겠습니다.[105]

독일은 1954년 환경과 인간우선 녹색계획(Green Plan)을 수립하여 시행하고, 1955년 농업기본법을 제정해 경제정책보다 농업정책을 우위에 두었다. 이 정책 기조는 '돈 버는 농산업'이 아니라 도시보다 농촌이, 돈보다 사람이 먼저인 생활농촌을 지향하는 '농(農)'의 철학과 가치를 담고 있다.

---

104) 식량자급률과 곡물자급률은 다르다. 곡물자급률은 '사료용 곡물을 포함'한 각종 곡물의 국내 소비량 중 국내 생산량이 차지하는 비율이다.

105) 전국매일신문, 〈독일에서 배우는 농촌을 살리는 방법〉, 2021.12.14

독일 농부는 다른 나라와 달리 65살이 되면 은퇴한다. 부모의 뒤를 이어 젊은 아들과 딸이 후계자로서 농업을 잇기 때문이다. 그렇다고 아버지의 농장을 무작정 받을 수도 없다. 농민이 되려면, 농업전문학교를 나와 수년간 현장실습을 거친 뒤 국가시험을 통과해 농민자격증을 따야한다.

독일의 농민들은 농촌을 떠나지 않는다. 농촌에서 농민이 떠나면 문화·전통·미풍양속이 없어지고, 농업이 없어지면 자연환경 보전이 어렵다는 신념 속에 정부는 농민들의 기본생계를 책임진다.

직불금 정책으로 농업 소득만큼 부족한 생활비를 보전해준다. 40살 이하 청년 농민에겐 기본 직불금의 25%만큼 더 증액해 5년간 추가 지급한다. 초지 관리, 환경보호와 자연경관 유지, 경사지, 자연조건이 불리한 지역에서 농사짓는 농가에는 직불금이 추가된다.

독일의 농민 지원금은 균형 보조금 성격이다. 1차 산업인 농업과 타 산업의 불균형을 해소하고, 산골에서 농사짓는 사람과 기계로 농사짓는 사람 사이의 소득 불균형을 줄이기 위한 보조금이다. 농민의 한해 소득은 도시 근로자의 소득 수준과 비슷하다.

독일은 농업의 역할을 높이 평가한다. 농촌에 최소한 유지되어야 하는 '인구밀도'가 헌법에 명시돼 있다. 농업은 식량을 보장하고 에너지 문제 해결에 기여한다면서 농업보호를 국정의 모토로 삼는다.

문제열 교수의 이야기를 요약하면, 농업은 경제 논리가 아니라 삶의 환경 문제로 바라보며, 농업과 농민을 국가가 책임져서 도시 근로자와 농민의 소득을 맞춘다는 것입니다.

'핸드폰 팔아서 쌀 사 먹으면 된다'는 한국 경제관료들의 천박한 논리와 결별해야 합니다. 1차 산업도 책임지지 못 하는 주제에 4차 산업 혁명 운운하는 대한민국 지배층들의 생각과도 결별해야 합니다. 국가가 책임지고 농촌과 농업을 다시 살려야 합니다. 이를 전제로 학교와 교육은 무엇을 해야 하는지 생각해보겠습니다.

첫째, 지금 농촌의 평균 연령이 68세입니다. 10년이 지나면 농사지을 사람이 사실상 없습니다. 농업의 대를 잇기 위해서는 농민을 대대적으로 육성해야 합니다. 2019년 기준 전국적으로 농업계열 고등학교가 66개, 학생 수는 16,188명입니다. 한 학년에 5,300명 남짓입니다. 10년이 지나도 졸업생이 5만 명밖에 배출되지 않습니다. 턱없이 부족하죠. 농업계열 고등학교를 획기적으로 확대하고, 국가의 지원을 획기적으로 강화하여 도시민과 대등한 소득을 보장해서 농업의 대를 이어야 합니다. 그동안 대한민국 정부가 재벌들에게 준 혜택의 반의반만 농촌에 써도 충분히 가능합니다.

둘째, 농산어촌 지역의 소규모 학교 통폐합을 중단해야 합니다. 1982년 농산어촌에서 학생 수 100명 이하인 학교를 통폐합하기 시작해 2021년 5월까지 40년 동안 사라진 학교가 3,855개입니다. 이제 경제적 효율성을 이유로 농산어촌 학교를 폐교해서는 안 됩니다. 한 세대 동안 망가졌으니, 앞으로 한 세대 동안 특별 대책을 세우고 밀고 나가야 합니다.

진보적 교육개혁 담론 성찰

진보적 교육개혁 담론에 대한 문제의식

제가 앞서 김누리 교수의 주장을 많이 인용했는데요, 한국 사회를 바라보는 그의 비판적 시각에는 많이 공감하지만, 교육개혁에 대한 구체적 정책까지 동의하는 것은 아닙니다. 아래는 김누리 교수가 2020년 6월 8일 한겨레신문에 기고한 칼럼 〈대한민국 새 100년, 새로운 교육으로〉의 일부입니다.

무엇을 할 것인가. 이미 답은 나와 있다. 유럽의 대다수 나라들이 하는 대로 '정의로운 교육'을 실천하면 된다. 구체적으로는 4가지를 폐지해야 한다. 첫째, 대학 입시 폐지. 둘째, 대학 서열 폐지. 셋째, 대학 등록금 폐지. 넷째, 특권학교 폐지가 그것이다. 이것은 꿈이 아니다. 유럽에서는 상식이자 일상이다.

대학 입시, 대학 서열, 대학 등록금, 특권학교 폐지는 김누리 교수뿐 아니라 여러 진보적인 학자와 시민단체들이 꽤 오랫동안 주장해왔습니다. 이런 주장에 대해 우리 사회가 합의할 수 있는 수준이 어디까지인지, 그리고 현실적 해답이 될 수 있는지 함께 생각해보겠습니다. 특권학교(특목고, 자사고) 폐지는 저도 동의하고 앞서 말씀드렸으니 생략하고, 대학과 관련한 3가지 주장을 살펴보겠습니다.

대학 입시 폐지 주장에 대한 문제 의식

[표43]은 교육평론가 이범 씨가 정리한 국가별 대입 제도입니다.[106]

[표43] 국가별 대입 제도

반영 방식	대표적인 국가
입시 성적 위주(내신 반영하지 않음)	영국, 프랑스, 네덜란드, 이탈리아, 일본
입시 성적과 내신 성적을 합산	독일, 호주, 스페인, 덴마크
입시/내신 반영 여부를 대학이 결정	핀란드
입시/내신 반영 여부를 학생이 결정	스웨덴
내신 성적 위주(입시 없음)	캐나다, 노르웨이
입시, 내신, 비교과 모두 중요하게 반영	미국

입시 폐지가 구체적으로 무엇을 뜻하는 것인지 알 수 없으나, 고등학교 수업 담당 교사가 아니라 외부에서 출제·주관하는 시험을 의미한다면, OECD 국가 중 입시가 없는 나라는 노르웨이와 캐나다밖에 없습니다.

입시를 폐지하자는 주장의 취지가 사람마다 다를 수 있겠는데, 김누리 교수는 독일 이야기를 많이 하니까 독일과 같은 시스템이라고 가정하고 이야기해보겠습니다.

---

106) 이범, 『문재인 이후의 교육』, 메디치, 2020

초등학교를 졸업한 후 김나지움, 레알슐레, 하우프트슐레로 나뉘어 진학하는 독일의 학제는 앞서 살펴보았습니다. 대학 진학을 목표로 하는 김나지움을 졸업하려면 졸업시험인 아비투어를 통과해야 합니다. 합격률은 90%입니다. 아비투어를 통과하면 대학 입학 자격이 주어지고, 독일 학생들은 자기가 원하는 학과가 멀리 있는 경우가 아니라면 대부분 자기가 사는 집 근처의 대학에 갑니다. 그러니 김나지움 출신들을 기준으로 생각하면 사실상 경쟁 없이 대학에 간다고 볼 수 있습니다.

그러나 정말 중요한 사건은 초등학교 4학년 때 있었던 일이죠. 이걸 입시가 폐지되었다고 할 수 있을까요?

수능을 폐지하자는 주장을 입시 폐지로 표현하는 사람도 있습니다. 수능을 폐지해야 할 이유는 전국의 수험생을 한 줄로 세우기 때문이죠. 수능 폐지를 주장하는 사람이 본고사 부활을 주장하는 경우는 없을 테니, 결국 고등학교 내신으로 선발하라는 것입니다.

고교평준화가 깨진 데다 지역별 학력 격차가 심한 우리나라에서 현실적으로 불가능한 방식입니다. 캐나다는 고등학교 내신 성적만으로 학생을 선발하는데, 대학에서 학교 간 격차를 보정해서 판단한다고 합니다. 그 보정 기준은 공개하지 않는다고 합니다. 우리나라에서는 어려운 방식이죠.

수능 폐지 주장에 대해 조금 더 살펴보겠습니다. 사실 지금도 일반고 학생들에게는 수능이 폐지된 것이나 마찬가지입니다. 수능이 필요한 학생은 정시로 가거나, 수능 최저등급을 요구하는 대학에 수시로 가는 경우입니다. 학교마다 차이가 있겠지만 그런 학생들이 일반고 3학년 중에는 절반 정도 됩니다. 그래서 일반고 고3 교실은 2학기 때 개점휴업 상태입니다. 이 부분은 제가 1부에서 자세히 이야기했는데요, 이미 수능이 의미 없어진 일반고 학생들에게 수능 폐지는 무슨 의미가 있을까요?

수능 폐지는 아니고, 수능을 보되 자격고사화하자, 또는 수능을 절대평가 체제로 하자는 주장도 있습니다. 프랑스의 바칼로레아가 자격고사 성격이죠. 통과만 하면 대학 입학이 자유롭습니다.

이주호 교육부 장관은 수능 자격고사화가 자기 소신이라고 말합니다. 2023년 7월 교육부 출입기자단이 대학 총장 130여 명을 상대로 설문 조사한 결과에 따르면 51.2%가 수능 자격고사화에 동의했다고 합니다. 모처럼 진보와 보수가 동의하는 정책이 되었는데요, 수능을 자격고사화하면 어떻게 될까요?

수능이 자격고사가 되면 대학에서 선발할 방법은 두 가지입니다. 하나는 본고사를 부활하는 것입니다. 과거 본고사가 있었을 때 대학들이 어려운 문제를 출제해서 결국 사교육 확대로 이어진 경험이 있어서 별로 환영받지 못할 것 같습니다.

또 하나는 학종을 확대하는 방식입니다. 학종에 면접 보는 전형을 확대해야 특목고 자사고 출신들을 더 많이 유치할 수 있으니까요.

수능 절대평가는 어떨까요? 2018년부터 수능 영어를 절대평가로 바꿨습니다. 영어에 대한 부담이 완화되었을까요? 그래서 입시에 대한 부담 총량이 줄어들었을까요? 영어는 영어대로 부담이 남아있는 상태에서 국어와 수학에서 변별력이 더욱 중요해졌을 뿐입니다. 수능에서 전 과목을 절대평가 하면 변별력 문제가 계속 남습니다. 그러면 또 다른 문제가 발생할 뿐입니다.

이제 결론을 맺겠습니다. 입시 폐지가 독일이나 프랑스의 대학 입시 방식을 의미한다면 대안적 주장이 되기 어렵습니다.

대학 등록금 폐지 주장에 대한 문제의식

앞서 말씀드린 것처럼 대학 진학률을 적절하게 조정한 후, 정말 대학이 필요한 학생들이 대학에 가는 상황에서 대학까지 무상교육을 하는 게 옳습니다. 2020년 출범한 '대학무상화·대학평준화 추진본부 연구위원회'의 계산에 따르면 대학 무상교육에 필요한 예산은 11조 원 정도라고 합니다. GDP의 0.6% 수준이죠. 학생 수가 계속 줄어들 테니 필요한 예산도 줄어들겠죠. 문제는 대한민국 정부가 그런 철학과 의지를 갖느냐 하는 문제죠.

만약 대학 등록금 폐지를 대학 서열화와 관련한 정책의 한 영역으로 생각한다면 이는 번지수를 잘못 찾은 것입니다. 2012년 박원순 서울시장은 후보 시절 공약대로 서울시립대 반값 등록금을 시행했습니다. 학부모들 사이에 서울시립대 인기가 올라갔지요. 그렇다고 '중—경—외—시' 순서가 바뀐 것은 아닙니다.

지금 전국의 국립대학 등록금을 모두 무상으로 한다고 해서 지방 국립대의 인기가 치솟을까요? 의대는 등록금이 1년에 평균 930만 원인데, 등록금을 2배 인상한다고 의대 선호도가 가라앉을까요? 등록금이 거의 없고 교육환경도 좋은 울산과학기술원(UNIST), 광주과학기술원(GIST), 대구경북과학기술원(DGIST)은 왜 '서연고' 아래 어디쯤 위치할까요?

한국농수산대학은 무상교육에다 졸업 후 '산업기능요원'으로 농사를 지으면 군대도 안 갈 수 있는 국립전문대학입니다. 그런다고 한국농수산대학의 선호도가 올라갈까요? 대학 등록금 폐지에 앞서 대학 교육 과잉 문제부터 해결한 후 대학교까지 무상교육으로 나아가야 합니다.

대학 서열 폐지 주장에 대한 문제의식

앞서 제1부의 〈대학서열체제 개혁, 왜 시도조차 못 했나?〉에서 '국립대통합네트워크'나 '서울대 10개 만들기'의 구체적 내용을 살펴본 바 있습니다.

대학 서열 폐지를 주장하는 분들은 대학 서열 문제를 학벌 체제의 핵심으로 보고 있는데, 우리 사회 어디에도 '인 서울—아웃 서울', '서연고 서성한 중경외시'를 명문화한 질서는 없습니다.

학벌주의가 외형으로는 대학 서열로 나타나기 때문에 국립대통합네트워크처럼 인위적으로 서열화를 없앨 방도가 제안되었지만, 교육평론가 이범 씨가 밝혔듯이 시뮬레이션이 안 됩니다. 인 서울 대학은 서울대와 시립대를 제외하고 모두 사립대학이고, 지방 국립대의 위상이 낮기 때문입니다.

지방대가 뭘 잘못해서 추락한 것이 아니고, 인 서울 대학들이 뭘 잘해서 올라간 게 아닙니다. 농촌이 몰락하고 지방에 일자리가 없기 때문입니다. 자기 고향에서 살지 않겠다는데, 지방 국립대에 가겠습니까?

의대는 어떤가요? 전국에 의대가 38개인데, 전국의 의대를 다 채워야 서울공대 모집이 시작됩니다. 지방대 의대가 열심히 노력해서 그렇게 됐나요? 대기업에 취직해봐야 50대 초반에 옷 벗고 나와서 기나긴 노후를 보내야 하는 현실이 기존의 대학 서열을 바꾼 것입니다.

대학 서열화가 한국 고유의 현상이고, 대학 서열 체제를 개조해야 하는 것도 옳은데, 문제는 이게 인위적인 개편으로 해결될 성질이 아니라는 것입니다. 왜 수백 년 이어온 영국 옥스브리지의 특권, 나폴레옹 시대 이후 대학 위의 대학으로 군림해온 프랑스의 그랑제꼴은 사회적으로 심각한 문제가 아닌지가 중요합니다. 물론 아무 문제가 없다는 뜻은 아닙니다. 우리처럼 심각하게 받아들이지 않는다는 이야기죠.

유럽의 교육 시스템은 대안이 될 수 있는가?

우리나라도 최근 들어서는 유럽의 교육제도에 관심을 많이 갖게 되었습니다. 초중고 교육과 관련해서는 핀란드 모델이 많이 소개되었고, 대학 제도와 관련해서는 독일, 프랑스 모델이 많이 논의되고 있습니다. 저도 유럽의 교육제도를 많이 말씀드렸는데, 미국을 추종해온 대한민국에서 유럽을 두루 살펴보는 것은 매우 좋은 것입니다.

그러면 독일, 프랑스의 대학 제도는 우리 교육의 대안이 될 수 있을까요? 대안이라면 언제쯤 우리는 그런 제도를 가질 수 있을까요? 두 나라의 대학 체제를 조금 더 깊이 들여다보면서 생각해보겠습니다.

독일은 많이 이야기했으니 프랑스도 잠시 살펴보죠. 프랑스는 바칼로레아만 통과하면 대학 입학 자격이 주어집니다. 바칼로레아를 2주 동안 시행하는데, 첫날 치러지는 철학 시험 문제는 우리나라에도 해마다 소개됩니다. 5지선다 문제풀이를 하는 수능시험과 너무나 비교되는 시험이지요. 어떤 문제를 놓고 논술하는지 살펴볼까요?

- 스스로 인식하지 못하는 행복은 가능한가?
- 법에 복종하지 않는 행동도 이성적 행동일 수 있는가?
- 관용의 정신에는 비관용도 포함되어 있는가?
- 우리는 자기 자신에게 거짓말을 할 수 있는가?
- 사랑이 의무일 수 있는가?

프랑스 학생들은 4시간 동안 위와 같은 질문에 대해 자기 생각을 씁니다. 철학 문제는 프랑스 신문에 머리기사가 되고, 사람들은 한동안 그 문제를 화젯거리로 삼는다고 하죠. 바칼로레아 응시생이 70만 명이 넘으니 채점하는데 드는 사회적 비용도 엄청난데, 프랑스는 왜 그런 수고를 아끼지 않을까요?

바칼로레아는 1808년 나폴레옹 시절에 생겨 200년 동안 시행되었습니다. 프랑스 교육부의 철학 바칼로레아 담당 교육감은 철학 시험의 의의를 "철학 수업을 통한 우리의 목표는 학생들이 생각의 자유를 획득하는 것이다. 하나의 인간이자 시민으로 완성될 수 있도록, 그들이 건설적인 생각의 자유를 획득하고 공화국 프랑스의 이상 실현에 기여하기 바란다."라고 설명합니다.[107]

우리나라 헌법 제1조 ①항이 "대한민국은 민주공화국이다"인데, 우리는 학생들을 생각의 자유를 획득한 민주공화국의 시민으로 키우려는 생각이 있습니까? 그러니 우리나라에서 바칼로레아 같은 시험은 언감생심이죠.

그러나 좀 더 생각해보면, 프랑스의 바칼로레아 같은 시험을 치르는 나라는 없습니다. 대부분 나라에서 학교 시험을 논술로 보는 게 일반적이지만, 전국의 대입 수험생을 모아놓고 동시에 4시간씩 논술시험을 보지는 않습니다. 그것은 프랑스의 전통입니다. 바칼로레아 철학 시험 문제를 보면 부럽지만, 그런 입시 방식을 따를 필요는 없는 것이죠.

독일과 프랑스가 유토피아가 아니니 교육에도 당연히 문제가 있습니다. 두 나라 모두 부모의 사회적 지위가 자녀에게 대물림되는 현상이 존재합니다.

독일의 김나지움(인문계)으로 진학하는 학생 중 부모가 김나지움 출신인 경우는

---

107)　목수정, 『칼리의 프랑스 학교 이야기』, 생각정원, 2018

교육개혁은 없다 2

60%, 부모가 하우프트슐레(직업계) 출신인 경우는 7% 정도라고 합니다.[108] 부모가 대졸자인 자녀의 대학 진학률은 77%, 비대졸자의 자녀는 23%라고 합니다.[109]

프랑스도 마찬가지입니다. 우리나라에서 대학 평준화의 모델로 삼고 있는 프랑스는 엘리트의 80% 이상이 그랑제꼴 출신입니다. 2018년 마크롱 정부의 조세 정책에 대한 항의에서 시작된 '노란 조끼' 시위는 프랑스의 경제적·사회적 평등에 대한 논의로 이어졌습니다. 일반 대학에는 경제적인 이유로 장학금을 받는 학생의 비율이 38%인데 그랑제꼴은 13%라고 합니다. 그랑제꼴에 대한 비판에 대해 마크롱 대통령은 자신의 모교인 국립행정학교 등 몇 개의 그랑제꼴 폐교를 약속했고, 2022년에 실제로 국립행정학교를 폐교했습니다.

사회적 지위의 대물림은 자본주의 국가에서 피하기 어려운 현상으로 보입니다. 2018년 세계은행은 1980년대에 하위 50%의 가정에서 태어나서 성인이 된 후 상위 25%에 속하게 된 아이들의 비율을 조사하여 「세대 간 교육 및 경제 이동성」이라는 보고서를 발표했습니다. [표44]

자료를 보면 복지 시스템이 잘 구축된 나라와 우리나라의 차이가 크지 않습니다. 문제는 상위 계층과 하위 계층의 경제적 격차가 어느 정도로 큰가, 그리고 하위층에

[표44] 세대 간 교육 및 경제 이동성

덴마크	스웨덴	핀란드	스위스	일본	한국
21.1%	18.5%	15.6%	14.9%	18.1%	17.0%

---

108) 조성복, 『독일 사회, 우리의 대안』, 어문학사, 2019
109) 홍혜정, 〈독일 엘리트 계층의 산실 '김나지움'〉, 에듀인뉴스, 2017. 8. 7.

대한 복지 시스템이 얼마나 잘 갖추어져 있는가 하는 문제입니다.

독일과 프랑스의 대학 모델을 논의할 때, 중도 탈락도 검토해봐야 할 문제입니다. 독일은 아비투어를 통과하면 누구나 대학에 갈 수 있지만, 대학에서 중도 탈락률이 50% 정도입니다. 프랑스도 바칼로레아를 통과하면 대학 입학이 자유롭지만, 중도 탈락률이 30% 정도이며, 의과대학은 중도 탈락률이 80%에 이릅니다. 대학 교육이 무상인 대신 학위 취득 기준을 엄격하게 합니다.

우리나라에서 엄격한 중도 탈락 제도가 수용될 수 있을까요? 우리나라도 1980 년대에 '졸업정원제'가 실시된 적이 있었습니다. 졸업 정원의 30%를 더 뽑아 중도에 탈락시키는 제도입니다. 유럽의 대학 제도를 본뜬 것이라고도 하고, 학생운동을 막으려는 정치적 의도도 있었다고 하는데, 1981년도 대학 입학생부터 시행되다가 1988년에 폐지되었고, 졸업정원제로 중도 탈락한 학생들에게도 구제 기회를 주었습니다.

초등학교 졸업 직후 진로 선택, 그랑제꼴 출신의 엘리트 독점, 높은 대학 중도 탈락률, 직업의 대물림 현상을 보면 독일과 프랑스의 교육체제를 우리나라가 그대로 수입할 수 있는 게 아닙니다.

진보적 교육 담론이 갇힌 프레임에 대한 검토

지난 20년을 돌아볼 때, 진보적 교육 담론이 가장 중요하게 생각하는 것은 학벌주의 해체로 보입니다. 서울대의 특권을 폐지하고 대학을 평준화하자는 주장, 그 출발을 서울대와 지방 국립대의 통합부터 시작하자는 제안을 20년 동안 해왔습니다.

그런데 그 경로가 사회개혁을 전제로 하는 게 아닙니다. 2003년 경상대 정진상 교

교육개혁은 없다 2

육팀이 최초로 제안한 이후 지난 20년 동안 프레임이 변하지 않았습니다. 약간씩 내용은 달라지고, 최근 '서울대 10개 만들기'처럼 새로운 이름도 나왔지만, 본질은 같습니다. 이런 제안들은 모래 위에 집 짓기입니다.

학벌주의 해결의 출발이 서울대의 권력 독점에 대한 문제의식이니, 이 문제를 좀 살펴보겠습니다.

서울대에 들어갔다고 특권이 주어지는 게 아닙니다. 진짜 특권을 주는 곳은 사관학교나 경찰대 같은 대학입니다. 육사에 들어가면 학비도 없고 용돈도 받고 소위로 임관한 후 대체로 중령까지는 승진합니다. 50대 초반에 중령으로 예편해도 연금이 350만 원이 넘습니다. 이게 20세에 결정됩니다. 경찰대는 어떻습니까? 학비도 없고 졸업과 동시에 공무원 6급에 해당하는 경위로 임용됩니다.

서울대는 어떤 특혜가 주어지나요? 그 자체로는 없습니다. 서울대라는 학벌은 고시에 합격해서 관료가 된 후나 대기업에 취직한 후 승진할 때 영향을 발휘합니다. 예를 들어 똑같이 사법고시에 합격해서 판사가 되어도 어느 지위까지 올라갈 수 있느냐에 따라 전관예우가 달라집니다. 지방법원 부장판사–고등법원 부장판사–지방법원장–고등법원장–대법관, 어디까지 올라가서 옷을 벗느냐에 따라 짧은 전관예우 기간의 수입 규모가 달라집니다. 그래서 판사들은 승진이 절박한 과제인데, 이때 서울법대–고대법대–연대법대–성대법대 순위가 그들의 승진을 좌우합니다. 판사들에게 학벌은 돈으로 환산되는 무형의 자산입니다. 만약 전관예우가 사라지면 판사가 되기 이전의 대학 서열은 의미가 없습니다.

판사들은 재판 서류를 들고 퇴근하지 않는 게 생활의 목표라고 할 정도로 일이 매우 많습니다. 2017년 기준으로 서울중앙지법의 판사 1명이 1년 동안 처리한 사건 수가 1233.9건이라고 합니다. 365일을 쉬지 않고 일해도 하루에 3.38건을 처리해야 합니다.

판사들이 바빠서 판결문을 제대로 쓸 시간도 없다고 합니다. 신속한 재판이 이루어지지 않는 이유도 판사 부족 때문입니다. 그러면 판사들이 노동조합을 만들어서 판사를 충원하라고 요구해야 마땅합니다. 그래야만 판사들이 제대로 된 재판을 하며 보람을 찾을 수 있지 않겠습니까?

그러나 판사 집단은 그 길을 택하지 않습니다. 변호사가 되었을 때 전관예우로 고수익을 보장받으려면 판사가 적어야 하기 때문입니다. 프랑스의 판사들이 노조에 가입하는 것과 우리나라 판사들이 노조를 외면하는 이유는 그런 차이가 있는 것이죠. 판사들도 노동자 의식을 갖고 보람 있는 직장생활을 할 생각을 해봐야 합니다.

특권과 반칙, 부당한 수익이 판치는 곳에 학벌이 존재합니다. 장차관, 판검사, 국회의원, 대기업 임원의 몇 퍼센트가 서울대 출신, SKY 출신이라는 것을 이유로 학벌주의를 비판하는 것은 대다수 사람에게는 의미가 없습니다. 전화 한 통에 수천만 원씩 받는 전관예우를 없애는 게 중요하지, 서울대 출신이 판사의 몇 퍼센트인가에 분개해서 뭐 하겠습니까? 그런 비분강개는 연고대 출신들이 하면 됩니다.

서울대 출신 판사가 누리는 특권을 없애기 위해 대학 서열을 해체하자는 주장보다 그냥 판사의 특권, 즉 전관예우를 없애는 게 옳은 주장 아닐까요? [표45]는 2018년 기준으로 한국과 독일의 법조인 수를 비교한 것입니다.[110]

독일 인구가 우리나라의 1.6배인데, 법조인 수는 비교가 안 되게 많습니다. 그래서 독일의 판검사들은 퇴직 후 로펌에 이름을 걸어놓고 전관예우를 받을 수 없습니다. 그들은 국가공무원으로 근무했으니 공무원 연금 받으며 노후를 보내든지, 전문

---

110)   조성복, 『누가 그들에게 그런 권리를 주었는가?』 교학도서, 2022

[표45] 한국과 독일의 법조인 수

	한국	독일	비교
대법관	14명	440명	31.4배
판사	3,124명	21,338명	6.8배
검사	2,292명	5,882명	2.6배
변호사	29,724명	165,000명(등록 기준)	5.6배

지식을 이용한 저술 활동 등을 합니다. 이런 문제의식이 법조계뿐 아니라 사회 전 영역에서 분출하고, 사회개조의 방향으로 합의되고, 실제로 개혁이 이루어지면 굳이 대학 서열을 재편하지 않더라도 해결할 수 있는 문제가 많을 것입니다.

학벌주의 문제를 '서연고 서성한 중경외시'와 같은 상위권 대학의 서열 체제 문제로 보는 관점에 대한 성찰이 필요합니다. 엘리트 집단의 출신 대학을 따지는 방식으로는 우리가 학벌주의 사회를 개조하기 위해 실천적으로 할 수 있는 일이 없습니다.

우리가 정말 힘을 모아 해결해야 할 과제는 '서연고 서성한 중경외시'에 끼지 못한 평범한 사람들이 잘살 수 있는 사회 구조를 만드는 것입니다. 개천에서 용 나는 시대가 끝났다고 분개할 게 아니라 개천의 미꾸라지들도 잘사는 사회를 만드는 것으로 실천적 과제가 명확해야 학벌주의 문제를 해결할 수 있습니다.

저는 앞서 사회개혁 없이 교육개혁이 불가능하다는 것과 함께 개혁해야 할 다양한 영역들을 말씀드렸습니다. 특목고·자사고·사립초 폐지, 영어 과잉 학습 폐단 해소, 예체능 사교육 영역에 대한 국가 책임 시스템 구축, 선행학습 학원 금지에 대한 사회적 합의와 법제화, 대학 진학률과 고등학교 학제에 대한 사회적 합의, 소멸 위기의 농산어촌 부활과 학교의 역할, 인구절벽이 가져올 대학 구조조정과 국가의 역할 등 참 많은 영역에 대해 말씀드렸습니다.

대학 서열화 해체에 갇힌 진보의 교육개혁 담론을 더욱 확장해야 합니다. 더 나아가 교육개혁이 가능한 사회 구조가 무엇인지, 어떻게 그런 사회를 향해 나갈 수 있는지도 제시해야 실천적 과제가 도출됩니다.

저는 사회개혁의 경로까지 자세히 제안했지만, 그 경로에 동의하지 않더라도, 이제 20년 동안 대학 서열 체제에 갇힌 진보적 교육 운동 담론을 재검토해봤으면 합니다.

목수가 집을 그리는 지혜

교육에 대해 평균적인 사람들이 평균적으로 원하는 것은 무엇일까요?

20여 년간 사회운동과 정치 현장을 경험했고, 두 번의 지방선거와 두 번의 대통령 선거를 관찰자와 참여자로 경험한 임채원 경희대 미래문명원 교수는 저서 『공화주의적 국정운영』에서 한국 유권자들이 원하는 것을 두 가지로 정리합니다.

> 개인의 자유를 보장하고 경쟁을 장려하되, 그 결과를 방치하지 말고 약자에 대한 배려와 패자부활이 가능하게 해달라. 그리고 부모 세대에서 경쟁의 승패가 자식에게까지 대물림되지 않게 해달라.[111]

임채원 교수가 위와 같이 정리한 것은 민심을 자세히 들여다볼 수 있는 선거를 여

---

111) 임채원, 『공화주의적 국정운영』, 한울아카데미, 2008

교육개혁은 없다 2

러 차례 경험했기 때문입니다. 기존의 보수정당은 평상시에는 유권자의 정치적 요구를 외면하거나 경시하다가 선거 때가 되면 그동안 외면한 대중의 요구를 정책과 공약에 반영하는 일을 반복합니다. 선거 때는 보수정당이건 개혁정당이건 기성 정당의 정책이 매우 비슷해지는데, 이는 여론조사를 바탕으로 정책을 짜기 때문입니다.

임채원 교수가 정리한 유권자의 요구가 15년 전이라 대중의 요구도 변했을 것입니다. 그러나 지금도 충분히 귀담아들을 이야기라서 인용했습니다.

임채원 교수의 정리는 평균적 유권자들의 평균적 생각이고, 우리 사회 모든 구성원이 그렇게 생각할까요? 교육 분야에서 약자에 대한 배려, 패자부활 가능, 실패의 대물림 금지에 모든 구성원이 동의할까요? 그렇다면 교육개혁은 진작 되었을 것입니다.

안타깝게도 현실에서는 교육개혁을 원하지 않는 사람들이 있습니다. 있는 정도가 아니라 그 사람들이 이 사회의 '주류'입니다. 교육만 그런가요? 사회 모든 분야에서 개혁을 원하지 않는 세력이 주류입니다.

독일과 프랑스의 평준화된 대학 체제를 논하자면, 높은 평등 의식이 사회적으로 논의되고 실현될 수 있는 정치적 상황도 고려해보아야 합니다. 두 나라 모두 68혁명 이후 지금과 같은 대학 체제가 수립되었습니다. 68혁명의 주역인 대학생들은 마오쩌둥, 호치민, 체게바라, 카스트로 등 제3세계 혁명가들을 지지하며 기성 자본주의 질서의 변화를 요구했습니다. 68혁명에서 사회주의 혁명가들의 이름이 언급되는 것이 우리에게는 낯설 것입니다.

1940년 프랑스가 독일에 항복하자 나치 점령 지역에서 나치를 반대하는 지하투쟁이 벌어집니다. 이 저항 조직들을 레지스탕스라 하는데, 간부의 과반수가 공산당원이었습니다. 1944년 나치에서 해방된 후 공산당은 위세가 대단했습니다. 1946년 총선에서 공산당은 28%의 지지율을 얻으며 원내 제1당이 되었습니다. 1945~1970년은 프랑스의 노동운동이 가장 왕성한 시기였는데, 이는 프랑스 공산당이 있었기에 가능했다고 합니다.[112]

독일에서 나치의 망령을 청산하고 '아우슈비츠 이후의 교육'을 수립하는 데서 아도르노, 마르쿠제, 하버마스 등 '프랑크푸르트 학파'로 불리는 학자들이 큰 사회적 영향력을 발휘했습니다. 이들은 소련식 사회주의를 반대하면서도, 맑스주의를 다양한 학문과 연계하여 현대적으로 해석한 신맑스주의(neo-Marxism) 학자들입니다.

독일이나 프랑스 모두 이런 정치적, 문화적 풍토를 기반으로 대중의 평등에 대한 요구가 충분히 논의되고 발현되는 방향으로 대학 체제가 구축되었습니다.

우리나라는 어떤가요? 전 세계에서 성경 다음으로 많이 읽힌 책이 맑스의 『자본론』이라는데, 우리나라에서 누가 자본론을 공부하겠다고 하면 주변에서 어떤 반응을 보일까요? 미국 대선에서 민주당 내부 경선에 참여하여 돌풍을 일으켰던 버니 샌더스는 '민주적 사회주의자'를 자처하는데, 우리나라 정치권에서 '민주적 사회주의자'를 자처하는 사람이 있다면 살아남을 수 있을까요?

고 신영복 선생의 저서 『감옥으로부터의 사색』에 신영복 선생과 함께 징역을 살던 목수 노인의 이야기가 나옵니다.

---

112) 제라르 누아리엘, 『프랑스 민중사』, 인문결출판사, 2020

언젠가 그 노인이 땅바닥에 집을 그렸습니다.

그 그림에서 내가 받은 충격은 잊을 수 없습니다.

집을 그리는 순서가 판이했기 때문입니다.

지붕부터 그리는 우리들의 순서와는 거꾸로였습니다.

먼저 주춧돌을 그린 다음 기둥, 도리, 대들보, 서까래, 지붕의 순서로 그렸습니다.

그가 집을 그리는 순서는 집을 짓는 순서였습니다.

일하는 사람의 그림이었습니다.

세상에 지붕부터 그릴 수 있는 집은 없습니다.

지붕부터 그려온 나의 무심함이 부끄러웠습니다.

학벌 문제를 대학 평준화 문제, 대학입시 문제로 보면서 유럽을 부러워하는 것도 비슷한 사고방식 아닐까요? 그런 제도를 가능하게 하는 사회적 토대를 어떻게 만들 것인가, 이를 위한 실천적 과제가 무엇인가를 모색하는 것이 순서 아니겠습니까?

독일과 프랑스의 토양 위에서 자라난 대학 체제를 우리나라에 옮겨오기도 어렵 겠지만, 지붕이 멋있다고 지붕만 스케치해서야 되겠습니까? 멋있는 지붕을 받치고 있는 서까래, 대들보, 도리, 기둥, 주춧돌인 사회적 토대를 차근차근 연구하고 실천 적 과제를 세워야 할 것입니다.

부록

내 아이, 어떻게 키울까?

일하는 사람을 위한 한국 교육 안내서 『교육개혁은 없다 1, 2』의 최종 결론은 사회 개혁 없이 교육개혁은 불가능하며, 새로운 사회를 만들 수 있는 진보정당을 육성하여 사회를 개혁하고 교육도 바꾸자는 것입니다. 그런 날까지 오랜 시간이 걸리겠지요. 다른 나라의 교육개혁 사례를 봤을 때 한 세대 정도의 시간이 필요할 것입니다. 그러면 '지금 헬조선에 태어나 살고 있는 내 아이는 어떻게 키우란 말이냐'는 질문이 생길 수밖에 없지요. 이 문제를 함께 생각해보려고 합니다.

저도 이 사회에서 아들 둘을 키웠고, 지금은 다 직장생활을 하는 어른이 되었습니다. 자식을 키우는 게 얼마나 힘든 일인지 알고 있습니다. 가르치는 일을 직업으로 하지만, 저도 제 욕망을 담아 아이를 키웠고 갈등도 많았습니다.

그래서 자기 자식도 제대로 못 키운 주제에 다른 사람들을 위해 무슨 말을 할 자격이 있는가 하는 생각도 하지만, 제가 학교에서 학생과 학부모를 만나면서 보고 느끼는 것들, 이에 대한 전문가들의 의견을 소개하는 방식으로 이야기해보려 합니다.

두 개의 영역으로 말씀드리려고 합니다.

제1장 〈부모 노릇 어떻게 할 것인가?〉에서는 자녀를 키우는 관점, 사실은 그 속에 숨어 있는 자기 삶에 대한 관점을 이야기해보고자 합니다. 자녀를 키우면서 발생하는 갈등을 깊이 들여다보면 자녀가 가진 문제 때문이 아닙니다. 부모 자신의 가치관 때문입니다. 그런 이야기를 좀 해보겠습니다.

제2장 〈자녀에게 어떤 길을 안내할 것인가?〉에서는 아주 현실적인 고민을 다뤄보고자 합니다. 제가 공교육에 종사하는 교사인데 저를 만나는 사람들은 저에게 학교에 대한 것보다 사교육에 대해 많이 물어봅니다. 학원을 보내야 하는지, 보내면 언제 보내야 하는지, 학원에 보내면 성적이 오르는 건지, 영어 사교육은 조기에 시작하는 게 옳은지, 특목고를 보내는 게 아이에게 좋은 건지 등… 이런 질문에 대해서

도 솔직하게 제 생각을 말씀드리려 합니다.

　제가 고등학교 교사밖에 안 해봐서 육아나 초등학교·중학교 단계의 교육은 잘 모릅니다. 공부를 잘하게 키워서 좋은 대학에 보내는 것도 제가 드릴 말씀은 아닌 것 같습니다. 저는 현실에서 벌어지는 자녀 교육에 대해 후회하지 않을 수 있는 최소한의 것 정도만 말씀드리려고 합니다.

부모 노릇 어떻게 할 것인가?

나쁜 부모는 되지 말자

행복한 가정은 모습이 비슷하고, 불행한 가정은 모두 저마다의 이유로 불행하다.

세계적으로 가장 많이 인용되는 톨스토이의 소설 『안나 카레니나』의 첫 문장입니다. 학부모들을 면담하다 보면 문득문득 생각나는 문장이라 저도 인용해봤습니다.

학교에서 밝은 표정으로 생활하는 학생의 부모를 만나보면 부모가 어떤 영향을 주었는지 짐작되지 않을 때가 많습니다. 그런데 표정이 어둡고 학교 생활에 의욕이 없는 학생의 부모를 만나보면 '아, 부모가 이래서 애가 그렇구나' 하고 느낄 때가 많습니다.

특히 학교 안에서 주먹다짐, SNS에서 언어폭력, 학교 밖에서 탈선, 왕따 등의 문제가 발생할 때 사건을 조사하고 해결하면서 느끼게 되는 것은 '문제 학생'이 있는게 아니라 '문제 부모'가 있다는 것입니다.

정신적으로 미숙한 아이들이니 순간의 감정을 이기지 못해 싸울 수도 있고 친구에게 못된 말을 할 수도 있습니다. 진정으로 반성하고 화해한 후 새롭게 출발하면 되는 것이죠. 그런데 부모의 태도가 잘못되면 아이의 잘못을 고치기 어렵습니다.

우리 아이가 뭘 잘못했냐, 잘못은 저쪽 친구가 더 많이 했다, 우리 아이는 괜찮은데 나쁜 친구를 사귀어서 그렇다, 이런 방식의 생각이 사건 해결을 더 어렵게 합니다. 어찌어찌해서 사건을 종결했더라도 학생의 문제가 근본적으로 해결되기 어렵겠다고 생각하게 되는 경우는 대부분 부모의 모습 때문입니다.

학교 교사로서 학부모들을 만나며 느낀 점은 '좋은 부모'가 되는 것보다 '나쁜 부모'가 되지 않는 게 더 중요하다는 것입니다.

좋은 부모는 어떤 부모일까요? 자녀를 서울대에 보낸 부모? 서울대가 너무 높은 기대라면 인서울 주요 대학에 보낸 부모? 아니면 대학 레벨 기준이 아니라 아이가 원하는 학과에 보낸 부모?

성공한 삶의 기준을 연봉, 집 평수, 자산 액수로 하자고 하면 동의할 사람이 별로 없을 것입니다. 그런데 성공한 부모의 기준이 무엇이냐고 묻는다면 제일 먼저 자녀가 들어간 대학이 생각나는 게 대한민국의 현실이죠.

『좋은 부모 콤플렉스』라는 책이 있습니다. 도서관에 갔다가 제목이 확 끌려서 읽게 되었는데요, 저자는 정신과 전문의 최명기 교수입니다. 최명기 교수는 정신과 의사로서 10년 넘게 환자를 돌보며 자녀 교육에 정답은 없으며, 좋은 부모가 되려고 헛수고하지 말고 나쁜 부모만 되지 않으면 좋겠다는 생각을 갖게 되어 책을 썼다고 합니다.

최명기 교수는 부모가 아이에게 끼치는 영향이 극히 제한적이라고 말합니다. 부모가 최선을 다해 노력하면 아이가 어른이 되어 성공할 수 있다고 믿고 함께 책을 읽고, 주말에는 캠핑 가고, 아이의 친구들을 불러 생일 파티를 해주고, 남들만큼 학원에 보내지만 별 효과가 없다는 것이죠. 부모가 아이에게 영향을 주는 것은 맞는데, 잘해주는 만큼 아이가 더 잘 자라는 것이 아니라는 것입니다.

최명기 교수는 부모의 정성과 관심이 부족해서 아이가 나쁜 길로 가는 게 아니라고 합니다. 함께 식사를 자주 하지 못하고 바빠서 대화를 자주 나누지 못하는 정도의 무관심이 아이를 나쁜 길로 이끄는 게 아니라, 아이에게 필요한 학용품을 사주지 않으면서 그 돈으로 아버지가 술을 마시거나 어머니가 옷을 사 입는 정도가 되어야 아이를 나쁜 길로 이끈다는 것입니다.

TV에 나오는 교육전문가들은 엄마와 아빠가 어렸을 때 아이와 충분한 시간을 보내주지 않는 것이 문제라고 하지만, 엄마 아빠도 일을 해야 먹고살지 않습니까? 하루 종일 일하고 지친 몸으로 집에 들어온 부모도 쉬어야죠. 그런데 전문가들은 그런 부모들에게 자꾸 죄책감을 심어줍니다.

사실 대한민국의 부모들은 아이에게 잘해주면서도 여전히 자신은 부족하다고 느끼는 경우가 많습니다. 자신보다 더 잘해준다는 부모와 비교하기 때문이죠. 최명기 교수는 그런 마음을 버리라고 충고합니다.

부모가 자녀에게 헌신하면 아이가 '성공'이라는 선물로 보답할 것이라는 헛된 희망, 헛된 기대, 헛된 노력을 줄이고, 그 자리에 아이의 입장에 대한 공감, 합리적 단념, 오랜 기다림으로 마음을 채울 것을 권고합니다. 최명기 교수는 부모들이 가장 고민하는 문제를 조사하여 반항, 공부, 게임, 왕따, 이렇게 4개의 주제로『좋은 부모 콤플렉스』을 썼습니다. 궁금하신 분은 직접 읽어보시길 바랍니다.

사랑과 집착, 관심과 간섭 구분하기

인터넷에 떠도는 작자 미상〈청소년의 기도〉라는 글이 있습니다.

엄마가 나 없을 때 내 방에 들어오지 않게 해주세요.

엄마가 나 몰래 내 핸드폰 열어보지 않게 해주세요.

엄마가 친구들에게 나에 대해서 이것저것 묻지 않게 해주세요.

엄마가 시험공부 기간에 내 방에서 뜨개질하지 않게 해주세요.

엄마가 밤늦은 시간에 나 먹을 간식 만들지 않게 해주세요.

엄마가 내 공부 들먹이며 아빠가 TV 보는 거 말리지 않게 해주세요.

엄마가 내가 돌아올 시간이라며 동창 모임에서 먼저 일어나지 않게 해주세요.

엄마가 가족 휴가 잡을 때 내 보충수업 시간부터 챙기지 않게 해주세요.

엄마가 나한테 너 하나 보고 산다는 말하지 않게 해주세요.

무엇보다도, 엄마가 나를 위해 기도하지 않게 해주세요.

웃어넘기기에는 좀 슬픈 기도문이죠. 저 기도문이 아주 특별한 가정의 특별한 모습은 아닐 것입니다. 우리 부모 세대가 우리에게 그렇게 했고, 우리도 자녀 세대에게 그렇게 하고 있습니다.

표정이 어두운 학생 A가 있었습니다. 공부도 성실히 하는 편이고 문제가 있어 보이지는 않는데 약간은 불안한, 교사의 '감'으로 주의 깊게 살펴보는 학생이었습니다. 3월 신학기가 시작되고 한 달쯤 지나면 학부모 면담 기간을 갖습니다. 원하는 분은 누구나 오시라고 하고, 제가 특별히 뵙고 싶은 학부모는 따로 전화를 드리지요. A학생의 어머니에게는 제가 면담을 청했습니다.

A는 어머니가 늦은 나이에 낳은 외아들입니다. 너무나도 귀한 아들이지요. 어머니는 A와 자신의 관계가 아주 좋다고 합니다. 직장 때문에 바쁜 생활이지만, 언제나 저녁을 먹으면 둘이 산책도 하고, 산책하다 동네 카페에서 같이 커피도 마시고.

제가 물었습니다. A와 산책할 때 아버지는 뭘 하시냐고. 어머니는 흠칫 놀라며 그걸 왜 묻냐고 하십니다. 아이가 고등학교 2학년인데, 저 같으면 엄마랑 산책하고 싶지 않을 것 같다고. 그 나이에는 친구에 살고 친구에 죽는 나이라고. 그러면서 다시 한번 물었죠. 아버지는 그 시간에 뭐 하시냐고. 그랬더니 집에서 TV 보신다고 합니다.

이런 어머니가 적지 않습니다. 아버지와 해야 할 일을 아들과 하는 어머니. 그래서 집안 생활을 좀 더 들여봤습니다. 어머니는 초등학교 때부터 A와 같은 방에서 잤다고 합니다. 자다가 깼을 때 옆에서 쌔근쌔근 자는 아들을 바라보는 게 어머니의 행복이라고 합니다. 그때 저는 A의 어두운 표정이 왜 만들어졌는지 알 수 있었습니다.

제가 학부모를 혼내는 경우는 거의 없는데, 이날은 많이 혼냈습니다. 이것은 사랑이 아니라 집착이라고, 아들을 독립적 인격체로 만드는 게 아니라 평생 엄마 치맛자락 주변을 맴도는 어린이로 만드는 거라고, 아들을 친구들 사이에서 애 취급 받게 만드는 어리석은 행위라고….

사랑은 상대방이 원하는 형태로 줄 때 사랑입니다. 관심도 상대방이 원하는 형태로 줄 때 관심이죠. 상대방이 원하지 않는 형태로 사랑하는 것을 '집착'이라고 하며, 상대방이 원하지 않는 형태로 관심을 주는 것은 '간섭'이라고 합니다.

또 다른 책 한 권을 소개하겠습니다. 심리상담가이자 칼럼니스트인 우즈훙(武志紅)이 쓴 『왜 가족이 힘들게 할까』입니다. 중국 사람들의 정서는 우리와 비슷해서 이 책에 나오는 수많은 사례는 꼭 한국 이야기 같습니다. 자녀 교육 이야기만 있는 게 아니라 부부 갈등, 고부 갈등 등 다양한 이야기가 있으니 평상시 가족 때문에 고민이 많은 분에게 권하고 싶은 책입니다.

우즈훙은 부모가 자식에게 하는 세 가지 거짓말이 있다고 합니다.

- 자식을 사랑하지 않는 부모는 없다.
- 다 너 잘되라고 그러는 거야.
- 내가 너를 어떻게 키웠는데.

우리랑 똑같죠? 그러면 A의 엄마와 같은 사례는 왜 발생할까요? 부모들의 부부 관계가 지속적으로 발전하지 못하면 자식을 통해 대리만족을 추구하기 때문입니다. 대리만족은 집착의 형태로 나타나기 쉽습니다. 일상생활에서 사랑과 집착은 경계선이 애매합니다. 이런 행동은 사랑이고, 이런 행동은 집착이다, 이렇게 칼로 무 자르듯 규정하기 쉽지 않을 겁니다. 그래서 용수 스님이 정리한 몇 가지를 나열해보 겠습니다.[113]

- 사랑은 타인 중심이고, 집착은 자기 중심입니다.
- 사랑은 상대의 자유를 존중하고, 집착은 상대를 통제하려 합니다.
- 사랑은 타인과 비교하지 않지만, 집착은 비교와 경쟁이 심합니다.
- 사랑은 자신감과 행복의 표현이며, 집착은 불안과 불행의 표현입니다.
- 사랑은 '어떻게 도와줄까'라고 말하고, 집착은 '왜 나를 힘들게 해'라고 말합니다.
- 사랑은 더 많은 사랑을 낳게 하지만, 집착은 미움으로 변합니다.

---

113)   한겨레신문, 〈집착과 사랑의 차이는 뭘까요〉, 2022.1.22.

교육개혁은 없다 2

우즈홍은 가정에서 부부 관계가 최우선이어야 한다고 강조합니다. 부모와 자녀의 관계는 부부 관계의 반영입니다.

부모가 자녀에게 집착하는 것은 드문 일이 아닌데요, 왜 많은 부모가 자녀에게 집착하게 될까요? 그 이유는 부모 자신의 성장이 정체 상태에 있기 때문입니다. 그래서 자기 걱정을 자녀에게 전가하고, 자녀의 성공에 목숨을 걸게 되는 것이죠.

〈내셔널 지오그래픽〉에서 만든 다큐멘터리를 보면 새가 새끼를 키워 하늘로 날아보내는 과정을 담은 장면들이 자주 나옵니다. 참 감동적입니다. 갓 태어난 새끼는 눈도 못 뜬 상태입니다. 어미 새는 새끼를 잡아먹으려는 맹금류로부터 새끼를 보호하고, 밖에서 잡아 온 먹이를 새끼 입에 넣어주며, 서서히 새끼의 날개에 깃털이 자라고 날 수 있다고 판단되면 힘차게 날아가도록 합니다.

우리가 자녀를 키우는 것은 그렇게 넓은 세상으로 날아갈 수 있도록 힘찬 날개를 달아주는 과정입니다. 내 둥지에서 내가 떠 먹여주는 먹이를 계속 먹도록 하는 것은 자녀를 사랑하는 것이 아닙니다.

자녀가 부모에게 독립하는 것만큼이나 중요한 게 부모가 자녀에게서 독립하는 것입니다. 우즈홍은 성숙한 부모라면 아이와 '기꺼이' 이별할 준비를 해야 한다고 말합니다. 인간은 인생에서 세 번의 분리를 경험한답니다.

첫 번째는 '자궁과의 이별'입니다. 심리학자들은 분만의 고통이 엄마와 아이 사이 애정의 절정이라고 표현합니다. 분만이 고통스러웠기에 엄마는 아이에게 무한한 사랑을 느끼며, 아이는 고통을 이겨내고 자신이 평생 의지할 대상을 찾게 된다는 것이죠.

두 번째는 '엄마와의 이별'입니다. 아이는 6개월 이전까지는 자신과 타자를 구분하지 못합니다. 여기서 타자란 주로 엄마죠. 아이가 독립적 개체가 되어가는 6개월에서 36개월의 과정은 '엄마는 엄마고, 나는 나다'를 익혀가는 과정입니다.

세 번째는 '가정과의 이별'입니다. 엄마 아빠가 '이번 주말에 함께 놀러 갈까?' 하면 아이가 "두 분이 다녀오세요" 하는 날이 오게 되죠. 청소년기에 아이들이 말을 듣지 않는 것은 좋은 일입니다. 이때부터 부모는 자녀를 있는 그대로 인정하고 '아무것도 하지 않는 사랑'을 연습해야 한다고 우즈홍은 말합니다.

아이가 사춘기에 들어설 때부터 필요한 것은 간섭이 아니라 '따듯한 무관심'입니다. '뜨거운 아이스커피'처럼 들릴 수도 있겠는데요, 방점은 '따듯한'에 있는 것이죠.

관심을 갖고 보되, 간섭하지 말고 스스로 해결하도록 기다리고 또 기다려주는 것, 이것이 정말 어려운 부모의 자녀 사랑법입니다.

자녀에게 대리만족 하지 않기

앞서 사랑과 집착, 관심과 간섭에 대해 말씀드렸는데요, 이제 자녀와 갈등에서 문제의 본질이 무엇인지 생각해보고자 합니다.

정신분석가 이승욱, 심리학자 신희경, 하자센터 김은산 선생님이 함께 쓴 『대한민국 부모』에 나오는 한 대목을 소개합니다. 소파에 앉은 엄마와 중학교 2학년 아이의 대화 장면입니다.

"넌 초조하지도 않아? 시험이 낼모렌데…"
"하면 될 거야."
"너 아침부터 하는 거 다 봤어. 언제 할 건데."
"하면 될 거 아니냐고"

"지금 내가 시험 보는 거니? 중간고사 끝나고 울고불고할 때는 언제고, 공부 잘하고 싶다며! 왜 말과 행동이 그렇게 달라? 잘하고 싶으면 노력해야지."

"엄마는? 엄마는 말하고 행동이 같은 줄 알아? 내가 말을 안 해서 그렇지…"

"뭘? 엄마가 뭘 어쨌는데? 지금 너 잘되라고 하는 거지. 나 잘되라고 하는 거니!"

"공부해서 뭐 할 건데, 대학 가면 뭐 할 건데, 그렇게 노력해서 살면 뭐 할 건데! 그렇게 사는 게 좋아? 좋냐고!"

순간 엄마는 뭐라고 말해야 할지 알 수가 없다. 그래서 오기 부리듯 악을 쓴다.

"그럼, 어떻게 살 건데? 어떻게 살 거냐고?"

"왜 그렇게 열심히 살아야 해? 열심히 해도 행복하지 않은데 왜 그렇게 살아야 하냐고! 다 귀찮아. 공부하는 것도 귀찮고, 사는 것도 귀찮아, 다 싫다고!"

아이는 울음을 터뜨리며 문을 쾅 닫고 방으로 들어가 버린다. 엄마는 말문이 막혔다. 무슨 말로 설득해야 할지 모르겠다.

공부해서 뭐 하냐고? 대학에 들어가야지. 대학 가면 뭐 할 건데? 취직해서 돈 벌어야지. 그렇게 노력해서 살면 뭐 할 건데? 남들한테 뒤지지 않으려면 노력해야지. 그렇게 사는 게 좋아? 좋냐고? 아니, 좋지 않다. 지금 행복하냐고 묻는다면 엄마는 그렇다고 말할 자신이 없다. 불행히도 행복하진 않은 것 같다.

생각해보면 엄마는 아이가 간절히 원하는 물음에 제대로 답해준 적이 없다. 결국 아이가 알고 싶은 것은 인생과 자기 자신이 아닌가? 그건 엄마가 알고 싶은 것이기도 했다.

하지만 우리는 한 번도 그것에 대해 배운 적이 없다. 도대체 우리는 학교에서 무엇을 배운 것일까? 아이들에게 사회적인 성공 이외에 인생에서 중요한 가치라고 말해줄 것도, 다르게 살아가는 방법에 대해서 아는 바도 없다. 문득 엄마는 자신이 무능하게 느껴졌다.

위 장면은 어느 집 거실에서도 일어날 수 있는 일입니다. 자녀와 이 정도의 갈등을 겪지 않거나 자기를 돌아보며 고민해보지 않은 부모는 없을 것입니다. 그러면 부모로서 이런 상황을 어떻게 받아들여야 할까요?

"신이 모든 곳에 있을 수 없어 엄마를 만들었다"는 말이 있습니다. 그리고 사람들은 그 뒤에 이런 말을 덧붙였죠. "신은 인생이 네 뜻대로 되는 게 아니라는 걸 알게 하려고 자식을 만들었다"

학생 B는 차분하고 공부 잘하는 모범생입니다. 3월 첫 면담 때 B와 생기부를 보며 나눈 이야기입니다.

"제가요, 고등학교 와서는 거의 공부를 안 했습니다. 지금부터 열심히 하려구요."

"아니, 공부를 거의 안 했는데 어떻게 내신이 이렇게 좋아?"

"제가요, 중학교 때 과학고 가려고 학원에서 엄청나게 했거든요. 그때 이미 고등학교 수학은 다 했구요. 물리와 화학도 'Ⅱ'까지 공부했어요. 그런데 과학고 떨어지고 고등학교 입학하면서 번 아웃이 되었어요. 저는 중학교 때 공부한 걸로 고등학교 생활 때웠습니다. 지금은 그 실력이 바닥났죠."

"지난 2년간 내신으로 연고대가 안 된다는 것은 너도 알 테고, '서성한'도 쉽지 않아. '중경외시이'도 안심할 수 없지만, 수능 최저 잘 맞추고 너무 높은 학과가 아니면 가능할 수 있어. 최대한 열심히 해보자."[114]

B는 특유의 성실함으로 3학년 생활을 잘했습니다. 아주 만족스러운 성적은 아니었지만, 담임 눈에는 아이가 최선을 다하고 있는 게 보였습니다.

---

114) 보통 학교에서 쓰는 약칭들. '서성한'은 서강대, 성균관대, 한양대의 줄임말. '중경외시이'는 중앙대, 경희대, 한국외대, 서울시립대, 이화여대의 줄임말.

교육개혁은 없다 2

문제는 수시 원서를 쓸 때 발생했습니다. B의 어머니가 '중경외시이' 밑으로는 절대로 안 쓰겠다고 했습니다. 보통 수시 원서 6장을 쓰면 안 되더라도 써보고 싶은 곳 1~2개, 가능한 곳 2~3개, 그리고 안전한 곳 1개를 쓰는데, 6장 모두 위험한 곳을 고집했습니다. 예상대로 수시 6군데 다 떨어지고 정시를 써야 하는데, 다시 고집합니다.

　"선생님, 제가 애를 키워봐서 압니다. 애가 시키면 되는 아이예요. 제가 중학교 때 과학고 대비 학원을 보낸 것도 애가 감당을 하니까 보냈지, 안 되는 애를 억지로 보냈겠어요? '중경외시이' 밑으로 쓰는 건 제 자존심이 허락하지 않아요. 정시 3개 모두 '중경외시이'로 쓰고, 안 되면 바로 재수시키겠습니다."

　"어머니, 수시에서 '중경외시이'가 안 됐는데 정시에서 되겠습니까? 재수를 하든 반수를 하든 일단 하나는 붙어놓고 하는 게 좋지 않겠습니까? 그리고 B는 고등학교 와서 번 아웃을 경험한 아이입니다. B가 다시 힘을 내볼 때까지는 시간이 필요합니다. 아이가 일단 대학에 가서 다닐 만한지 못 다니겠는지 판단해보고, 본인이 아니라고 생각하면 그때 도전해도 늦지 않습니다."

　"선생님, 저는 B가 대학만 가면 더 이상 이 아이의 인생에 관여하지 않을 겁니다. 제 맘대로 살도록 할 거예요. 어디에 취직하건 누구와 결혼하건. 그러나 대학만큼은 제 생각대로 도전해보고 싶습니다."

　애를 키운 엄마가 그렇게 고집하면 담임으로서 도리가 없습니다. B는 재수, 삼수의 길을 걸었고, 어머니가 원하는 대학에 들어갔습니다. 다행이지요. 제가 B의 어머니와 나눴던 대화를 옮기는 이유는 이게 특별한 사례가 아니기 때문입니다.

　고3 담임을 하면 학생의 성적과 대학별 예상 컷 사이에서 갈등하는 게 아니라, 학생의 성적과 부모의 욕망 사이에서 갈등합니다. 예전처럼 수능 점수만으로 당락이 결정되면 부모들이 마음을 접기 쉬운데, 왜 붙었는지 왜 떨어졌는지 모를 학종과 논술이 생기면서부터는 욕망에 기름을 끼얹어져서 입시 판이 로또 판이 되었습니다.

B의 어머니는 B를 위해서라고 생각하겠지만, 사실은 자신의 욕망 때문입니다. B의 어머니는 결혼 전 직장생활을 하면서 자신이 느껴야 했던 억울한 마음을 이야기했습니다. 친정엄마가 공부하라고 할 때 안 했던 것을 직장 생활하면서 많이 후회했다고.

그런 경험 때문에 확신을 갖고 자신의 가치관과 욕망을 자녀에게 강요했습니다. '지금은 아이가 나를 이해하지 못하더라도 나중에는 반드시 내 뜻을 이해하고 고마워할 것'이라는 생각으로 자녀의 인생을 지배한 것이죠. 자녀가 부모의 뜻에 깊이 감사하고 따라간다면 그나마 다행이겠지만, 그렇지 않을 경우 부모자식 관계가 파탄에 이를 수도 있습니다. 매우 위험한 모험이죠.

학생 A, B 모두 부모의 대리만족 욕구가 문제였습니다. A의 엄마는 남편과 채워야 할 사랑을 아이에게 채우려 했고, B의 엄마는 대학에 대한 자신의 욕구를 아이에게 채우려 했습니다.

최명기 교수는 대리만족 욕구가 전혀 다른 방향으로 나타나는 경우도 있다고 지적합니다. 기존 자본주의 체제 안에서의 틀에 박힌 삶이 아니라 다른 삶을 꿈꾸는 부모들이 어떤 공동체를 만들어서 아이를 키우는 경우가 있는데, 자기 자식은 기존 세상과 다른 가치를 추구하기를 바라는 부모의 마음도 어떤 가치관을 강요한다는 점에서는 대리만족 욕구로 볼 수 있다는 것입니다.

교육공동체에 살면서 어려서부터 TV도 못 보고 평론가들이 칭찬한 글만 보면서 방학마다 국토 순례를 하는 삶이 나중에 행복한 기억으로 남을지, 지긋지긋한 기억으로 남을지는 누구도 알 수 없다는 것이죠.

교육개혁은 없다 2

공부 본능에 상처 주지 않기

신규 선생님이나 공부를 놓은 자녀 때문에 괴로워하는 학부모에게 권하는 책이 있습니다. 김현수 교수가 쓴 『공부 상처』입니다. 김현수 교수는 청소년 상담을 전문으로 해온 정신과 의사이자 성장학교 '별'의 교장 선생님으로 『공부 상처』 외에도 『중2병의 비밀』, 『무기력의 비밀』 등 많은 저서를 통해 청소년들의 행동을 설명하고 치유 방도를 제시해왔습니다. 저도 김현수 교수의 책을 보고 강의를 들으면서 많은 도움을 받았습니다.

공부 상처

먼저 『공부 상처』의 핵심 내용들을 말씀드리겠습니다.

김현수 교수는 뇌에 장애를 갖고 태어나는 일부 안타까운 아이들을 제외하고 원래 배우는 게 불가능한 아이는 없다고 말합니다. 공부에 대한 흥미를 잃은 것은 원래 흥미가 없었기 때문이 아니라 공부에 상처를 입었기 때문이라고 합니다.

그런데 왜 공부를 포기하는 게 문제일까요? 아이들이 공부를 포기했다고 말할 때는 학교 공부만 포기하는 게 아니라 배움 자체에 대한 본능을 버리겠다는 무서운 생각을 갖게 되기 때문입니다. 공부 포기를 선언한 아이는 남이 나를 가르친다는 것 자체가 싫고, 내가 노력하는 것도 싫고, 배우는 '모든 것'을 거부하는 방향으로 나간다는 것이죠.

즉 공부 포기가 인생 포기로 이어진다는 것입니다. 제가 교사 생활에 회의가 들어 못 하겠다는 생각이 들면 새로운 직업을 찾으면 됩니다. 가르치는 것만이 제 인생은 아니니까요. 그러나 학생은 배우는 게 업인 존재입니다. 학생이 배움을 포기하면 그 시기의 인생을 포기하는 것이나 마찬가지죠. 그래서 부모는 아이가 공부를 포기하지 않도록, 공부에 상처받지 않도록 세심히 키워야 합니다.

김현수 교수는 공부를 포기하게 되는 단계가 있다고 합니다.

첫 단계는 '놀이의 중단'입니다. "그만 놀아라" 하는 것이죠. 이게 왜 문제냐? 아이는 공부를 자신의 것이 아니라 부모의 것으로 받아들인다는 것입니다. '재미있는' 놀이와 '재미없는' 공부라는 이분법적 사고를 통해 재미있는 것을 숨어서 하려고 합니다. 스마트폰으로 밤새 게임하는 아이와 이를 감시하는 부모 사이의 투쟁이 그런 양상이죠.

둘째 단계는 '비교와 평가'입니다. 비교와 평가란 "누구네 집 아들은 어떤데 너는…", "사촌 형은 어떤데 너는…", 이런 식의 비교로 아이의 기를 죽이는 것만을 의미하는 게 아닙니다. 높은 기대와 낮은 성취 사이에서 발생하는 압박과 스트레스를 말합니다. 문제의 원인은 낮은 성취에 있는 게 아니라 높은 기대에 있습니다. 기대가 높게 책정되어 있으니 성취가 늘 낮게 보이는 것이죠.

높은 기대와 낮은 성취의 프레임은 공부를 부모의 기대에 부응하기 위한 활동으로 규정하게 됩니다. 공부를 못하면 불효하는 것이고, 남에게 부끄러운 것이 됩니다. 공부를 통해 계속 상처가 누적되는 것이죠.

셋째 단계는 '포기를 결정'하는 것입니다. 비교와 평가를 통해 상처가 누적되다 보면 공부는 싫고 해 봤자 알아주지 않는 일이 되어버립니다. 그래서 안 하기로 결심합니다. 그러고는 공부가 싫다고 단정하는 것이죠. 아이들이 공부가 싫다고 말할 때는 이미 너무도 많은 좌절을 겪은 후라고 합니다.

아이가 공부가 싫다고 말하기 시작할 때 부모가 주의할 점들이 있습니다. 공부가 싫어졌을 때 신나는 아이는 없습니다. 게임은 너무 재미있고 공부는 재미없다고 아무 갈등 없이 말하는 것 같아도 사실은 공부 못하는 것을 초조해하고 불안해합니다. 아이가 공부를 안 하면 편하게 있을 것 같지만, 결코 그렇지 않습니다.

따라서 공부에 실패하고 있는 아이를 조롱하거나 비꼬거나 비난하는 것은 금물입니다. 아이가 어른을 미워하게 되고, 마음의 본질에 접근하는 것을 방해합니다. 따라서 아이와 대화할 때 매우 조심해야 합니다. 예를 들자면 이렇습니다.

- 왜? 공부하기 싫어? → 무엇이 어렵니?
- 숙제를 안 해가다니, 혼날래? → 무슨 일 있었니?
- 그것도 못해? → 그게 좀 어렵지?
- 공부가 지겹냐? → 반복하기 지루하지?

물론 이게 말을 잘한다고 해결되는 문제는 아닙니다. 그동안 아이에게 공부 상처가 얼마나 누적되어왔을지 성찰해야 합니다. 공부 상처가 쌓여 포기에 이르기까지 오랜 시간이 걸렸음을 알고 조급하지 않게 다시 공부에 대한 의지를 갖도록 도와야 합니다.

김현수 교수는 하루라도 혼나지 않고 넘어가는 날이 없는 우리 아이들에게 '그만 혼내기 운동'을 제안합니다. '총꾸중량'과 '총칭찬량'을 비교했을 때 '총칭찬량'이 더 많아야 아이가 잘될 수 있는데, 우리 어른들이 그렇지 못하다는 것이죠.

공부 상처의 발현양태 1: 무기력

학생 C는 3월 2일 담임이 교실 문을 열고 들어가 첫인사를 나눌 때부터 책상에 엎드려 있었습니다. 첫날부터 그런 경우는 본 적이 없기에 '그럴 만한 사연이 있나 보다' 생각했습니다.

그런데 일주일 내내 조회 시간, 수업 시간, 종례 시간에 엎드려 있습니다. 점심시간에 식당도 가지 않습니다. 신학기 시작한 지 일주일 만에 우리 반 수업 들어오는 거의 모든 선생님에게서 C가 어떤 학생인지 문의가 들어옵니다. 면담하자고 해도 자기에게 신경 쓰지 말라고 합니다.

알고 보니 C는 애니메이션을 하고 싶습니다. 노트패드에 저장된 걸 보니 실력이 제법입니다. C는 머리가 좋아서 초등학교 때 한자 자격증도 땄고, 중학교 1학년까지는 공부를 곧잘 했답니다. 그런데 공부보다 만화 그리는 게 재미있어서 고등학교는 특성화고에 가고 싶어 했답니다.

엄마는 C가 특성화고에 가겠다는 것을 용인할 수 없었고, C와 엄마 사이에 전쟁이 시작되었습니다. 엄마는 C가 만화 그리겠다고 하는 것도 맘에 안 드는데, 밤새 게임하는 것은 도저히 참을 수 없습니다. 컴퓨터, 스마트폰을 두고 C와 엄마 사이에 갈등은 격화되고, 관계는 거의 파탄 지경입니다.

C는 집에서는 밤새 뭐든지 합니다. 그리고 학교에 오자마자 책상에 엎드려버리죠. 보다 못한 C의 아버지가 결단을 내려 엄마와 떨어진 곳으로 전학을 보내고, 아버지와 함께 사는 것으로 결론이 났습니다.

그동안 제가 근무한 학교에는 C와 같은 학생이 한두 명이 아닙니다. 수업 시간에 만나는 학생 중 20% 정도는 학교 공부를 완전히 놓아버린 상태입니다. 가방도 메지 않고 빈손으로 등교하는 학생, 수업 시간에 필기도구도 없이 앉아 있는 학생, 등교하자마자 종일 엎드려 자는 학생, 아무리 달래도 수업을 거부하는 학생들이 너무 많습니다.

C는 중학교 2학년 때 공부를 포기했는데요, 김현수 교수는 과거와 다르게 학생들

이 학업을 포기하는 시기가 초등학교 5~6학년으로 낮아졌다고 합니다.

3살 때부터 시작한 사교육을 10년쯤 받게 되는 초등학교 고학년이 되면 부모의 요구를 만족시킬 수 없음을 깨닫고 아무것도 하지 않으려는 '무기력 상태'에 빠진다는 것이죠. 무기력이란 '더 이상 분노할 수 없을 때 보이는 상태'입니다. 반복되는 실패, 극복해보려는 노력의 좌절이 누적되어 선택한 삶의 방식이 무기력이라는 것이죠.

아래는 김현수 교수의 저서 『무기력의 비밀』에 나오는 상담 장면입니다.

초등학교 6학년 여학생이 찾아왔다. 학교에 가지 않는다고 했다. 부모는 혼도 내보고 달래도 보았으나 아이는 꿈쩍도 하지 않는다고 했다. 아이는 너무 지쳐 보였고 아무 의욕이 없어 보였다. 학교가 아닌 병원을 가자고 간신히 설득해서 데려왔다고 한다. 그 첫날 면담에서 오고 간 이야기의 일부다.

아이: 공부가 지겨워요.

엄마: 아직 본격적으로 시작한 것도 아닌데.

아이: 벌써 10년은 했잖아요. 10년! 억지로 10년이나 했는데 더는 못 하겠어요. 지겨워 죽겠다고요.

의사: 10년?

아이: 엄마가 저 공부 세 살 때부터 시켰다고 하더라고요. 그러니까 10년은 한 거잖아요. 태어나서 한 거라곤 공부밖에 없어요. 매일 지겹게 했다고요.

엄마: 요즘 세상에 너 정도 하는 건 특별한 것도 아니야, 알아?

아이: 엄마, 생각해봐. 내가 주로 뭘 했는지. 엄마 시키는 거 거의 다 했잖아. 근데 이젠 못 하겠다니까. 지겹고 지쳤어. 아무것도 하고 싶지 않다고!

엄마: 그래도 기본적인 것은 해야지.

아이: 몰라. 10년은 그냥 쉴 거야. 하고 싶은 마음이 들 때까지 건들지 마.

저의 고등학교 시절을 돌아보면 3명 중 2명은 대학에 가지 못했습니다. 대학 입학 정원이 고등학교 졸업생의 30%밖에 되지 않았기 때문에 구조적으로 대학에 갈 수 없는 상황임에도 불구하고 그 당시엔 공부를 놓아버리는 학생이 많지 않았습니다. 왜 그랬을까요?

제 세대는 유치원 교육을 받은 경우가 거의 없고, 한글과 구구단은 초등학교에 들어가서 배웠으며, 영어는 중학교 때 시작했습니다. 그러니 중학교 때 좀 놀았다 하더라도 고등학교에 와서 공부를 '리셋' 해볼 기회가 있었습니다.

그러나 세 살 때부터 교육 전쟁에 뛰어든 요즘 학생들은 10년 정도 교육을 받은 초등학교 고학년이 되면 자신이 공부를 통해서 무언가 해낼 수 없다는 것을 깨닫고 '무기력'이라는 방식의 저항을 하는 것입니다.

공부 상처의 발현 양태 2: 공격적 행동

무기력은 더 이상 분노할 수 없을 때 보이는 상태라고 했는데, 분노를 행동으로 보여주는 학생도 있습니다.

D는 고2 학생들 사이에서 '관종'으로 불리는 유명한 학생입니다. 수시로 색깔이 바뀌는 머리 염색, 특이한 신발, 학교에 가져오는 유별난 물건들….

어느 날 학급에서 친구와 주먹다짐이 있었습니다. 시작은 장난이었는데 패드립 때문에 주먹질까지 가게 되었죠. 폭력 행동은 '학교폭력대책자치위원회'로 넘어가게 되어있습니다. 일단 진술서를 먼저 받았습니다.

필자: 둘이 왜 싸우게 되었는지 말해봐.

맞은 학생: 얘가 먼저 패드립을 쳤어요.

필자: 뭐라고 했는지 사건 경위서에 그대로 써.

학생D: 쓰기 좀 그런데요.

필자: 있었던 일을 그대로 써야 판단도 하고 용서도 하지.

학생들은 사건 경위서를 쓰고 돌아갔고, 오후에 양측 학생의 부모들이 왔습니다. 각자 내 자식 때린 놈에게 단단히 사과받겠다는 태도로 화가 잔뜩 나서 교무실 문을 열고 들어왔습니다. 양측 부모를 앉혀놓고 자기 자식의 사건 경위서를 읽게 했습니다. 읽고 나더니 얼굴이 빨개지며 "선생님, 제가 자식을 잘못 키웠습니다. 용서해주십시오."라며 고개를 숙였습니다. 아이들이 뭐라고 썼기에 부모들이 고개를 들지 못했을까요? 차마 이 지면에 쓸 수 없는 내용입니다.

D는 중학교 때부터 '주먹'으로 유명했다고 합니다. 고등학교 와서는 그나마 얌전해진 거라고. 그런데 이날 주먹질 사건을 통해 D가 우울증약을 장기간 복용하고 있음을 알게 되었습니다. 월 1회 정신과 치료를 받은 지도 오래됐습니다.

D가 왜 그렇게 되었는지는 아버지와 대화하면서 알게 되었습니다. D의 아버지는 D가 인서울 대학에 가려면 학폭위원회로 넘어가면 안 되는데 담임선생님이 힘 좀 써달라고 합니다. 기가 막히죠. 지금 D는 인 서울, 아웃 서울을 따질 때가 아닙니다. 성적은 전교에서 바닥권입니다.

D의 아버지는 자신이 D를 위해 얼마나 노력했는지 말합니다. 특히 중학교 때 공부를 못하길래 중3 겨울방학 때 전 과목에 과외 선생을 붙여서 하루에 6시간씩 과외를 시켰다는 이야기를 여러 번 반복합니다. 돈 엄청나게 들었다고 잘난 척을 합니다.

D가 우울증약 먹고 정신과 치료받는 것에 대해 물어보니 D가 심약해서 그렇다고 합니다. 요즘 세상에 부모가 자식에게 공부 좀 하라고 강하게 '푸시'할 수 있는 거 아니냐고 합니다. D의 아버지를 만나보니 D가 왜 정신과 치료를 받으면서 폭력적 행동을 하는지, 사건 당일 '패드립을 쳤는지' 이해가 되었습니다.

'패드립'은 '패륜'과 '애드립'의 합성어입니다. 원래 욕이란 게 성(性)적 내용을 담고 있지만, 요즘 아이들의 '패드립'은 상상 그 이상입니다.

요즘 학생들이 복도를 지나가면서 하는 이야기를 들어보면 욕으로 시작해서 욕으로 끝납니다. "아, 씨×"로 시작해서 '존×'가 수 없이 나오면서 말이 이어집니다.

2011년 방송된 EBS 다큐프라임 〈욕, 해도 될까요?〉는 이런 실태를 잘 보여줍니다. 제작진은 등교 이후 점심시간까지 중고생 각 2명씩 4명의 윗옷 호주머니에 소형 녹음기를 넣고 다니게 했습니다. 학생들에게는 '신체 활동량을 조사하는 기구'라고 거짓말을 했죠. 4시간 동안 주고받은 말을 녹음한 결과, 학생 1명이 내뱉은 욕설은 평균 194.3회였습니다. 1시간에 49번, 75초에 한 번씩 욕을 한 셈이죠. 반드시 악의가 있어서 욕을 하는 게 아닙니다. 그냥 일상적인 대화에서도 욕을 섞어서 말합니다. 청소년들은 욕을 하지 않으면 대화가 어색하고 불편하다고 말할 지경입니다.

어쩌다 우리 아이들이 입에 욕을 달고 살고, 자기 부모와 친구 부모를 상대로 패드립을 하게 되었을까요? 앞서 소개한 책 『대한민국 부모』에서는 그 이유를 이렇게 설명합니다.

대한민국 가정의 가장 큰 목표는 화목도 아니고 건강도 아니고 자녀의 일류대 입학이다. 가정은 기숙사고, 부모는 일류대 입학을 위해 자식을 감시하고 채찍질하는 사감이다. 청소년들의 욕이 부모에게 하는 것이라면 패륜이 맞다. 그러나 간수와 사감에게 한 것이라면? 이해가안되지않을 것이다.

공부 상처의 발현 양태 3 현실 도피

학생 E는 성적은 바닥이지만 지나치게 명랑한 아이입니다. 학기 초 자기소개서의 장래 희망에 '의사'라고 써서 늘 염두에 두고 있던 학생입니다. 구체적으로 어느 대학 의대에 가겠다고 합니다. 담임으로서 학생 기죽이기 싫어서 열심히 해보라고 했습니다.

한 학기가 지난 어느 날 E의 엄마와 통화할 일이 있었습니다. E가 집에서 공부에 대한 압력을 많이 받고 있냐고 물었습니다. 엄마는 왜 그러시냐고 되묻습니다. 애가 성적이 영 안 좋은데 의대 가겠다고 하니 집에서는 어떻게 생각하시냐고 물었죠. 그 랬더니 우리 E가 의대까지 갈 실력은 안 되겠지만 공부를 못하는 게 아닌데 왜 그러시냐고 합니다. 머리가 띵하죠.

어머니를 학교에 오시게 했습니다. 성적표를 보여드렸죠. 엄마는 큰 충격을 받았습니다. 지난 1년 반 동안 집에 가져온 성적표가 위조된 것이었습니다.

E의 아버지는 매우 권위적인 분이라고 합니다. E가 공부 못하는 것을 용인하지 못합니다. E는 고등학교 1학년 1학기 성적이 바닥이었습니다. 아버지가 무서워 성적표를 위조했습니다. 위조해주는 곳들이 있다고 합니다. 그러면서 다음 학기부터는 잘해서 진짜 성적표를 집에 가져가겠다고 생각했습니다. 두려움 때문에 현실 도피의 길을 택했습니다.

그러나 성적이 결심대로 나옵니까? 다시 1학년 2학기 성적을 위조하게 되고, 그렇게 2학년 1학기 성적표까지 위조한 후 들통이 난 것이죠.

제가 이런 C, D, E의 사례를 이야기하는 이유는 이 아이들이 아주 특별한 가정에서 만들어진 특별난 아이들이 아니기 때문입니다. 아이를 골방에 가두거나 밥을 주지 않는 가혹행위를 해서 그렇게 된 게 아닙니다. 꾸준히 아이의 자존감을 망가뜨리고 공부 본능을 훼손한 결과 행동의 변화가 일어난 것입니다.

제가 좋은 부모가 되는 것을 목표로 하지 말고 나쁜 부모가 되지 않는 것을 목표로 하자고 말씀드렸는데, 자녀를 대리만족의 대상으로 삼는 것이나 자녀에게 공부 상처를 주는 것은 부모 자신도 잘 인지하지 못한 채 일어나는 행동입니다.

당장은 크게 드러나 보이지 않아도 장기간 누적되면 반드시 문제가 발생합니다. 그래서 부모 노릇 하기 어렵습니다.

복수 당하는 부모 되지 않기

복수를 당한다니, 소제목이 섬뜩하죠? 전성수 교수가 쓴 『복수당하는 부모들』이라는 책에서 따온 소제목입니다. 그런데 자식에게 복수를 당하다니, 이게 무슨 소린가 싶죠? 전성수 교수의 이야기를 직접 들어보시죠.

한국의 자녀 교육은 한 마디로 부모는 부모대로 힘들고, 자녀는 자녀대로 힘들고, 그러면서 결과는 엉뚱하게 나타나는 것이 그 특징이다.

한국은 나중에 자녀가 부모를 찾아가고 함께 지내는 비율이 세계에서 가장 낮다고 한다. 부모의 가장 큰 소원은 아이가 공부 잘하고 똑똑하게 자라는 것이다. 그러나 그렇게 공부 잘하고 똑똑하게 키운 아이가 효도하는 경우는 드물다.

'복수 당하는 부모들'만큼 한국의 자녀 교육을 정확하게 진단해주는 말은 없다. 부모들이 이 사실을 모르거나 무시하고 있지만, 부모는 자신도 모르게 복수 당하고, 자녀는 자신도 모르게 복수한다.

복수 당하는 것과 피해당하는 것은 다르다. 피해를 보는 것은 원인 제공을 하지 않았는데 일방적으로 당하는 것이다. 복수는 원인을 제공했기 때문에 당하는 것이다.

부모는 자신도 모르게 복수 당하고, 자녀는 자신도 모르게 복수한다는 게 어떤 뜻인지 제가 좀 풀어서 이야기해보겠습니다.

요즘은 형제자매가 3명 이상이면 대학 입시에서 특혜를 줄 정도로 저출생 시대입니다. 대부분 자녀가 1~2명이죠. 사회는 험악하고, 자녀는 1~2명이니 부모는 모든 힘을 다해 자녀를 키웁니다. "학교가 지겹다고? 사회는 전쟁터야!"라는 논리로 자녀를 학력 경쟁에 몰아넣게 됩니다. 그러면서도 최선을 다해 물질적으로 지원합니다. 그걸 아이들이 모를 리 없습니다.

그러나 부모의 본뜻과 다르게 학벌 경쟁은 가족 간의 사랑을 왜곡시킵니다. 엄마 아빠가 오로지 자신의 성공을 위해 헌신하는 것을 알기 때문에 부담을 느낄 수밖에 없죠. 이화여대 사회학과 함인희 교수는 가족의 제한된 자원을 끌어모아 가족 구성원의 성공을 위해 집중적으로 투자하는 현상을 '가족 공리주의'라고 부릅니다.

함인희 교수가 2학년 여고생들을 대상으로 "결혼해서 자녀를 낳을 계획이 있는가?"라는 주제로 심층 인터뷰를 했더니, 두 명 중 한 명꼴로 자녀를 낳을 생각이 없다는 답변을 들었다고 합니다. 이유는 두 가지였다고 합니다. "부모님이 하찮은 나를 위해 너무 큰 희생을 하고 있는데 나는 그런 부모가 될 자신이 없다"는 것과 "어린 시절이 행복하지 않았기에 자식을 낳아 똑같은 고통을 경험하게 하고 싶지 않다"는 것이었다고 합니다. 가족 공리주의로 자녀를 키우면 손자 손녀 재롱을 볼 확률이 절반밖에 되지 않습니다. 이게 서로 모르게 복수하고 복수 당하는 겁니다.

조금 슬픈 이야기를 해볼까요?

2007년 12월 한국 인구학회 학술대회에서 고(故) 정재기 숭실대 교수가 「한국 가족·친족간 접촉 빈도와 사회적 지원 양상: 국제간 비교」라는 제목의 연구 논문을 발표했습니다. 연구는 2004년 1,312명을 대상으로 진행된 한국 종합사회조사와 2001년 세계 26개국 33,232명이 참가한 국제사회조사(ISSP) 결과를 토대로 이뤄졌는데요, 한국은 자녀들이 떨어져 사는 부모와 접촉이 가장 뜸한 나라이며, 늙어서 자식 얼굴이라도 보려면 죽을 때까지 돈을 움켜쥐고 있어야 하는 나라로 평가되었다고 합니다.

논문에 따르면 한국은 부모 소득이 1% 높아질 때 부모 자식이 주 1회 이상 만날 확률이 2% 높아진다고 합니다. 충격적인 것은 OECD 27개 국가 가운데 부모의 소득에 비례해 자식의 방문 횟수가 결정되는 나라는 한국이 유일하다는 것입니다. 슬프지만 부모 자식 관계가 돈에 좌우되는 것이죠.

자녀와 떨어져 사는 부모, 친지들과 만나는 기회도 세계에서 꼴찌였습니다. '동거하지 않은 어머니를 일주일에 한 번 이상 만난다'라는 자녀의 비율은 27%로 27개국 중 최하위를 기록했다고 합니다. 아버지를 1주일에 한 번 이상 대면 접촉하는 비율도 26%로 일본과 나란히 꼴찌였다죠.

늙어서 무슨 보답을 바라고 키운 건 아니지만, 그렇다고 이런 결과를 바란 것도 아니죠. 부모 뜻을 알아주기라도 했으면 좋으련만, 결과는 뜻밖입니다. 자식이 서울대에 가고, 판검사가 되고, 의사가 되면 좋겠죠. 그러나 더 중요한 건 오순도순 살면서 늙어서 의지할 자녀가 있는 것 아니겠습니까? 그런 점을 생각하고 자녀를 키워야 할 것입니다.

교육개혁은 없다 2

자녀에게 어떤 길을 안내할 것인가?

자녀를 키우면서 여러 번 선택의 갈림길에 서게 됩니다. 영어 유치원을 보내야 하나, 학원에 아예 안 보낼 수는 없을 것 같은데 언제 보내야 하나, 학원에 보내면 선행학습을 한다는 데 효과가 있는 건가, 특목고나 자사고를 보내면 대학 진학에 유리한가, 이런 고민을 피해갈 수 없습니다.

제가 이런 고민에 대해 답을 다 가진 게 아니라서 고등학교에서 학생들을 가르치면서 들었던 생각, 그리고 이러한 질문에 대한 답을 찾으려는 교육시민단체 '사교육 걱정없는세상'에서 학부모들을 위해 발간한 책 『아깝다 학원비』, 『아깝다 영어 헛고생』의 내용들을 정리하여 말씀드려볼까 합니다. 책을 직접 읽어보시는 것도 큰 도움이 될 것입니다.

영어 조기교육을 해야 하나요?

2014년 3월 제정된 공교육정상화법에 따라 2018년 3월부터 초등학교 1~2학년 학생에 대한 방과 후 영어 수업과 유치원 어린이집 영어교육이 금지될 예정이었는데, 학부모들의 반발로 1년간 유예된 적이 있었습니다. 금지 조치를 철회해달라는 학부모들의 요청이 청와대 국민청원 게시판에 빗발쳤기 때문입니다.

아이를 키우면서 고민하게 되는 첫 번째 사교육이 영어 유치원입니다. 사교육에 대한 고민은 자신의 소신보다 남들과의 비교 때문에 생깁니다. 여기저기서 영어 유치원을 보낸다는데, 내 아이만 기회를 놓치는 게 아닐까 하는 생각이 들지요.

유아 영어 사이트 '쑥쑥닷컴'에서 학부모들을 대상으로 자녀의 영어 습득 수준에 대한 기대치를 물은 적이 있습니다.

① 입시나 직장 면접에서 문제가 없을 정도

② 해외여행에 나가 길을 잃어버리지 않을 정도

③ 국제사회에서 미팅을 주관할 수 있을 정도

독자는 어떤 답을 고르셨습니까? 정답은 ③번이었습니다. 말하자면 거의 원어민 수준의 영어 구사력을 지닐 수 있도록 하겠다는 것인데, 이런 생각 때문에 영어 조기교육에 대한 강박감과 불안감이 학부모들을 옥죄었고, 영어 사교육 시장이 급팽창했습니다. 과연 영어 조기교육은 원어민 수준의 구사력을 만들어줄 수 있을까요?

교육시민단체 '사교육걱정없는세상'은 각계각층 영어교육 전문가들과 3년 동안 36회의 치열한 토론회를 한 결과, 영어교육이 빠를수록 좋다는 믿음은 심각한 오해이자 편견이라는 결론을 내렸다고 합니다.[115]

영어 조기교육이 좋다는 생각은 '언어 습득에는 결정적 시기가 있다'는 가설에 근거합니다. 결정적 시기 가설을 처음 내놓은 사람은 미국의 언어학자 에릭 레네버그(Eric Lenneberg)인데, 그의 가설은 모국어 습득에 대한 것이지 외국어 습득 이론이 아니며, 더구나 그 시기도 사춘기에 이르기 두 살 이전으로 보았지 우리나라처럼 유치원생 나이가 아닙니다.

---

115) 사교육걱정없는세상, 『아깝다! 영어 헛고생』, 우리학교, 2014

교육개혁은 없다 2

영어가 일상화되기 어려운 환경에서는 조기교육을 한다고 해도 원어민처럼 되지 않습니다. 캐나다는 영어가 공용어지만, 퀘백 지역은 프랑스인들이 이주하여 개척 했기 때문에 주민의 80%가 프랑스어를 공용어로 합니다.

퀘백에서는 영어를 쓰는 아이들에게 유치원부터 10년간 프랑스어를 가르칩니다. 거의 모든 수업을 프랑스어로 진행하는 '몰입교육'이죠. 그런데도 프랑스어 표현은 어색하고 프랑스 원어민과 만났을 경우 의사소통도 완벽하지 않다고 합니다.[116]

일상생활에서 영어를 쓰지 않는 한 원어민 수준의 언어 구사는 가능하지 않다는 것이 영어교육 전문가들의 의견입니다. 그런데 부모들은 자기 자녀가 원어민 수준의 영어를 구사하기를 바랍니다. 가정에서 일상 언어로 영어를 쓰기 전에는 실현 불가능한 일입니다. 헛된 꿈에서 깨어나야 합니다.

전문가들은 영어를 몇 살에 시작하는가가 영어 능력을 결정하는 게 아니라, 영어에 대한 학습 동기가 어떻게 부여되는가가 더 중요하다고 합니다.

발음이 얼마나 원어민과 비슷하냐는 게 아니라 영어로 읽고 쓸 수 있는 능력이라면 더욱 그렇습니다. 저희 세대는 중학교에 들어가서 영어를 시작했지만, 지금은 초등학교 3학년 때부터 영어를 배우죠. 그렇다고 지금 학생들이 저희 세대보다 읽고 쓰기를 더 잘할까요? 초등학교 3학년 때부터 100의 노력을 해서 50의 결과를 얻었다면 중학교 때 시작하면 50의 노력으로 50의 결과를 얻을 수 있습니다.

우리는 법적으로 유치원에서 영어를 가르칠 수 없게 되어있습니다. 엄밀히 말하면 영어 유치원은 없습니다. 어린이 영어 학원이 있는 건데, 장기간 훈련해야 효과를 보는 외국어 교육에서 단기간에 효과를 보여주려면 반복해서 단어를 암기하고

---

116)   사교육걱정없는세상, 『아깝다! 영어 헛고생』, 우리학교, 2014

쓰게 합니다. 부모는 아이가 영어로 말하고 쓰니까 대견해하지만, 사실은 그게 학원에서 반복 학습을 통해 습득한 것일 뿐입니다.

그래서 영어 조기교육은 위험하기도 합니다. 동덕여대 아동학과 우남희 교수팀이 연구한 바에 의하면 우리말을 막 잘하려는 순간에 영어를 집어넣어 주면 아이들의 사고력이 영어 수준으로 떨어지고 사고력이 발달하지 못해서 창의력도 떨어진다고 합니다.[117]

아이가 6~7세가 되면 본격적으로 추상적 개념과 사고가 발전합니다. "엄마, 죽으면 그 다음엔 어떻게 돼?"라든가 "아빠, 왜 세상에는 부자와 가난한 사람이 있어?" 등의 질문을 던지게 되는 나이죠. 그런데 영어 학원에 가서 "What color is it?", "It's red."처럼 3~4세 수준의 어휘로 계속 훈련하면 정신이 그 나이에 머물게 된다는 거죠.

소아정신과 전문의인 서천석 선생은 영어 유치원 10곳이 생기면 소아정신과 1곳이 늘어난다는 농담을 하며 여섯 살, 일곱 살 아이에게서 말을 뺏는 것은 어린 새의 날개를 부러뜨리는 것과 같다고 비유합니다.

학원을 보내는 게 안 보내는 것보다 낫나요?

제 책 제목을 보고 선택해서 읽는 독자라면 대학에 가기 위해선 반드시 학원에 다녀야 한다거나 학교는 무능하고 학원은 유능하다고 생각하시는 분은 없으리라 생각합니다. 대체로 '남들 다 보내는 데 내 자식만 안 보낼 수 있나?', '억지로 보낼 생각

---

117)   사교육걱정없는세상, 『아깝다! 영어 헛고생』, 우리학교, 2014

은 없지만 애가 원하면 보내야 하는 게 아닐까?' 이런 고민을 하고 있을 겁니다.

이런 분들에게 '사교육걱정없는세상'에서 발행한 『아깝다 사교육비』를 권합니다. 이 책은 10개의 질문에 대한 답으로 구성되어 있습니다. 그중 몇 개 적어 보겠습니다.

- 학원에 보냈더니 성적이 오르던데요?

- 아이가 원해서 학원에 가는 것도 문제가 되나요?

- 학교 수업만 어떻게 믿어요? 학원은 개별 지도를 하잖아요.

- 맞벌이 가정은 학원 외에 대책이 없어요.

- 학원에서 선행학습하면 학교 진도 나갈 때 효과 있지 않나요?

- 수학은 어려운 과목이라 선행학습이 필요하겠죠?

- 외국어고에 가려면 학원의 로드맵을 무시할 수 없잖아요?

『아깝다 사교육비』를 읽어보시면 학원에 대한 관점을 잡을 수 있겠는데요, 중요한 관점만 요약해서 말씀드리겠습니다.

중요한 문제는 학원이 아니라 선행학습

저는 학원을 선악의 개념으로 보지 않습니다. 애들이 게임방에 다니는 것을 굉장히 걱정하는 부모들이 있는데, 지금 어른들이 어릴 때 만화방 가는 것과 같은 것입니다. 만화방 다녀서 인생에 문제 있었습니까? 게임방도 마찬가지입니다. 친구가 있어야 하는 거죠. 학원도 그렇습니다. 꼭 공부를 목적으로 하지 않아도 친구 때문에 다닐 수도 있습니다.

그런 전제 아래 말씀드립니다. 아이를 학원에 보내야 하나 고민하는 이유는 많은 부분이 부모의 불안감 때문입니다. 그래서 그 불안감이 근거가 있는지 말씀드리려 합니다.

아이가 공부를 못합니다. 학원에 보내면 효과가 있을까요? 학원에서 학생의 기초가 부족한 점을 채워주고, 학교 공부에서 어려웠던 부분을 도와준다면 효과가 있겠죠. 즉 기초 실력 보충과 복습이 중심이라면 저도 학원을 권유하겠습니다. 그러나 그런 학원을 찾기는 어렵습니다. 이에 대해 학원 강사의 경험담을 들어보시죠.[118]

> 학원 상품은 크게 보충학습, 선행학습, 후행학습, 입시대비로 구분됩니다. 그 가운데 가장 잘 팔리는 것은 선행학습입니다. 실제로 많은 학생에게 필요한 것은 보충학습이나 후행학습이지만요.
> 제가 원장으로 있을 때 실제로 고등학교 1학년 학생들을 대상으로 후행학습 상품을 팔아본 적이 있습니다. 그 학생들이 어느 정도였냐면 'I-my-me-mine'을 모르는 학생들이었습니다. 아이들에게 이게 마지막 기회라고 생각하고 중학교 과정을 하자고 했지요.
> 정말 열심히 가르쳤습니다. 100명을 모아서 시작했는데 중간에 애들이 떨어져 나가고 끝까지 남은 학생이 30명 정도 됐습니다. 그 중 좋은 결과를 맺은 학생도 있었지만, 두 번 다시 후행학습 상품을 팔지 않겠다고 생각했습니다. 현실적으로 팔기도 어렵고 과정도 너무 어렵습니다. 돈 때문이 아니라 애들을 위해서 한 건데, 학원 운영이 너무 힘들었습니다.

학원이 학생들에게 해줘야 할 것은 후행학습인데, 실제로는 대부분 선행학습을 시킵니다. 왜냐? 이유는 세 가지입니다.

---

118) 사교육걱정없는세상, 『아깝다! 학원비』, 비아북, 2010

교육개혁은 없다 2

첫째, 학부모들의 불안감을 부추기기 좋습니다. 불안감을 부추겨야 학원에 계속 잡아둘 수가 있죠.

둘째, 학생에 대해 책임지지 않을 명분이 됩니다. 부모는 성적이 오를 걸 기대하고 학원에 보냈지만, 학원 운영진은 선행학습을 하면서 그 효과가 나중에 나타난다고 말해도 됩니다. 지금 잘하는 아이들은 과거 선행학습의 결과라고 말하면 됩니다.

셋째, 학원의 위신을 높여야 학원을 유지할 수 있기 때문입니다. 선행학습을 전문으로 해야 공부 좀 하는 학생들이 옵니다. 공부 좀 하는 학생들이 와야 '저 학원에 가면 성적이 오를 수 있다'는 환상으로 학생들이 모입니다. 공부 못하는 학생들이 오는 학원은 학생을 모으기 어렵습니다.

그러면 그렇게 선행학습을 해서 효과가 있을까요? 없습니다. 학원에서 하는 공부는 예습이 아닙니다. 중1에게 중2 과정을, 중2에게 중3 과정을 시키는 겁니다. 학원 입장에서 생각하면 운영하기도 편합니다. 중등부 강사를 초등부에, 고등부 강사들을 중등부에 투입하면 되니까요.

지금 하는 공부도 제대로 이해하지 못하는 아이들이 1년 후 배울 것을 이해할 수 있을까요? 그저 그런 공부 해봤다는, 기억에도 남지 않는 문제 풀이만 맛보다가 제자리로 돌아오는 것입니다.

그래서 학원은 달콤한 거짓말을 합니다. 평상시에는 선행학습을 하고, 중간·기말고사 한 달 전부터 내신을 대비해준다고. 학교에서 선생님이 가르친 것을 학교 선생님이 출제하는데, 왜 대비를 학원에서 합니까? 정말 웃기는 이야기입니다.

선행학습이 효과가 있는지 연구 결과가 많습니다. 2009년 8월 '사교육걱정없는세상'은 선행학습에 대한 궁금증을 풀기 위해 집중 토론회를 세 차례 개최했다고 합니다. 서울 경기 지역 초중고생 953명의 학업 성취도를 분석하고 교육전문가 16인이 발제자와 토론자로 참여했는데, 결론은 효과 없다는 것입니다. 수십 편의 논문 중 선행학습에 대해 긍정적 결론을 낸 사례는 단 한 건도 없었다고 합니다.

그러면 정말 공부 잘하는 학생들은 어떻게 공부할까요? 수학 과목 '1타 강사' 출신으로 학습법을 전문적으로 연구하는 기업 '스터디코드' 대표인 조남호 씨는 서울대 재학생을 대상으로 흥미로운 조사를 했다고 합니다.

2000~2007년 서울대 입학생 3,121명을 대상으로 뛰어난 학업 성취도의 비결을 조사했는데, 서울대 입학생들은 복습에 주력했고 일반 학생들은 선행학습에 주력했다는 것입니다. 서울대생들은 방학 때마다 지난 학기 총정리와 복습에 무게를 두었고, 일반 학생들은 선행학습과 예습에 치중했습니다.

예습과 복습 중 어느 것이 더 효율적일까요? 효과와 효율은 차이가 있습니다. 효과는 결과만 따지는 것이고, 효율은 경제성까지 따지는 것입니다. 예습과 복습 중 어느 게 시간이 절약되고 효율적이며 기억이 오래 남을까요? 복습입니다.

예습은 본 수업 전 하루 전이나 비교적 짧은 시간 전에 공부하는 것입니다. 선행학습은 예습이 아닙니다. 선행학습을 소화할 수 있는 학생은 극소수 상위권으로 현재 나가고 있는 진도를 거의 완벽히 이해하는 학생만 가능합니다. 그것도 1년, 2년 후 배울 게 아니라 3~6개월 정도만 의미가 있습니다. 선행학습에 쏟는 시간의 1/3만 투자해도 훨씬 좋은 성과를 거둘 수 있습니다.

이제 결론을 내겠습니다. 학원은 성적을 올려주지 않습니다. 중학교 때까지는 시험 직전 달달 외우게 해서 효과를 볼 수 있을지 몰라도 고등학교에서는 안 통합니다.

학원은 구조적으로 선행학습을 할 수밖에 없습니다. 선행학습은 약이 아니라 독입니다. 그래서 불안해하지 말고, 스스로 공부하는 습관을 키우는 게 답입니다. 필요하면 요즘 좋은 인터넷 강의들이 많으니 이용하면 됩니다.

교육개혁은 없다 2

학원에 대한 미신

학원에 대한 부정적 이야기를 교사인 제가 직설적으로 하기에는 어려운 점이 있습니다. 그래서 『대한민국의 미친 엄마들』의 저자 정찬용 박사의 말을 많이 인용하고자 합니다.

정찬용 박사는 독특한 이력을 지닌 분입니다. 조경학 박사 학위를 받고 삼성 에버랜드에서 근무하던 중 『영어 공부 절대로 하지 마라』라는 베스트셀러를 출간하는 바람에 '토스 잉글리시', '정앤피플 잉글리시', '이앤피 잉글리시' 등 영어 학습 브랜드를 만들고 운영한 분입니다.

길거리에서 보면 학원마다 서울대, 연고대, 의대 합격자 명단 현수막을 걸어놓습니다. 외고, 과학고 합격자 명단도 걸어놓지요. 학원에는 학교에 없는 입시 전문성이 있어 보입니다.

아이에게 학원 수업이 어떤지 물어보면 학원 선생님들이 더 재밌게 잘 가르친다, 집중이 잘 된다, 이해하기 쉽게 가르친다는 등 학원 수업의 장점을 이야기합니다. 이제 여기서부터는 정찬용 박사의 이야기입니다.

진실은 이렇습니다. 학원 선생님들이 더 재밌는 것은 맞는데, 설명이 재밌는 것이 아니라 말투와 제스처와 욕하는 게 재밌고, 설명을 더 잘하는 게 아니라 영업사원 말투로 강의하기 때문에 그렇게 들리는 겁니다.

대부분 아이에게 학원 수업이 학교 수업보다 더 어렵습니다. 왜 그러냐면 엄마들이 학원을 정할 때 공부 잘하는 아이들이 많이 가는 학원을 선호하고, 학원 수업도 공부 잘하는 학생들에게 맞추어져 있어야 유지되는 메커니즘이 존재하기 때문입니다. 나머지 아이들은 결국 학원에서도 들러리를 서고 있는 셈입니다.

그러면 엄마들은 왜 학원 선생이 더 잘 가르칠 거라는 환상에 젖게 되었을까요? 이에 대해 정찬용 박사는 이렇게 설명합니다.

온갖 그럴듯한 표현으로 장식된 학원 선생들의 모습에 비교하면 아무런 광고 문구도 달리지 않은 학교 선생들이 초라해 보이겠죠. '강남 일대 최고의 강사진', '명품 강의의 지존', '수학 강의의 절대 강자' 등등의 수식어가 달린, 쫙 빼입고 찍은 사진에 '뽀샵질'까지 더한 사진 속의 학원 선생들의 면면은 엄마들의 욕망을 충분히 건드리게 됩니다.

엄마들이 안 보는 것은 그 사진 밑에 있는 이력입니다. 자칭 유명 학원 강사들의 이력을 채우고 있는 것은 대부분 그들의 학원 강사 이력입니다. 전공이 무엇인지 기본 정보도 없는 경우가 태반인데, 그것에 주의를 기울이지 않아 잘 모릅니다. 사실 그것만 보고도 학원 보내기를 주저해야 합니다.

그래서 정찬용 박사는 학원의 정체성에 대해 이렇게 정리합니다.

학원의 정체는 한마디로 '엄마들의 마음의 평화와 희망 유지를 위해 아이들이 자기 계발 시간을 희생해가며 학교 수업에 이어 또다시 들러리 서주러 가는 곳'입니다. 학원업자들은 절대로 학생들의 미래에 대해 진정성을 가지고 고민하지 않습니다. 교육기관이 아니라 사업체이기 때문입니다.

단도직입적으로 말해서 돈을 벌려고 만든 업체입니다. 당연히 관심이 '어떻게 하면 돈을 벌까'에 집중되어 있습니다. 어떻게 하면 보다 많은 학생을 모아 손익분기점을 돌파하고, 어떻게 하면 경쟁 학원에 아이들을 뺏기지 않을 것이며, 어떻게 하면 부모들을 설득해 계속 자기 학원에 다니게 할까에 모든 신경을 곤두세우고 있는 곳이란 말입니다. 당연히 아이들 각각

교육개혁은 없다 2

에 맞는 교육이나 조언 같은 것은 관심 밖입니다. 모든 아이에게 이 학원에 와서 공부만 하면 네 인생은 달라진다고 미혹하게 되지요.

특목고, 자사고 보내면 대학 진학에 유리한가요?

서울을 기준으로 보자면 과학고·영재고 3개 학교의 정원이 420명입니다. 6개 외고와 국제고의 정원은 1,270명, 20개 자사고의 정원은 5,880명입니다. 2022년 기준 서울의 중학교가 384개, 학급 수는 2,637개, 학생 수는 64,550명입니다.

과학고·영재고는 중학교에서 전교 1등 그룹, 외고·국제고는 학급 1등 그룹 정도인 학생들이 입학하며, 자사고는 입시 성적에 따라 다른데 특목고에 비해 성적은 떨어집니다.

과학고에 가도 괜찮겠냐는 질문은 거의 받아보지 못했습니다. 그 정도로 공부를 잘하는 학생도 별로 없고, 과학고를 고민할 정도로 공부를 잘하면 '붙으면 가고 안 되면 말고'죠.

자녀가 반에서 1등 부근에 있는 경우 외고에 보내는 게 유리한지 일반고에 가는 게 유리한지 가끔 질문을 받습니다. 제가 외고에서 근무해본 경험이 있기 때문인 것 같은데요, 제 대답은 '케이스 바이 케이스'입니다.

대학에서 과학고·영재고는 물론이고 외고와 자사고 출신을 흡수하려고 학종에 다양한 전형을 만들어 놓았고, 선발 과정에서 많이 배려하기 때문에, 특목고에 가서도 잘한다면 일반고에 가는 것보다 유리할 수 있습니다.

그러면 고등학교에 가서 어느 정도 잘해야 외고에 간 목적을 달성했다 할 수 있을까요? 대략 4등급 이내에 들어올 수 있으면 외고에 간 것을 후회하지 않을 수 있습니다. 4등급이면 40% 정도입니다. 40% 안에 들 수 없으면 후회하는 결과가 나올 수 있다는 것일까요? 그렇습니다. 그래서 제 대답이 '케이스 바이 케이스'입니다.

고등학교 때 공부 좀 한다고 했던 학생들이 대학에 오면 기가 죽는 경우가 많습니다. 자기 능력의 한계를 깨닫게 해주는 친구들을 많이 만나게 되기 때문이죠. 그게 자기 발전에 도움이 됩니다. 아니, 도움이 되게 만들어야죠. 겸손해지기도 하고, 친구의 장점을 존경하기도 하면서 말입니다.

그런데 20세에 그런 경험을 하는 것과 17세에 하는 것은 다릅니다. 외고에 입학하면서 자신이 꼴찌를 할 수도 있다고 생각은 했지만, 막상 성적이 그 근처에 나오면 '멘탈'이 무너지는 학생들이 많이 나옵니다.

따라서 중학생 자녀가 외고를 희망할 때 그 이유가 무엇인지 잘 들여다보고 아이의 멘탈도 잘 생각해서 스스로 판단하게 해야 합니다. 중요한 것은 스스로 판단하고 스스로 책임져야 한다는 것입니다. 가장 안 좋은 경우가 자기는 일반고에 가고 싶었는데 부모가 원해서 외고에 왔다가 멘탈이 무너지는 경우입니다. 부모를 탓하게 되죠.

이런 이야기를 해주면 '만약 선생님 자녀 같으면 어떻게 하겠냐'는 질문을 합니다. 저는 외고에 부정적입니다. '케이스 바이 케이스'라고 했지만, 대학에 가서 경험할 것들을 모험할 필요가 없다는 생각입니다. 17세에 공부 좀 하고 잘 사는 집 애들끼리 모여 생활하는 게 길게 봐서 좋을 게 없다는 생각입니다.

외고 이야기가 길어졌는데, 자사고는 어떨까요? 외고보다 실패할 가능성은 높지 않겠지만, 비슷한 취지로 권하고 싶은 학교는 아닙니다.

교육개혁은 없다 2

공부 머리가 없는 것 같은데 어디를 보내요?

저에게 이런 질문을 하는 분들이 많습니다. "우리 애는 착하고 예쁩니다. 공부는 반에서 중간 정도 합니다. 노는 것 같지는 않은데, 공부에 욕심도 없어 보이고, 공부 머리도 없는 것 같습니다. 인 서울 대학을 나와도 취업이 안 되는 세상인데, 이 성적 이면 인 서울은 어려울 것 같습니다. 어떻게 해야 하나요? 애가 특별히 뭘 꼭 하겠다 는 것도 없고, 그냥 일반고로 보내야 하나, 아니면 특성화고를 찾아봐야 하나, 어디 로 보내는 게 좋을까요?"

먼저 일반고 분위기를 말씀드리면, 옛날처럼 학교가 공부를 강요하지 않습니다. 그랬다간 큰일 나죠. 공부를 잘하면 잘하는 대로, 못 하면 못 하는 대로 학교생활 편 안하게 할 수 있게 도와줍니다. 아, 이건 공립학교 이야기고, 가끔 사립학교 중에는 옛날 분위기를 유지하는 학교도 있습니다. 야간자율학습, 보충수업을 '심리적'으로 강요하는 학교가 있지요.

일반고에 와서 문제가 될 것은 없습니다. 그러나 중학교 때 중간 정도 했던 아이 가 고등학교 와서 변심하고 두각을 나타내는 경우도 별로 없습니다. 성적이 떨어지 지 않으면 다행이죠.

인 서울만 아니라면 대학도 갈 수 있습니다. 전문대는 문이 활짝 열려있습니다. 그 래서 선택 지점은 두 가지입니다. 첫째는 고등학교 생활 무난하게 마무리하고 대학 에 가서 직업교육을 잘 받도록 하는 것입니다. 둘째는 특성화고를 보내는 것입니다.

사실 일반고에서 교육과정을 이해하기 어려운 애들이 태반입니다. 앞서 고등학 교 단계에서 인문학교와 직업학교의 비율을 5:5 정도로 하는 게 좋겠다고 제안한 게 그런 이유입니다.

그래서 저는 특성화고에 가는 것도 적극 고려해보길 권합니다. 일반고에서 자리만 차지하고 지루하게 하루 7시간씩 수업 듣는 것보다 '좋은 기술'을 배우는 학교라면 더 낫다고 생각합니다. 다만 앞서 현재 특성화고의 직업교육에 부족한 점이 많다는 말씀을 드렸습니다. 그래서 강력히 권장하지는 못합니다.

과거 공고, 상고만 있던 시대에 학교를 다녔던 부모 세대는 지금 특성화고에 어떤 학과들이 있는지 잘 모릅니다. 제가 몇 개만 예시해보겠습니다.

학교로는 정보통신고, 미디어고, 승마고, 미용고, 국제통상고, 모바일과학고, 물류고, 자동차과학고, 간호고, 항공고, 해양과학고, 비즈니스고, 하이텍고, 관광경영고, 디자인고 등이 있습니다.

디자인고에는 공예디자인과, 도예디자인과, 실내디자인과가 있습니다. 관광경영고에는 관광레저과, 관광운항과, 디지털정보과, 테크노경영과, 유통경영과가 있습니다. 생활과학고에는 조리과, 패션디자인과, 피부미용과가 있지요. 자동차고에는 자동차산업과, 자동차시스템과, 자동차전자과가 있습니다.

아무래도 특성화고가 국영수 공부에 흥미를 못 느낀 아이들이 많다 보니 중학교에서 평범하게 생활하던 학생이 특성화고에 가서 두각을 나타내는 경우가 있습니다. 그러면서 자신의 잠재력이 드러나기도 하고, 공부에 흥미를 느껴 뒤늦게 대학에 갈 마음을 먹기도 하고, 또는 직장생활을 하면서 대학에 가기도 합니다.

이런 다양한 가능성을 고려하여 판단하면 될 겁니다. 다만, 앞서 특목고·자사고에 대한 판단처럼 아이가 직접 판단하고 책임지도록 해야 합니다.

교육개혁은 없다 2

초판 발행 2024년 3월 15일
2쇄 발행 2024년 8월 15일

지은이 박정훈

펴낸곳 민중의소리
펴낸이 윤원석
편집 이동권
디자인 MJ디자인센터
경영지원 김대영
주소 서울시 종로구 삼일대로 469 서원빌딩 11층
전화 02-723-4260
팩스 02-723-5869
등록번호 제101-81-90731호
출판등록 2003년 1월 1일

값 18,000원

낱권 ISBN 979-11-93168-08-0 (04370)
세트 ISBN 979-11-93168-03-5 (04370)